KB246805

# 무엇을,
# 어떻게,
# 왜

# 무엇을, 어떻게, 왜

우리를
무대로 이끄는
물음들

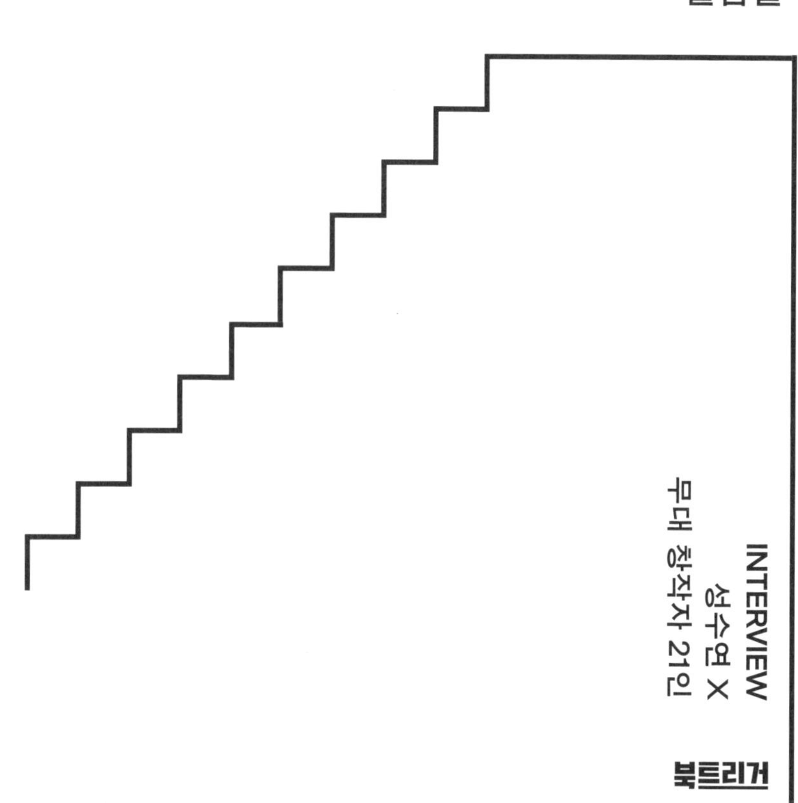

INTERVIEW
성수연 X
무대 창작자 21인

북트리거

# 사이의 시간,
# 이어지는 대화

누군가에게 대화를 청하는 일은 자못 떨리는 일이다. 사적으로 만나 본 적 없는 사람에게 청할 때도 그렇지만, 오래 알고 지내며 농담을 주고받던 사람에게 청할 때도 새삼스레 떨린다. 녹음기를 켜고 노트북을 앞에 둔 채, 서로를 탐색하듯 들여다보며 대화의 포문을 여는 순간엔 늘 심장박동이 빨라진다. 무대에 서는 일이 직업인 나는 긴장과 떨림을 감추는 일에 퍽 익숙하지만, 무대에서와는 달리 주어진 대사가 없기에, 좋은 말을 찾으려 애쓰는 사이 숨이 점점 가빠 온다. 상대의 호흡에 맞추다 보면 서서히 긴장이 가라앉고, 드디어 괜찮은 질문을 꺼낼 수 있게 된다. 나로서는 가늠하기 어려웠던 상대의 세계가 언뜻 보이는 순간, 그리고 그의 감각이 공기를 타고 전해지는 순간, 다시 심장이 두근거리기 시작한다. 나에게 대화란 그런 것이다. 아플 정도로 설레는 마음을 안고 상대의 세계를 잠시 엿보는 일. 그리고 상대 또한 내 세계를 엿볼 수 있도록 잠시 무방비해지는 일.

이 책은 2021년부터 2024년까지 웹진 『연극in』에 연재되었던 글들을 엮은 인터뷰집이다. 당시 나는 4기 편집위원으로 활동하며 대화 코너를 맡았다. 동시대 창작자들이 무엇에 주목하고, 어떻게 작업하며, 그 일을 왜 하는지 듣고자 하는 마음으로 코너의 이름을 '무엇을, 어떻게, 왜'라고 지었다. 현장에서 치열하게 작업하고 있는 예술가들을 만나 그들의 고민, 철학, 기술에 대한 이야기를 들었다. 때로는 질문하는 역할에만 머무르지 않고 적극적으로 내 생각을 나눴다. 동료 예술가이자 시민으로서, 우리 각자의 세계가 잠시나마 맞닿길 바랐다. 빠르게 변하는 시대 속에서 연극은, 예술은 무엇이 되어야 하는지 함께 고민하고 싶었다. 그리고 우리의 대화를 읽는 이들에게도 그 고민의 시간이 닿기를 바라며 기록했다.

웹진에 게재되었던 인터뷰들을 종이책의 특성에 맞춰 새롭게 정리했다. 그리고 2025년 1월, 모든 인터뷰이를 다시 만나 짧은 대화를 나눴다. 만 4년에 걸친 긴 대화들을 정리하며, 이 동시대 예술가들의 한 순간을 기록할 수 있었다는 사실에 자주 울컥했다. 두 차례의 대화 사이 시간이 많이 흘러, 첫 대화 때와는 달라진 생각을 갖고 있는 인터뷰이도 많았다. 나 또한 그랬다. 어쩐지 조금은 낡아 버린 것 같은 4년 전의 내 생각이 부끄러울 때도 있었지만, 이 변화야말로 어쩌면 진짜 의미 있는 일이 아닐까. 생각과 감각이 변하는 일은 우리가 살아 있다는 증거이자, 시대의 요청에 귀 기울이고 있다는 증거일 테니까. 이 책에는 예술가 21명의 삶의 한 순간, 그리고 달라진 순간까지 모두 기록되어 있다. 뜨겁게 질문하고 성실하게 변화한 그들의 이야기는, 현재의 그리고 미래의 사람들에게까지 기쁜 영감이 될 것이라고 믿는다.

총 40번의 모든 대화를 '질문 주고받기'의 시간으로 마무리했다. 그날의 대화를 통해 떠오른 나의 질문을 인터뷰이에게 던지는 것으로 시작해, 누구도 답변을 하지 않고, 질문으로부터 새로이 생성되는 질문을 천천히 주고받는 시간. 확신보다는 의심이, 답변보다는 질문이 더 유효한 시점이라고 생각해서 마련한 일종의 의식이었다. 질문과 답변이 한 쌍인 오래된 문법에 잠시 균열을 내길 원했고, 질문과 질문 사이 일렁이는 침묵 속에 동료와 함께 머무르고 싶었다. 지면에는 그 오랜 정적, 그러나 말을 할 때보다도 더 격렬하게 흔들리던 공기의 흐름을 담아낼 수 없어 아쉽다. 인터뷰이들에게 마지막 질문을 독자들을 향해 던져 달라고 요청했었다. 이들의 질문이, 이 책을 읽는 분들께도 새로운 질문을 떠올리는 시간을 마련해 줄 것이라고 믿는다. 그 새로운 질문이 때로는 살아갈 힘이 될 수 있기를 바란다.

웹진 『연극in』을 함께한 김슬기 전 편집장과 예준미 전 에디터, 4기 동료 편집위원들께 깊은 감사를 전한다. 동시대 연극 현장의 여러 이슈를 책임감 있게 다루며 건강한 담론장을 만들기 위해 애써 온 그들과 함께했기에 이 대화들이 가능했다. 출판을 허락해 주신 서울연극센터에도 감사를 전한다. 아울러 웹진 『연극in』의 운영이 신속히 정상화되기를 바란다. 『연극in』은 서울연극센터와 현장 예술가들, 그리고 독자들이 함께 만들어 온, 연극계의 소중한 자산이다. 예술 공론장의 회복을 위해, 일방적인 잠정 휴간 통보에 맞서 목소리를 내고 있는 수많은 동료에게도 존경을 보낸다.

그리고 출판을 제안해 주신 북트리거와 공승현 편집자에게 깊은 감사와 존경을 보낸다. 한 권의 책을 펴내는 동안 편집자가 하는 일은, 연극에서의 기획자, 드라마터그, 때로는 연출가의 일까지 수많은 역할을 아우르는 일이라는 것을 알게 되었다. 이 책을 엮는 시간은 나에게, 그와 긴 대화를 나누는 시간이기도 했다. 웹진이라는 매체에 어울리는 호흡을 갖고 있었을 이 글들을 종이책이라는 완전히 다른 매체로 옮겨오며, 인터뷰이들을 더 빛나게 하기 위해 끝없이 고민하던 그와 함께 작업해서 영광이었다. 공연 예술에 대한 그의 애정이 아니었더라면, 이 책은 만들어지지 못했을 것이다.

떨리는 마음으로 청한 대화에 기꺼이 응해 주고, 자신의 세계를 보여 준 21명의 인터뷰이들에게 진심으로 감사의 마음을 전한다. 대화를 곱씹으며 정리하는 동안, 내가 얼마나 그들의 영향을 많이 받고 있는지 다시 한번 느꼈다. 그 어떤 시대의 예술가들도 힘들이지 않고 자연스럽게 세계를 누리진 않았을 것이라는 생각을 그들 덕에 할 수 있었다. 앞선 시대의 예술가들이 지금의 문을 열었던 것처럼, 언젠가 우리가 절실하게 열고자 했던 새로운 시대의 감각이 자연스러워졌다는 것을 느낄 때, 또 한번 당신들과 긴 질문 주고받기를 하고 싶다.

마지막으로 이 책을 펼친 여러분께 감사의 인사를 전한다. 그리고 질문을 건네 본다. 이 질문을 받고 떠오른 여러분의 질문을 언젠가 들을 수 있게 되기를 바란다.

“너는 지금 어디로 가고 있어?”

2025년 12월, 성수연

## CONTENTS

작가의 말 • 004

## 1부. 묻다: 불편함에서 시작하는 질문들

| | | |
|---|---|---|
| 박용우 | 언제든 유연하게 바꿀 수 있다면 | 012 |
| 경지은 | 자원을 모으고 선택지를 늘려 가는 일 | 042 |
| 신윤지 | 주장하지 않아도 이해받을 때까지 | 068 |
| 한윤미 | 누가, 언제, 어디서 | 096 |
| 이반지하 | 왜냐하면 우리는 결국 '나'이니까 | 126 |

## 2부. 흔들다: 균열을 일으키는 감각

| | | |
|---|---|---|
| 김홍남 | 절대로 잊어버리면 안 되는 것 | 160 |
| 라소영 | 비록 잘 모르더라도 | 190 |
| 이지민 | 이야기를 결말짓는다는 것 | 218 |
| 김국희 | 더 자연스럽고 더 건강하게 | 248 |
| 날씨 | 의미 있는 행위가 적어도 한 번은 | 276 |

## 3부. 살피다: 무대 너머를 함께 살아가는 법


손상규 이 일은 재미없을 가능성이 없는 일이니까 308
배서현 연극을 좋아하는 사람들이 다 연극인이 되어버리면 338
권은혜 갑작스럽게 변하는 일은 드물겠지만, 조금씩 조금씩 370
박진아 과하게 챙긴다고 해서 문제가 되는 일은 아니라고 396
이래은 타인의 시간을 기꺼이 기다리는 일이 424


## 4부. 잇다: 끝이 아니라 계속되는 창작


유은숙 내가 잘 모르는 것까지 말하게 될까 봐 456
김재훈 반주하는 태도로 484
양대은 어디로 갈지 모르는 대화 516
강수연 마르기 전에 반짝반짝거리는 순간 546
우미화, 이청 오늘은 어제의 미래였으니까 574

주 • 614
색인 • 618

### 일러두기

1. 본문에서는 무대에 오른 연극과 낭독극·퍼포먼스, 그리고 곡명과 영화 제목은 〈〉로, 앨범은 《》로, 단행본·잡지·웹진은 『』로, 시·희곡·웹소설 등 개별 작품은 「」로 표기했다.
2. 색인은 인터뷰에 언급된 공연을 대화의 흐름과 맥락에 따라 정리했다. 드라마나 워크숍 등 비공연 항목을 제외하고 공연 중심으로 구성했으며, 낭독 공연도 포함된다. 본문에서 언급된 특정 시점의 공연을 기준으로 정리했고, 가능한 경우 해당 시기의 극장명과 공연 연도를 함께 표기했다.

# *1부*

# 묻다: 불편함에서 시작하는 질문들

*

# 언제든 유연하게 바꿀 수 있다면

*

박용우

+[1]

# Prologue

연극을 시작한 지 얼마 되지 않았을 때, 선배들에게 이런 질문을 한 적이 있어요.

"관객이 아무도 오지 않으면 공연은 취소되나요?"

어떤 선배는 출연자의 수보다 관객의 수가 적으면 공연을 취소하는 것이 업계의 관행이라고 대답했고, 다른 선배는 공연 중간에라도 관객이 올 수 있으니 객석이 비더라도 공연을 시작해야 한다고 주장했지요.

텅 빈 객석 앞에서 열심히 연기하는 배우들의 모습을 상상해 본 적 있나요? 그 장면을 떠올렸더니 저는 크게 웃고 싶은 기분과 크게 울고 싶은 기분이 동시에 들더라고요. 아무 의미도 없어 보이는 일에 땀을 흘리고 있는 상상 속 배우들의 모습이 우스꽝스럽기도 했고, 비록 가능성으로만 존재하는 관객일지라도 그와의 만남을 미리 소중히 여기며 정성껏 세계를 펼쳐 내고 있다는 점에서 숭고하게 느껴지기도 했어요. 그렇지만 그런 일이 실제로 일어나진 않기를 바랐습니다. 그때는 전염병이라는 이유를 상상하지 못했으니까요.

2020년부터 2023년까지 극장의 풍경은 그전과는 많이 달랐습니다. 입장 시 체온을 재는 극장 직원들, 띄엄띄엄 앉은 관객들, 마스크를 쓰고 연기하는 배우들, 잦은 공연 취소. 연극을 영상으로 제작해 온라인으로 상영하는 시도도 늘었습니다. 저도 그 시기에 촬영을 위한 '관객 없는 연극'을 공연한 적이 있습니다. 원했던 일은 아니었지만, 빈 객석을 바라보며 언젠가 스크린을 통해 공연을 보게 될 미래의 관객을 믿고 연기했습니다. 저는 제법 실험적인 형식의 공연도 많이 해 왔는데요, 그 시기엔 전통적인 형식의 연극이 그리워지기도 했습니다. 관객과 배우 사이를 가로막는 벽은 오직 '제4의 벽'뿐인, 같은 시공간을 공유하는 연극 말입니다.

2022년 4월, '사회적 거리 두기'가 막 해제됐을 때 배우 박용우를 만났습니다. 팬데믹 시대의 박용우는 연극이 '진짜로 사람들끼리 만나는 일'이라고 말했습니다. 제가 본 그는 관객도, 동료도, 배역도 늘 진심으로 만나려 애쓰는 사람입니다. '관객 없는 연극'을 하면서 "도대체 이게 연극이라 할 수 있을까?"라고 투덜댔다지만, 분명히 동료들과 미래의 관객들을 향해 최선을 다해 연기했을 거예요. 그는 새로운 형식도, 보편적인 형식도, 과거의 관습도, 변화된 미래도 모두 다정하게 존중하는 사람입니다.

그는 무대와 현실의 간극에서 생기는 질문을 외면하지 않습니다. 〈외로운 사람, 힘든 사람, 슬픈 사람〉 재공연에서는 변화된 사회적 인식을 고민하며 새로운 시대의 관객을 만나기 위해 유연하게 자신을 바꿨습니다. 〈엔젤스 인 아메리카〉에서는 '전형성'으로 드러나는 몸의 역사를 존중하면서도 그 안에 담긴 편견 또한 인식하고자 했습니다. 1980년대 미국을 배경으로 여러 사회적 소수자들이 등장하는 이 작품은 1991년 미국 초연 이후 거의 40년이 흐른 지금까지도 여전히 현실의 소수자들이 차별과 고통을 겪는다는 사실을 상기시킵니다. 그는 그 점을 알기에 더욱 조심스럽고, 더 진실하게 배역과 관객을 만나기 위해 애썼습니다. 그가 연기한 '벨리즈'는 공연에 활기를 주는 사랑스러운 인물이었고, 그에게도 큰 행복을 주었다고 합니다.

저는 종종 전염되기 위해 극장에 갑니다. 물론 바이러스가 아니라, 누군가의 웃음과 옆자리의 흐느낌, 배역을 연기하며 느끼는 배우의 여러 감정에 전염되기 위해서입니다. 박용우와 만나 이야기 나누며, 저는 극장에 앉아 있는 기분을 느꼈습니다.

배우 박용우와 대화를 나눈 기록입니다.

**박용우**

배우, 미니멀리스트. 다정한 사람이 되는 게 꿈이다. 이미 어느 정도, 살짝은 다정하다.

+[2]

# Interview

## 이후의 이후, 말하지 못한 마음을 꺼내며

(성수연) 2018년 연극계 미투 운동이 있었죠. 웹진 『연극in』이 한동안 '이후의 이후', 즉 '미투 이후의 이후'라는 키워드를 주제 삼았고, 저도 2021년 편집위원 활동을 시작하며 여성 창작자들과 대화를 많이 나눴어요. 미투 이후 현장에서 남성 창작자의 감각이 작업에 어떻게 반영되었는지 궁금했고, 최근 여러 흥미로운 연극에 참여하면서 코로나 시대에 어떤 생각으로 작업하고 계시는지, 또 창작자로서의 박용우 배우님은 어떤 분인지 궁금하여 배우님과 대화를 나눠 보고 싶었습니다.
조금 시간이 지나긴 했지만, 연극계 미투 당시의 생각도 들려주실 수 있나요? 2018년 제1회 페미니즘 연극제에도 참여하셨죠.

_당시에는 '내가 아무것도 모르고 살았구나' 하는 생각에 조심스러웠고, 죄책감도 컸어요. 어쨌든 대한민국 사회에서 남성이고, 엘리트 교육을 받았으며, 부산 출신이라는 사실만으로도 많은 것을 누렸다는 생각이 들더라고요. 그러면서 같이 작업하는 동료들, 특히 여성 동료들에게 상처를 주었을지도 모른다는 괴로움도 컸고요.
2018년 가을, 〈외로운 사람, 힘든 사람, 슬픈 사람〉(이하 〈람람람〉)[1] 재공연 때는 내부에서 고민이 많았어요. 창작진들이 좋아했던 작품이고

저 개인적으로도 사랑하는 작품이었지만, 그런 마음만으로는 부족했어요. 우리가 문제라고 느끼는 부분들을 해결해야 이 시기에 이 작품을 다시 올리는 의미가 있다는 생각을 했어요. 그래야 관객들도 납득할 거라고 생각했고요. 초연 때는 여성 인물들이 너무 평면적이었고, 문제를 많이 개선하려고는 했지만 여전히 아쉬움과 한계가 느껴졌던 것 같아요. 남성 중심적인 요소도 분명 있는 작품이고, 초연 당시에는 남성 인물들의 행동에 대해 '찌질한 지식인 남성들, 에휴' 하고 코미디적 요소로 넘어갔던 부분들의 문제점도 보였습니다.

**창작진이 여성 인물을 더 입체적으로 그리려 많이 고민하셨겠네요.**

_네. 수동적으로 그려지지 않도록 대사도 많이 수정했고, 특히 장샘이 배우님 역할은 기성세대 사이에서 자기 길을 찾아가는 인물로서의 흐름을 고민했어요.

**저도 공연을 봤어요. 그 인물이 주인공 남성을 보조하는 역할에만 머물 수 있는 측면이 있었는데, 장 배우님이 멋지게 풀어내셨다고 생각해요.**

_그 배역의 성별을 바꿀지 논의도 했지만, 장 배우님이 고민을 많이 반영해 잘해 주셨다고 생각합니다. 당시 또 인상적이었던 것은 객석의 분위기였어요. 초연 때와 달리 남성 인물들이 등장해서 찌질한 행동을 할 때, 관객들이 진심으로 싫어하는 분위기가 느껴졌어요. 비웃음이나 놀림이 아닌 진짜 싫어하는 느낌이었어요.

**일상성이 워낙 잘 살아 있고, 핍진한 순간들이 잘 구현된 작품이다 보니, 그런 순간들 또한 정말 리얼하게 가 닿은 게 아닐까 싶네요. 그냥 '찌질하다'고 웃어넘기기엔 일상에서 마주하는 그런 순간들이 의미하던**

**성별 권력이 무엇이었는지 모두가 함께 인식하던 때였으니까요.**

_맞아요. 거리를 두고 볼 수도 있었던 무대 위의 일들이, 지금 당장 나에게 일어나고 있는 현실이기도 하다는 것을 관객들이 느낄 텐데, 그저 웃어넘길 수 없는 순간이 있었을 것 같아요. 공연의 어떤 순간에 대한 반응은 그런 현실에 대한 일종의 의사 표현이 될 수도 있었다고 생각하고요.

**누구에게나 결함이 있지만, 과거에는 서사에서 남성 인물들의 비중이 컸던 만큼, 그 인물들의 결함을 이해하는 순간이 더 많았던 것 같아요. 여성 인물들은 남성 인물의 '찌질함'을 견디거나 보조하는 역할에 머문 경향도 있고요. 그래서 관객들이 그런 장면에 대해 피로감을 느꼈을 수도 있겠네요.**

_그랬다고 생각해요. 다시 〈람람람〉을 한다면 느낌이 다를 것 같아요. 여러 고민을 디딘 상태에서 달라진 것들이 있지 않을까 해서요. 창작진과 관객 모두요.
문제의식을 가진 창작진의 관점이 올바르게 드러난다면, 결함 있는 캐릭터가 무대 위에 존재한다는 것 자체가 문제는 아니라고 생각해요. 지금 여성 서사가 늘어나는 추세도 굉장히 반갑고요. 아직은 갈 길이 멀다고 생각하지만, 변화의 조짐과 많은 사람의 노력이 보여서 다행이라고 생각하게 돼요. 제가 너무 〈람람람〉 이야기만 했나요?

**아니요**(웃음)**. 그때의 고민을 나눠 주셔서 정말 좋아요. 그 후 또 어떤 작품들을 하셨나요?**

_미투 이후의 고민과 연관성 있는 작품은 아무래도 〈알려지지 않은 예술가의 눈물과 자이툰 파스타〉(이하 〈자이툰〉)랑 〈엔젤스 인 아메리

카〉(이하 〈엔젤스〉) 입니다.

## 무대에서 사라진 시간들

**국립극단 시즌단원으로 활동하며 공연하셨던 〈자이툰〉과 〈엔젤스〉, 특히 〈엔젤스〉 이야기가 궁금합니다. 그런데 그전에, 2020년 시즌단원이 되신 그해··· 팬데믹으로 공연들이 취소···**

_네네네(웃음). 트리플 크라운 달성을···

**그 이야기도 좀 나눠 보고 싶었어요. 연이은 공연 취소를 경험하며 어떤 생각을 하셨는지.**

_그해 3월, 〈채식주의자〉 첫 모임 날 취소 통보를 받았어요. 코로나 팬데믹 초창기라 유럽의 상황이 심각하여 연출이 입국할 수 없어 취소됐죠. 그다음 〈SWEAT 스웨트: 땀, 힘겨운 노동〉(이하 〈스웨트〉) 연습을 시작했는데, 확진자가 급증하며 취소됐어요. 공연 영상을 찍고 분장실에서 참여자들이 돌아가면서 한마디씩 하는데, 뭐 할 말이 없어서 계속 울었어요(웃음).
그리고 〈햄릿〉을 준비했어요. 코로나 상황이 잠잠해지기 시작해서 공연할 수 있을 줄 알았는데 불이 나더라고요, 극장에. 공연이 3주 연기됐어요. 그런데 그 3주 사이에 또 기하급수적으로 확진자가 늘어나더니, 개막 하루 전날 공연이 취소됐어요. 결국 온라인 극장으로 관객들을 만났죠.

사실 코로나 이후 영상으로 관객을 만날 수도 있다는 생각은 했지만, 실제로 비대면 연극을 겪은 사람들은 많지 않았던 시기였기에 생각이 많았어요. '이게 연극이라 할 수 있을까? 눈앞에 관객이 없는데?' 하는 생각도 들고, 촬영 날 모두 기운이 빠져서 연습 때만큼 에너지가 나오지 않았던 것 같기도 했어요. 찍다가 여러 문제가 생겨서 다음 날 다시 찍어야 하기도 했고. 다들 힘들었던 것 같아요. 많이 속상했습니다.

**그 시기를 어떻게 보내셨나요?**

_시간이 비면 계속 달렸고, 대부분 집에만 있었어요. 한창 클럽하우스 앱이 유행할 때라서 집에서 클럽하우스를 자주 했어요. 클럽하우스 해 보셨어요?

**네. 해 봤지만 부끄러워서 제가 직접 말을 한 적은 없어요.**

_저도 처음엔 듣기만 했는데, 우연히 들어간 어떤 방이 서로 처음 본 사람들끼리였는데도 코드가 잘 맞았어요. 그래서 저도 그 방에서 처음으로 말을 해 봤어요. 다음 날 그 방에서 또 부르고(웃음). 그때 마침 그 방에 있던 친구들이 모두 일을 쉬고 있을 때라, 다 같이 모여서 길게는 열한 시간까지도 이야기해 본 것 같아요.
그 친구들이 많이 위안이 됐어요. 그중 한 명은 작년에 제가 했던 공연들을 다 보러 왔어요. 그렇게 현실 친구가 된 친구도 있고, 외국에 살고 있어서 아직은 실제로 만난 적 없는 친구들도 있고요. 그렇게 지내다가 2021년 6월 〈스웨트〉를 공연하게 됐어요.

## 다시 무대 위, 살아 있는 사람으로

**감회가 남다르셨을 것 같아요.**

_제가 불운의 아이콘….

**그런 농담을 스스로 하시지만, 그 전에 정말 힘든 순간도 있으셨을 것 같아요. 그럴 때 '연극이란 뭘까?', '연극은 대체 왜 있어야 하는 걸까?' 하는 생각을 한 적도 있으세요?**

_있죠. 그 와중에도 '연극은 없어지지 않을 것이다'라고는 계속 생각했습니다.

연극뿐만 아니라 공연 예술이라는 것이 그렇잖아요. 예술가와 관객이 서로의 앞에 있고, 살아 있는 사람들끼리 만나는 것은 공연 예술뿐이잖아요. 우리나라에서 연극이 그렇게 위상이 높다거나 인기가 있는 예술 장르인 것도 아니고, 그 인기도 앞으로 좀 더 떨어질 수 있겠지만, 진짜로 사람들끼리 만나는 일인 연극이 아예 없어지지는 않겠다고 생각했어요. 가장 오래된 예술 장르이기도 하고요.

다만 앞으로 어떤 방식으로 연극을 해야 할지 고민은 많았어요. 저는 배우이고, 계속 선택을 받아야 하는 입장이고, 이 상황에 맞게 새로운 형식의 연극을 실험하려면 포지션을 바꿔야 할 것 같은데, 저는 그냥 연기하는 것이 좋거든요. 막연하게 고민만 하고 있었는데 작년에 관객들을 오랜만에 무대에서 만나면서 '연극은 역시 관객을 실제로 만나야 하는구나', '결국 이게 가장 보편적인 연극의 형태이자 없어지지 않는 것이겠구나' 생각했어요.

**'가장 보편적인 연극의 형태'라는 것은 '관객과 배우가 만난다'라는 사실 자체를 말씀하시는 건가요?**

_네. 〈엔젤스〉 공연을 할 때 거의 2년 만에 명동예술극장 객석이 꽉 찬 것을 봤어요. 거리 두기 객석이 없어지며 나중에는 객석 3층까지 개방했었거든요. 그날 3층까지 관객들이 꽉 들어찬 모습을 공연 시작 전에 봤어요. 공연하면서 정말 신났죠. 그리고 커튼콜을 하러 나갔을 때, 그 많은 관객이 거의 모두 기립해서 박수를 보내는 모습을 봤어요. 배우들 다 울먹울먹하고, 커튼콜 끝나고 무대 뒤에서 시즌단원이 모여서….

**그 공연 취소들을 함께 겪었던?**

_네. 시즌단원들은 정말 다 울었어요. 지금도 생각하니까 눈물이 나는데…(웃음).
공연은 너무 좋은데 관객이 한 명인 경우랑 공연이 엉망진창인데 만석인 것, 굳이 선택하라면 저는 만석이에요. 공연이 아무리 잘 나와도 관객이 없으면 무슨 소용이겠어요.
대면은 연극에서만 가능하잖아요. 영화도 재밌고 드라마도 재밌지만, 절대 연극한테서 못 뺏어 가는 게 대면이잖아요.

**멋진 표현이네요. 절대 연극한테서 못 뺏어 가는 게 대면이다. 처음 연극을 시작할 때도 그런 생각을 하셨나요? 연극을 어떻게 시작하셨어요?**

_아버지가 배우로 활동하시니까 어릴 때부터 연극을 많이 봤어요. 배우가 되고 싶다고 생각한 적은 없지만, 창의적인 일을 하고 싶다는

마음은 늘 있었죠. 영화감독, 건축가, 가구 디자이너 아니면 요리사. 그러다 고3이 되기 직전에, 사실 내가 제일 좋아한 건 연기라는 것을 깨달았어요. 어릴 때를 떠올려 보면, 재밌는 공연 볼 때 '아, 내가 저 무대 위에 있고 싶다'라는 생각을 많이 했거든요. 무대 위에 있는 어른들에게 질투가 날 정도로.

그것을 깨닫고 배우가 되기로 마음을 먹었는데, 아버지가 워낙 훌륭한 배우니까 난 아버지처럼 하지 못할까 봐 좀 두려웠던 것 같아요. 그러다가 '어차피 배우의 일은 무슨 기록 스포츠도 아니고, 연기력을 순위 매길 수 있는 일도 아니다'라는 생각에 이르게 됐어요. 아버지께 결심을 말씀드렸더니, 한숨을 쉬시면서 "에효, 그럴 줄 알았다" 하셨어요.

최근에 알게 됐는데, 아버지는 늘 가슴 졸이면서 사셨대요. 언젠가 제가 배우를 하겠다고 할까 봐 긴장하고 있었는데, 결국 올 게 왔다 싶으셨대요. 지금은 좋아하세요. 그리고 아버지와 저는 배우로서도 많이 다르긴 한 것 같아요.

**〈엔젤스〉에서 아버지와 함께 연기하는 것은 어땠나요?**

_정말 좋았죠. 설렜고요. 특히 2부에서는 극 중에서 많이 만나거든요. 거의 파트너처럼. 서로 막 욕도 하고, 제가 아버지한테 손가락 욕도 날리고. 보는 분들이 즐거워하셨어요. 연습실 밖에서도 공연 이야기를 많이 나눴고, 조언도 해 주셨습니다. 아버지는 팀에서 제일 선배이기도 해서 여러 부담도 있고 조심스러우셨겠지만, 저는 그냥 즐거울 때가 더 많았어요.

## 벨리즈, 투쟁과 프라이드 사이에서

**말 나온 김에 〈엔젤스〉 이야기를 듣고 싶습니다. 팀 안에서 어떤 이야기들을 나누며 작업했는지도 궁금하고, 배우님이 개인적으로 어떤 생각을 하며 연기하셨는지도요.**

_저는 이 공연의 러닝타임이 마음에 들어서 꼭 하고 싶었습니다. 〈엔젤스〉의 러닝타임은 1·2부 합쳐서 495분인데, 저는 열 시간짜리 공연도 언젠가 정말 해 보고 싶었거든요. 무대 위에 오래 있는 게 너무 좋아요. 기왕 출연하면 퇴장 한 번도 안 하는 게 좋고.

제가 맡은 '벨리즈'는 전직 드랙퀸인데, 실제로 드랙을 하는 장면은 없습니다. 하지만 저는 어릴 때부터 드랙퀸을 동경했어요. 만약 제가 노래를 잘하고 기회가 있었다면 '헤드윅' 같은 역할을 꼭 해 보고 싶었을 거예요. 극 중 다른 드랙퀸 '프라이어' 역할을 맡았던 정경호 배우가 분장 테스트를 하던 날 분장 팀에서 저도 분장해 주었는데, 그날은 정말 세상에서 제일 강해진 기분이었어요.

작업 과정에서 했던 개인적인 생각을 조심스레 나눠 보자면, 이 역할을 준비하며 킬힐을 신고 출근하기도 하고, 매니큐어를 계속 바르고 다녔거든요. 원래도 평소에 가끔 치마를 입기도 하고요. 그런데 그렇게 다닐 때마다 사람들의 따가운 눈총이 느껴졌어요. 킬힐을 신고 걷느라 발이 너무 아픈데도, 그 눈총을 받으니 오히려 아파하면서 걸으면 안 될 것 같은 기분이 들었어요. 더 당당하게 허리를 펴고 눈을 맞추며 걷게 되더라고요. 그러면서 '누군가에게는 내가 입고 싶은 것을 입고, 나를 표현하면서 나답게 사는 것이 매일의 투쟁이겠구나' 하는 생각이 들었어요.

퀴어 씬에서 많이 쓰는 '캠피하다(campy)'라는 말이 있는데, 굉장히

밝고, 활기차고, 재미있고, 발랄한 태도를 말해요. 나나영롱킴 같은 사람을 보면 항상 그런 당당함이 있잖아요. 그렇게 행동할수록 실제로 기분이 좋아지더라고요. 그게 나에 대한 프라이드이자 행복해지기 위한 방식이기도 했고, 투쟁의 방법일 수도 있겠다 생각했어요.

**조심스러운 지점도 있었을 것 같아요. 어쨌든 어떤 약자성과 소수자성을 가진 인물을 연기할 땐 접근과 표현에 있어서 여러 고민을 할 수밖에 없으니까요. 스스로의 생각을 점검해야 하기도 하고요.**

_맞아요. 책임감도 들고, 전형적인 이미지를 재현하는 건 아닐까 고민도 했어요. 그런데 사실 전형성이라는 것은 바꿔 말하면 보편성이기도 하잖아요. 한편으로는 이런 생각도 들었어요. 만약 내가 흑인 게이 스테레오타입을 재생산할지도 모르는 연기를 하는 것이 불편해서, 혹은 모든 흑인 게이가 이렇지는 않을 거라는 생각 때문에 그저 나로서 출발하잖아요? 그런 행동은 무책임하다고 생각해요. 그래서 저는 기본적으로 전형성에서부터 출발하는 편입니다. 왜 그런 전형성이 생겼는지 고민하고, 인물의 몸의 역사에 대해 고민을 하다 보면, 그다음에야 내 것이 찾아진다고 생각하거든요.
책임감을 갖되, '너무 조심하느라 시도조차 못 하는 것'은 경계하면서 섬세히 접근하려고 노력했어요. 처음에는 수박 겉핥기 식으로 외형을 표현하려고 해 본 적도 있었지만, 그게 본질이 아니라는 것을 알고 내려놓았어요. 그런데 인물에 대한 이해와 공부가 깊어질수록, 어떤 제스처나 몸짓이 자연스럽게 나오기도 하더라고요.

**만약 외형만을 표현하려는 몸의 연습 단계를 거치지 않았더라도 이해가 갖춰진다면 그에 따라 자연히 몸이 따라왔을까요?**

_음… 조금 어려웠을 것 같기는 해요. 외형을 표현하려 했던 노력도, 인물에 대한 공부도 결국 다 중요한 과정이었네요. 우리의 일상에서 편견은 대체로 안 좋게 작용하는데, 저는 배우의 창조는 편견에서 시작할 때도 있다고 생각해요. 중요한 것은, 그 편견이 바뀔 수 있어야 한다는 점이고요. 작품을 하는 과정에서 편견을 깨고 확장할 수 있는 유연함만 잘 갖추고 있다면 편견이라는 것을 잘 이용할 수도 있다고 생각해요. 미투 이후 자꾸만 어떤 전형성에서 탈피해야 한다는 생각이나 시도들을 하거나 보면서 다시 생각이 변한 부분도 있어요.

**관객의 편견과 배우의 편견, 혹은 새로운 편견 사이의 어떤 줄타기가 필요한 순간도 있을 테고요. 전형성을 인정하고 그걸 전제로 하는 것과 아예 아무것도 없다고 치는 것은 다른 접근일 테죠. 사실 전형성은 분명히 있을 때가 많고, 그것을 전제해야 거기서 조금씩 비껴가는 순간을 볼 때의 기쁨이 있는 것 같기도 하고요. 아예 그 전제에서 출발하지 않고 완전히 배우 자신으로서 연기하겠다는 결정을 내리면, 준비하는 단계를 더 촘촘히 만들어서 완전히 새로운 무엇이 되어야 할지도 모르겠어요.**

_맞아요. 전형성을 탈피하려면 아주 새로운 걸 보여 주거나, 전형적으로 연기하려면 정말 탁월한 연기여야 하거나 그런 것 같습니다(웃음).

**어렵지만 힘냅시다.**

_〈엔젤스〉 같은 경우엔 원작을 해체하거나 새로운 시도를 한다기보단 최대한 충실하게 이행하는 방식으로 작업했어요. 그 안에서 '벨리즈'라는 역할이 해야 하는 기능들이 있었어요. 공연에 활기를 주고, 관객들이 숨을 고를 수 있게 만드는 역할이었죠.
그런데 그 기능이 저도 완전히 만족스럽진 않았어요. 유대인이자 퀴어이긴 하지만, 결국 미국의 백인 주류 작가가 쓴 작품이라는 한계도 있고, 실제로 작가도 그 부분에 대해 인정했거든요. 그런 작품에서 '흑인'이자 '간호사'인 인물이 조력자의 역할을 하는 점이 아쉬웠어요.

미국 프로덕션에서 벨리즈를 연기한 배우도 "왜 흑인들은 다 백인 시중을 드냐"고 했대요. 작품 속 환자들이 전부 백인이고, 벨리즈는 그들을 돌보는 간호사니까요. 작가가 만약 지금 이 작품을 다시 쓴다면 절대 벨리즈를 간호사로 설정하지 않겠다고도 했답니다.

그렇다고 그 기능을 부정한 채 제 마음대로 인물을 해석하면, 인물로서는 좋은 시도일 수 있겠지만 작품 전체에서는 마이너스가 될 수 있겠죠. 비록 전형적일지라도 작품 안에서 저나 벨리즈가 해야 할 역할이 있다고 생각했어요. 물론 작품이 만들어진 시대의 한계가 분명 존재하지만, 이런 대화를 나눌 수 있다는 점은 의미 있다고 생각해요.

**한계를 인지하고 고민한 흔적이 무대에 반영된다는 점에서 관객도 더 많은 것을 생각하게 될 것 같아요.**

_사실 벨리즈를 연기하며 정말 행복했어요. 인물 덕분에 저도 좀 부드러워지고, 세상을 보는 시각도 좀 따뜻해진 것 같아요.

**영향을 받은 거네요?**

_네. 많이요. 평소에 화가 날 때도 '난 벨리즈야' 생각하면 마음이 풀리더라고요.

**역할이 내 삶에 강한 영향을 줄 때가 있잖아요, 그게 긍정적이든 부정적이든. 저도 〈로테르담〉이라는 작품에서 '앨리스' 역할을 할 땐 저의 겁 많고, 걱정 많고, 거절 못 하는 면이 평소에도 극대화되는 것 같다고**

**느끼기도 했어요.**

_이번 '벨리즈'는 다행히 좋은 영향을 준 것 같아요(웃음).

**최근에 배우로서 새롭게 붙잡고 있는 화두가 있나요?**

_연기를 처음 시작했을 땐 악역을 정말 하고 싶었어요. 그런데 거의 안 해 봤죠. 주로 굉장히 평범한 인물을 연기했는데, 그게 콤플렉스일 때도 있었어요. 배우로서 너무 모범생, 바른 청년 이미지인 것 같기도 하고, 어릴 땐 평범한 것은 매력이 없다고도 생각했거든요. 그런데 시간이 지나면서 평범함도 매력일 수 있고, 그런 인물을 연기하는 배우도 있어야 한다고 생각하게 됐어요. 다행히 이후에는 여러 유형의 인물들을 해 보게 됐고, 악역도 해 봤어요. 그러다 이번에 〈엔젤스〉를 하며, 악역 혹은 자기 욕망에 충실한 인간들의 매력과 존재감만이 관객을 사로잡는 건 아니라는 걸 알게 됐어요. 아주 선한 인물의 선함 또한 엄청난 힘이 될 수 있다는 것을요. 이전엔 어떤 개성이나 강렬함이 있어야 관객들의 시선을 받는다고 생각했는데, 관객들은 사실 다 알아본다는 것을 느꼈어요.

**이거 굉장히 멋진 생각이네요.**

_네. 사실 강렬한 역할을 해 보고 싶은 배우로서의 욕심도 있고, 인물의 결함을 찾고 드러내는 것이 재미있어서 악역을 하고 싶었거든요. 정의로운 주인공은 재미없다고 생각했어요. 항상 뭔가 엇나가고 단점이 많지만, 그 단점에서 자신의 모습을 발견할 때 관객들에게 끌어낼 수 있는 공감들이 있잖아요. 연극사 수업 때 들은 것을 생각해 보면, 고대 그리스비극에서부터 셰익스피어, 사실주의로 넘어오면서 주

인공들이 점점 우리와 가까운 인물이 되잖아요. 고전 속 인물들은 다 컸는데, 현대로 넘어오며 점점 작아지고 가까워지는. 그런 맥락에서 저는 작은 인물을 좋아했어요. 배우가 자기 인물에 너무 빠져서 인물을 이상화하게 되는 것도 싫었고요. 그래서 자꾸만 제가 맡은 인물을 작게 만들기도 했어요. 그런데 내가 맡은 인물이 그렇지 않을 수도 있다는 생각을 하게 됐어요.

**배역을 과하게 이상화하는 건 위험할 수 있지만, 현재의 내 능력으로는 상상할 수 없을 정도로 큰 면이 타인이나 내가 맡은 인물에게 있기도 하니까.**

_네. '벨리즈'는 제가 생각했던 것보다 훨씬 큰 인물이었어요. 그런 경험이 요즘 제 배우로서의 생각을 많이 바꿔 주고 있습니다.
그리고 또 하나, 이제는 작품을 할 때 매번 안전하고 행복했으면 해요. 행복하게 만드는 사람이 되기 이전에, 일단 제가 행복하고 싶어요. 민주주의를 이야기하는 작품을 하면서 정작 민주적이지 않은 프로덕션에 있다거나, 무대에서 말하는 가치가 프로덕션 내에서 중요하게 여겨지지 않을 때 오는 괴리감이 더 괴로운 것 같아요. 같이하는 사람들과 서로 사랑하고, 재미있는 시간을 보내고, 끝나면 헤어지는 게 너무 아쉬운, 그런 경험들이 점점 중요해져요. 작품의 성패보다 더. 그래야 이 일을 오래 할 수 있지 않을까 싶습니다.

**서로 사랑하고 재미있게 작업하는 것이 배우님이 생각하시는 '행복'이군요.**

_성과가 행복을 만들어 주지는 않는 것 같아요. 저는 그냥 먹고살 수 있는 선에서, 할 때 재미있고, 사랑하면서 작업했으면 좋겠어요. 스스로가 행복하게.

**편견에서 출발해 인물을 만들고,**
**그 과정을 통해 우리의 편견을 되짚는 연기는 가능할까?**

우리가 불가능하다고 생각하는 것들이 진짜 불가능할까?

**인류가 사라질 때까지 대면 예술은 존재하겠지?**

우리나라에 희망이 있을까 이제?
우리나라에 아직 희망은 있겠지?

*(박용우, 성수연 소리 죽여 길게 웃는다)*

**희망 없는 사회에서 연극은 무엇을 할 수 있을까?**

절망 속에서 빛을 찾는 게 인생의 묘미 아닐까?

**너는 최근에 어떤 순간이 제일 행복했어?**

너는 최근에 어느 순간에 제일 행복했어?

**너는 역할과 너 사이에 많은 것들을 서로 주고받는데,**
**만약 행복하지 못하고 마음이 많이 아픈 역할을 맡게 된다면**
**어떤 방식으로 너 자신을 지키고 보호할 수 있을까?**

*(박용우, 달리는 동작)*

펜싱… 배워 볼 생각 있어?

+³

# Epilogue

2025년 1월, 배우 박용우를 다시 만났습니다. 그는 여전히 신중하게 말을 이어 가다가도 눈가에 주름을 잔뜩 만들며 오래 웃곤 했습니다. 이번에는 눈물을 흘리진 않았습니다.

2년 8개월의 시간이 흐르는 동안, 그는 드라마 속 다양한 배역으로 관객을 만났고, 일정 문제로 재공연에 참여하지 못한 연극 〈엔젤스 인 아메리카〉의 객석에 앉아 다른 배우의 '벨리즈'를 바라보기도 했습니다. 무대를 보며 그는, 결국 각 배우의 고유한 매력이 모든 역할을 특별하게 만든다는 생각을 했다고 말했습니다. 이전보다 더 유연하게 움직이고, 더 단단하게 멈추는 것처럼 보이는 그에게 '벨리즈'만큼 그를 행복하게 한 배역이 그 후에 또 있었는지 물었습니다. 그리고 다른 매체에서 연기한 경험은 어땠는지, 전형적인 연기를 하는 것과 전형적이지 않은 연기를 하는 것 중 어느 쪽이 더 즐거운지에 대해서도요.

"'벨리즈'와 같은 인물을 또 만나기는 쉽지 않겠지만 계속 노력해야겠지요. 모든 역할에는 그 역할만의 매력이 있고 재미가 있으니까요. 어떤 동료들과 함께하는지도 여전히 저에게 중요해요. 결국 연기 예술은 공동 작업이잖아요. 영상 연기를 할 때도 마찬가지예요. 우리가 편견과 전형성에 대한 이야기를 나눴었지요. 배우가 전형성에서 벗어나는 것도, 자기만의 아이디어를 갖는 것도 좋지만, 작품 전체를 보며 유기적으로 존재하는 일이 더 중요하다고 생각해요. 저도 한번은 테스트 촬영 때 전형적이지 않은 방식으로 인물을 준비해 보여 드린 적이 있어요. 제 배역에 요구된 역할은 전형적인 쪽에 가까웠고, 제 생각대로 하면 바뀌는 설정도 많아져서 원래의 계획대로 돌아갔지만요. 누군가가 강하게 밀어붙인 도박이 가끔은 좋은 결과를 불러올 때도 있겠지만, 모두가 함께하는 작업에선 서로 맞추는 게 중요하다고 생각해요. 예를 들어 의상 디자이너가 보여 준 레퍼런스가 그 배역에 대한 내 해석과 다르다면, 그 생각의 차이를 어떻게 맞출지 고민해 보는 거죠. 저는 그 재미로 작업을 해요. 공동 작업이라는 것을 정확하게 전제로 하고, 그 안에서 자기 것을 주장해야 하는 것 같아요. 그리고 감독이나 연출이 저에게 요구한 것이 전형성이든 의외성이든, '너'라서 캐스팅을 했다는 말을 들으면 즐거워요. 사실 배우는 감독이나 연출이 믿어 주면 무엇이든 할 수 있잖아요."

짧은 대화를 마무리하며, 박용우는 문득 진지하게 물었어요.

"너한테 제일 중요한 삶의 가치는 뭐야?"

그 질문은 대화 내내 다채로운 감정에 전염되어 즐거웠던 제 마음을 가라앉혔습니다. 빠르게 변하는 세계의 풍경과 여전한 고통들이 스쳤습니다. 안온하면서도 서글픈 침묵이 흘렀습니다. 그리고 제가 돌려준 질문에 그는 대답을 하지 않는다는 규칙을 깨고 단호하게 답했습니다.

**'벨리즈'와 같은 사람들이 아주 안전하고 자연스럽게**
**살아갈 수 있는 때가 언제쯤 올 것 같아?**

_안 오니까, 우리가 가야지.

*

# 자원을 모으고 선택지를 늘려 가는 일

*

경지은

+[1]

# Prologue

처음 무대에 섰던 순간을 어렴풋이 기억합니다. 초등학생 때 성당에서 성탄절 기념으로 올린 성극에 단역으로 출연했던 순간입니다. 대사는 단 한 마디였어요.

"아내가 아이를 낳을 것 같은데, 기름을 좀 얻을 수 있을까요? 제발…."

이때만 해도 제가 배우가 되리라고는 상상도 하지 못했습니다. 연기하는 일 자체가 부끄러웠던 건지 기름을 구걸하는 행동이 부끄러웠던 건지는 모르겠지만, 도망치고 싶었던 기분만은 확실히 기억합니다.

고등학교 연극 동아리 활동을 하며 배우가 되고 싶다는 생각을 하게 되었는데, 제가 맡은 첫 배역 '돈술'의 대사 일부도 아직 기억합니다. "형님. 망령이요, 망령. 나도 사내요. 나도 근 20년을 홀애비 독수공방 지낸 놈이고…." '돈술'은 천승세 작가의 희곡 「봇물은 터졌어라우」의 등장인물로, 46세 남성입니다. 저의 생물학적 성별은 여성이고요. 저의 첫 연기 경험들은 모두 '젠더 크로스' 연기였네요.

연극을 좋아하는 독자님들께서는 '젠더 크로스', '젠더 프리' 등의 용어를 들어 보셨으리라 생각합니다. 제가 연극 동아리에서 연기했던 '돈술'을 예로 들어 볼까요? 남성으로 설정된 인물을 여성인 제가 연기한 경우, 즉 배우와 배역의 성별을 일치시키지 않는 경우를 '젠더 크로스 캐스팅(gendercross casting)'이라고 합니다. 만약 '돈술'이라는 인물 자체를 여성 인물로 바꾸어 각색하고 제가 연기했다면, '젠더 스왑(gender swap)'이 되었겠지요. 그 외에도 의도적으로 성별 규범을 전복하거나 뒤트는 시도를 일컫는 '젠더 벤딩(gender-bending)', 성별을 전혀 중요하게 여기지 않는 '젠더 블라인드(gender-blind)', 배우의 성별과 관계없이 배역을 결정하는 '젠더 프리 캐스팅(gender-free casting)' 등의 용어가 자주 사용되고 있습니다. 이 용어들의 의미는 서로 겹치거나 교차되기도 하고, 하나의 프로덕션 안에서 복합적으로 사용되기도 합니다. 이 개념들을 정확히 구분하는 일도 중요하지만, 저는 그 시도가 만들어 내는 사회적 맥락과 프로덕션이 던지는 질문에 주목하는 일이 더 중요하다고 생각합니다.

2018년, 저는 배우 경지은과 연극 〈이번 생에 페미니스트는 글렀어〉에서 처음 만났습니다. 당시 연극계는 수많은 여성의 경험이 언어가 되어 터져 나오던 시기였습니다. 여러 구조적 문제를 논의하며 안전한 창작 환경과 여성 배우들의 위치, 성별 규범에 대한 성찰이 활발히 이루어지고 있었습니다. 저도 그때 많은 여성 동료들과 대화를 나눴습니다. 우리는 어떤 환경에서 어떤 연기를 하고 싶은지, 기존의 여성 배역들이 연기자로서의 우리의 욕망을 얼마나 수용할 수 있는지에 대해서요. 많은 여성 배우들이 오필리어보다는 햄릿을 연기하고 싶어 한다는 사실을 아시나요?

'젠더 프리' 연극도 활발히 만들어졌습니다. 물론 그런 연극은 이전에도 있었지만, 이 시기의 시도는 사회적 성 역할에 대한 격렬한 문제제기였습니다. 여성(배역)은 '어머니 아니면 애인' 혹은 '성녀 아니면 창녀'뿐이라는 체념, 그리고 그 체념이 지당했던 현실을 바꾸기 위한 투쟁이기도 했고요. 남성과의 관계를 전제하지 않은 독립적 지위를 획득하려 했던 여성들의 노력이자, 다양한 성 정체성과 성적 지향에 대한 가시화이기도 했지요.

여러 시도가 쌓이며 쟁점이 더욱 세분화되고 치열해지던 2021년, 경지은과 만나 대화를 나눴습니다. 그는 자신의 생물학적 성별과는 다른 배역을 연기하며 발견한 생각들을 '자원'이라고 표현했어요. 그 자원은 그를 어떤 연기 선택지와 삶의 선택지로 인도했을까요?

배우 경지은과 대화를 나눈 기록입니다.

**경지은**

연극과 농담을 만든다.
호명과 폭로 사이를 떠돌며, 살고 싶은 세계를 몸으로 연습해 이뤄 간다.

+²

# Interview

## 불편함을 다룰 수 있는 힘

(성수연) **최근 연극 〈레드 스피도〉에서 '남성' 수영 선수 역할을 맡았던 경지은 배우님과 함께 배우의 젠더 수행 이야기부터 시작해 보고 싶었어요. 저는 배우님이 사회에서 여성으로 패싱되고 있다고 생각했고, 작품에서는 본인과 다른 성별의 배역을 맡아 연기했다고 생각했어요. 그런데 배우는 배역의 성별, 나이, 직업 등 단순한 프로필만을 연기하지는 않잖아요. 어떤 과정을 거치셨는지 궁금합니다.**

_젠더 프리 캐스팅을 제안받으면서 새삼 깨달은 건, 그동안 연기를 '성별'로 하지 않았다는 사실이에요. 〈레드 스피도〉에서 제가 맡은 '레이'는 극 중에 남성으로 명시되어 있고, 저는 여성으로 패싱되는 배우죠. 배우와 배역의 성별이 일치된 작품을 만나면 성별을 염두에 두고 연기하지 않는데, 처음 젠더 프리 캐스팅으로 작업했을 땐 '어떻게 표현하지?', '나는 누구이며, 내 정체성은 어디까지 여성인가?', '남성이란 무엇이며 어떻게 남성을 표현할 것인가?', '여성의 몸으로 남성을 연기하는 것은 무슨 사회적 의미를 발생시키는가?' 등에 대한 다양한 질문이 생겨났어요.

**그 질문들을 어떻게 고민하며 이어 나가셨나요?**

_과정 속에서 조금씩 새로운 발견을 하고 있어요. 사회에서 요구되는 '여성스러움/남성스러움'과 같은 고정관념을 확인하고, 그러한 편견에서 벗어나는 시도를 하기도 해요. 성별을 둘로 나누려는 세상에서 다양한 성 정체성을 지닌 존재가 함께 산다는 것을 잊지 않고. 작품 하나하나를 하면서 자원을 모은다는 느낌으로.

**자원을 모은다는 말이 참 좋네요.**

_모아져야 할 텐데(웃음).

**솔직한 질문을 해 볼게요. 남성처럼 보여야 한다는 강박이 들진 않으셨나요?**

_이번 〈레드 스피도〉에선 그런 강박은 없었어요. 맨 처음 젠더 프리를 경험했을 때는 남성을 연기해야 한다는 부담이 더 컸지만, 제 몸은 특정 성별이 되지 않아도 생각보다 강인하고 격렬하다는 걸 알게 되었어요. '남성만큼 강한 몸이 되어야 한다'라는 무게를 이겨 내는 힘을 찾은 것 같아요. 그리고 굉장히 흥미로웠던 점은 '관객과의 대화'에서 젠더에 관련된 질문이 나오지 않았다는 사실이에요. 뭔가가 확인되는 순간이었달까요?

**'관객들도 함께 고민해 왔고, 우리가 찾아낸 것을 보고 믿어 주는구나'라는 확인이었을까요?**

_맞아요. 물론 아직 해결할 부분도 있지만, 관객들의 관점이 다채로워졌다는 느낌을 받았어요. 첫 번째로 나올 것 같았던 젠더 질문이 나오지 않은 게 놀라웠죠. 시간이 지나면서 공연계에서 젠더 프리, 젠더

벤딩 등에 대한 시도가 늘어나고 창작자와 관객에게 자원과 데이터가 쌓였기 때문 아닐까 싶습니다.

**멋진 확인의 순간이었을 것 같아요. 저는 오히려 여성 인물을 연기할 때 배우님이 말한 부분과 비슷한 질문을 가졌던 적이 있어요. 여성으로 패싱되는 배우들이 모두 남성 배역을 연기하는 환경에서 유일하게 '여성'인 인물을 연기했을 때. 아무도 저에게 요구하지 않았는데도 왠지 더 '여성스럽게', 사회적 여성성을 수행해야 할 것만 같은 불안의 순간이 생기는 게 흥미로웠어요. 그때 질문이 생겼어요. '나는 누구이며, 내 정체성은 어디까지 여성인가?', '여성이란 무엇이며 어떻게 여성임을 표현할 것인가?', '지금 이 불안은 옳은 불안인가?' 여성성에 관한 사회적 편견에 저항하려 노력하고 있었는데도 막상 제 일이 되니 생각이 많아졌어요. 젠더 프리 캐스팅은 주어졌지만, 정작 저는 젠더로부터 프리하기 어려웠던 거죠. 동시에, 이전에 배우와 배역의 성별이 일치하는 작품에서는 인지도 못한 채 성별 고정관념을 연기하고 있었던 건 아닌가 하는 질문도 생겼습니다.**

_젠더 프리 캐스팅에서는 '성별'을 고려해야 한다는 점이 여전히 새삼스럽기도 하고, 동시에 중요한 사건을 맡은 기분이 들기도 해요. 배우와 배역의 성별이 일치하지 않으면 무대 위에서 낯선 가설들이 생기고, 관객은 여러 가지를 상상할 수 있는 가능성이 열리잖아요. 그만큼 배우는 새롭게 파생될 가능성에 대해서 충분히 고민해야 하고요.

**'남성성'을 떠나서 어떤 '멋짐'을 수행해야 한다는 생각은 없으셨나요?**

_(웃음) 멋져야 한다는 생각은 안 했지만, 멋져 보일 수 있겠구나 하는 생각을 했어요.

**어떤 종류의 멋짐인가요?**

_폭력을 휘두르는 남성 인물을 여성의 몸으로 연기해야 할 때, 저는 폭력을 그대로 재현하기 싫어요. 상징적으로 표현하거나, 몸의 각도를 틀거나, 행위를 반복하는 횟수를 줄이는 등 폭력성을 최대한 적게 노출시키려고 하거든요. 때로는 이런 선택 때문에, 폭력이 명백하게 드러나지 않아 오히려 폭력적인 인물을 매혹적으로 만들어 버린 건 아닐까 하는 의구심이 들 때가 있어요.

## 안전은 환경에서 시작된다

**여성의 몸을 통해 중화된 폭력이 오히려 아슬아슬하게 인물을 매력적으로 보이게 하는 순간에 대한 의구심인가요? 흥미로운 발견이라고 생각해요.**

_성별을 떠나, 부득이하게 폭력을 수행해야 하는 장면에서는 다층적인 표현을 쓰려고 해요. 연기적 선택으로 폭력을 중화하거나 축소하면서도 여전히 명백한 폭력으로 그려 내고 싶어요. 미묘하고 먼지 같은 폭력이라 섬세하게 나눠서 구분하기 어렵지만 분명 구분할 수 있는, 그래서 논의될 수 있는 장면으로 재생산하려는 것이죠. 우리에게 익숙한 폭력을 반복적으로 보는 것이 아니라 다양한 관점에서 바라볼 수 있고 해석할 수 있게 균열을 만드는 것이 중요하다고 생각해요.

**다층적으로 읽어 낼 수 있는 표현을 선택하는 과정에 대해 듣고 싶어요.**

_우선 프로덕션 안에서 '이 장면이 꼭 필요한가'를 논의해요. 작가와 대사를 수정하거나, 연출가에게 장면의 다른 콘셉트를 제안하기도 하고요. 구조상 폭력적인 장면이 필요하다면 결국 무대 위 배우의 몸이 중요해지잖아요. 이럴 때는 특정 성별을 연기한다는 사실을 떠나서 조금 더 성평등한 지향점을 가진 표현을 고민합니다.

**공연에서 구체적으로 선택했던 표현 예시가 있을까요?**

_낭독 공연 〈즐거운 너의 집〉에서 '주디'라는 인물을 연기했어요. 주디는 1950년대의 삶의 가치를 지향하는 가정주부예요. 작품 안에 친구 남편이 취직을 빌미로 성희롱을 하는 장면이 있었어요. 지문에는 '주디가 고개를 끄덕인다'라고 되어 있었지만, 그냥 수긍을 하고 싶지는 않더라고요. 그때 고개를 위아래로 흔들며 수긍하지 않고 턱을 치켜들면서 삐딱하게 고갯짓했어요. 두 주먹을 꽉 쥐는 행동을 더하기도 했고요. 그리고 결국 '죄송해요'라는 대사 이후에 자리를 박차고 퇴장하는 동선을 만들었어요. 이렇게 인물은 동의하지만 배우는 동의하지 않는 순간을 연기 속에 담아냈어요.

**인물의 상황과 배우의 입장은 충돌했지만, 그것이 오히려 배우와 인물이 딱 맞아떨어지는 순간이 되었겠네요. 지금의 현실이 잘 반영된 풍부한 순간이 만들어졌을 것 같아요.**

_하지만 배우와 인물이 딱 맞아떨어지는 순간만 있는 것은 아니니까 어떤 선택을 해야 배우도, 인물도 안전할 수 있는지, 또 그것을 보는 관객도 안전할 수 있는지 생각해야만 하더라고요. 작은 끄덕임이었는데 당시에는 굉장히 고민을 많이 했어요.
작은 행동들이 쌓이면 인물이 누구와 연대하는지, 누구의 목소리를 대변하는지 더 선명하게 전달될 거라고 생각해요. 경계를 허물고 선택지를 늘려 가는 일을 하고 싶어요.

**멋져요. 작아 보이지만 결코 작지 않다고 생각해요. 선택지를 늘려 간다는 표현이 좋네요. 〈레드 스피도〉 창작 과정에서도 그런 순간들이 있었는지, 창작 과정에서 어떤 논의들이 있었는지 궁금해요.**

_〈레드 스피도〉의 프로덕션은 젠더 프리 캐스팅을 처음 하는 팀은 아니었어요. 이미 쌓여 있는 데이터를 기반으로 서로 의견을 나누면서 연습을 진행할 수 있었죠. 수영 선수인 '레이'와 그의 코치는 남성으로 명시되어 있지만 여성으로 패싱되는 배우가 연기를 했고, '레이'의 전 여자 친구 역할은 여성으로 명시되어 있고 여성으로 패싱되는 배우가 연기했어요.
'레이'가 코치나 변호사인 형을 만나는 장면에서는 경쟁 사회 속 관계성이나 거대한 사회구조가 드러나는 반면, 전 여자 친구를 만나서 이야기를 할 땐 연애 문제로 화두가 축소되는 순간이 있었어요. 같은 사건으로 파생된 장면인데도, 연인이라는 이유로 말이에요.

**연애 문제로 축소되면 인물의 위상이나 갈등의 크기가 줄어들 것 같은데요.**

_맞아요. 사적 영역에서 은밀한 관계로만 그려지면 안 된다는 논의가 팀 내에서 있었어요. 사건의 조력자로 연루된 중요한 인물인데, 여자 친구였다는 이유로 '사랑했기 때문에'로 끝나 버리면, 다른 관점에서 읽힐 가능성이 사라져 버리니까요. 그래서 각 인물의 목표와 욕망을 구체적으로 설정했고, 결과적으로는 팀에서 원하던 방향이 무대에서 잘 드러났다고 생각해요.

**젠더 프리 캐스팅을 통해 생각해 볼 수 있는 '여성성', '남성성', '젠더'에 대한 질문들에 또 다른 층위의 질문을 더한 것으로 보이네요. 여성 인물들이 서사 안에서 어떤 식으로 소비되거나 축소되어 왔는지에 대한 고민을 작품에 담아낸 것으로 보여요.**

_네. 물론 배역의 성별을 고민해야 할 때도 있지만, 지금의 저한테 그 고민이 크지는 않고, 아니, 커요(웃음). 그래도 성별 자체보다는 배역과 배우가 만났을 때 파생되는 다양한 가능성을 충분히 읽고, 의도와 질문을 명확히 하려고 노력합니다.

저는 때로는 사회에서 요구하는 여성상에 부합하는 사람이 아니기도 했어요. 어렸을 때부터 지금까지 "왜 여성스럽지 못하냐"라는 질문을 받고 자라 왔으니까. 목소리가 굵고 낮은 편인데 이것이 익숙한 '남성성'에 가깝다면, 오히려 남성 배역을 연기할 때 음역대를 높여 보기도 해요. 익숙한 편견에서 비롯된 경계를 흐트러트리고 싶어요.

**스스로 가진 조건들을 역이용해 경계를 일부러 흐트러트릴 수 있는 선택을 한다는 점이 재미있네요. 물론 지금 우리가 사회적으로 통용되는 '여성성'과 '남성성'이라는 언어와 개념에 동의하고 있는 것은 아니지만.**

_맞아요. 사회적 여성상에 부합하지 않았기 때문에 성별에 따른 억압과 편견을 예민하게 감각하려는 의지가 있어요. 골격과 키가 크기 때문에 남성 역할에 캐스팅됐다고 생각하지는 않아요. 다만 제가 어떤 고정관념에 대해서 계속 공부하고 싶어 하고, 그에 대해 조금 더 알고 있다는… 알긴 뭘 알아(웃음). 현실과 무대 사이에서 일어나는 차별을 열심히 읽고자 하는 사람이라서 작품 제안이 왔다고 생각해요.

**작품은 어떤 기준으로 선택하세요? SNS에 공유하는 기사나 소식 등을 보면 배우님의 의견과 선택한 작품의 결이 비슷하다는 느낌을 받았거든요.**

_여성이 목소리를 내는 작품이라면 반갑고 신나요. 연극은 부조리한 현실을 담아내고 공감을 일으키는 장르이기도 하잖아요. 다수가 긍정하는 이야기에서 소외된 인물과 역사를 찾아 동행하고 싶어요.
그런 의미에서 참여하는 프로덕션도 중요해요. 그래서 본격적으로 연습을 시작하기 전에 저의 관심사나 지향하는 가치, 작업 태도를 팀과 공유하고, 창작 과정에서는 어떻게 의견을 나누는지 물어보기도 해요. 예전에는 작품, 배역 등만이 계약 조건이었다면 더 풍성한 대화를 나누고 계약 조건의 세부 사항을 확인해요.

**그런 대화를 나누면서 '아, 이건 정말 발전적이고 좋은 대화다'라고 느꼈던 순간이 있나요?**

_크고 작은 순간들이 있어요. 대본에 사용된 욕설의 뜻을 해석하면서, 여성 혐오·장애인 비하·청소년 폄하 표현임을 짚어 가면서 욕설을 삭제한 적이 있어요. 또 어떤 작품에서는 남성 배역은 변호사, 장교 등 경제활동을 하는 직업군임이 드러난 반면, 여성 배역은 가정에서 어머니, 딸, 언니로 머무는 것을 발견하고 창작자들끼리 여성 배역의 직업을 만들기도 했어요. 또 창작자들이 사용하는 은어, "아, 오늘 대사를 절었어", "배우는 잘 팔려야지"와 같은, 대상을 도구화하는 표현이나 그런 '취급'을 경계하자는 약속을 나눈 적도 있고요.
안전한 창작 환경에 대해서도 계속 고민하고 있어요. '나이가 어리다고 함부로 반말하지 않는다'는 건 어떤 그룹에서는 당연히 지키는 약속 중 하나지만, 어떤 그룹에서는 여전히 어렵잖아요. 저는 동행하는 동료들과 함께 안전한 작업 환경을 고민하고 만들어 가면서 안정을 찾았어요. 느슨한 연대에 행복했고 세상이 많이 바뀌었다고 느꼈어요. 그렇지만 기대를 품고 만난 작업에서, 고군분투했지만 상처를 받은 경험도 많아요.

**다들 속도가 다른 것 같아요. KTS(한국공연예술자치규약)와 같은 훌륭한 지침을 읽고, 그걸 참고해서 좋은 약속을 만들어도 결국 너무 기본적이라 명시하지 않은 부분이나 행간에서 문제가 생기기도 하잖아요. 계속 고민하고 있다는 배우님의 말씀에 공감해요. 계속 공부해야 한다고 생각해요.**

_프로덕션 진행 중 문제가 생기면 사적인 관계 문제로 축소시키지 않고 그 문제에 대해 동등하게 말할 수 있는 장이 필요해요. 모두가 함께 만드는 작업 환경에서 일어난 문제니까, 그 문제를 다 같이 감내하고 적극적으로 대책을 세워야 폭력이 반복되지 않겠지요.
저는 이제 30대가 되면서 '막내 여자 배우'의 시기를 넘어가고 있거든요. 저를 압박하고 긴장시키던 폭력들이 이제는 저보다 나이가 어리거나 경력이 적은 배우에게 향하는 걸 주시하고 있어요. 어떤 이는 아직도 그런 세계가 있냐고 비웃을지도 모르지만, 있어요. 소리 낼 것 같은 사람과 못 낼 것 같은 사람을 구분해서 가해의 방향을 바꾸는 사람이 지금도 있어요.

**내가 그 대상에서 벗어났다고 해서 없는 일이 되는 건 아니니까요. 계속 고민해야 하는 것 같아요. 내가 제대로 하고 있는지도 성찰해야 하고요. 안전한 창작 '환경'뿐만 아니라 창작 '내용'의 안전에 대한 고민도 하게 돼요. 창작 환경에서 안전망을 제대로 구축해 둔다면 조금 도발적이거나 불편한 내용도 시도해 볼 수 있지 않을까 싶다가도 아직은 때가 아닌가 싶기도 하고, 고민이 되더라고요.**

_안전망 없이 도발적인 내용을 시도한 작품에서 피해자가 생겨난 적도 있으니까요. 그래도 창작 환경에 대한 질문을 만드는 팀이라면 더 다채로운 화두를 다룰 수 있지 않을까 희망을 가져 보기도 해요. 새로운 이야기들이 이곳저곳에서 나오기도 하고요.

제가 스탠드업 코미디를 좋아하는 이유 중 하나도 수위를 넘나든다는 점 때문이에요. 안전한 창작 환경을 구축하는 팀 안에서 '위험한' 농담을 만들며 수위를 넘나드는 스릴이 즐거워요. 오랜만에 질펀하게 '놀아 제끼는' 거죠(웃음).

## 배우의 공부, 몸의 공부

**저도 해 보고 싶어요. 스탠드업 코미디. 질펀하게(웃음). 이런 부분을 포함해서 연기나 연극 작업의 화두들을 어떤 방식으로 공부하고 계신가요?**

_책으로 접하다가 최근에는 관심 있는 특강이나 강좌들을 찾아 듣기 시작했어요. 올여름에는 3개월간 성평등 교육 활동가 과정을 수료했는데, 점점 공부의 호흡이 길어지는 걸 느껴요. 또 개인적으로 할 수 있는 행동을 놓치지 않고 체크하려고 해요.

사실 세상이 바뀌지 않을 것 같은 두려움에 자주 낙담하고 분노하고 좌절하기도 해요. 그럼에도 미투 운동이 일어나기 전처럼, 침묵하고 방관하던 예전처럼 살고 싶지 않아서 조금씩 몸을 움직여 보고 있어요. 한동안은 배우 훈련이나 여러 연기 메소드를 배우던 시기가 있었는데 지금은 해 보지 못한 경험을 더 해 보려고 해요. 극한으로 몰아붙

이는 훈련 과정에서 부상 입고, 경쟁하던 시기를 지나 내 몸을 돌보는 방법에 대해 생각하고 있고요.
바다에 있으려고 해요. 바다는 제 마음을 다스리면서 설레는 마음으로 사유할 수 있는 시간을 주더라고요. 그래서 그냥 물속에 있는 거죠. 서핑도 하고, 스킨스쿠버, 스노클링, 바다 수영도 하고요.

**이야기를 듣다 보니 정말 바다에 가고 싶어지네요. 화제를 크게 바꿔 볼게요. 어떻게 연기를 시작하게 되었나요?**

_10대 때 학교에서는 늘 활발하고 인기 많은, 말하자면 '2학기 반장' 스타일이었고 집에서는 조용했어요. 그 괴리가 소화하기 힘들었고, 어떤 모습이 내 본모습인지 혼란스럽기도 했죠. 그 시기에 드라마, 영화에 빠졌어요. 가상의 세계가 도피처가 되는 듯했어요. 그러다가 촬영 현장을 따라다니기 시작했어요. 배우가 되고 싶었다기보다는 내가 처한 현실과는 다른 가상의 현실이 위로가 됐거든요. 그렇게 자연스럽게 연극영화과에 진학했어요.

**현장을 따라다녔다니! 기억에 남는 현장이 있나요?**

_의학 드라마를 굉장히 좋아해서 병원에서 촬영하는 현장에 자주 갔어요. 그중에서 〈외과의사 봉달희〉를 정말 좋아했어요. 봉달희가 너무 멋있었어요.

**저는 〈하얀 거탑〉을 좋아했어요. 당시에는 '여자 배역에는 왜 장준혁 과장 같은 역할이 없을까? 저런 역할 해 보고 싶다' 생각했던 기억이 나요.**

_봉달희도 그때는 없던 여자 의사 캐릭터였어요. 러브 라인이 있긴

했지만(웃음).

**가상의 세계가 주는 위안 때문에 연기를 시작하게 되었지만, 지금은 누구보다 단단히 현실에 발을 붙이고 현실에서의 문제의식과 작업을 연결하고 계시네요. 앞으로의 계획이나 목표, 지향점이 있다면?**

_이 일을 오래 하고 싶다는 의지가 생겼어요. 배우 일을 지속하는 것이 목표 중 하나예요. 배우로서의 개인 창작 활동을 더 주체적으로 하고 싶은 마음도 있고, 스탠드업 코미디라는 장르를 알게 되었으니 한 시간 스페셜 공연을 해 봐야겠다는 마음도 있어요. 수연 배우님은 어떠세요?

**아직 찾는 중이에요. 안전하되, 안전함 속에서 안주하지 않을 수 있는 날카로운 순간들을 만들어 내고 싶고, 또 보고 싶다는 생각은 오래전부터 저에게 유효한 화두거든요. 연극의 가치도 다시 생각해 보는 중이고요.**

_대면하는 예술이 가진 가치에 대해서 다시 논하고 목표를 설정해야 하는 중요한 시점인 것 같아요.

**대면하는 예술의 가치가 뭐라고 생각하세요?**

_저는 일단 무대에서 살아 있는 몸을 보는 게 좋아요. 창작의 흔적이 쌓인 현장에 함께 있는 감각이 황홀해요. 눈으로 볼 수도 있지만 내 가까이 지나가는 배우의 발걸음에서 느껴지는 울림도 좋고. 빛도 좋고. 말라 있던 배우의 머리가 극 후반에는 땀으로 젖어 가는 생생한 변화 같은 것이 좋아요. 나 좋아하네, 연극.

**선택지가 많다는 것은 자유와 이어질 수 있을까?**

우리는 무엇에 가로막혀서 자유로울 수 없는 걸까?

**사회적으로 나를 가로막고 있는 것들만이**
**나를 가로막고 있는 걸까?**

무엇을 미루고 무엇을 뜸 들이나?

**여러 생각과 함께 걸어갈 때 어떻게 하면**
**좀 더 가볍게 걸을 수 있을까?**

너의 걸음 주변에 어떤 발자국들이 남아 있어?

**너는 바다에서 혼자 있을 때가 좋아,**
**누군가와 같이 있을 때가 좋아?**

같이 있을 수 있는 사람은 타인을 혼자로도 만들어 주는데,
같이 갈래?

**(응응.) 네가 보는 것을 나도 보고,**
**내가 보는 것을 너도 보고, 그럴 수 있을까?**

(아싸.) 너와 나는 무엇을 같이 보고 싶은 걸까.

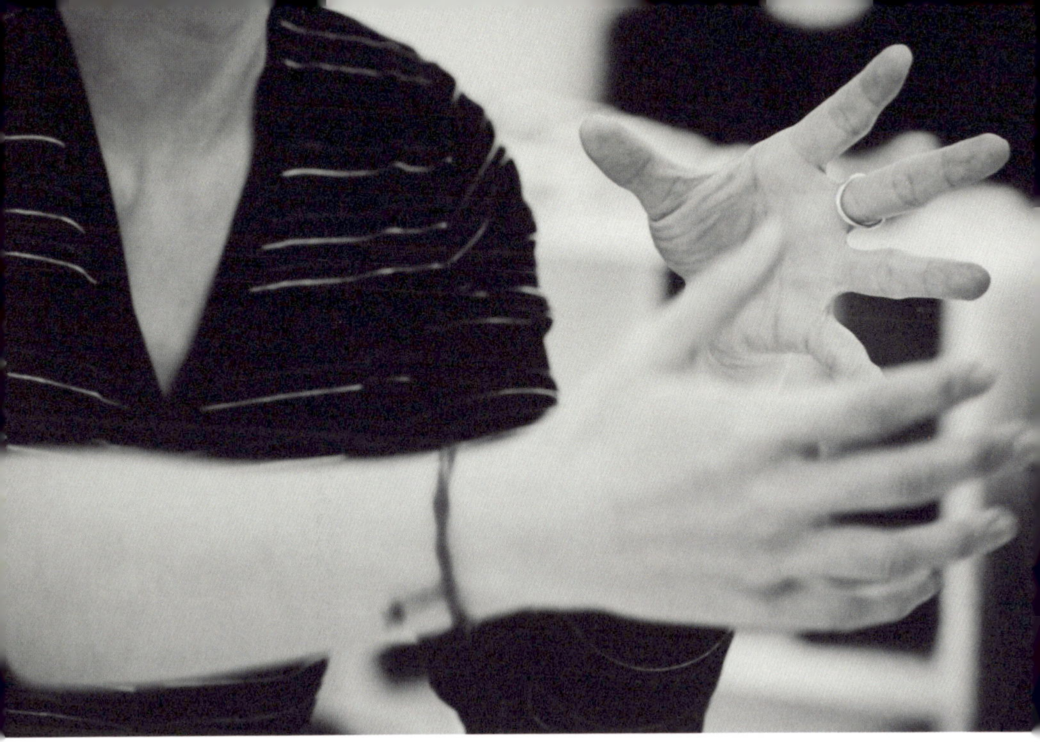

+³

# Epilogue

연극계 미투 운동 이후, 연극계에는 많은 변화가 있었습니다.

이 글을 쓰고 있는 2025년 지금은, 어떤 연극에 참여하기 전 성희롱·성폭력 예방 교육을 이수하거나 안전한 창작 환경을 위한 약속을 먼저 만드는 일이 퍽 자연스럽습니다. 또, 그사이 무대에서는 다양한 방식의 젠더 수행이 시도되었습니다. '생물학적 성별'이 인간을 규정하는 가장 결정적인 특징인 것처럼 전제되던 관습에 균열이 난 것이지요. 개인의 삶의 선택지가 얼마나 좁았는지, 다양한 젠더 논의가 필요한 존재들이 어떻게 지워져 왔는지를 성찰하고 질문하려는 시도가 이어졌습니다. 그러니까 그 시기는 많은 창작자가 경지은의 표현처럼, 경계를 허물고 선택지를 늘려 나가기 위해 기존의 관념에 온몸으로 부딪히던 시간이었습니다. 물론 담론이 세분화될수록 새로운 경계들이 드러나기도 했습니다. 하지만 한때는 낯설었던 시도들이 이제는 제법 자연스럽게 받아들여지고 있다는 것을 느낍니다. 아마도 수많은 사례가 쌓였기 때문이겠지요? 그 각각의 현장들은 지금은 하나의 '사례'로 남았지만, 당시에는 뜨겁고 혼란스럽고, 예민하게 날이 선 투쟁의 자리이기도 했습니다. 경지은은 그 현장에서 기존과는 다른 선택의 가능성을 탐색하며 치열하게 질문하던 배우입니다.

2025년 1월, 저는 배우 경지은을 다시 만났습니다. 그리고 지금 모으고 있는 자원과, 그에게 존재하는 선택지에 대해 물었습니다.

"최근에는 '남성 인물을 여성 배우가 연기하는 것을 통해 내가 무엇을 봐야 할까?'라는 생각을 해요. 내가 남성을 연기함으로써 무엇을 얻으려 했는지, 창작자들이 지나치게 성별에만 집중한 게 아니었을지 돌아보게 되기도 했고요. 그렇지만 여성 배우들이 사회와 연극에서 주류를 이루던 남성 인물들을 연기하며 그 위치에 가 보고, 그를 통해 다양한 힘을 획득하는 시간은 분명 꼭 필요했던 것이잖아요. 나와 다른 관점을 가진 관객, 동료 들과 생각을 주고받으며 기존의 관념을 흔드는 작업을 하던 때였죠.
그렇게 자원을 모으고 선택지를 늘리던 시기를 보냈다면, 이제는 그 선택지들 사이에서 내가 어느 방향을 바라볼지 생각하고 있어요. 선택지가 많아진다는 건 결국 삶의 가능성이 확장된다는 뜻이죠. 다양한 선택지가 만들어지는 일은 이 세계를 살아가며 좀 더 자유로워질 수 있는 자원이기도 하고요. 자유로운 삶을 꾸릴 주체적인 권리를 갖게 되는 자원이요."

기존의 관념을 흔들기 위해 치열한 논의와 시도들이 이어졌던 2021년 여름(어쩌면 2018년)부터 시작된 긴 대화. 그 대화를 마치며 저는 우리가 얻어낸 소중한 현재를 놓치지 않기 위해 어떤 미래를 그리고 싶은지 질문하게 되었습니다.

**만약 우리가 원하는 것들이 모두 이뤄진 때를 살고 있다면,**
**너는 어떤 연극을 하고 있을까?**

_우리가 다시 이렇게 마주 보고 있을 수 있을까?

*

# 주장하지 않아도 이해받을 때까지

*

신윤지

+[1]

# Prologue

'배우는 하얀 도화지'라는 말을 들어 본 적 있으신가요? 배우가 되길 꿈꾸던 시절, 저는 배우에 대한 가장 멋진 표현 중 하나라고 생각했습니다. 도화지처럼 무슨 색으로든 물들 수 있다니, 얼마나 두근거렸는지 모릅니다. 이는 또한 '천의 얼굴을 가진', '스펀지처럼 흡수하는' 등의 수식어와 함께 탁월한 배우들에게 찬사를 보낼 때 단골로 등장하는 표현이기도 했지요. 매일 밤 유명 배우들에 대한 기사를 찾아보며 언젠가 그들처럼 되길 기도하는 수많은 예비 배우들에게, '하얀 도화지'는 여전히 심장을 뛰게 하는 말일지도 모르겠습니다.

배우는 어떤 역할이든 막힘없이 연기할 수 있어야 하고, 배우 자신보다는 배역을 잘 드러낼 수 있도록 준비되어 있어야 하지요. 세계를 유연하게 수용할 준비가 된 상태, 그러니까 배우의 이상적인 상태를 직관적으로 설명하고자 누군가가 사용하기 시작했을 이 비유는, 참 이상하게도 배우들의 몸과 마음의 건강을 해치는 명령어로 작동하기도 합니다. 하얀 도화지가 되기 위해 자신의 감정이나 의견을 중요하게 생각하지 않는 훈련이 내면화되기도 하고, 시민으로서의 입장을 갖거나 드러내는 일을 주저하게 되기도 하고, 심지어는 자신의 고유성을 부끄럽게 여기며 죄책감에 시달리게 되는 일도 있지요.

죄책감이나 자기 의심은 수동적인 상태로 이어지기 쉽습니다. 수동적인 상태는 순종적인 상태로 이어지기 쉽습니다. 자신을 해치는 말도 무비판적으로 수용하거나, 누군가를 차별하고 혐오하는 연극에도 문제를 제기하지 못하는 경우가 생기기도 합니다. 그렇게 어떤 색으로든 물들 수 있어야 한다는 이상 아래, 배우가 자신의 윤리적 입장이나 정서적 안전, 자신이 참여하는 연극의 사회적 맥락을 고려할 권리를 잃어버릴 위험이 높아지는 것입니다.

저는 이 '하얀 도화지'라는 말이, 무대가 절실하면서도 아직은 동료를 많이 만나지 못한 배우들에게 특히 더 좋지 않게 작동할 확률이 높다고 생각합니다. 권위 있는 사람들의 영향을 받기 쉬우니까요. 우리가 알다시피 이 세계엔 누군가의 절실함을 응원하기보다는 그 절실함을 이용하려는 의도를 가진 사람들도 있지요.

2018년 2월에 시작된 연극계 미투 운동은 그 권위로부터 발생한 폭력을 수면 위로 끌어올리며 시작되었습니다. 권력의 구조와 배우의 일에 대한 오랜 믿음에 균열이 생긴 순간이었습니다. 연극계의 많은 사람들이 몸과 마음의 아픔을 마주하며 새로운 질문을 던지고, 새로운 연습을 하기 시작했습니다. 배우들은 도화지처럼 '하얗게' 있어야 한다는 믿음을 부정하기 시작했습니다. 각자의 삶 속에서 남은 흔적을 받아들이고, 스스로 방향을 결정하며 무대 위를 그려 가기 시작했습니다.

배우 신윤지는 그때 목소리를 낸 동료들 덕에 스스로의 선택을 존중하게 되었다고 말합니다. 맡은 배역에 대해서만 고민하면 된다고 생각했던 예전과는 달리, 이제는 작품이 지향하는 가치에 동의해야 작품을 선택하고, 배역에 대한 입장을 연기에 담아내기 위해 고민한다고도 말합니다. 자신이라는 도화지에 직접 그림을 그리거나, 붓을 쥘 존재를 스스로 선택하게 된 것입니다.

신윤지는 연극 〈청년부에 미친 혜인이〉의 주인공 '혜인이'를 연기할 때 변화 이전과 이후의 자신을 모두 만날 수 있었다고 해요. 교회의 가르침에 순종하던 혜인이, 교회로부터 부당한 폭력을 당한 혜인이, 지옥에서 돌아온 페미니스트가 되어 교회를 휘젓는 혜인이는 그런 신윤지와 어떻게 비슷하고 어떻게 다를까요?

배우 신윤지와 대화를 나눈 기록입니다.

**신윤지**

배우를 업으로 삼고 있다. 해야 하는 이야기들을 잘 전하고자 한다.

+[2]

# Interview

## 언피시한 대사들과 마주하기

**(성수연) 신윤지 배우님과 함께 2021년 굉장히 뜨거웠던 〈청년부에 미친 혜인이〉(이하 〈혜인이〉)[2]에 대해 이야기를 나눠 보고 싶었어요. 작업 과정도 궁금하고, 관객을 만났을 때 어땠는지도 궁금해요. 〈혜인이〉는 왜 선택하게 되셨나요?**

_이오진 연출님한테 제안을 받았는데 대본이 흥미로웠어요. 그분 특유의 재치와 유머가 분명히 있는데, 조금 더 세게 갔다는 느낌이더라고요. 제목부터 그랬고, 인물의 대사도 셌어요. 독자로서 읽을 때 쾌감이 있었어요.

**가장 세다고 느꼈던 대사가 뭔지 소개해 주실 수 있나요?**

_굉장히 많아요. 예를 들면 '이만희 개새끼', '섹스 섹스 보지 보지 자지 자지'라든가(웃음). 페미니즘을 다루고 있는 작품들에서 보통 조심하거나, 하지 않아야 한다고 생각하는 것들까지도 유쾌하게 밀어붙이는 시도를 하는 대본이라고 생각했습니다.

**조금 '언피시'[3]한…(웃음).**

_(웃음) 맞아요. 재미있게 읽으면서도 정말 이 정도까지 가도 되는지 계속 고민했어요.

**그런 고민을 연습 과정에서 동료들과 어떻게 나누셨을지 궁금해요.**

_각자의 생각들이 달라서 대화하는 데 많은 시간을 보냈어요. 혜인이는 교회 안에서 요구받는 모습으로 살다가 혜인이의 잘못이 아닌 어떤 사건으로 인해 교회에서 나가야 했고, 페미니스트가 되어 교회로 돌아오는 인물이에요. 이상한 말일 수 있지만 '페미니스트'가 그런 단어들을 사용해도 괜찮을지 걱정이 되기도 했어요. 결국 그 말의 언피시함을 알면서도 말할 수밖에 없는 혜인이의 상황을 제대로 전달할 수 있다면 괜찮을 거라 믿고 상황 안에 잘 녹여 보기로 했어요. 단순히 유머 코드로 그런 말들을 사용하려 했던 것이 아니니까요. 분명히 불편함이 발생할 것도 인지하고 있었어요.

**불편하게 들린다고 무작정 뺄 것이 아니라, 그 말의 맥락이 잘 받아들여지게끔 서사 안에서 잘 해결해 보자는 것이었을까요?**

_네. 이 인터뷰 프로젝트의 제목도 '무엇을, 어떻게, 왜'인데, 요즘 제가 고민하는 지점이에요. 무엇을 왜 해야 하는지, 혹은 왜 하지 않아야 하는지 생각을 많이 하고 있어요. 〈혜인이〉를 할 때도 마찬가지였고요.

**오히려 교회가 배경이기 때문에 그런 말들을 하기로 한 혜인이의, 혹은 프로덕션의 선택이 서사 안에서 잘 작동했을 수도 있겠다는 생각이 드네요. 피시하지 못한 어떤 말들을, 피시함의 상징처럼 느껴지는 청년부 안에서 하는 인물의 선택이 흥미로웠을 것 같아요.**

_사실 저는 교인이 아니라서 혜인이의 선택을 납득하는 데 오래 걸렸어요. 그런데 교회를 경험한 분들의 이야기를 들어 보니 교회 안에서는 '섹스'라는 단어를 뱉는 것 자체가 가능하지 않다고 하더라고요. 그렇다면 그 단어가 주는 위험성보다는 그 단어를 여기서 왜 뱉게 되었는지, 혜인이가 누구에게 어떤 말을 전하고 싶은지를 관객들이 생각해 볼 수 있지 않을까 했어요. 〈혜인이〉는 교회를 비난하려는 연극은 아니에요. 어떤 폐쇄적인 집단에는 대체 어느 정도의 자극이 필요한 걸까 질문해 볼 수 있었던 연극이라고 생각해요. 그것이 미러링 방식의 공격으로 보일지라도. 일상에선 그런 방식을 택하지 않고 어떤 것이 현명한 행동일지 고민하고 노력하는데 참 어려운 일이라(웃음).

**결국 페미니즘과 교회라는 사회를 동시에 이해해야 하는 작업이었네요. '방송부에 미친 혜인이'라든가, '직장인 산악자전거 동호회에 미친 혜인이'가 아니라 '청년부에 미친 혜인이'였기에, 그 특수한 사회 안에서 가장 도발적이면서도 현실적으로 가능한 방법들을 찾았을 테고, 모든 참여자가 고민을 많이 했을 것 같아요. 연기하시면서 '이 정도는 너무 약한데? 확 어떻게 더 해 버려?' 하는 충동도 있었나요?**

_그것 때문에 정말 많이 부딪혔어요(웃음). 교회 사회를 직접 경험해 보지 못했기 때문이었을 수도, 혹은 혜인이의 페미니스트로서의 행동에 대한 저의 기대 때문이었을 수도 있어요. 혜인이는 교회에 남는 선택을 하는데, 관객이 "변한 게 없다"거나 "옳지 않다"고 보지 않을까 두려웠어요. 어쩌면… 제가 살면서 차마 할 수 없었던 행동을 인물을 통해서 해 보고 싶은 기대가 있었을 수도…(웃음).

하지만 결국 이오진 연출님의 생각을 받아들였어요. 교회라는 사회 안에서는 어떤 종류의 말을 내뱉는 것도 어렵고, 배제되었는데도 돌아와 계속 뭔가를 하는 건 더욱 어려운 일이라는 점. 행동하는 방식이 조금 거칠거나 나이브해 보여도, 한 사람이 사회에서 목소리를 내기 시작한 것으로 봐 주면 어떻겠냐는 생각이었죠. 그 과정에서 교회 사회가 제 생각보다 훨씬 공고한 곳이라는 것을 이해하게 되었고, 혜인이의 선택도 수용하게 되었어요.

**결국 한 인물에게 어떤 사회의 룰이 완전히 체화된다는 것이 무엇인지 인정하고 가는 수밖에 없었겠네요.**

_네. 받아들이고(웃음).

## 변화하는 인물, 변화하는 배우

**혜인이는 극 중 변화를 겪는 인물이기 때문에, 억압을 인식하지 못하고 살던 과거와 변화를 겪은 후의 현재를 동시에 고민하게 되셨을 것 같아요. 사람마다 정도는 다르겠지만 분명히 연극계 미투 이후 변화를 겪었으니까. 혜인이의 이야기가 배우님 개인과 만나면서 떠오르는 순간들이 많았으리라 생각도 들고요.**

_맞아요. 연극계 미투 이후 작품을 하면서 분명히 저는 변했는데, 돌이켜 보면 저도 혜인이처럼 불합리한 대우나 차별을 전혀 감각하지 못하고 살았던 시절이 분명히 있었어요. 그 기억들을 불러오려는 노력을 많이 했어요. 과거의 혜인이를 표현할 땐 어렵고 고민이 많아지더라고요. 전형적이고 평면적인, 혹은 순종하는 여성의 이미지를 내가 그대로 연기하고 있지는 않은가? 현실에 그런 모습이 있었다고

하더라도 그것을 그대로 연기하는 것이 필요한가? 어떤 때에는 필요할 수도 있지 않을까? 그렇다면 그 안에서 어떻게 이 인물의 진심을 표현해야 하는가? 여성을 다루는 방식이 전형적으로 보일까 봐 두려웠어요. 물론 변화 이후의 혜인이를 표현할 때도 고민이 많았죠. 혜인이의 선택을 관객이 답답하게 생각하면 어쩌나 걱정도 됐고요. 선공개된 홍보 문구를 보고 많은 분이 '사이다 보러 가고 싶다'고 기대하셨는데, 내용을 알고 있는 저는 속으로 '어떡하지, 이건 고구마에 사이다 딱 한 모금 마신 정도일 텐데' 했어요. 결과적으로 합의된 사항들에 충실하되, 어떻게 보이는지에 대한 고민을 하기보다는 최대한 겉으로 드러나지 않는 부분들까지 찾아보자는 생각을 했어요.

**겉으로 드러나지 않는 것들을 찾고 공유하는 과정을 어떻게 밟으셨나요?**

_혜인이의 태도가 얼마만큼 표출되어야 하는지를 고민했어요. 당시 연출님은 많이 표출되지 않길 원했어요. 무대 안에는 교회에서 보인 것과 같은 모습의 혜인이가 등장하되, 무대 밖에서, 그러니까 혜인이가 혼자 있는 시간 동안 뭔가가 표출되는 걸 상상하셨던 것 같아요. 그렇지만 저는 그런 장면들을 연습할 때 자꾸만 뭔가를 표출하게 되는 상황에 맞닥뜨렸어요.

**'무대 위에서 표출하지 않아야 한다'라는 점이 재미있네요. 무대 위에서는 전혀 그런 모습들이 드러나지 않는 대신 오히려 무대에 없을 때 그 인물이 지금 어떤 상태일지를 관객이 함께 상상하기를 원하신 걸까요?**

_네. 무대 위에서 표출하지 않기 위해 연습 과정 안에서 다 표출해 보기도 했어요(웃음). 정말 울고불고 다 해 보고, 상대 배우와도 대화를 많이 했고, 매 등장이 첫 등장이라고 생각하며 무대 뒤에서 다 털어

내는 연습도 했어요. 그러나 아무리 연습을 해도 올라오는 순간들을 계속 마주하게 되더라고요.

**서사 안에서 변화를 겪는 인물이어서 변화 이전과 이후가 무대에 다 드러나야 하고, 배우가 그 이전의 상태와 이후의 상태를 다 감각해야 연기할 수 있는 인물을 맡는 경우가 있잖아요. 그런데 페미니즘을 통해 변화하는 인물일 경우 배우로서의 입장이 강하게 개입되는 경험을 저도 해 왔던 것 같아요. 거리 두기가 잘 안 되는 것이죠. 스스로의 과거가 떠올라 괴롭기도 하고. 이미 나는 뭔가를 깨달았기 때문에 그 이전의 상태를 도저히 이해할 수 없게 되어 버리기도 하고. 배우가 '나는 이제 그런 생각에 동의하지 않아' 하는 것을 보여 주기 위해서 입장을 드러낼 필요가 있을 때도 있지만, 때론 무의식적으로 변화 이전의 상태를 연기할 때 인물을 희화화하게 되기도 하고. 그리고 인물이 변화한 이후의 상태를 연기할 때는, 내가 이상적으로 꿈꾸는 정도의 변화를 인물을 통해 겪길 원하게 되고…. 이유가 뭘까요? 신윤지 배우님이 진짜로 교회 안에서 그런 일들을 겪은 당사자는 아니지만, 어쨌든 페미니즘 이슈에 있어서는 우리가 스스로에게 당사자성을 부여하고 있는 걸까요?**

_완전히 동의해요. 예전에는 '나는 배우니까 작품에서 다루고자 하는 것을 하면 되지', 혹은 '그건 배역이지 내가 아니니까' 하는 마음으로 작품을 선택한 적도 있었어요. 이제는 작품이 저의 가치관과 맞닿아 있어야 선택할 수 있게 되었어요. 혜인이는 제가 응원하고 싶은 인물이거든요. 그 이야기를 관객과 꼭 만나게 하고 싶었고요.

완전히 나와 동떨어진, 작품 안에서 굉장한 가해를 하는 악역을 맡더라도 작품 전체에 동의가 된다면 할 수 있고, 동의가 되어야만 하는 배우가 되었다는 것이 연극계 미투 이후 저의 큰 변화예요. 그래서 힘들기도 해요. 왜냐하면 연극이 올라가는 순간 결국 전 그 연극에 동의한 존재가 되는 것이고, 제가 무엇을 말하기 위해 여기에 있는지 알고 있기 때문에 그에 대한 책임을 다해야 하거든요. 그래서 배우로서는 좀 옛날보다 힘들어지지 않았나…(웃음).

**이런 힘듦일까요? 옛날에는 내가 맡은 인물을 잘 연기하는 게 가장 중요했다면, 지금은 내 연기도 연기지만, 이 작품이 제대로 가고 있는지 계속 시야를 작품 전체로 넓혀서 확인을 해야만 하는?**

_맞아요. 그것이 지금 저에게 정말 중요해요. 어떤 인물을 연기하더라도 그에 대한 제 입장을 담고, 제가 동의할 수 있는 작품 전체의 의미를 전달하는 것. 가끔은 좀 무겁기도 하고, 아주 가끔은 그냥 이런 거 다 모르겠고, 내 역할 내 연기만 고민하던 순간이 그립다는 생각도 해요. 그렇지만 이 변화는 제게 너무나 중요한 기준이 되었고, 이것이 제가 연극을 통해 할 수 있는 일이라고 생각하게 되었어요.

**배우님이 느끼는 무거움에 대해 더 설명해 주세요.**

_'페미니즘'이라고 명명하지 않고도 이건 여성 남성 모두 함께 감각할 수 있는 문제임을 어떻게 드러낼 수 있는지 생각할 때가 있어요. 공연을 홍보할 때 사람들이 가끔 물어봐요. "이거 페미니즘 연극이야?" '페미니즘', '페미니스트'라고 명명하는 순간 어떤 사람들은 거부감을 느끼거나 '너희들'의 이야기라고 바라보는 경우가 있는 것 같아요. 완전히 공감하기는 조금 어려운 입장에 놓여 있는, 혹은 낯설어하는 사람들이 있죠. "내가 문화생활 할 일은 신윤지 공연 보는 것밖에 없다"고 하는 사람들이 분명히 우리 옆에 존재하잖아요(웃음).

**맞아요. 저도 누군가의 유일한 배우 친구죠(웃음).**

_그분들이 제 작품을 보고 나서 저라는 존재를 작품과 동일시할 때가 있음을 느껴요. 그리고 생각보다 많은 사람들이 페미니스트를 어려운 존재로 여기는 것 같아요. 그럴 때마다 저는 분명히 이야기해요. "페미니즘으로 또 다른 구분을 짓는 것이 아니다. 내가 봤을 때 당신도 페미니스트이다. 페미니즘을 알고 있고, 인식하며 살아가고 있는 사람들 모두." 제가 생각하는 페미니즘은 그렇거든요. 그런데 편파적이거나 잘못된 방식으로 페미니즘에 매몰되어 가고 있는 것은 아니냐며 우려하는 시선을 느낄 때 씁쓸해요.

**무슨 말인지 알 것 같아요. 어쨌든 배우님 주변엔 페미니즘에 관해 속도나 입장이 다른 분들도 많고, 그런 분들도 배우님 개인의 삶에 소중한 존재고, 그분들과 굉장히 당연하고 자연스럽게 어떤 이야기들을 나누고 싶으실 텐데, '페미니즘'이라는 말로 그저 생각이 멀어져 버리는 것을 느낄 때의 어려움.**

_선택한 작품들이 단순히 페미니즘 연극이어서 선택한 것만은 아닌데, 제가 고민하고 담아내고 전달하려 한 것들이 그저 페미니스트 이야기, 여자가 핍박받은 이야기, 여자들만 나오는 이야기 정도로만 이해되면 속상해져요. 최근 제 작업에 대해 그런 말들을 들은 적이 몇 번 있거든요. 어떤 편견을 갖고 극장에 들어오면 작품을 볼 때 계속 편견을 통해 해석하게 될 수 있잖아요. 왜 또 여자 이야기냐는 질문을 더 이상 받지 않는 순간을 기다리고 있어요.

**그걸 위해서 계속 이런 작품들을 하시는 건가요?**

_그럴 수도 있어요(웃음).

## 이해할 수 없는 인물을 연기한다는 것

**2020년 공연하신 〈미국연극/서울합창〉. 그때는 어떠셨나요? 배우님께서 맡았던 배역이 굉장히 어려운 역할이라고 생각했어요. 잠깐 소개해 주세요.**

_대본에 '41세, 백인, 남성, 바이섹슈얼'이라고 적혀 있어요. 실제로 극작가님이 만났던 인물이고 어느 정도 픽션이 가미되어 있지만, 아시안에 대한 이상한 성적 취향을 가지고 있는 아동성애자이고, 작품 안에서는 어쨌든 가해를 하는 인물이에요.

**어떻게 연기해야 할지 어려우셨을 것 같은데, 어떤 과정을 거치셨나요?**

_정말 어려웠어요. 이 인물은 절대 이해할 수도 없고 이해하고 싶지도 않았고, 이 사람의 말을 눈으로 읽을 때 느껴지는 감각 자체도 굉장히 괴로웠어요. 그래도 용기를 낼 수 있었던 첫 번째 이유는 앞으로 꽤 오랜 시간 동안 이런 인물을 연기할 기회는 없을 것 같다는 생각 때문이었어요. 옛날에는 이미지, 나이, 외모 등으로 캐스팅이 되어 작업한 적이 많았다면, 최근에는 '나'라는 배우가 무엇을 어떻게 표현할 수 있는지를 더 중요하게 봐 주시는 경우가 많은 듯해서 즐겁고 반갑거든요. 두 번째로는 작품에 이 인물이 등장해야만 하는 이유를 생각했기 때문이에요. 분명 이런 사람들은 존재한다는 사실과 이 인물과의 만남을 통해 주인공의 말에 여러 의미가 생길 수 있다는 점을 생각했어요.

**아까 이야기했던 〈혜인이〉와는 반대로 조금도 이입할 수 없고, 동양인, 그리고 여성으로서 연기하며 거부감이 느껴질 수 있었을 것**

**같은데, 그 인물의 무엇에 집중하셨나요?**

_가장 중요했던 점은 이 장면 자체나 인물의 등장만으로 누군가에게 트리거가 되거나, 개인이 가지고 있을 수 있는 어떤 경험들과 만나서 너무 큰 공포감을 불러일으키지 않을 선을 찾는 것이었어요. 그리고 이 인물에 대해서만큼은 인물에 이입하거나 이해해서도 안 되고, 이 사람의 당위성에 대해 배우들이 인물 분석하듯이 접근해서는 안 된다고 아주 강력하게 생각했어요. 절대로 이 인물에게 동력을 부여하지 말자는 생각. 이 작품에 필요한 등장인물이지만, 연기하는 내가 이 사람을 이해해서는 안 된다는 생각. 그 지점이 결국에는 발화하는 데 있어서 조금 어렵기도 했어요.

**그럼 발화할 때 어떤 원리로 하셨나요?**

_이 인물이 등장하는 부분의 콘셉트 자체가 토크쇼 혹은 '관객과의 대화' 느낌이었어요. 완전히 인물로서 장면을 연기하고 어떤 순간을 재현하는 구조가 아니었기 때문에 거리 두기를 할 수 있었어요. 또 발화하는 동안 표정이나 행동으로 뭔가를 상상하게 만들지 않으려고 노력했어요.

**그 인물을 상상하게 만드는 것들을 하지 않는 것.**

_이 사람이 내뱉은 말들을 전달하는 것에 중점을 두되, 그 주변 환경과 감각을 조금 얹을 수 있는 정도만 해 보려고 했어요. 어쨌든 이 인물을 납득시키고 싶진 않으나 이 인물이 준 어떤 불쾌함이나 공포를 분명히 제가 전달해야 하는 순간 또한 필요했고, 그래서 최대한 그 사람의 말하기 방식에 집중하며 의도적으로 호흡을 넣는 선택을 했

어요. 마이크를 사용했는데, 블라블라 이야기를 하다가 갑자기 '후-' 하는 소리만 잠깐 내어 객석에 약간 서늘하거나 소름 끼치는 환경을 전달하는 방식으로 접근한 것이죠.

저는 그때 객석에서 매우 흥미로운 경험을 했어요. 좀 오래돼서 기억이 희미해지긴 했지만, 인물도, 배우님의 존재나 선택하신 연기 방식도 나에게 분명히 전달되는데, 인물, 배우님의 존재, 연기 방식이 하나로 합쳐져서 그 인물의 '나쁨'을 강하게 느끼게 되지는 않았어요. 오히려 각각 분리된 채 감각되면서, 그 인물의 나쁜 면을 낯선 방식으로 상상하게 되었어요. 또 이건 같은 배우로서 배우의 입장에 과몰입한 것일 수 있지만, 발화 도중 어떤 사투를 한다고 느껴졌어요.
그 사투가 드러난 게 멋있었어요. 오히려 그 인물이 주인공의 여정을 돕기 위해 등장한 악역1 정도로 소비되고 있는 것 같지도 않았고, 분명히 거리 두기를 하고 있지만 배우가 그저 전달자로만 머무르는 것 같지도 않았어요. 멋진 순간을 봤다고 생각해서 언젠가 배우님과 작업 과정에 대한 이야기를 나눠 보고 싶었는데, 오늘 〈혜인이〉와 함께 얘기하니 재미있네요. 똑같이 작품의 방향에 동의하는 작업이어도 그 안에서 극과 극의 인물을 만나셨고, 그 인물과 배우 사이의 거리감이 명확하면서도 거의 반대 지점에 있는 그런 작업들이었던 것 같아서요.

_정말 많이 걱정했었던 인물이고 장면인데 누군가는 흥미롭게 봤다니 다행이에요. 절대 이입해서도 안 되고, 관객이 이입하게 해서도 안 된다는 생각이 강했기에 고민이 많았어요.

연기를 처음 시작하셨을 때는 이런 생각을…

_전혀 안 했었죠(웃음).

## 더 이상 질문받지 않는 순간을 기다리며

### 연극계 미투가 가장 큰 변화의 계기인가요?

_네. 그때 용기 내어 목소리 낸 분들 덕분에 생긴 변화예요. 저는 원래 잘 소리 내지 못하는 사람이었고 지금도 두려움이 있어요. 그런데 연기를 시작한 이후부터 미투 이전까지 제가 겪었던 많은 일을 돌아보면서 '연극을 하려면 어쩔 수 없어', '배우는 어쩔 수 없어', '이렇게 하지 않으면 이걸 그만둬야 하니까' 혹은 '다들 그렇게 살아왔다는데', '내가 너무 나약한가?' 하는 생각들로 견뎌 왔다는 걸 알게 됐어요. 지금은 제가 하고 싶지 않을 때 거절할 수 있는 힘이 생겼고, 제 선택을 존중하게 됐어요. 예전엔 어떤 역할이든 작품이든, 배우니까 계속해야 한다고만 믿었는데, 이제는 아니에요. 결국 미투 이후 함께 작업하는 동료, 선후배 들이 이런 변화를 만들어 주었다고 생각해요.

이제는 어떤 작업에서 '이게 왜 여성이어야 하는지, 왜 남성이어야 하는지'를 묻지 않는 사회가 되었으면 해요. "왜 다 여성 배우만 나와서 했어?"라는 질문도 더는 받지 않았으면 좋겠어요. 어떤 작품에서 '젠더 크로스'를 했음을 강조하지 않아도 그냥 받아들여졌으면 좋겠어요. 제가 연기한 인물의 이야기를 더 나눌 수 있었으면, 인물의 성별이 강조되지 않았으면 좋겠어요. 실은 저도 〈미국연극/서울합창〉과 〈홍평국전〉, 〈제4의 벽〉을 함께 작업한 설유진 연출님께 왜 여성 배우들만 캐스팅했는지 물은 적이 있어요. 그분은 "여성이 다섯, 여섯 명 나와서 이야기를 만드는 게 멋있다고 생각한다"고 하셨어요. 그땐 그게 충분한 대답이 아니라고 생각했어요. '왜 여성이어야 하는가'라는 의미를 꼭 담아야 한다고 생각했으니까요. 그러면서도 누군가 저에게 같은 질문을 하면, "남성 배우만 다섯 명 나왔다면 이런 질문이 나왔을까?"라고 뾰족하게 말한 적도 있었어요. 저도 '너는 여성이니까' 라는 말에 갇혀 있었던 것인지도 모르죠. 지금은 그런 틀을 넘어, 작품에 대해 더 많은 이야기를 할 수 있는 때가 오기를 바라고 있어요.

**저도 언제부턴가 주인공, 악역, 선역, 변태까지 여성 배우들이 하는 걸 보는 게 좋았어요. 그런 기회가 드물었으니 가능성을 보여 주고, 스펙트럼을 넓히는 것 자체가 의미 있다고 생각했죠. 그런데 대화를 나누다 보니 그것뿐만이 아니라, 여성끼리이기 때문에 오히려 성별을 제외한 무언가에 집중하며 인물을 만들 수 있었던 것 같아요. '너는 여성이니까'라는 무의식적인 틀을 떼는 연습이 됐던 거죠.**

_그것이 배우로서 제가 가장 만나고 싶은 순간이에요. 저도 '여성'이라는 틀 없이 연기하고, 보는 사람들도 "여자 배우가 저런 걸 하네?" 라고 놀라지 않고 인물로만 봐 주면 좋겠어요. 여성끼리였기 때문에 어쩌면 '여성'을 떼는 연습이 됐을 수도 있다는 것에 동의해요.
어쩌면 '왜'와 '어떻게' 없이 그저 만나고, 존재하는 순간을 마주하고 싶은 마음도 있어요. 배우는 늘 이유를 찾고 만들지만, 어떤 것들은 이유가 필요 없을 정도로 자연스럽고, 자연스럽게 이해받아야 하는 부분이 있으니까. 주장하지 않아도.

**연기에 생각을 담으려고 노력하는 지금도, 처음 연기를 시작해서 인물에만 집중하는 연기를 했을 때만큼 즐거워?**

더 두렵고 더 괴롭지만, 더 즐겁고
그때의 나보다 지금의 내가 더 좋아.
그런데 연기를 하면서 즐거운 게 뭘까?

**대답은 안 하셔도 됩니다(웃음).**
**너는 어떨 때 즐거움을 느껴?**

또… 변화하겠지?

**너는 또 어떻게 변할까?**

시간이 지나야만 아는 것들을
지금 알 수는 없을까?

**10년 후 우리는 어떤 작품을 만나고 있을까?**

건강할까?

**괴롭고 힘들 때, 마음의 건강은 어떻게 지키고 있어?**

나는 나를 지키기 위해서 멀리서,
밖에서 자꾸 생각하려고 해.
너는 너를 지키고 싶을 때, 어디쯤에서 생각을 해?

+3

# Epilogue

대화를 나눈 후, 저는 종종 신윤지가 했던 말을 떠올리며 웃곤 했습니다. 어떤 인물을 연기하면서도 그 인물에 이입하지 않기 위해, 나아가 관객조차 그 인물을 상상하지 못하게 하기 위해 애썼다는 고백을요. 세상에, 배우가 인물에 이입하지 않는 것만으로도 모자라, 인물을 상상하지도 못하게 하다니. 어떻게 보면 참으로 불경한 이야기가 아닐 수 없지요. 배우의 일에 대한 오랜 믿음에 전적으로 위배되는 이 이야기는 언뜻 배우의 존재 이유 자체를 부정하는 일처럼 보이기도 하고, 완전히 불가능한 연기를 그저 책상에서 논하는 뜬구름처럼 느껴지기도 합니다.

그러나 〈미국연극/서울합창〉에서 신윤지가 보여 준 순간은 그 가능성을 증명했습니다. 약간의 숨소리로 극장에 균열을 내어 극장 바깥에 존재하는 소름 끼치는 세계를 아주 잠깐 불러오는 연기. 배우는 특정 인물을 생생하게 그려 내지 않으면서도, 그 인물이 일으킨 폭력과 그 폭력을 가능하게 한 구조를 드러내는 연기를 할 수 있습니다. 한 인물을 총체적으로 그리는 것만이 연기의 전부가 아니니까요. 이제는 많은 배우가 '네가 맡은 인물에 물들라'는 명령에 순종하지 않습니다. 대신 자신의 몸이 위치한 자리와 인물 사이의 거리를 탐색하며, 그 거리에서 가능한 연기를 찾습니다. 순종하는 도화지와 수용하는 도화지의 차이, 제안하는 붓과 강요하는 붓의 차이를, 인물을 비판적으로 드러내는 연기와 그저 비난받게 만드는 연기의 차이를 세밀히 가늠합니다. 이러한 시도들이 한때의 실험으로 그치지 않고 자연스럽게 극장에서 작동하는 연기가 되기를 바라며, 저 역시 매일 연극에 대한 스스로의 신앙을 살펴보며 작은 균열을 냅니다. 지칠 때도 있지만, 신윤지 같은 동료가 곁에 있기에 외롭지 않습니다.
2025년 1월, 배우 신윤지를 다시 만났습니다. "존재의 이유를 주장하지 않아도 자연스럽게 이해받을 수 있는 때를 기다린다"던 그에게 물었습니다. 지금은 그의 연극을 본 사람들로부터 어떤 질문들을 받고 있는지, 바라던 그때가 조금은 온 것 같은지.

"얼마 전 〈보도지침〉이라는 연극에서 남성 배우가 연기하던 역할을 맡았는데, '왜 여성인 당신이 연기했느냐'는 질문보다 배역의 성별이 바뀌며 생긴 맥락에 대한 감상을 더 많이 듣게 됐어요. 반갑고 기쁘더라고요. 조금은 달라진 것 같아요. 물론 더 많이 변화해야 한다고 생각해요. 저는 당시 우리가 혼란을 지나 안정을 찾아가는 시기를 살고 있다고 생각했는데, 돌이켜 보니 여전히 혼란한 시기였더라고요. 어쩌면 지금도 그럴 테니까, 치열하게 고민하던 순간을 기억하되, 그때의 고민에서 멈추면 안 된다고 생각해요."

그때 그가 던진 마지막 질문에 제가 마음속으로 떠올렸던 대답을 지금의 신윤지에게 들려주었습니다. 무대 위의 저를 지키기 위해, 그리고 무대 위의 저로부터 관객을 지키기 위해 객석의 시선으로 저를 종종 가늠해 보곤 했다고요. 그 말을 듣던 신윤지는 요즘의 저는 괜찮은지, 어디에서 저를 지키고자 하는지 다시 물었습니다.

**나는 이렇게 네 옆에서 대화 나누는 동안 괜찮았는데,**
**이 괜찮음을 어떻게 지속할 수 있을까?**

_너의 말을 들으니 갑자기 눈물 나려고 그래(운다).

*

# 누가,
# 언제,
# 어디서

*

한윤미

+[1]

# Prologue

연극을 처음 시작했을 땐, 이렇게 다양한 형식의 공연이 있는지 몰랐습니다. 배우가 되고 싶었던 이유도 인물 연기에 재미를 느꼈기 때문이고, 대학교 진학 이전에 접한 대부분의 연극은 희곡을 기반으로 극장에서 공연되는 작품들이었거든요. 전공하는 동안에도 희곡에서의 인물 연기를 주로 했습니다. 그때의 제 관심사는 오로지 좋은 배우, 그러니까 연기를 잘하는 배우가 되는 것이었어요.

연극 한 편 한 편 출연을 거듭하며 연극에 대한 생각과 기술은 쌓였지만, 특정 작품을 통해 품게 된 사회적 고민을 이어 갈 생각은 하지 못했습니다. 그러다 학교를 졸업하고 본격적으로 거리극, 전시, 퍼포먼스 등 여러 형식의 공연을 만들고 출연하면서, 특히 다큐멘터리 연극으로 불리는 작업을 하면서 서서히 연극에서의 실천과 일상에서의 실천을 어떻게 연결할 수 있을지 고민하기 시작했습니다.

다큐멘터리 연극에 대해 한마디로 정의하기는 쉽지 않습니다. 연극 평론가 남지수는 “섣부른 규범화와 범주화는 자칫 다큐멘터리 연극의 열린 개념을 제한하거나 위반할 수 있을 것”[4]이라고 말했습니다. 저는 특정 장소나 실제 사건에 대한 리서치, 특정 인물과의 만남을 기반으로 한 공동 창작 연극을 많이 작업해 왔어요. 이런 작업은 ‘리서치 기반 연극’, 혹은 구성원 모두가 개별 창작자로서 만든 각각의 결과물을 조합한다는 점에서 ‘디바이징 씨어터(devising theatre)’라고 말할 수도 있습니다. 분류의 기준에 따라 여러 표현을 쓸 수 있겠지만, 중요한 것은 연극 제작 과정 혹은 연극 자체가 동시대의 어떤 사안에 대한 발언이자 실천이 된다는 점입니다.

이런 연극을 할 때, 저는 예술가이기 이전에 시민이어야 했습니다. 사회를 여러 각도에서 살펴보고, 사안에 따라 필요한 공부를 열심히 하지 않으면 문제의식을 날카롭게 발전시킬 수 없었거든요. 동시에 더 좋은 창작자, 더 섬세한 배우가 되고 싶었습니다. 극장이 현실을 가짜로 만들게 될까 봐 두려웠고, 누군가의 삶을 고작 소재로 삼은 결과가 될까 봐 두려웠어요. 연극이 극장을 뚫고 나가게 하고 싶었고, 그에 맞는 태도와 기술들을 고안하고 싶었습니다. 연극을 만드는 과정에서 어떤 사회적 참여나 실천이 있었다면, 연극이 끝난 후에도 이어 가고 싶었습니다. 그 마음은 지금도 같습니다.

일과 사생활이 긴밀히 얽힌 만큼 종종 지치기도 합니다. 그럴 땐 존경하는 동료들을 떠올립니다. 창작자 한윤미도 그중 한 명인데요, 그의 작품 경력은 멀리서 지켜보아도 삶과 긴밀히 연결된 듯했죠. 그와 대화를 나누며 응원의 마음을 전하고, 저 역시 지속할 힘을 얻고 싶었습니다.

한윤미는 스스로를 '비건 퀴어 페미니스트'라고 소개합니다. 주로 거리에서 작업하는 공연 예술 집단 바람컴퍼니의 창작자이자 연출가이기도 하고요. 거리극 또한 간단하게 규정하기 어려운데요, 야외극과는 달리 조금 더 정치적이거나 저항적인 태도를 가진 장르라고 보기도 합니다. 시위나 캠페인을 하는 것을 두고 '거리로 나가다'라는 관용적 표현을 쓰지요. 이처럼 거리극은 공공의 장소를 전제합니다. 저는 휠체어를 이용하는 친구와 거리에서 춤을 춘 적이 있었는데, 같은 춤을 극장에서 출 때와는 완전히 달랐어요. 준비되지 않은 관객들과 만난다는 불안과 설렘, 바람 속에서 외치듯 춤추던 감각이 강하게 남아 있습니다.

한윤미에게 거리는 어떤 장소일까요? 그는 어떤 마음으로 연극을 만들고 있을까요? 이번 글에서는 그의 거리극 작업 중 하나인 〈고기, 돼지〉를 사례 삼아 이야기를 나누려 합니다. 〈고기, 돼지〉는 백주대낮, 저잣거리에서 공연된 작품입니다. 그가 어떤 이야기를, 어떻게, 왜 전하려 했는지 듣고자 했습니다.

창작자 한윤미와 대화를 나눈 기록입니다.

**한윤미**

비건, 퀴어, 페미니스트. 바람컴퍼니에서 창작과 연출을 하고 있다. 주로 거리에서 작업하며 〈고기, 돼지〉, 〈달고나〉 연작, 〈A.SF_비거니즘의 세계〉 등에 참여하였다. 안전한 창작 환경에 관심이 많다.

+²

# Interview

## 드러내기의 용기, 과거에서 현재까지

(성수연) 한윤미 연출님과 '작업과 일상의 연결'에 대해 대화해 보고 싶었습니다. 평소에 저는 연출님을 작업과 삶의 내용을 거의 일치시키는 창작자라고 생각하고 있었거든요. 그건 쉬운 일이 아니라고 생각해요. 어떤 생각들을 어떻게 작업에 반영하는지, 작업을 통해 생각의 변화를 겪으면 그것을 또 어떻게 일상으로, 다시 작업으로 이어 가는지 궁금했어요. 그러다 보니 '한윤미'라는 한 사람 자체의 과거, 현재, 미래가 궁금해지더라고요. 이 사람이 애초에 왜 예술을 시작했고, 어떤 변화들을 거쳐 지금에 이르렀고, 다음을 또 어떻게 계획하고 있는지. 그러므로 클리셰적인 질문으로 시작하겠습니다. 예술을 왜 시작하게 되셨나요?

_와우. 클리셰적인 답을 할 수밖에 없네요. 중학교 때, 친구가 연극 동아리에서 하는 공연[5]을 보러 갔는데 재미있어서, 얼마 후 저도 그 동아리에 나가며 연극을 하게 됐어요.

친구 따라 동아리에. 두 번째 클리셰 질문입니다. 관련 학과에 진학하셨나요?

_아니요. 저는 기본적으로 사람에 대한 관심이 많고, 사람을 좋아했

어요. 과거형 아니려고 노력하고 있는데요(웃음), 그래서 대학 진학 후 임상심리 전문가가 되려고 부전공으로 심리학을 공부했어요. 대학에서 극회 활동을 했는데, 1학년 때부터 '이 극회는 해외를 나가지 않는 한 공연을 계속해야 되는 곳이구나'라는 생각이 들었고, 그래서 3학년을 마치고 워킹홀리데이를 다녀왔어요. 그곳에서 심리학을 계속해야겠다고 결심했는데, 돌아오자마자 극회 공연에 배역이 하나 비었다고 해서 급히 들어가게 됐고, 그러다 보니 세트 만들고 있고, 어쩌다 보니 그해 여름엔 연출까지 하고 있었어요. 심리학은 부전공으로 돌리고, 수업은 다 셰익스피어를 듣고 있고…. 정신 차려 보니 졸업 때가 다가온 것이죠. 결국 진로를 연극으로 바꾸게 되었고, 졸업 후 아르코공연예술아카데미에 들어갔어요.

**작업 색깔이 워낙 뚜렷하셔서, 연극이 아닌 다른 배경에서 출발하셨을지도 모르겠다고 생각했어요.**

_〈굿 닥터〉[6] 같은 '전형적인 연극'들로 시작했어요(웃음). 아르코공연예술아카데미에서는 연기·춤과를 다녔는데, '연출을 하려면 연기도 할 줄 알아야 한다'는 말을 듣고 들어갔어요. 다행스럽게도 연출과랑 연기·춤과가 함께 수업을 들어서, 그때 많은 것들을 배울 수 있었습니다.

**'바람컴퍼니'는 여러 사람이 함께 만든 팀인가요?**

_네. 초창기엔 여럿이서 함께 했는데, 지금은 작업을 그만둔 사람도 있고 계속하고 있는 사람도 있어요. 당시 작업은 생계를 유지하며 틈틈이 하는 정도로 했었어요. 그러다 2017년에, 머릿속으로 생각만 하고 실현하기 어려웠던 작업을 해야겠다는 생각이 들더라고요. 지금이 아니면 못 할 것 같다는 생각이 들어서요. 그래서 서울거리예술창

작센터에 '거리예술 넥스트'라는 프로그램이 처음 생겼을 때 작업 계획을 제출했어요. 강제성을 좀 붙여서라도 실행을 해 보기 위해서.

**맞아요. 가끔 어떤 강제성이 일을 추진하게 만들기도 하니까.**
**어떤 작업이었나요?**

_그 프로그램 안에서 여러 작업을 했는데, 그중 하나가 〈고기, 돼지〉였고, 또 '연희집단 갱'의 창작자 김기영과 함께 만든 〈입을 대다〉가 있었어요. 둘 다 당시 하고 싶던 이야기였어요.

**〈입을 대다〉는 어떤 이야기였나요?**

_쉽게 말하자면 외모 품평하지 말라는 이야기였어요. '입을 대다'는 것은 '말을 한다'는 의미이기도 하잖아요. 말의 무게와 감각에 대한 작업을 하고 싶었어요. 누군가의 외모에 대해, 칭찬이든 아니든 본인이 했거나 들었던 평가의 언어를 포스트잇에 적어 사람의 몸 해당 부위에 붙이게 했어요. 몸에 대해 말한다는 것은 실제로 그 몸에 입을 갖다 대는 것만큼, 즉 접촉하는 것만큼의 무게가 있다고 함께 감각하고 싶었거든요. 이후에 각자 자기가 원하는 방식으로 포스트잇을 떼어 내는데, 퍼포먼스를 하는 동안 실제로 일어나는 일들을 보고, 느끼면서 그것들을 좀 털어 낼 수 있으면 좋겠다고 생각했어요. 여기서부터 이미 페미니즘일까요(웃음)?

**현재 페미니스트이시고, 공개 범위가 어느 정도인지는 모르겠지만**
**비건이시기도 하죠.**

_퀴어이기도 하죠. 이 모든 것이 공개적이에요. 2017년 『연극in』에

기고할 때, 자기소개에 처음으로 '비거니즘 지향 퀴어 페미니스트'라고 썼어요. 아무도 신경 쓰지 않았지만, 저한테는 그것이 커밍아웃 같은 행동이었어요. 굳이 막 요란하게 뭔가를 하는 성격은 아니고, 자기소개는 자기에 대해 쓰는 곳이니까 '그래, 나 원래 이랬는데 뭐. 어차피 아무도 신경 안 쓸 텐데.' 하는 마음으로요. 강하게 드러내지 않아도 '여기 있다', '존재한다', '없지 않다', 이런 느낌. 우리가 좀 더 많이 있었으면 좋겠다는 생각이에요. 지금은 어딘가에 글을 쓰거나 자기소개를 해야 할 때 '비건 퀴어 페미니스트'라고 적어요. 소개하기 편하기도 하고.

**2017년이면 연극계 미투 이전이네요. 물론 페미니즘 작업을 하던 분들은 그 전부터 있었지만, 많은 사람이 2018년 미투 이후에 세계를 새로 인식하며 본격적으로 작업에 반영하기 시작했잖아요. 저도 그랬고요. 자연스럽게 페미니즘적 시각을 갖게 된 분들도 있겠지만 분명 계기가 된 사건이 있는 분들도 많을 텐데, 연출님은 어떠셨나요?**

_저에게 가장 큰 계기는, 많은 분과 마찬가지로 2016년 강남역 여성혐오 살인 사건이었어요. 그 이후에 페미니즘 공부를 제대로 해야겠다는 생각이 들었죠.

저는 여대를 나왔고, 인생의 대부분을 커트 머리로 살아왔어요. 머리가 짧고 체격도 있는 편이라서인지 많은 여성이 흔히 겪는 일들을 크게 당하지 않고 살아왔는데, 그런 만큼 무딘 면이 있었어요. 페미니즘 공부를 제대로 해야겠다고 결심한 후, 대학로의 여성문화이론연구소에서 진행하는 강의들을 들었어요. 주옥같은 강의들이었어요. 입문 과정이었지만 정말 많이 배웠어요. 페미니즘은 학문이고, 어떤 면에서는 반드시 배워야 하는 부분이 있다는 것을 그때 깨달았죠.

그렇게 2017년 즈음 이런저런 생각들을 정리하며, '내가 하고 싶은 이야기가 뭐지?'라는 질문을 스스로 던지게 됐어요. 동아리 시절에는 연극이 현실에서 잠시 벗어날 수 있도록 허락된 시간이었고, 무엇이든 다 할 수 있을 것 같았어요. 그러다 보니 현실과는 좀 먼 이야기들을 연극으로 다루곤 했는데, 공연 작업을 직업으로 선택하고 나선 점점 내 이야기를 해야겠다는 생각이 들더라고요. 그래서 직업인으로서의 내 이야기, 생활과 맞닿아 있는 이야기를 작업으로 만들기도 했는데, 여전히 환상 속에서 즐겁고 편안하게 머무르고 있다는 생각도 들었어요. 그러다 단순히 '내 이야기'가 아니라 '대한민국에서 살아가는 나'로서 어떤 이야기를 해야겠다는 생각을 하게 된 것이죠. 현실에서 불편한 것들, 끊임없이 생각하게 되는 것들을 작업으로 옮겨야겠다고 느낀 거죠.

**저도 처음 연극을 시작했을 땐, 내 현실과는 다른 무언가를 연기하는 일에 매료됐었던 것 같아요. 연기하는 동안에는 현실에서 벗어날 수 있다고 생각한 적도 있고요. 맡은 인물의 비극적 현실을 아무리 열심히 살아도 진짜 나의 것은 아니기에, 다시 현실로 돌아왔을 때 느껴지는 삶에 대한 진한 감각이 이상하면서도 좋을 때가 있었어요. 그러다 내 생각과 문제의식을 직접적으로 드러내는 작업을 하게 되었을 때, 처음에는 혼란스럽고 어려웠어요. '내 이야기를 왜 무대에 올려야 하지?' 싶기도 했고.**

_'거기서까지 내 얘기를 해야 돼?'라는 생각들(웃음).

**지금은 그렇게 생각하지 않아요. 언제부턴가 현실에 조금 더 집중하며 작업을 하게 되었어요. 환상에서 내려온 것이죠. 예술 작업을 하기 위해선 나의 현실과 사회를 아주 잘 인지하고 있어야 한다고 더 확실하게 생각하게 된 계기는, 저의 경우 세월호 참사였던 것 같아요. 연출님의**

**2017년을 더 알고 싶어요. 〈고기, 돼지〉는 어떻게 시작하게 된 작업인가요?**

_2011년 구제역이 심각할 때, 우연히 TV에서 돼지들을 살처분하는 영상을 봤어요. 우리가 잘 아는 캐릭터 피글렛처럼, 무해한 생김새와 분홍색 피부를 가진 존재들이 땅속으로 던져지고 있었어요. 모자이크 없이 적나라하게 영상에 계속, 몇 번이고 반복되었어요. 나중에서야 조금 모자이크 처리가 되더라고요. 어떤 존재들에게는 뭔가가 없다, 아무것도 없다, 살아 있는 생명으로 이해되고 있지 않다는 감각이 너무 크게 느껴졌어요. 그 감각을 기억하고 있으면서도 그렇게 계속 살았죠. 저는 사실 엄청난 육식주의자였어요. 그러다 '이제는 더는 미룰 수 없다'는 마음이 든 거예요.
작업을 준비하며 돼지 농장이 많은 지역을 찾아갔어요. 현장에서 알게 된 것들이 책에서 보던 문장 몇 줄보다 거대하게 다가오더라고요. 보통은 돼지 목장에서, 돼지를 태어날 때부터 길러낸다고 생각하지 않나요? 그런데 아니더라고요. 기업에서 어느 정도 자란 돼지들을 농장에 보내면 농장이 그들을 키워 내고, 마릿수와 기간에 따라 돈을 받는 구조예요. 그러니 농장에서는 아무런 환경 개선을 하지 않을수록 이익일 수도 있는 거죠. 굳이 돈을 쓸 필요가 없는 거예요.
인터뷰 과정에서 돼지는 정말 똑똑하고 민감하고 예민한 동물인데, 그들이 사는 환경이 그렇지 못하다는 얘기를 해 준 분도 있었어요. 실제로 제가 갔던 목장은 정말 심각했어요. 거기 잠깐 있다가 나왔을 때 몸에 밴 냄새가 아무리 샤워를 해도 빠지지 않고, 신었던 신발도 다 버릴 수밖에 없었어요. 물론 그보다 나은 환경도 있었고, 자연농법, 유기농법으로 돼지를 돌보는 곳들도 있었어요. 그렇지만 결국 그 돼지들도 도축되기 위해 길러지는 것이죠. 그런 것들을 직접 보고, 알게 되니 자연히 생활이 변할 수밖에 없었어요.

**그때부터 비건을 지향하신 건가요?**

_네. 그때 시작했어요. 첫 쇼케이스 때 관객들에게 인쇄물을 나눠 드렸는데, '알고 먹자'라는 생각에서 출발한 내용이었어요. 참여자들의 변화, 예를 들면 'ㅇㅇ는 소·닭·돼지 먹기를 삼가는 중' 같은 이야기, 그리고 비건 음식을 구할 수 있는 정보도 담았죠. 그때 이런 말들을 많이 들었어요. "너무 집착하지 마.", "공연의 소재로 생각하는 건 좋은데, 계속 그렇게 살려고는 하지 마. 너의 예술 세계가 굉장히 좁아질 거야." 저를 생각하는 마음을 담은 조언이라고 생각해요. "네가 달라이 라마도 아니고 왜 이런 이야기를 해? 달라이 라마라면 그런가 보다 할 수도 있지. 그런데 달라이 라마도 지금 고기 먹고 있어."라는 정체 모를 말도 들었어요.

**결국 '왜 그렇게까지 하냐, 공연한다고 해서 네가 고기를 안 먹을 필요까지 있느냐'는 말이었을까요?**

_그보다는 '네가 뭔데 먹지 말라고 강요하냐'는 뉘앙스가 더 강했어요. 그런데 저는 먹지 말라고 한 적도, 먹으라고 한 적도 없거든요. 사실 〈고기, 돼지〉는 굉장히 예민하고 불편할 수 있는 이야기라고 생각해요. 식생활은 단순히 생각만으로 바로 바꿀 수 있는 것이 아니니까요. 정보에 접근하기도 어렵죠. 시간이 필요한 부분이고, 저 역시 그랬어요. 주변 환경이나 정보량에 따라서도 감각하는 것에 큰 차이가 생길 수밖에 없는 이야기이긴 해요.

**불편한 마음을 일으키는 이야기는 창작자가 보여 준 것 이상으로 강요처럼 느껴지기도 하나 봐요. '네가 뭔데?' 하는 생각이 들 수도 있고. 맥락은 좀 다르지만 사실은 저도 작업을 하다 보면 스스로에게 질문할 때가 있어요.**

'네가 뭔데?'
때로는 답을 찾아야 할 의무가 있다고 생각하기도 해요. 작업 과정에서 결론을 내리지 못하더라도. 연출님의 작업이 고기 먹지 말라는 직접적인 메시지는 아니었지만…

_혹은 그런 작업일 수도 있죠(웃음).

그렇다 치고(웃음). 그렇다면 고기 먹지 말라는 말을 할 수 있는 '자격'은 누구에게 있는가 생각하게 되네요. 당사자가 아니면 할 수 없는 말일까요? 그렇다면 사람 중에는 누구도 그 말을 할 수 없을 텐데.

_그러니까요. 결국 그런 과정을 통해 알게 된 것은, 어떤 작업은 '누가' 하는지가 작업 내용과 분리될 수 없다는 점이었어요. 이 이야기를 하는 사람이 누구인지, 지금 어떤 상태인지, 왜 이런 이야기를 하는지 당연히 연결 지어 생각할 수밖에 없는 거죠.

## 지속 가능한 삶과 창작을 위하여

말씀하신 '누가'에 대한 고민을 언제부턴가 저도 계속하고 있어요. 어쩌면 '당사자성'에 대한 고민일 수도 있어요. 좀 더 직설적으로 말하면 '말할 자격', '정당성', '당위성'에 대한 고민일 수도 있겠네요. 어떤 이야기를 당사자가 하는 것과 비당사자가 하는 것은 완전히 맥락이 다르고, 당사자가 자신의 당사자성을 어느 정도로 드러내는지에 따라서도 다르잖아요. 작업의 형식에 따라 당사자성이 중요하지 않을 때도 있지만,

경우에 따라서는 아주 중요한 문제가 되기도 하죠. '말할 자격'에 대해서는 사실 세월호 관련 연극을 할 때 많이 생각했어요.
특히 포스트드라마[7] 작업에서는 제 관점에서 출발하는 경우가 많잖아요. 도시에 관한 작업을 했을 때, '내가 뭔데 광화문 일대에 대해 말하지?' 이런 식으로 생각하진 않았어요. 그런데 세월호 참사 같은 경우는, 당연하지만, 그렇게 생각할 수 없었어요. 사실 공연을 준비하는 내내 마음 한편에 계속 '내가 뭔데 세월호에 대해서 이야기를 하지?'라는 질문과, 그것을 풀어야만 한다는 생각이 있었어요.

_맞아요. 이해합니다.

그 일과 나의 거리는 어느 정도인지, 내가 어떤 거리에서 이야기하는 것이 적절한지, 또 그 입장에서 할 수 있는 이야기들은 무엇인지 고민을 안 할 수가 없더라고요. 더 깊이 이야기를 하려면 작업 이외의 삶에서 무엇을 해야 하는지 아주 치열하게 고민하게 되고요. 그렇게 조심스럽게 접근할 수밖에 없는 일이 분명히 있는 것 같아요. 너무 어려우면 아예 다루지 않는 경우도 있고요.

_그러게요. 안 하는 게 답일까요?

꼭 그렇지만은 않은 것 같아요. 너무 이상한 걸 하느니 안 하는 게 나을 수도 있겠지만요.

_맞아요. 저의 과거가 떠오르네요(웃음).

기술적인 부분도 다각도로 고민하게 되더라고요. 내용을 형식 안에 담는 기술, 이야기를 있는 그대로 잘 전달하기 위한 연기술, 맞는 태도를 찾기 위한 기술 등등.

_동의해요. 저는 어떤 일에 대해 말할 자격이 꼭 당사자에게만 있다고 생각하지는 않아요. 당사자가 때로는 이상한 방향으로 이야기하게 될 수도 있고, 공연 예술은 어쨌든 테크닉도 중요한 장르이니까. 하지만 아무리 테크닉이 좋더라도 지향하는 가치가 맞지 않으면 공연을 보기 힘들더라고요. 완성도 면에서 좀 떨어지더라도 좋게 볼 수 있는 공연이 있는 반면, 테크닉도 정말 좋고, 연기도 잘하고, 소위 '웰메이드' 공연이더라도 전제된 세계관 때문에 거리감을 느끼기도 해요. 이를테면 연극에서 다루는 내용과 별개로 남성과 여성으로 구성된 부부, 그들의 아이들이 '정상가족'으로 당연하게 등장하는 작품들. 그런 이야기는 늘 있어 왔고, 저도 종종 소비하지만 '아, 이제 난 틀렸구나' 하는 생각이 들기도 해요(웃음). 점점 흥미를 느끼지 못하는 것이죠. 반면 비거니즘, 페미니즘 혹은 퀴어와 관련된 저의 관심사와 가까운 작업은 완성도가 부족해도 시도 자체를 의미 있게 볼 수 있고요.

하지만 창작자라면 테크닉을 고민하지 않을 수 없겠죠. 결국 내가 본 것들을 어떻게 담아 내야 하는지, 왜 굳이 연극으로 이것을 해야 하는지를. "이 이야기를 굳이 연극으로 해야 해? 다큐멘터리 보면 되잖아."라는 말을 듣기도 하니까요. 연극은 영화나 방송에 비해 관객도 턱없이 적고, 어떤 경우엔 정말 다큐멘터리를 보는 것이 나을 수도 있죠. 창작의 목적이 무엇이냐에 따라 다르겠지만요. 만약 연출님이 '이 공연을 보고 당장 그 누구도 다시는 고기를 먹지 못하게 만들겠어'라는 의도였다면 다큐멘터리가 더 적합했을 수도 있겠지만 그런 마음으로 공연을 만드신 것은 아니잖아요.

_저도 그런 이야기 많이 들었어요. "이건 다큐멘터리야." 가려진 것들을 그저 볼 수 있는 곳으로 가지고 온 거예요. 〈고기, 돼지〉는 공연을 '언제, 어디서' 하는지 또한 중요했거든요. '백주대낮 저잣거리'라는 콘셉트도 있었고요. 어쩌면 그 모든 공정과 과정들은 누군가가 의도적으로 가리고 숨겨 놓은 것이죠. 일단 서울에서는 주로 제공될 뿐, 생산의 현장이 드러나는 일은 거의 없잖아요. 많은 것들이 이미 만들어진 채로 소비의 중심인 서울에 도착하죠. 그래서 한낮, 서울 도심에서 이 공연을 하고 싶었어요. 관객이 잠깐 어떤 세계를 경험하고 나왔다는 감각을 느끼기보단, 자신이 본 것들을 완전히 현실의 일부로 받아들여 주길 바랐어요. 그래서 극적 장치들을 일부러 제거했어요. 돼지 살처분 장면을 비닐 돼지로 재현하는 장면이 있었는데, 음악을 넣으면 더 잘 전달되지 않겠냐는 조언도 있었지만 그렇게 하면 그 장면은 정말 거리를 두고 안전하게 보는 '연극'이 될 것 같았어요. 또 돼지를 묶고, 끄는 행동을 관객들이 참여하게 했는데, 폭력적인 재현을 의도한 건 아니지만 누군가에게는 폭력적일 수도 있지 않을까 고민이 되기도 했어요. 어떻게 만들어야 하는지 정말 많은 고민을 했어요. 우리끼리 '그곳에 신고 다녀온 그 신발을 놔두면 그냥 끝날 텐데' 하는 농담을 하기도 했고요.

**이 책의 제목이 '무엇을, 어떻게, 왜'인데 작업 관련해서 '누가, 언제, 어디서'까지 이야기가 나오고 있어서 재미있네요. 그런 고민들을 지금까지도 이어 하고 계실 것 같아요.**

_'기후 위기를 이야기하면서 정작 그 위기를 가속화하는 공연을 만들고 있다는 점에 대한 고민은 없는 걸까?'라는 생각도 해요. 기후 위기 논의는 오래전부터 있었던 이야기잖아요. 최근 어떤 작업자에게서 이런 이야기를 들었어요. 기후 위기를 주제로 하는 공연에 참여하면

서 일회용 도시락만 먹고 일회용 병에 든 생수를 마시며 쓰레기가 엄청나게 나오는 것을 보고, 이게 지금 뭐 하는 건가 싶었대요. 그러면서 기후 위기를 주제로 작업하는 일 자체에 대한 반감을 드러내셨어요. 많은 일이 그렇게 될 위험성은 있는 것 같아요. 어떻게 할지 더 고민하기보다는 그냥 안 하는 것으로 결론을 내리게 되는. 그래도 안 하는 것보다는 어쨌든 조금씩이라도 할 수 있는 것들을 찾아서 하는 것이 좋다고 생각해요.

**어떤 작업 한 편의 내용뿐만이 아닌, 작업자의 행보 자체도 작업으로 읽히기도 하잖아요. 저에게는 한윤미 연출님도 그렇습니다.**

_어떤 선언이나 이야기를 하는 것에 대한 고민은 항상 있고, 입장을 드러내는 것 자체에 대한 고민도 있긴 하죠. 불이익이 따를 수 있으니까요. 그 정도와 방법은 작업자의 선택이라고 생각해요. 저는 드러내기를 선택했어요. 우리, 선거 때 가끔 느끼잖아요. '같은 생각을 하는 사람들이 많은 줄 알았는데 한 줌뿐이었구나' 하는 느낌. 어떤 작업은 보는 것만으로도 큰 힘이 되고, 더 용기 내고 싶게끔 하잖아요. 연극계 미투 이후 서로의 입장을 드러내고 진심을 나누던 때를 기억해요. 드러냈을 때 비로소 가능한 것들이 있는 것 같아요. 그러면서 열심히 동료들을 늘려 가야겠다는 생각을 해요.

## 다시 창작으로

**요즘엔 어떤 생각을 하며 지내고 계신가요?**

_지속 가능한 삶과 창작을 고민하고 있어요. 작업을 하면서 우리가 소진되지 않았으면 하거든요. 비거니즘도 제가 감당할 수 있는 만큼만 실천하는 것이 중요하다고 생각해요. 비건이 되면 어쩔 수 없이 택배를 많이 시키게 돼요. 그게 또 기후 위기를 가속화하는 일이 아닌지 고민할 수도 있지만, '나한테는 다른 생명을 먹지 않는 것이 더 중요하다'고 생각할 수도 있죠. 택배를 시키기 싫으니까 그냥 고기를 먹겠다고 생각하는 것은 좀 이상한 결론 아닌가요(웃음). 그런 생각들을 좀 이상하다고 느껴요. 결국 중요한 것은 지속 가능한 방식을 찾는 것이고, 작업 또한 마찬가지예요.

**다음 작업이 기대되네요. 굉장히 궁금해요.**

_SF적 상상에서 시작해 보기로 했어요. 계속 현실에서 이런 것 때문에 힘들고, 저런 것 때문에 싸우고, 그러다 보니 미래의 세상을 꿈꾸는 감각을 너무 잃어 가고 있다는 생각이 들었어요. 그래서 '비건이 디폴트인 세계'를 상상했어요. 인간들이 다른 동물을 먹지 않게 되면 어떤 세상이 될까요? 아직 소수의 논비건 진영이 남아 있다는 설정이에요. 과학기술도 대체육을 만들거나 동물을 우주로 보내는 데 쓰는 게 아니라, 동물들의 소통에 집중되어서 인간동물과 비인간동물이 소통할 수 있어요.
논비건 진영에 아프리카돼지열병이 돌아서 예방적 살처분을 하려고 하는데, 비건 진영의 사람들과 돼지들이 함께 그 돼지들을 구출하는 내용을 게임 형식으로, 관객들이 퀘스트를 풀어 가면서 참여하는 공연이에요. 관객들 모두가 비건 진영의 사람 혹은 돼지가 되어, 그들을 구하기 위해 끊임없이 그 안에서 고민해야 하죠.

**너무너무 재밌다. 현재에서 싸우느라 미래에 대한 감각이 사라지고 있기**

**때문이라는, 출발 계기가 정말 멋지네요.**

_재밌을 것 같긴 한데 〈고기, 돼지〉도 사실 만들면서 맨날 후회했어요. 이동형 거리극은 여러 스팟을 이동하며 진행해야 해서, 각 장소의 동선·특징·안전·사용 가능 여부까지 모두 확인해야 하거든요. 극장 공연보다 훨씬 많은 것들을 신경 써야 하죠. 왜 이런 걸 만들어서 사람들을 고생시키나, 왜 이런 걸 했을까 싶었지만 어쨌든 이번에도 재밌게 해 보려고 해요.

**예매하겠습니다(웃음). 연출님의 과거부터 시작하여 근래의 고민을 나누고, 미래를 상상하기 위해 시작하셨다는 작업까지 쭉 들어 볼 수 있어 즐거웠습니다.**

**지금 내가 주요하게 감각하는 문제를 사람들과 함께 나누려면**
**테크닉 말고 무엇이 더 필요할까?**

어떤 지향을 가지고 산다는 것,
그것을 누군가와 함께 드러낸다는 건 뭘까?

**지향과 어긋나는 작업을 할 때 어떻게 중심을 잡을 수 있을까?**

언제든 이야기할 수 있는,
그리고 힘이 되어 주는 친구들이 있어?

**지금 내 친구 중에 먼 미래까지 함께할 수 있는 친구가**
**몇 명이나 있을까?**

지금은 어때? 지금 생각나는 사람이 있어?

**너는 지금 생각나는 사람이 있어?**

최근 가장 재미있는 일이 뭐야?

**가까운 미래에 있을 너의 작업은**
**정말 그때의 현재가 될 수 있겠지?**

난 아주 기대되는 순간이 있어.
아마 내가 많이 행복한 순간일 거라고 생각하는데,
그게 너한테도 그럴 수 있을까?

+[3]

# Epilogue

우리가 대화를 나눴던 2021년 이후에도, 창작자 한윤미는 동물을 둘러싼 작업을 이어 갔습니다. 계획 중이던 〈A.SF_비거니즘의 세계〉를 공연했고, 동물실험과 기후변화를 다룬 〈두 개의 길〉을 만들었으며, '혜화 지역 탐험하기'라는 워크숍을 통해 비건 옵션 식당들을 동료들에게 소개하기도 했어요. 축제와 동물이라는 키워드에서 출발한 〈유령들의 대화〉와 개 식용 종식 문화제에서 낭독한 〈이름 있는 개, 무량〉은 동물 배역들이 직접 말을 하는 작품이었습니다. 무대 위에서 동물 배역이 대사를 하는 것은 낯설지 않지만 이를 특별히 언급한 이유는, 그에 대한 성찰이 창작자들 사이에서 한동안 깊게 이루어졌기 때문입니다.

동물은 그동안 다양한 방식으로 인간의 이야기나 연극에 등장했습니다. '교활한 뱀', '부지런한 꿀벌'처럼 관습적 이미지 캐스팅(?)을 통한 인간성을 비추는 은유로, 혹은 인간의 친구나 포식자로 인간중심적 관계의 틀 안에서 소환되었습니다. 그러나 인간중심적 사고에 대한 반성은 동물의 소비와 재현에 대한 성찰로 이어졌지요.

저 또한 동물 배역의 어떤 대사를 써도 인간중심적 접근으로 환원할까 봐 멈추던 시기가 있었는데요, 사실 동물이 어떤 말을 하는지 인간은 영원히 알 수 없고, 기존의 관습을 강하게 성찰하기 위해서는 잠깐 멈추는 것도 효과적이라고 생각해요. 하지만 한윤미와 이야기했듯 '하지 않는 선택'에만 오래 머무르고 싶진 않았기에, 어떤 작품에서 조심스레 동물로서 말하기를 시도해 보기도 했습니다. 2025년, 다시 만난 한윤미와 이에 대한 이야기를 이어 갔습니다.

“많은 고민을 공연으로 만들어 나눠 주셔서 감사했어요. 배우님이 시도하셨던 것처럼, 이제 우리는 ‘해도 되는가?’에서 ‘어떻게 할 것인가?’의 고민으로 넘어간 것 같아요. 어떻게 동물들을 더 잘 대리할 수 있을지, 어떻게 관객들과 더 잘 만날 수 있을지 등을요. 잘못된 것을 알아차리는 순간은 꼭 필요했지만, 이제는 더 많이 시도하면서 두려움을 돌파하고 싶어요. 기후나 퀴어 서사와 관련된 작업도 우리의 첫 대화 때와는 비교할 수 없을 만큼 많아졌잖아요. 그런 작업을 이어 가는 동료들에게 계속 힘을 얻고 있어요. 함께하는 팀의 동료들도 정말 큰 힘이 되고요.”

두 차례의 대화에서 그는 ‘동료’라는 단어를 참 많이 썼어요. 동료를 만나고, 비슷한 생각을 하는 사람들에게 힘이 되기 위해 여러 불이익이 생길 수 있다는 것을 알면서도 자신을 드러내기를 선택했다고도 했습니다. 누군가의 고통을 들여다보는 작업에는 무거운 고민이 따르고, 그 과정에서 ‘기대’나 ‘설렘’ 같은 감정과 점점 멀어지기도 하지요. 그럴수록 고민을 나눌 동료가 필요합니다. 한윤미가 그러하듯, 작업 과정에서 맛있는 기쁨을 나누는 일도 중요하겠고요. 저는 문득 그와 맛있는 것을 먹고 싶다는 생각을 하며 질문을 던졌습니다. 그가 돌려준 질문은, 싸워야 하는 현실 속에서도 설레는 미래를 그려 보게 했어요. 한윤미는 여전히 그런 동료였습니다.

**네가 가장 최근에 발견한 비건 식당에서는 어떤 메뉴가 제일 맛있어?**

_올해 가장 기대되는 일이 뭐야?

*

# 왜냐하면 우리는 결국 '나'이니까

*

이반지하

+[1]

# Prologue

저는 주로 연극 무대에서 연기하는 배우입니다. 연극을 만들기도 하고요. 하고 싶은 말을 표현하기 위해 연극을 선택했다기보다는 연기와 연극이라는 장르가 좋아서 시작한 것에 가깝습니다. 그런데 예술을 계속하다 보니, 그리고 삶을 살아 내다 보니 자연스레 하고 싶은 말과 나누고 싶은 생각이 생겼습니다. 마음만 먹으면 무대 위에서 그것을 풀어낼 수 있다는 것을 알게 되었으니 자꾸 하고 싶어지는 것이기도 하겠지요?

그런데 종종 다룰 수 있는 매체가 공연 예술뿐이라는 것이 갑갑할 때가 있습니다. 저는 공연 예술에 적합한 기술을 훈련해 왔습니다. 하지만 어떤 생각은 글로 쓰는 편이 더 낫겠다 싶고, 어떤 경험은 영상이나 전시 작업, 혹은 노래 한 곡으로 만들어 보고 싶다는 생각이 들기도 합니다. 노력하면 할 수는 있겠지만, 결국 저는 공연 예술의 언어로 제 생각을 갈무리하는 일에 가장 익숙합니다. 그것이 싫지는 않지만, 동시에 그 익숙함을 흐트러뜨리려는 노력도 조금씩 하며 살아가고 있습니다. 공고한 것에 더 잘 질문할 수 있도록 새로운 기술을 벼리고 싶어진 것이지요. 그런 저에게 이반지하는 그 자체로 새로운 지침서, 스승이자 매체입니다.

그의 홈페이지에는 이렇게 적혀 있습니다.

"이반지하는 가부장제와 젠더 경계, 퀴어성을 가지고 놀며 작업하는 다매체 예술가이다. 2004년부터 퀴어적 존재이자 현대 미술가로서의 불안정한 삶의 여건을 바탕으로, 한 분야에만 몰두하는 사치를 부리지 않고 다양한 매체와 플랫폼을 오가며 꾸준히 작업을 해 왔다."[8]

여러 매체를 오가며 활동하는 예술가들은 많지요. 그러나 이반지하의 특별함은 매체를 오가는 행위 자체가 그의 예술 세계의 핵심이라는 점에 있습니다. "우리는 정상에서 만나자, 비정상"[9]이라고 노래했듯, 그는 정상성에 도전하고, 퀴어한 내용을 퀴어한 방식으로 풀어내며 장르와 장르 사이를 횡단하지요. 그의 작업 내용과 형식, 그리고 삶 자체를 관통하는 '이반지하.' 그는 존재 자체로 장르이자 사건이며, 많은 이들을 위로하고 때로는 앞서 싸우는 존재입니다. 그래서 팬들은 그를 애칭처럼 '압지(아버지)'라고 부르는 것이겠지요.

저 또한 그의 팬입니다. 그를 만났을 때 "압지!" 하고 외치지는 못했지만, 그와 동시대를 살아가는 예술가이자 시민으로서 그를 존경합니다. 무엇보다 그의 유머를 사랑합니다.

"여보 저 사실 레즈예요 한 번도 사랑한 적 없어요 … 아 우리 가족 LGBT"[10]

저는 이반지하의 유머에 대해 함께 이야기 나눌 수 있는 사람을 늘리기 위해, 그의 음악을 주변 친구들에게 널리 '영업'했습니다. 대부분의 친구들이 웃고 울며 그의 팬이 되었지만, 각자의 웃음 포인트는 달랐습니다. 그만큼 이반지하의 유머는 다층적입니다. 서늘하기도, 따뜻하기도, 냉소적이기도, 자조적이기도, 철학적이기도 한 그의 유머에는 이 사회에 대한 날카로운 통찰이 있습니다. 그의 유머는 때로 위험합니다. 그러나 위험을 감수한 그 유머는 어떤 사람들을 이 사회로부터 안전하게 만들기도 합니다. 그의 책 『이웃집 퀴어 이반지하』, 『나는 왜 이렇게 웃긴가』를 통해 그가 얼마나 이 세계를 섬세하게 감각하며 자신의 고통을 다루고 있는지를 알 수 있습니다. 물론 그 책들은 정말 웃기기도 합니다.

자신을 드러내길 주저했다던 그는 베스트셀러 작가이자 장르를 넘나드는 예술가로 활동하고 있습니다. 그러나 여전히 많은 괴로움을 겪습니다. 그는 중심부로 다가갈수록 어떤 존재들을 영원히 주변으로 밀어내려는 이 사회의 공고한 얼굴과 마주한다고 합니다.

삶 전체가 곧 예술인 예술가의 작업을 우리는 어떻게 기록해야 할까요? 우리는 어떻게 이 공고한 세계의 중심을 흔들 수 있을까요? 개인의 경험을 어떻게 더 공적인 언어로 쌓을 수 있을까요?

창작자 이반지하와 대화를 나눈 기록입니다.

**이반지하**

가부장제, 퀴어성, 젠더와 매체의 경계를 가지고 놀며 작업하는 예술가.
한국 퀴어 페미니스트 커뮤니티에 뿌리를 둔 '생존자 유머'의 선구자로서 기존의 젠더 이분법적 질서 위에 퀴어적 공간을 열어 내는 작업들을 통해 독자적인 퀴어 미학을 발전시켜 왔다.

$+^2$

# Interview

_(이반지하) 우리 아이스브레이킹을 해 볼까요? 긴장하신 것 같은데.

(성수연) **아직 믿기지 않아서요. 제 앞에 이반지하 님이 계시다는 사실이.**

***이반지하와 성수연, 손을 잡고 빙글빙글 돌며 웃는다.***

_어때요? 아이스브레이킹이 좀 됐죠? 저는 미리 공부를 좀 했습니다. 인터뷰하셨던 것들도 찾아봤고요. 저는 혼자 수연 님과 약간 친해져서 왔어요. 그래서 왜 긴장하셨는지 모르겠어요.

(숨을 고르며) **제가 정말 정말 팬이라서 그렇습니다.**

_그래요? 사실 요즘에 글 쓰느라 사람들을 많이 안 만나고 있어서, 약간 제가 다시 평민이 된 기분이었거든요(웃음). 그런데 이렇게 반겨 주시니까 '그래, 내가 조금은 이름이 있는 사람이었지' 싶기도 하네요.

**아아악! 사랑해요!**

_내려놓으세요.

## 이반지하를 찾아서

**저는 2018년에 이반지하 님을 알게 되었어요. 분홍색 헤드피스를 쓰고 〈레즈바에 온 작은 헤테로〉를 부르시는 모습을 보고 너무 좋아서 충격을 받았어요. '이런 분을 이제야 알다니!' 싶었어요. 저는 인터넷 문화나 SNS에도 적응이 느려서 잘 모르는 게 많았거든요.**

_감사합니다. 갤러리 합정지구에서 했던 퍼포먼스네요.[11] 안 그래도 SNS를 잘 안 하신다고 해서 조금 놀랐고, 한편으로는 또 재밌다고 생각했어요. 이 시대에 SNS를 안 하는 예술가가 어떻게 살아남을 수 있지? 저도 그게 고민 중 하나거든요.

**그래서 당시 이미 이반지하 님을 알고 있던 주변 사람들한테 자주 물었어요. "이반지하 님은 요즘 뭐하셔?", "작업 또 안 하셔?", "혹시 주변에 이반지하 님이랑 친분 있는 사람 있어?"**

_명성에 비해 공연을 많이 하지 않았거든요. 공연할 기회가 생겨도 조건이 좋지 않은 무대는 사실 많이 거절했어요. 그게 섭외자 입장에서는 재수 없을 수도 있을 것 같은데, 저는 그렇게 안 했으면 이렇게 오래 생존하지 못했을 것 같아요. 또 다른 이유는 알바하는 시간이 더 많았기 때문에. 작업 고민하고 알바하면 하루가 다 가 버렸어요. 2019년 이전엔 확실히 그런 시기였어요.

**스스로를 드러내는 걸 조심스러워하셨다는 이야기도 들었어요. 그래서 오늘 오는 길에 문득 '이 얼마나 감개무량한 일인가' 싶더라고요.**

_그것도 맞죠. 대 사회 커밍아웃은 감당 못 할 거라 생각했어요. 그렇게 생각하면 지난 5, 6년간 엄청나게 변하긴 한 거예요. 예전에는 어디 기금 신청하느라 서류 쓸 때 '페미니즘' 쓰면 당연히 떨어지는 거고, '퀴어' 쓰는 건 당연히 말도 안 된다고 생각했는데.

**그러다가 2019년 디지털 앨범《이반지하》가 나왔을 때 얼마나 반갑고 행복했는지 몰라요. 그때는 매일 들었어요. 요즘도 자주 듣고요. 노래를 거의 다 외우고 있을 정도예요.**

_다행이네요. 왜냐하면 정확히 그런 이유로 디지털 앨범을 냈기 때문에. 좋아하셨던 분들이 계속 들을 수 있도록 하고 싶었거든요. 또 당시 트위터(현 X) 등에서 예전과는 다르게 사람들이 성 정체성을 드러내고 활동하더라고요. 새로운 물결이었어요. 그런데 그들 중 일부는 퀴어 문화가 예전에는 없었다고 생각하더라고요. 충격이었어요. 이건 남겨야 하는 일이구나 싶었어요. 레거시랄까요? 메인 스트림 문화가 기록하지 않는 것들을 남기고 싶었어요. 마지막이라고 생각하고 앨범을 냈죠.

**앨범 자체가 정말 재밌었어요. 음악도 좋고, 가사도 천재적으로 웃기고, 노래마다 창법 바꾸시는 것도 정말 놀라웠고요. 〈아버님〉에서는 아예 역할을 연기하듯 부르시고, 〈생빠〉는 새침한 톤, 이어지는 〈줄까말까〉는 메탈 같은 에너지. 앨범 전체가 한바탕 판을 벌이는 것처럼 신명나더라고요.**

_오랜만에 음악 얘기를 하니까 되게 좋네요. 저도 다시 상기되고요. '맞다, 나 그런 것도 만들었지, 나 노래도 됐었지.'

## 목소리를 남기는 사람들

**작년에 한 연극에서 '누군가의 말을 반복해서 따라함으로써 내 안에 그 사람의 길을 낸다'라는 개념을 걸고 장면을 만든 적이 있어요. 여러 사람의 말을 수집해서 반복하는 수행을 했는데, 그때 〈(삐-)는 이반이다〉의 일부를 부르기도 했었어요. 공연에서는 감히 못 했지만요(웃음). 이반지하의 노래를 부르며 내 안에 이반지하의 길을 내 보고 싶었어요.**

_그것도 재미있었겠네요. 다음에라도 꼭 해 보세요. 저도 누군가의 인터뷰들을 찾아보면서 마음에 와닿는 문장을 반복해서 써 본 적이 있어요.

**언제요? 왜 그런 일을 하셨나요?**

_저는 원가족과 분리됐잖아요. 그건 물리적 분리이기도 하지만, 그 동안의 생활 방식을 완전히 부정하는 일이기도 하거든요. 내가 무비판적으로 수용했던 어떤 방식들로부터 분리되어 나오면, 사실상 '나'라는 게 비어 버리거든요. 새로 채워 넣을 것들이 필요했어요. 게다가 예술가로 어떻게 살아남는지 가르쳐 주는 사람이 아무도 없잖아요. 그래서 여러 창작자의 인터뷰를 찾아 헤맸었죠. 이런 이야기를 하면 제가 어떤 인물을 모델로 삼았을지 기대하는 분들도 많더라고요. 하지만 의외로 그냥 인터뷰 많이 하는 유명한 작가들이었어요. 사람들이 많이 보는 무라카미 하루키 같은. 비록 '구린 남성 예술가'의 인터뷰일지라도 그 안에서 좋은 걸 뽑아내려고 노력했어요. 자아를 새로 쓰기 위한 재료들이 필요했으니까요.

**『이웃집 퀴어 이반지하』 같은 책도 제게 그런 역할을 했어요. 막연했던 고통이 좀 더 구체적인 언어가 될 수 있었던 것 같아요.**

_구체화하는 일은 꼭 필요한 것 같아요. 참 어렵죠. 예술가나 소수자는 영원히 이중언어자인 거잖아요. 자기만의 언어도 개발해야 하고, 동시에 세상에 설명도 할 줄 알아야 하니까. 그 설명을 못해서 정말 많은 경험이 세상에 나오지 못하잖아요. 그래서 우리가 여전히 '목소리'라는 말을 쓰고요. 듣지 못한 목소리.

## 이반지하라는 장르

**이 만남을 어떻게 소개할지 고민했습니다. 그냥 '이반지하와의 대화 기록'으로 할지, 현대미술가, 작가, 음악가, 다매체 예술가 같은 역할들을 다 나열할지.**

_그렇게 나열하면 오히려 아무것도 제대로 하지 않는 사람처럼 보이더라고요(웃음). 시대별로 혹은 정권별로 예술계에서 많이 쓰는 용어가 있는데, 박근혜 정부 땐 '융복합'이었어요. 그때 모든 지원 사업에서 융복합 이야기를 하는데, '진짜 다 하는 융복합 예술가'는 좋아하지도 않고, 믿지도 않더라고요. 요즘은 보통 현대미술가, 작가 정도로 말해요. 아주 정직하게는, 저는 제가 장르라고 생각해요.

**저도 그렇게 생각합니다. 이반지하는 장르예요.**

_여러 매체에서 활동하는 방식은 자본주의적 속도로 보면 어리석고 오래 걸리는 방식이지만, 저는 일부러 계속 그 방향으로 가고 있어요. 예를 들어 퀴어에 대해서도 많은 사람이 제가 한마디로 정리해서 설명해 주길 원하거든요. 그런데 저는 계속 복잡하게, 천천히 습자지에 물들이듯 얘기해요. 사실 얼마나 어려운 길인가요. 사람들은 정답을 원하는데. “트랜스가 뭐야? 남자에서 여자가 되는 거야?” 이럴 때, “응. 그런 거야.” 하면 쉽겠죠. 성별에 대한 기존 관념이 어쩌고저쩌고하면 듣는 사람이 너무 피곤하잖아요. 그러니 유통이 더딜 수밖에 없죠.

**2023년 여름에 울산 동구 남목도서관에서 하셨던 퍼포먼스 〈정상가족 만들기〉가 궁금해요. 당시 초청 취소와 번복, ‘퀴어, 젠더, 동성애’를 언급하지 말라는 제약까지 있었다고요. 어떤 공연이었나요? 공연 중 별일이 없었는지도 궁금합니다.**

_자기 계발 강의가 많잖아요. ‘아들 키우는 법’부터 시작해서 주부들 혼내는 강의도 있고. 그들의 화법이 흥미로웠어요. 그래서 금지된 주제를 정면으로 언급하기보다 아예 ‘정상 사회 만들기’에 대한, 자기 계발 강연처럼 진행하기로 했어요. 그 강연 자체가 저에게는 일종의 드랙 퍼포먼스였죠. 제가 설정한 인물은 군인 남편과 아들을 둔 기혼 여성이에요. 이 사람도 젊었을 때는, 페미니스트까지는 아니어도 어디 가서 말 좀 하는 시끄럽고 기 센 여자였는데, 남편을 따라다니며 내조하고, 기반을 닦지 못하다가 은퇴 즈음 ‘정상성 전문 강사’가 된 거예요. 그게 기본 콘셉트였어요. 제가 그 사람이 되어서 강연을 하는 거죠. 그녀가 입을 법한 옷을 입고 구두를 신고 안경을 쓰고요.

**공연 사진을 봤는데, 그 의상이 그녀의 옷이었군요!**

_네. 제가 하는 예술이 거의 그렇듯, 알고 봐야 더 재밌어요. '아들 중요하다', '정상성 중요하다' 등 혐오 세력이 봐도 맞는 말처럼 들리지만 퀴어 커뮤니티가 볼 땐 풍자가 드러나는 공연을 만들고 싶었어요. 정상성에 대해 어떻게 강연할지 고민하다가, 모두가 사랑하는 네이버에 들어가서 '정상'의 사전적 정의를 검색했어요. 일단 늙어서는 안 되고, 장애가 있으면 안 되고, 성도착적 행위를 하면 안 돼요. 이 세 가지 틀을 갖고 강의를 했어요. 중간중간 '아들 자랑'도 하고요.

**공연 중에 혐오 세력의 방해는 없었나요?**

_원래 1시간 강연과 30분 질의응답으로 총 1시간 30분의 퍼포먼스를 준비했는데, 밖에서 혐오 세력이 문을 차며 폭력을 시작했어요. 속상한 건, 이럴 때 관계자도 경찰도 그들을 설득하는 게 아니라 말이 통하는 저에게 양해를 구한다는 점이에요. '일찍 끝내 달라'고 하셔서 총 60분 정도로 공연을 마치긴 했어요. 다행히 강연 중에는 문을 닫으니 방음이 잘되어 별일은 없었어요.

**혹시 그들이 관객으로 와서 앉아 있지는 않았나요?**

_있었어요. 놀라웠던 것이, 제가 자기 계발 강의를 모티브로 삼았다고 했잖아요. 그래서 제가 말이나 동작을 청중들에게 계속 따라 시키고, 대답하게 했거든요. 그걸 모두 너무 잘 따라 하는 거예요. 그래서 그 안에 혐오 세력이 없는 줄 알았는데, 강연 막판에 채증하듯 사진을 찍는 사람이 있더라고요. 그때 알았어요. 구분할 수가 없었어요. 정말 밝게 웃으면서 재미있게 강연을 듣고 손 들으라고 하면 다 들고

하더라고요. 제 친구 말로는, 아마 이반지하가 누군지도 모른 채 목사님이 나오라고 해서 온 경우도 많았을 거라고 하더군요.

**그분들이 그날의 경험으로 인해 다른 생각을 하신다면 좋겠지만…**

_그런 건 너무 큰 기대죠. 그냥 그 공간을 그렇게라도 점거했었던 사실만으로도 큰 의미가 있었어요. 지금은 웃으면서 얘기하지만, 당시엔 죽을 수도 있다고 생각했어요. 집회 신고를 300명이 낸 상황이었거든요. 살면서 나라는 개인을 향해 300명이 집회 신고를 하는 일, 상상하기조차 힘든 경험이잖아요.

**맞아요. 어떤 기분일지 짐작하기조차 어렵습니다.**

_심지어 다른 정당한 이유가 있던 게 아니라 제가 퀴어라는 사실 때문이잖아요. 누가 어떤 비이성적인 일을 벌일지 모르는 상황에서, 내가 왜 이 위험을 감당해야 되나 싶었어요. 그런데 또 정말 감동이었던 게, 강의실에 들어서니 맨 앞줄에 제 팬들이 앉아 있는 거예요. 다른 지역에서도 울산까지 와 주신 거죠. 그분들은 돌아가는 길에 혐오세력의 온갖 욕설을 다 들었어요. 그런 위험을 감수하며 저를 보러 와야 한다는 사실이 참… 지나고 나면 영웅담처럼 들리지만, 사실은 너무 무서웠어요. 정말 고통스러운 일이에요.

**어떤 일을 나중에 듣거나 기록된 글자로 읽으면 그 일을 겪은 사람의 고통이 잘 전해지지 않기도 하잖아요. 고통스러운 일이라고 말씀하실 때의 표정이나 스쳐 가는 눈빛 같은 것들이 글자로는 남지 않으니까요. 그냥 영웅담처럼, 후일담처럼 되기 쉬울 텐데. 하지만 아무리 웃기게 넘긴 상황이라도 고통은 고통이라는 걸 사람들이 알았으면 좋겠어요.**

**문제는 정작 알아야 할 사람은 모른다는 거죠. 그래도 결국 그곳으로 가는 고통을요.**

_맞아요. 불의는 계속 일어나잖아요. 그럴 때 노쇼나 보이콧도 굉장히 용기가 필요한 저항이지만, 제가 요즘 하고 싶은 건 직접 가서 반대하는 일이에요. 얼마 전 주한 미국·영국 대사관에서 주최한 프라이드 리셉션에 팔레스타인을 상징하는 수박 티셔츠를 입고 참석했어요. 처음 초대를 받았을 땐, 화가 나서 못 가겠다고도 생각했어요. 가자에서 일어나는 학살을 그냥 두고 여기서 LGBT 인권 수호 연설을 하는 그들이 뻔뻔하다고 생각했거든요. 그런데 보니까 집에 수박 티셔츠가 있었고, 이걸 입고 그곳에 가야지 싶더라고요. 〈정상가족 만들기〉도 마찬가지예요. '퀴어, 동성애, 젠더'를 언급하지 말라는 건, 사실상 제가 스스로 포기하길 바라는 요구거든요. 정말 그런 강연을 원해서가 아니라, 모양이 안 좋게 됐으니 알아서 빠져 주기를 바라는. 저는 이런 방식의 거절에 익숙해요. 이런 경우 말도 안 되는 일이니 하지 않겠다는 방식으로 저항하는 분들도 있겠죠. 그런데 그래도 제가 하겠다고 한다면 어떻게 될지 아무도 몰랐잖아요.

그렇게 했더니 확실히 의미도 있었어요. 그날 울산과 인근 지역 페미니스트, 퀴어 활동가 들이 저를 보고 반가워서 눈물을 흘리시더라고요. 제가 가지 않았으면 우리는 만나지 못 했을 거예요. 그 만남의 가치를 어떻게 따질 수 있겠어요. 동시에 혐오 세력의 열정도 놀라웠어요. 끔찍하지만, 가지 않았다면 그들의 존재도 몰랐겠죠. 그런 감정들이 있다는 사실도.

이 사회의 중심에 가까워질수록 느껴지는 것이 있어요. 이 가부장제 사회는 제가 중심이 아닐 땐 멋진 시민의 얼굴을 하고 있지만, 중심에 가까워질수록 본색을 드러내죠. 그들은 제가 주변에 있길 원해요. 도서관 같은 공간은 '중심'이니 위협이라고 생각했나 보죠. 특히 책을

통해서 이름과 얼굴이 알려지게 되면서 더 많이 느껴요. '퀴어 너무 많다, 퀴어 담론이 많다'면서도 결국 중심은 허락하지 않는다는 것을.

**중심으로 갈수록 피투성이가 되는데, 또 누군가는 그걸 보고 "저 사람은 중심에 있잖아."라고 말할 수도 있겠지요.**

_맞아요. 중심으로 갈수록 내 편에도, 저쪽 편에도 좋은 사람이 아니게 되더라고요. 오히려 나와 다른 사람들 곁에 더 많이 있게 되고요. 결국 나와 비슷한 사람들이 더 많아지기를 바라고 있는 거죠.

**퍼포먼스의 경우, 관객과 실시간으로 만나며 에너지를 주고받게 되잖아요. 그럴 때 응원과 호의로 채워지는 '사랑 주머니'가 있는가 하면, 비난과 공격이 쌓이는 '고통 주머니'도 있을 텐데요, 사랑받았다고 고통이 지워지진 않잖아요. 그럴 때 마음을 어떻게 다루시나요?**

_어려워요. 제 이름 '이반지하'는 말 그대로 이반이고, 반지하에서 예술적 자아가 탄생했다는 뜻이에요. 막 지은 이름인데, 이보다 더 맞는 이름이 없다고 느껴요. 정말 '반지하', 완전히 지하도 아니고 완전히 지상도 아니에요. 누가 보면 큰 출판사에서 책도 내고 국립현대미술관 레지던시도 참여했으니 충분히 잘나가는 것 같겠지만, 퀴어라는 이유 하나만으로 작업이 취소되기도 해요. 내 커뮤니티에서도 욕을 먹고, 메인 스트림에서는 절대 끼워 주지 않는 이상한 상황도 있고. 어느 쪽에선 너무 유명인이고 어느 쪽에선 완전히 무명씨 듣보잡에 불과한, 그런 극과 극을 오가는 느낌을 받아요.

그래서 종종 원망스럽기도 했어요. 이전 세대 예술가들 중 퀴어 정체성을 드러내고 활동한 이들이 더 많았다면 이런 상황이 조금은 덜했을지도 모르잖아요. 커밍아웃하지 않은 퀴어 예술가들도 많지만, '이반지하'라는 이름으로 활동하는 저는 결코 겪지 않을 수 없는 경험을 겪게 되더라고요. 나에게 맞서 300명이 반대 집회를 하는 상황 같은 거요.

**장르를 넘나들며 작업하는 일은 어떠세요?**

_저에게는 해소되는 부분도 있지만, 각 장르는 저마다의 관례가 있어서 늘 조심스럽고 어려워요. 한쪽에서는 당연한 게 저쪽에선 또 아니기도 하고요. 여러 장르에 걸친 애매한 존재로서 혼자라고 느끼기도 해요. 선례가 적으니 더 혼란스럽고요. 취약하고 위태로운 상태로 일하고 있는 것 같아요. 이런 저의 경험도 벌써 저라는 소수의 경험이 되고 있잖아요. 그래서 저도 계속 언어를 만들 수밖에 없어요. 사회의 언어로 말해야 이해받을 수 있는데, 내가 사회랑 잘 맞았으면 예술가가 안 됐겠죠. 하지만 살아남으려면 또 사회 언어를 잘해야 하니까. 맨날 헷갈리고 어려워요.

**정말 여러 맥락에서 공감하게 돼요. 결국 사회의 언어를 잘해야 살아남는다는 점이 씁쓸하네요. 어떤 예술이 메인 스트림에 기록되지 못하는 이유이기도 하겠죠. 이반지하 님은 굉장히 에너지를 많이 쓰면서 살아가고 계시는 것 같아요. 인터뷰에서 "트라우마보다 더 빨리 달리자"는 말씀을 하신 걸 봤는데, 참 힘이 됐어요.[12]**

_'나'라는 필터가 제대로 작동하지 않으면 세상을 걸러서 내 언어로 만드는 일을 잘하기 어려운데, 세상에는 이 필터를 망가뜨리는 원인이 많죠. 예를 들면 온갖 편견들. 그걸 막으려면 너무 많은 에너지가 들잖아요. 그래서 선택한 방법이 속도였어요. 생각하기 전에 본능적으로 움직이면, '내가 이런 사람이었네' 하고 알게 되잖아요. 그렇게

직관을 믿는 연습을 계속하는 거죠. 왜냐하면 우리는 결국 '나'밖에 될 수 없잖아요. 나를 깊이 파고들다 보면 타인한테도 닿을 수 있다고 생각해요. 그런데 '나다움'이 언제나 사랑받을 수 있는 건 아니기 때문에 용기가 필요하죠. 다수결이 아니니까, 나는.

## 예술로 생존하기

**요즘 건강은 어떠세요? 디스크 수술 후 잘 회복하고 계신가요?**

_많이 좋아졌어요. 그런데 전보다 좀 빨리 지쳐요. 예술가 자아를 유지하는 데 드는 비용에 비해 받는 금액이 너무 적으니까 결국 무리해서 일하게 되거든요. 그럼 당연히 몸이 버티지 못하고요. 그래서 늘 임금 투쟁을 해요. 참 쉽지 않아요. 그럼에도 계속하는 이유는 제가 어느 선 이상 받지 않으면 뒤에 오는 친구들은 정말 한 푼도 받지 못할 수 있기 때문이에요.

**왜 예술의 값을 책정하는 것은 이렇게 어려울까요? 결국 '너의 예술이 필요한 이유를 증명해'라는 요구 앞에 서게 되기도 하고요.**

_맞아요. 그리고 그 증명을 자본주의적으로 해야 하죠. "이번에 지원해 줬으니까 다음엔 스스로 일어나야지." 많은 프로그램이 일생에 한 번만 지원받을 수 있는데, 골고루 기회가 돌아가야 한다는 것은 알지만, 사실 그렇다면 기회가 더 많아져야 되는 거잖아요. 새로운 기관들이 생긴다거나 다양한 기금 시스템이 있어야 되는데, 참 쉽지 않네요.

자본주의 사회는 성장과 팽창이 기본값이잖아요. 예를 들어 제 유튜브 채널 구독자가 지금 5,000명이 안 되는데,[13] 누군가가 봤을 땐 너무 적은 숫자인 거예요. 성장과 팽창의 관점에서 생각하면 뭔가 잘못하고 있는 거죠. 그런데 한편으로는 '그래야만 하나?' 싶기도 해요. 더 많은 사람이 알았으면 좋겠다고 말하는 분들도 있어요. 저도 더 많은 구독자가 생긴다면 물론 좋겠지만, 동시에 '이반지하 같은 존재가 대중적이게 되는 게 맞는가?'라는 질문도 생겨요. 변두리에만 머무르길 원하지는 않지만, 메인 스트림을 지향하는 건 또 다른 문제니까요.

**무슨 말씀이신지 알 것 같아요.**

_요즘 그 생각을 많이 해요. 헤테로가 읽었을 때도 재밌을 만한 걸 써서 관객을 넓히라는 얘기는 성장 논리로 보면 타당하죠. 이미 있는 관객들도 소중해요. 세상은 계속 변하는데, 그 자리에 그대로 있는 것도 엄청난 노력이 필요하잖아요. 그런데 사회의 시각으로는 그게 멈춤이고 퇴행인 거죠. 지금 제 관객들을 지키는 것도 벅찬데, 더 넓히라는 요구가 때로는 핑크워싱(pinkwashing)처럼 느껴지기도 해요.

**맞아요, 저도 늘 고민해요. 더 많이 사랑받고 안정될 수 있는 길을 찾아야겠다 싶다가도, '내가 할 수 있는 게 얼마나 상업적이겠어' 하는 체념도 들고. 제 취향을 돌아보면 평생 메이저였던 게 거의 없는 것 같고요.**

_내가 뽑은 대통령이 된 적이 있나? (웃음)

**(웃음) 그런데 자본주의적 성공을 하지 못하면 정말로 당장 이사 갈 집이 없어 떠돌게 생긴, 이런 상황이 맞는 건가 싶기도 하고요.**

_그게 예술가라는 직업이 이 사회에서 갖는 위치 같아요. 직장인들은 꼭 회장님이 되어야 하는 건 아니거든요. 그런데 예술가는 회장님이 되어야 먹고살아요. 무슨 얘긴지 아시지요? 저는 그게 너무 힘들어요. 매번 증명해야 하고, 성과가 예전만 못하면 너무 쉽게 주변화되고.

**그런데 내는 작업마다 전부 희대의 명작이기는 어렵잖아요. 물론 그런 분들도 계시겠지만.**

_사실 정말 많은 운과 사회적 상황 등 모든 게 맞아떨어져야만 해요.

**지원 사업 선정도 점점 어려워지고, 소위 메인 스트림 안착도 어렵다면, 살아갈 다른 방법은 없는지 계속 고민하게 돼요. 아직 막연하지만.**

_저도 고민하다가 결국 생각해 낸 게 '문화혜택비' 개념인 것 같아요. 새로운 경제 체제가 있어야 된다고 생각했어요.
미술 쪽엔 굿즈 판매가 있잖아요. 하지만 우리는 프로 굿즈 디자이너가 아니죠. 후원에 대한 보상이 꼭 물리적인 형태로 있어야 하는지 질문하게 됐어요. 이런 방식에 설득된 사람들도 있고, 아닌 사람들도 있어요. 그래도 저는 문화혜택비를 보내 주신 분들 덕분에 올해도 책을 낼 수 있었어요. 그런 것이 있으면 모두가 공공 기금에 기대지 않아도 되고, 상업적인 작업만 할 필요도 없겠죠. 물론 많은 설득이 필요하지요.

**정말 언어가 중요하다는 걸 느껴요. '후원'이라고 할 때와 '문화혜택비'라고 할 때 관점이 완전히 달라지잖아요. 내가 후원한다고 할 때와, 문화혜택비를 낸다고 할 때의 태도도 다르고요.
예술가 자체를 후원하는 사람들이 있다는 건 아름답고 부러운 일이에요.**

**그런데 또 어떤 업계에서는 스폰서 문제로 안 좋은 이야기들도 많잖아요. 그런 걸 생각하면 저는 '문화혜택비'라는 개념이 정말 좋아 보이더라고요. 여러 사람의 마음이 모이는 일이고, 연대가 되는 방식 같고.**

_맞아요. 한 명의 후원자에게 의존하지 않아도 되고, 그 사람이 허락하는 예술을 할 필요도 없죠. 자유가 보장되는 것이기도 하고, 저한테는 그게 존재적 믿음을 전해 주는 일이기도 하고요. 또 재미있었던 건, 제가 이 단어를 쓰기 시작하면서 사람들이 실제로 '후원'이라는 말 대신 "제가 문화혜택비를 얼마 낼게요" 하는 걸 자주 보게 됐어요. 그게 좀 뿌듯해요. 대단한 대가를 요구하지 않고, 당신의 존재가 나를 오늘 웃게 했으니 내가 이 정도 지원한다는 마음. 큰 금액이 아니어도 의미가 정말 커요.

**곧 이반지하 님의 세 번째 책이 나오겠네요. 『이웃집 퀴어 이반지하』, 『나는 왜 이렇게 웃긴가』도 정말 소중히 읽었습니다. 읽고 나서 '냄새나는 책'이라는 표현이 떠올랐어요.**

_감사합니다. 냄새난다는 건 어떤 거예요? 재밌는 표현이네요.

**설명을 잘 못하겠는데, 최승자 시인의 「일찍이 나는」을 읽고 딱 한 번 냄새난다고 생각했던 기억이 있어요. 좋은 의미로 정말 이상한 감각이었어요. 이반지하 님의 책도 그랬어요. 책 안에 피 맛이 나는 상황에 대한 묘사가 있어서였을지도 몰라요. 저도 아는 맛이거든요. 혹은 고통과 유머의 낙차가 커서 그렇게 느꼈을 수도 있는 것 같아요. 팬들의 사랑과 누군가의 혐오 사이를 오가는 과정에서 사람이…**

_닳아요.

**네. 책에서도 그 감각이 전해졌어요.**

_드러났다니 다행이네요. 저는 아마 오래는 못 살 것 같아요. 그냥 많이 닳는 듯해요. 지금 세 번째 책 마무리를 하고 있는데 너무 많은 트라우마를 건드려서 정신도 없고, 너덜너덜한 상황이에요. 책을 낼 때마다 '이런 이야기가 공개되면 난 어떻게 살아야 되지?' 싶은 부분이 있거든요.

**읽는 사람들이 달라질까 봐, 혹은 스스로 감당이 안 될까 봐 두려우신 건가요?**

_둘 다인 것 같아요. 모두가 내가 원하는 방식대로 그 이야기를 소화하지는 않잖아요. 내놓는 순간 도륙당하는 것이 예술이기도 하고, 물론 그래서 재밌는 일이지만 많이 두려워요.

**저도 오늘 오면서 그런 생각을 했어요. 제가 이반지하 님의 어떤 이야기를 책에서 읽었다고 해서 마치 나에게 그 이야기를 사적으로 나눠 준 것처럼, 언제든 내가 원할 때 다시 꺼낼 수 있는 건 아니지 않을까.**

_이런 생각까지 하는 분들은 정말 드물어요. 책은 큰 유통 산업 안에 있고, 그것의 음과 양이 있어요. 누구 손에 가게 될지 모르고, 누가 어떻게 이 책을 요약할지도 모르고. 그 순간이 찾아와야 알게 되거든요.

**다른 분들도 이미 많이 얘기하셨겠지만, 저는 이반지하 님께서 '생존자'라고 자꾸 말해 주시는 게 많은 힘이 돼요. 저를 피해자가 아니라 생존자라고 생각하기 시작하면서 기분이 달라졌었어요. 『이웃집 퀴어 이반지하』의 첫 글의 제목도 '생존자'잖아요.**

_지금 새로운 책 마무리하면서도 '이런 이야기가 세상에 나와야 할 이유가 있나?' 하고 절망할 때도 있는데, 이렇게 마음을 나눠 주실 때 감사해요, 진짜.

**저도 편한 친구들에게는 장난을 많이 쳐서, 누군가 제 작업을 보고 위로받았다고 하면 "너 위로하려고 만든 거 아닌데?" 이러기도 하고**(웃음)**. 고맙고 멋쩍어서 괜히 더 그랬는데 앞으론 그러지 말아야겠다고 생각했어요. 앞으로도 이 이야기를 왜, 누구에게 들려주고자 하는지를 더 많이 고민하고 싶어졌고요.**

_저도 그래요. "그냥 나를 위해서 쓴 건데? 니 맥락 아닌데?" 그러면서(웃음). 결국 내 작업은 내가 전하고자 하는 사람들에게 전해질 때 완수되는 거죠. 빌보드 차트 1위 안 해도 되고. 생각해 보면 내가 빌보드 1위 곡을 좋아한 적도 없고 나는 그런 것들로 구성되지 않았는데.

**자신의 존재를 다 걸고 사회에 말을 건네는 사람들과 함께할 방법을 더 많이 찾았으면 좋겠어요.**

_같이 버텨 주는 사람들은 분명히 있어요. 이제는 감태(팬덤 이름)까지 있잖아요. 혼자인 순간도 많고, 사랑 주머니와 고통 주머니가 따로 있고, 여전히 월세 걱정에 괴롭지만, 어떤 날은 살 만한 것 같기도 하고요.

**그래서 저는 이반지하가 국보가 되어 천만 대중의 사랑을 받아야 한다고 생각합니다.**

_그 꿈 이루어지기를.

**너는 정말 웃기잖아.**
**그런 네가 최근에 제일 많이 진심으로 웃은 게 언제야?**

기억이 안 난다고 하면 슬퍼?

**책을 통해 너의 어떤 이야기를 꺼낸 다음,**
**그 일을 전보다는 조금 더 다룰 수 있게 됐어?**

너라면 다룰 수 있을 것 같아?

**지금 너한테 제일 필요한 게 뭐야?**

너한테 제일 필요한 게 뭐야?

**혹시 다음 앨범 계획이 있어?**

내가 다음 앨범을 낼 수 있을까?
내게 다음이란 게 매번 있을까?

**우리 다음에 또 만날 수 있을까?**

작품으로 보게 될까?

+³

# Epilogue

첫 번째 인터뷰 당시, 출간을 앞둔 이반지하의 세 번째 책은 『이반지하의 공간 침투』였습니다. 새 책의 면지에는 그의 필체로 '생존'이라는 단어가 가득 채워져 있었어요. 다시 만난 그에게 매체를 오가며 활동하는 경험은 어떻게 쌓이고 있는지, 혹시 새 앨범 계획은 없는지 물었습니다. 팬으로서 기다리는 그의 활동 중 하나가 음악 활동이거든요.

"아, 진짜 왜 이렇게 강요해. 저의 작업 상황을 말씀드릴게요. 저는 문화혜택비를 통해 여러 소규모 후원자를 갖게 되었죠. 그러다 보니 유튜브 방송이나 '이반지하의 이면지' 같은 대중을 향한 콘텐츠도 제작하고 있어요. 사회에 필요한 일을 파악하고, 사회의 틈을 메우는 작업은 제가 잘하는 일이기도 해요. 하지만 최근에는 저의 가장 오래된 매체인 그림이 자꾸 밀리는 기분이 들기도 해요. 저는 유튜버가 되고 싶었던 건 아니에요. 플랫폼을 신뢰하지도 않아요. 자본의 언어로 움직이는 그들은, 언제든 불리해지면 채널을 지울 수도 있다고 생각해요. 그러므로 그저 이용만 해야 된다고도 생각해요.
다매체를 경험하며 배우게 된 것이 있는데요, 유튜브처럼 아주 확산적인 매체도 있고, 그림처럼 제가 판을 스스로 벌리며 많은 에너지를 써도 대중에게 잘 닿지 않는 매체도 있잖아요. 신자유주의 세상에 있다 보니, 상업예술 쪽에서는 안 팔리는 예술을 무의미하다고 생각하는 경우가 있더라고요. 그런데 이 세계들을 오가면서 느낀 것은, 각각의 예술이 사람들에게 전할 수 있는 위로가 다르고, 서로를 필요로 한다는 것이에요. 사람이란 얼마나 다층적인 위로를 필요로 하는 존재인지 몰라요. 효용이나 능률의 언어로만 재단되지 않기 때문에 예술이 흥미로운 것이고요.
살아남으려면 내 사적인 경험을 사회 언어로 통역을 잘해야 하는데, 그게 어렵다는 이야기도 했었죠. 이런 어려움을 모두 함께 인정하는 것도 필요한 것 같아요. 우리의 사적 경험이 공적 영역에 쌓일수록, 어떻게든 무너뜨리려는 사람들도 나타나요. 그런 악의를 만나면 절망스럽기도 하지만, 그만큼 우리가 위협이 되는 존재라는 것을 보여 주니까 절망스럽지만은 않죠."

그는 새 책의 서문에 "서로를 연결하는 길도 공간이다"라고 썼습니다. 이반지하는 어느덧 수많은 사람의 '공간'이 되고 있다는 생각이 들었어요. 그 공간은 사람을 생존하게 하지요. 고통 속에서도 날카롭게 벼려진 그의 유머는 누군가를 살릴 것이고, 그렇게 살아남은 사람들이 다시 이반지하를 살릴 것입니다. 헤어지기 전 질문을 주고받으면서도 정말 많이 웃었습니다. 아… 이반지하는 왜 이렇게 웃길까요?

**언젠가 나올 너의 앨범엔 노래 잘하는 사람만 노래할 수 있어?**

_혹시 너 진짜 끈질기다는 생각, 해 봤어?

**나는 집요한 게 예술가로서의 내 장점 중 하나라고 생각하는데,**
**너는 집요한 편이야?**

_하… 내가 잘못했나?

# * 2부 *

# 흔들다:
# 균열을
# 일으키는
# 감각

*

# 절대로 잊어버리면 안 되는 것

*

김홍남

+[1]

# Prologue

“면 직조물 느낌이 나는 흰 배경의 표지다. 책등 맨 위쪽에는 초록색으로 책의 제목 ‘무엇을, 어떻게, 왜’가 적혀 있다. 그 아래에는 책의 부제 ‘우리를 무대로 이끄는 물음들’이 적혀 있다. 맨 아래쪽에는 ‘INTERVIEW, 성수연×무대 창작자 21인’이라는 표기와 출판사명 ‘북트리거’가 적혀 있다.
책의 앞표지와 뒤표지에는 초록색 선으로 사람 형태의 테두리가 여러 개 그려져 있다. 사람 테두리 주변에 페이지 번호로 추정되는 숫자들이 적혀 있다. 그림들 사이로 ‘WHAT, HOW, WHY’라는 글자가 적혀 있다.”

이것은 이 책의 표지에 대한 대체 텍스트입니다. 이는 시각정보를 대체하기 위해 쓰인 텍스트입니다. 웹상의 기사나 SNS 등에 게시하는 이미지에 대체 텍스트를 병기함으로써 스크린 리더(화면의 텍스트와 그래픽 정보를 음성으로 변환하는 프로그램) 사용자들에게 이미지에 대한 정보를 제공할 수 있습니다.

“저는 160센티미터 정도의 키에, 머리를 양쪽으로 땋아 올렸습니다. 노란색과 검정색이 섞인 줄무늬 티셔츠에 검정색 바지를 입고 노란색 양말을 신고 있습니다. 신고 있는 검정색 운동화에는 세 개의 노란색 줄이 있습니다.”

이것은 제가 연극 〈B BE BEE〉에서 무대에 있는 제 모습을 직접 설명한 음성해설 대사입니다. 접근성 요소 중 하나로 연극에서는 주로 배우의 모습이나 동작, 무대와 객석의 모양, 조명 등의 비언어적 정보를 언어로 전달합니다.
시각장애인을 위한 또 다른 접근성 요소로는 터치 투어가 있습니다. 시각장애인 관객이 공연 전에 미리 무대나 소품, 의상 등을 직접 만져 볼 수 있는 프로그램입니다. 청각장애인과 농인을 위한 요소로는 문자통역과 수어통역이 있어요. 문자통역은 공연 중 발생하는 소리 정보, 즉 대사·음향·음악 등을 문자로 전달하는 것이고, 수어통역은 이를 수어로 동시통역하는 방식입니다. 수어통역사가 무대 위에 함께 서는 이유도 그 때문입니다.

지금은 없어진 남산예술센터의 객석에서 수어통역사 김홍남을 처음 보았습니다. 이후 그 극장의 무대 위에 나란히 서기도 했고요. 남산예술센터는 2019년 연극 〈7번 국도〉를 시작으로 장애인의 극장 접근성을 높이기 위한 방법을 창작자들과 함께 적극적으로 모색하였는데요, 국공립 기관에서 운영하는 제작극장(producing theatre)이 보여 준 이러한 행보는 연극계 전반에 접근성 공연을 제작하는 문화가 정착되는 데 큰 영향을 미쳤다고 생각합니다. 저도 제 모습을 해설하는 대사로 공연을 시작하는 경우가 많아졌어요. 대사가 실시간으로 무대에 영사되거나 수어통역사들과 무대에 함께 오르는 경험도 늘어났습니다. 창작자들과 관객 모두 비장애인 중심의 공연 문화를 바꾸기 위해 노력하고 있는 것이지요.

최근에는 여러 공연의 참여자 명단에서 '접근성 매니저'라는 역할을 볼 수 있어요. 장애인 관객과 공연을 매개하며, 필요한 접근성을 고민하고 실행하는 역할입니다. 이 역할이 연극계에 점점 자리 잡고 있다는 건 굉장히 고무적이지요.

독자 여러분들께서는 '배리어 프리'라는 말을 더 많이 들어보셨을지도 모르겠어요. 수어통역사 김홍남과 제가 첫 번째 대화를 나누던 2022년에는 연극계에서도 '배리어 프리'라는 말이 더 널리 쓰였으나, 2025년 현재는

'접근성'이라는 용어가 더 많이 쓰입니다. '배리어 프리(barrier-free)'는 문자 그대로 벽이 없다는 뜻이지요. 하지만 우리가 모든 벽을 완벽하게 없앨 수 있을까요? 장애의 유형에 따라, 상황에 따라 벽은 각기 다릅니다. 그래서 최근에는 보이지 않던 벽을 섬세하게 인식하고, 누구나 동등하게 접근할 수 있는 상태를 지향한다는 의미로 '접근성(accessibility)'이라는 말을 더 많이 쓰는 추세입니다.

언어의 벽도 마찬가지입니다. 완벽한 통역이 존재할 수 있을까요? 예컨대 한국수어와 한국어는 문법 체계도 사용 방식도 완전히 다릅니다. 음성언어를 사용하는 저는 같은 말을 하더라도 다른 표정을 지으며 감정을 감추거나 중의적인 뜻을 표현할 때가 있습니다. 하지만 수어에서 표정은 감정 표현이 아닌, 중요한 '비수지 신호(non-manual signals)'로서 언어 자체를 구성하는 필수 요소입니다. 이렇게 다른 두 언어 사이에서 서로를 잘 통역하기 위해, 수어통역사는 어떤 고민과 노력을 할까요?

수어통역사 김홍남과 대화를 나눈 기록입니다.

**김홍남**

언어의 장벽이 없는 세상을 꿈꾸며 자라고 잘하자는 의미를 담은 '공인수어통번역 잘함'을 운영하고 있다.
1994년 수어를 처음 접한 후 지금까지 쭉 수어가 필요한 곳에서 활동하고 있다.

+²

# Interview

## 무대를 번역한다는 것에 대하여

(성수연) **선생님과 꼭 한번 대화를 나눠 보고 싶었어요. 몇 차례 작업을 함께하면서, 항상 배우들 옆에서 어떤 의미로 대사를 하고 있는지 확인하시는 모습을 지켜보았는데요, 통역 과정에서 구체적으로 어떤 고민을 하시는지, 어떤 과정을 거치시는지 궁금했어요. 연극 통역이 다른 분야의 통역과 어떻게 다른지도 궁금했고요. 수어통역사로서 어떤 생각을 하며 살아가시는지도요. 올해는 어떤 작업을 하셨나요?**

_여러 편의 연극에 참여했어요. 뮤지컬도 했고, 처음으로 코미디도 해 봤어요. 아직 남은 작업이 있긴 하지만, 약 30개 정도의 작품을 한 것 같아요.

**와. 정말 일을 많이 하셨네요.**

_그런데 올해는 너무 많은 생각이 들었어요. 공연 통역을 한다는 것은 과연 무엇일지, 연극인들은 어떤 마음으로 배리어 프리를 하는지, 그 의지는 어디서 비롯되는지 다시 궁금해졌어요. 내가 이 일을 왜 하고 있는지, 왜 '잘함'이라는 회사를 만들었는지, 수어통역사들과 함께 어떤 일을 하려고 했었는지 다시 초심을 떠올리며 고민하고 있어요.

**자세한 애기는 차차 여쭤보겠습니다. 지금 언급하신 회사 '공인수어통번역 잘함', 이름도 재밌더라고요. 잘함, 수어통역 완전 '잘함'. 어떤 계기로 시작하게 되신 건가요?**

_이름은 정말 잘 지은 것 같아요. 발음대로 읽으면 '자람'이 돼요. 성장하고 싶은 마음과 잘하고 싶은 마음을 함께 담았어요.

일단 저는 수어통역사가 대단하고 특별한 사람이 아니라, 농인들과 청인들의 의사소통을 위해 필요한 어떤 수단을 담당하는 사람이라고 생각해요. 수어는 배울 장소도 많지 않고, 농인들을 직접 만나서 연습하기도 어려워요. 외국어를 배우려면 원어민과 대화를 연습할 필요가 있는 것처럼, 수어도 농인들과 직접 만나 대화하며 배워야 하거든요. 운전면허를 땄다고 바로 운전을 할 수 있는 게 아니듯, 수어통역사 시험에 합격했다고 바로 통역을 할 수 있는 것도 아니고요.

그래서 어느 정도 자리를 잡은 사람들이 경험을 공유해 주면 좋은데, 잘 되지 않고 있죠. 수어는 사실 일종의 플랫폼이기에, 누구든 쉽게 정보를 접하며 함께 생산할 수 있어야 한다고 생각하는데 그게 쉽지가 않거든요.

**이유가 뭐라고 생각하세요?**

_제가 수어를 배웠을 때는 학원도 없었고, 그냥 농인들을 만나 '어울렁더울렁' 경험으로 배우는 일이 많았어요. 사실 같이 술 먹고 여행 다니고 놀면서 많이 배웠어요(웃음). 그러다 수어가 제도권 안으로 들어가게 되었어요. 수어를 배울 때 드는 비용이 생긴 거죠.

문제는, 합격 후 수어를 꾸준히 공부할 기회도 없고, 통역에 대한 피드백을 주고받는 시스템도 잘 갖춰져 있지 않았어요. 통역사들끼리 경험이나 일자리를 공유하면 서로 실력이 향상되고, 통역의 질이 더 좋아질 수 있는데 봉사 동아리 외에는 찾기가 어려웠죠. 그래서 스터디 모임을 만들었어요.

또 통역사들이 겪는 문제를 함께 나누고, 어떤 영역을 발전시킬 수 있을지 고민하는 자리가 필요하다는 생각이 들었어요. 그래서 몇몇 친구들과 '수어통역사를 위한 대안 모임'을 만들었고, 선배들과 함께 힘을 모아 '사단법인 한국수어통역사협회'를 세우게 되었죠. 우리의 인권과 권익을 옹호해 줄 수 있는 공신력 있는 단체가 만들어진 거예요.

이후에도 누구든 참여할 수 있는 스터디 활동을 하면서 계속 함께 공부하고, 일하며 받는 상처를 나누고, 한동안 이 일을 쉬더라도 언제든지 돌아올 수 있는 네트워크를 만들고자 했어요.

**그게 지금의 '잘함'이라는 회사로 이어진 것이군요.**
**올해 배리어 프리와 공연 통역에 대해 다시 고민하게 되셨다고 했는데,**
**그 이야기도 들려주세요.**

_공연 통역은 다른 통역에 비해 노동 강도가 높은 편이에요. 그리고 배리어 프리를 하는 과정에서 수어통역사들이 계속 납작해지는데, 다른 방법이 없을지 최근에 고민하고 있어요. 더 이상 납작해질 수는 없거든요(웃음).

물론 가장 중요한 것은 연극이 잘 만들어져야 한다는 사실이죠. 배리어 프리가 중심이 아니라, 연극을 방해하지 않으면서 자연스럽게 함께해야 하니까요. 그래서 늘 불편감이나 이질감을 주지 않으면서 참여할 방법을 고민합니다. 사실 배리어 프리는 연습 초반부터 같이 회의하고 준비하는 작업이어야 하는데 보통 후반에 이루어지는 작업이 되잖아요. 어려운 상황들이 생길 수밖에 없어요.

그래서 배리어 프리를 시작하는 마음은 어디에서 오는 걸까 궁금해지더라고요. 물론 기관이나 의뢰처의 요구일 수도 있겠지만, 스스로의 의지라면 적어도 함께하는 사람들을 충분히 설득해야 한다고 생각하거든요. 그렇지 못한 경우, 작품에 참여하는 분들이 통역사를 불편해하는 사례가 생기기도 하고요.

**어떤 이유로 통역사를 불편해하는 상황이 생기나요?**

_무대에서 동선을 잡다 보면 배우의 시야에 통역사가 들어오는 경우가 있어요. 이런 낯선 상황에 혼란스러울 수 있는 거죠. 통역사가 배우의 액팅을 따라하는 것에 거부감을 느끼는 경우도 있고요. 이해는 되지만, 그런 상황에서는 통역사들도 상처를 받거든요. 실제로 저는 수어통역을 빼자고 말씀드린 경우도 있어요. 결국 그렇게 하진 않았지만요.

사실 여러 상황이 이해돼요. 통역사를 불편해하는 경우가 생길 수 있다고 연출님들께 말씀을 드려도, 그 내용이 배우들과 미리 소통이 되지 않으면 문제가 생길 수 있죠. 수어통역사들이 무대 안에 설 자리가 없다는 통보를 뒤늦게 받은 적도 있어요. 사전 제작 단계에서 무대 안으로 들어간다고 미리 말씀을 드렸고, 연습에 갈 때마다 말씀을 드렸는데 연습 과정에서 고려가 안 된 거예요.

**'배리어 프리를 왜 하려고 하지?' 이런 질문을 근본적으로 던지게 되셨을 것 같아요.**

_그래서 끊임없이 말해요. 한번은 "저희가 먼저 배리어 프리 하자고 한 적 없지 않느냐, 먼저 원해서 우리를 부르신 것 아니냐, 그런데 왜 매번 우리가 조르게 만드느냐, 왜 우리를 납작하게, 눈치 보며 끼어들게 만드냐"고 토로한 적도 있어요.

제작 과정에서 수어 통역은 늘 뒤로 밀리거든요. 공연 직전에야 무대에 서 보는 경우도 많고, 대본이나 동선 정리가 늦으면 저희는 며칠 밤을 새우고 합숙까지 하며 준비해야 해요. 그래도 덜 만들어진 공연에 계속 부담을 주기는 어려우니, 결국 기다릴 수밖에 없죠. 같이 공연을 만들어 가는 사람이라고는 하지만, 철저하게 이방인 같은 느낌을 받을 때가 있어요.

## 눈과 손이 만나는 순간

**프로덕션 참여자들이 다 인식하지 못하는 여러 고충이 있으셨겠어요.**

_물론 좋은 연출가와 창작자들의 이해 덕에 힘을 받기도 해요. 그런데 계속 이런 방식으로 가는 것이 과연 맞는가 하는 생각이 든 거죠. 공연 통역은 다른 분야 통역과는 달라요. 대사의 한 문장이 바뀌면 수어는 새롭게 만들어야 해요. 사실 공연이 다가오면 창작자들에게 너무 큰 과업들이 눈앞에 닥치니까 하나하나 신경 쓰시지 못하는 부분이 있다는 것도 알아요. 그러다 보면 저희의 존재가 어느 순간에 없어지는 거죠.

그래서 사실 저희의 전략은 단순합니다. 연습실을 계속 가는 거예요(웃음). 저희는 보통 카페나 집, 심지어 따로 연습실을 빌려서 작업을 하기도 하는데, 그 작업의 내용을 미리 보여 드릴 수가 없잖아요. 그러다 보니 연출이나 극장 관계자 입장에서는 런스루[14] 다 끝날 때쯤 와서 통역하고 맞춰 본다고 생각하시는 경우도 있더라고요. 그래서 '안 되겠다, 무조건 근방에서 우리의 존재를 계속 보여 드리자, 그래야 수어가 있다는 사실을 놓치지 않으시겠구나' 했죠.

**맞아요. 사실 창작 작업은 계획대로 진행되지 않을 때가 더 많아요. 뭔가가 밀리면서 막판에 엄청난 에너지를 투여하고 소위 '갈아 넣어서' 겨우 공연을 올리게 되는 경우도 있지요. 흔히 겪는 일이다 보니 어쩌면 우리의 몸에 밴 속도와 관성이 있을지도 모르겠어요. 그런 상황에서 고통을 느끼기까지의 역치가 쓸데없이 높아져 있을지도 모르겠고요.**

_연극 작업은 협업이다 보니 아무래도 더 그렇겠지요. 수어통역도 공연 제작 초반부터 함께해야 한다고 생각해요. 예전에는 공연 일주일 전, 혹은 짧게는 며칠 전에 대본을 받아서 읽어 보고 무대 한쪽 구석에서 통역하는 경우가 많았잖아요. 하지만 저는 이제 그 형식을 깨는 것을 지향하고 있어요. 농인 관객들의 접근권이 보장되려면 왜 통역사가 무대 안으로 들어가야 하는지 계속 설명하고, 처음 회의부터 참여해 배우들과 매일 피드백을 주고받는 과정이 필요하다고 생각하거든요.
최근 신재훈 연출님과 〈틴에이지 딕〉을 준비하고 있고, 〈이야기에 대한 이야기〉도 같이 작업했는데, 개인적으로는 굉장히 의미가 있었죠. 음성해설, 자막, 수어통역을 모두 포함한 공연이었는데 음성해설을 위해 대사 간격을 조정하며 처음부터 함께 작업했어요. 음성해설이 '들어가는' 상황을 만든 것이 아니라 애초에 자연스럽게 함께 존재할 수 있게끔요. 수어통역에 대해서도 연출, 배우들, 피디가 함께 이야기 나누고 서로 피드백을 주고받았어요. 그런 자리가 만들어지지 않으면 따로따로 배우들이나 연출을 찾아가서 물어봐야 하는데, 괜히 개입해서 혼란스러워지시지 않을까 싶어 눈치를 보며 기다리기도 하거든요. 우리는 연극인이 아니기에 개입하기 적절한 시기를 판단하는 것이 늘 고민돼요. 연출이나 배우 분들의 컨디션까지 고려하게 되고요.

**와, 이런 고민을 하신다는 것을 인지하지 못한 창작자들도 분명히 있었을 것 같아요. 사실 배리어 프리 공연이 많아진 것도 그리 오래되지 않았잖아요. 지금은 만드는 사람도, 보는 사람도 연습 중인 시기 같다는 생각을 해요. 비장애인 관객들에게는 어려울 수도 있겠죠. 수어통역이나 문자통역이 익숙하지 않다 보니 처음에는 낯선 시각 정보에 눈길이 쏠릴 수 있는 것 같거든요. 하지만 자꾸 보는 연습을 하다 보면 결국 뇌가 필요한 정보를 선별해서 받아들일 수도 있다고 생각해요. 앞으로는 배리어 프리가 어떤 방향으로 가면 좋겠다고 생각하세요?**

_작업 과정은 조금 어려웠지만, 농인 관객들의 만족도가 높았던 공연이 있어요. 〈유정, 봄을 그리다〉라고 소설가 김유정의 생애를 그린 뮤지컬이었어요. 150명 정도의 농인 관객들이 오셔서 굉장히 행복해 하면서 돌아가셨어요. 그 경험을 통해 저는 창작을 지원하는 극장 측이나 재단 같은 곳에서 농인들이 좀 더 접근하기 쉬운 내용의 공연부터 배리어 프리를 시행하면 어떨까 하는 생각을 하게 됐어요.
농인 중엔 평생 연극을 단 한 편도 보지 못하는 분들도 많거든요. 처음에는 이해하기 쉬운 공연으로 시작해 좀 더 다양한 연극을 접하게 되는 편이 좋지 않을까 생각하게 됐어요. 연극에서의 폭넓은 실험과 공연 문법을 읽어 내는 것에 익숙하지 않은 사람들은 수어를 봐도 이해를 못 할 수 있어요. 수어가 전혀 기능을 못 하게 되는 거예요. 창작자나 극장 측이 요구한 배리어 프리를 하는 것이 아니라, 농인 관객의 요구에서 출발해야 한다고 생각해요.

**선생님의 공연을 항상 보러 오는 농인 관객분들도 계시잖아요. 선생님은 쉽지 않은 작품도 통역을 많이 하셨는데, 그분들은 어떤 피드백을 주시나요?**

_"이 공연 진짜 어려운 공연이죠?" 하셔서, 제가 "난이도가 굉장히 높아요. 다음번에 쉬운 거 같이 봅시다."라고 답한 적이 있어요(웃음). 또 배우와 수어통역사가 너무 떨어져 있어서 고개가 아프다거나, 발화 위치를 찾기 어려웠다는 피드백을 받으면 여러 고민을 하게 돼요. 각 인물에 수어통역사가 일대일로 붙는 방식을 고민해 본 적도 있어요. 저희가 통역했던 작품은 아니었는데, 어떤 공연은 통역사와 배우가 구분이 안 돼 헷갈린다는 피드백을 받은 경우도 있었어요.

**맞아요. 그렇겠네요.**

_저는 어느 순간 청인들에게 수어통역사가 보이지 않아야 한다고 생각하거든요. 수어통역사가 배우처럼 움직이는 경우, 농인들에게 필요한 정보가 잘 제공되기보다는 청인들에게 "와, 수어통역사가 춤도 추네?" 하는 인상만 남기도 해요. 수어통역사의 퍼포먼스만 남는 거죠.

우리는 수어가 제스처나 마임이 아닌 언어임을 절대로 잊어서는 안 됩니다. 무대 위에서 통역사가 춤을 추거나 배우의 움직임을 동일하게 해야 할 때는 농인 관객에게 그것이 극의 내용을 더 잘 이해하게 돕거나 관객 모두가 동일하게 느끼는 어떤 것을 전달하기 위해서임을 기억해야 한다는 거죠. 연기자가 아닌 저희가 무대 위에서 적정한 선을 지키고 유지하는 것이 정말 중요하다는 생각이 들어요.

**연극이라는 장르의 특성 때문에, 창작자들이 처음 배리어 프리를 할 때 새로운 무대 요소로 보고 싶어 하는 경우가 생기는 것 같아요. 수어 같은 경우는 그 언어를 모르는 사람들에게는 화려한 움직임 요소로 감각되는 경우도 있을 것 같고, 사실 음성해설도 지문의 문법과 비슷하니까요. 그래서 창작자들이 배리어 프리를 좀 더 공연의 요소로, 공연의 미감**

**안에 잘 넣고 싶은 야망을 품기 쉬운 것 같아요. 저도 그랬던 적이 있고요. 지금은 언어에 대한 통역이라는 기본이 가장 중요하게 기억되어야 한다고 생각해요. 그 단단한 바탕 위에서라면 다른 시도도 가능하겠죠.**

_맞아요. 저희도 공연에 적절하게 녹아들면 좋아요. 문자통역도 발화에 따라 자막 이미지를 변주하면 오히려 더 잘 작동하고 재미 요소가 되기도 하잖아요. 다만 어떤 선은 분명히 있는 것 같아요. 예를 들면 통역하기에 굉장히 불편한 옷을 입어야 한다거나, 농인 관객이 고려되지 않은 동선을 제안받을 때는 "통역사는 배우가 절대 아니다. 그런 부분이 필요하면 수어를 하는 배우를 캐스팅하시는 것이 더 좋다"라고 말씀드리기도 해요.

## 언어와 몸짓이 미묘하게 교차하는 순간

**수어가 손동작을 사용하고, 표정도 다양하게 지어야 하는 언어이다 보니까 수어통역사가 수어로 연기하는 것이라 받아들여지기도 하나 봐요. 배우의 음성언어를 통역하는 것이 아니라, 그 역할 자체를 수어로 연기하는 것이라고요.**
**그러고 보니 표정이 없는 배역의 경우, 이를테면 로봇의 경우는 어떻게 통역하세요?**

_사실 로봇일 땐, 로봇 표정을 짓죠. 표정값을 줄이는 거예요. 오로지 손만으로 의미를 전달하는 거죠.

**같은 손동작인데 표정에 따라서 의미가 달라지는 단어의 경우에는 어떻게 하세요?**

_오해가 생길 수 있는 단어를 배제하고, 다른 어휘를 추가해요.

**작가가 중의적인 의도를 갖고 쓴 문장, 혹은 배우가 사전적 의미와 다른 뉘앙스를 담아서 발화할 때, 어떻게 통역을 하시나요?**

_그럴 땐 일단 배우님들의 영상을 분석해요. 그래도 쉽지 않은 경우가 있어요. 제가 진짜 힘들었던 배우가 성수연 배우님이거든요.

(화들짝) **네?**

_배우님이 말 안에 굉장히 많은 것을 담는 경우가 있었어요. 말과는 다른 표정값을 쓰실 때도 있고요. 어떤 단어를 받아들이는 감각의 깊이가 잘 안 읽히는 경우도 있었고요. 그래서 어떻게 작업하시는지 꼭 묻고 싶었어요. 대사 의미를 어떻게 조정하고, 어떤 기술을 사용해 발화하시는지요. 심지어 〈로드킬 인 더 씨어터〉, 〈우리는 농담이(아니)야〉, 〈앨리스 인 베드〉 때 매번 다 다르셨어요.

**맞아요. 그 작업들을 정말 각각 다르게 접근했던 것 같아요. 발화의 원리가 다 달랐고요.**

맞아요. 저희는 배우들의 영상을 분석하다가 어려우면 확대해서 반복해서 보기도 하고, 다른 공연 자료를 찾아보기도 하거든요. 사실 이렇게까지 하는 것은 저희 '잘함'이 독보적이라고 생각합니다(웃음). 그래서 알아요. 배우님은 공연마다 정말 다르셨어요.

**혹시 제 대사 중에 특별히 통역하기 어려웠던 것, 기억나세요?**

_〈우리는 농담이(아니)야〉의 "계속 고치고 싶어서"라는 대사요. 수어로는 정말 쉽거든요. 그냥 '고치다', '원하다', '계속', 이게 끝인데, 배우님의 발화엔 너무 많은 것들이 들어 있었죠. 와, 이걸 어떻게 해야 하지 싶었어요(웃음).

**맞아요. 저도 여러 의미를 생각하긴 했어요. 선생님을 믿었습니다(웃음).**

_수어는 시각언어다 보니 중의적 표현을 담는 게 쉽지 않아요. 물론 표정을 다르게 해서 시도할 수는 있지만 공연 통역에서는 그것도 쉽지는 않더라고요. 대사와 자막과 수어가 동시에 있는 배리어 프리 공연은 자막에서 너무 벗어난 해석을 담으면 언어의 충돌이 생기기도 하거든요. 그래서 자막과 발화와 수어가 같이 가면서 중의적임을 어떻게 담아야 하는지 엄청 고민했어요. 결국 하나의 표정을 다음 표정으로 바꿀 때의 속도, 손동작이 변하는 과정, 내 손을 내가 바라보며 시선을 옮기는 속도 등을 배우님의 외침과 같이하기 위해 계속 생각했어요. 뭔가를 고치거나 바꾸는 데에는 시간이 걸린다는 걸 담고 싶었던 거죠. 마음속으로 '지금 이건 그냥 고치는 것이 아니야. 나를 잘 봐. 그럼 너희에게도 보일 거야'라는 마음을 이만큼 담아서.

**와, 제가 그 대사를 할 때 가졌던 마음이랑 비슷해요. 사실 배우들은 자신이 하고 있는 것을 언어로 설명하기 어려울 때가 있어요. 누가 '너 그 연기 어떻게 한 거야?'라고 물어보면 난처하고요. 나중에 언어로 정리되더라도 그 순간엔 대답 못 할 때가 있거든요. 그런데 통역사 선생님들과 얘기를 하다 보면, 오히려 제가 몰랐던 걸 발견하거나 명확한 말을 찾게 되는 경우도 있더라고요.**

_네. 그래서 대화가 필요해요. 이러한 대화가 없으면 배우님 표정이라도 읽어 보려고 폰 화면 전체에 얼굴을 확대해서 스토커처럼 매일 본다니까요(웃음). 그리고 텍스트 자체가 어려운 연극도 통역이 쉽지 않죠. 최근 어떤 작업에서는 한 문장을 통역하는 데 네 시간을 쓴 적도 있어요. 대사가 시를 인용한 것이었는데, 논문부터 시작해서 온갖 자료와 도서관을 다 뒤졌어요. 은유적인 표현은 통역하기 정말 어렵거든요. 농담의 경우도 마찬가지예요. 언어문화가 다르기 때문이죠. 그럴 땐 대응할 만한 수화유희가 있나 찾아보기도 하고, 없을 땐 언어를 계속 창작해야 하는 거죠.

**창작하신 단어 중 기억나는 것이 있으면 소개해 주세요.**

_연극 〈우산도둑〉의 예를 들어 볼까요. "무슨 차를 드릴까요?", "도시로 가는 차를 주세요." 이런 대사는 '차'라는 동음이의어 말장난이잖아요. 수어로는 그게 안 돼요. 달리는 차는 이렇게 한 손을 세모나게 세워 표현해요. 승용차 지붕 모양이죠. 마시는 차는 잔에 티백을 넣거나 스푼으로 젓는 동작을 해요. '이 두 동작을 어떻게 연결하지' 생각하다가 먼저 승용차를 한 손으로 표현하고 바퀴를 부각시키려고 승용차 수어 옆에 다른 손으로 '바퀴가 회전하는 동작'을 넣었어요. 그리고 다음 대사에 마시는 차를 표현하려고 '승용차'를 표현하고 있는 손을 좌측으로 눕혀 따듯한 잔에 손을 대는 것처럼 하고, 바퀴를 잔 속에 스푼을 젓는 동작으로 연결했어요.
"사과할게. 사과차야.", "목 아프지? 모과차야." 이런 것도 유사한 발화값으로 하는 말장난이잖아요. 예를 들어 "모과차야"는 '목 아프다' 동작을 먼저 하고, '아프다'의 손모양이 과일을 쥔 것처럼 동그랗잖아요. 그게 그대로 과일이 된 것처럼 쓱쓱쓱 써는 동작을 한 다음 조각을 뽑아 찻잔에 넣어 주는 동작으로 만들었어요.

**와, 재밌네요.**

_이런 언어유희를 계속 창작하는 것이 너무 힘들어요. 요리하는 사람은 정말 오래 걸리는데, 먹을 땐 순식간인 것처럼요. 심지어 못 알아보시면 저희는 괴로운 거죠. '못 알아보는 것 같아. 안 웃어, 관객들이.'

**그런 농담이 잘 통할 때도 있는 거죠? 농인들도 처음 보는 수어인데도 뭔지 다 알아듣고 웃는 경우요.**

_네. 맞아요. 그렇지만 만들어 내기 어렵죠. 그런 언어유희가 많은 작품이 제일 어렵고, 그다음이 은유나 중의적 표현이 많은 작품이고요. 그럴 땐 공연 자체의 목표부터 시작해서 텍스트의 숨은 의미까지 다 물어보고 찾아내면서 작업해야 해요. 농인들은 일차적인 말값으로 이해하는 경우가 많기 때문에 적절한 어휘를 계속 찾아야 하는 거죠. 연극을 그냥 볼 때는 '너무 행복하다!' 하는데, 통역만 하면 '이건 지옥이야….' (웃음)

## 대화는 끝나지 않는다

**앞으로도 공연 통역을 계속 하실 거지요?**

_아니요. 사실 저의 가장 큰 목표는 제가 죽을 곳을 빨리 찾아서, 원하는 장소에서 제 삶을 다하는 것이거든요. 묻히고 싶은 곳에서 살

다가 그곳에 묻히는 것. 그래서 여러 장소를 다 돌아보고 싶어요. 열심히 노력해서 후배 동료들이 수어 관련 작업들을 잘 이어 갈 수 있도록 어느 정도 시스템을 만들어 놓게 되면, 저는 다른 곳에서 놀 것 같아요.

**그러려면 오래 이 일을 하셔야 되지 않을까요?**

_아니에요. 아니, 아니, 아니야(웃음). 더 많은 일을 해 보고 싶어요. 저는 수많은 아르바이트를 했는데, 그 경험이 제 생각을 다양하게 열어 주었거든요. 다양한 일을 하고, 그만두는 과정을 거치면서 저는 '일을 그만두는 것'을 두려워하지 않게 됐어요.

같이 사는 야옹이들의 수명이 20년 정도 남았다고 치면, 20년 후에는 캠핑카를 만들어서 전국을 돌아다니고 싶어요. 전국의 농인들을 만나, 그들의 수어를 수집하는 작업을 마지막으로 하고 싶어요. 이 언어가 점점 사라지고 있거든요.

**네? 수어가 사라지고 있나요?**

_지금의 수어는 예전에 글을 모르던 농인들이 쓰던 수어하고는 너무 달라요. 이제는 음성언어에 일대일로 수어하는 수지한국어 형태가 많이 사용되죠. 청인이 사용하는 어순과 문법에 단어만 수어로 치환하는 방식이에요. 또 지금은 인공와우 시술을 한 학생들이 80~90퍼센트에 이르고, 보조 수단으로 수어를 사용하는 경우가 많아요.

수어의 단점 중 하나가 얼굴이 드러나야 한다는 거예요. 그런데 요즘 젊은 친구들은 신분이나 개인정보를 노출하기를 원하지 않기 때문에 영상통화 대신에 문자통역을 선호하기도 하죠. 저희 세대까지는 수어가 계속 쓰이겠지만, 이후의 세대에는 과연 수어가 언어로서 작동할 수 있나 싶어요. 언어로서 공식 인정한 수화언어는 KSL(Korean Sign Language), 즉 한국수어죠. 한국에서는 수지한국어를 수화언어로 인정하고 있지 않아요.

**수지한국어는 한국어 문법에 그대로 대응시킨 수어인가요? 조사도 있고요?**

_조사를 쓸 수도 있죠. 수어는 원래 공간 언어인데, 더 이상 공간 언어가 아닌 선형적인 텍스트 형태의 언어가 될 수도 있겠다는 생각이 들어요. 그러면 기존에 있었던, 정말 농인들의 언어로 작동했을 때의 수어는 없어지는 거죠. 그래서 저는 전국에 농인들이 있는 곳을 다 찾아다니면서 그들과 이야기를 나누고, 그 언어들을 번역해서 농인들의 삶과 문화의 가치를 남겨 두고 싶어요.
언어는 시대성을 갖고 있잖아요. 수어는 더욱 그렇거든요. 수어는 당시 그 지역에 살던 사람들이 무엇을 봤느냐에 따라 만들어지는 언어예요. 보지 않았으면 언어가 존재하지 않거든요. 그렇기에 그들의 삶이 그대로 반영되어 있어요. 학문적으로 연구하시는 분들도 있어요. 저는 그쪽은 아니고 그냥 소소한 사람들의 이야기를 듣고 싶어요.

**정말 수어통역사만이 할 수 있는 채록과 번역 작업 같아요. 젊은 세대의 농인 배우들이 그 이야기들을 다시 수어로 무대에서 들려주는 모습까지 상상하게 되네요. 진짜 꼭 하셨으면 좋겠어요.**

_배우님도 수어를 중급 과정까지 하셨지요?

**네. 그런데 오랫동안 하지 않아서 부끄럽지만 거의 다 잊어버렸어요.**

_수어통역사 시험 1차 합격도 하셨는데.

그 합격을 날렸죠. 3년 안에 실기시험을 치를 여건이 안 됐거든요. 그래서 필기시험부터 다시 봐야 하는데 붙을 자신이 없어요. 어려웠거든요. 그래도 꼭 재도전을.

_시험 앞으로 더 어려워진대요. 부분 점수 제도도 없어지고.

네…. (먼산)

**하나의 언어가 완전하게 전달되는 순간을 경험한 적 있어?**

완전하게 전달된다는 건, 그 언어를 발화한 누군가와
감정이 일치되는 것을 말하는 거야?

**언어가 전달된다는 것은 뭘까?**

사고한다는 것은 뭐야?

**다른 언어를 이해하는 것은 결국 다른 생각을 이해하는 것이 될 수도 있을까?**

생각의 시간이라는 게 있지.
생각의 시간을 여행하는 것과,
생각의 시간을 따라가는 것과,
생각의 시간과 함께하는 것의 차이는 뭘까?

**너는 무대에서 무엇을 보고 있니?**

배우들은 맡은 인물을 연기할 때,
그 타자를 얼마만큼
타자로 남겨 두어야 하는지 늘 고민할 것 같은데,
어디까지가 너이고
어디까지가 그 인물이어야 하는 거야?

**무슨 차를 드릴까요?**

(웃음) 너는 어디서 너의 삶을 마치고 싶니? …
아까의 질문에 살짝 답을 하자면, 저는 무대에서 배우를 봐요.
고개를 돌려서 보는 게 아니라 이 배우가 지금 어떤 표정을 지을까,
어떤 손짓을 하고 있을까, 어떤 눈빛과 어떤 입모양을 하고 있을까,
계속 배우를 떠올려요.

# +[3]

# Epilogue

김홍남이 통역하기 어려웠다고 말한 대사는 연극 〈우리는 농담이(아니)야〉의 마지막 대사입니다. 연극 중 한 파트인 '유언장 혹은 우리는 농담이(아니)야'는 유언장 쓰기 모임을 배경으로 합니다. 서로를 유언 집행자로 지정한 두 친구의 대화[15]로 연극은 막을 내립니다.

사람2 **네 유언장 좀 읽어 봐도 돼?**

사람3 **난 아직 쓰는 중이야. 당장 완성될지는 잘 모르겠어.**
**계속 고치고 싶어서.**

이 파트에 등장하는 유언에는 모두 친구에 관한 사랑과 염려가 담겨 있습니다.

"친족들은 절대로 본인의 친구 및 조문객들을 박해해선 안 된다."[16]

"내 친구들, 조문객들이 이상해 보이는 옷을 입고 있거나 장례 예절을 잘 지키지 않더라도 부디 눈총을 주거나 나무라지 마세요."[17]

'계속 고치고 싶어서.'라는 마지막 대사에 친구들에 대한 마음을 담을 수밖에 없었어요. 이런 당부를 남기지 않아도 되는 세상에서 내 친구들이 살 수 있도록 고쳐야 하는 것들. 오랜 시간이 걸리더라도 결국은 달라질 세상에서 다시 써넣고 싶은 새로운 바람들, 소중히 읽었던 대본의 글자들, 나란히 앉은 친구들이 쌓아 온 목소리, 극장의 진동. 모든 이미지 사이에서 꾹꾹 눌러 말하느라 생긴 시간 속에 김홍남이 함께했습니다. 그는 '생각의 시간'이라는 게 있다고 말했어요. 그 시간을 함께하는 일의 의미에 대해서도요.

2025년 1월, 김홍남을 다시 만났습니다. 그는 매일 집회 통역을 하느라 굉장히 바쁜 시간을 보내고 있었어요. 건강 조심하시라는 당부의 말을 전하며, 우리의 첫 대화에서 그가 들려준 고민과 바람은 여전한지 물었습니다.

"접근성을 마련한 상업 공연에서 통역을 한 경우는 아직 없었어요. 상업적이지는 않지만 대중적이기로는 집회가 최고죠(웃음). 누군가가 발언을 하거나 노래를 할 때 당연히 통역이 있어야 된다는 인식을 시민들이 자연스레 갖게 될 테니까요. 인식 재고 차원에서는 굉장히 좋다고 생각해요."

2025년 3월의 어느 날, 저는 광화문에 있었어요. 봄이 왔지만 집회는 계속되고 있었고, 저는 인파 속에 멍하니 앉아 있었습니다. 그때 스피커를 타고 익숙한 목소리가 들렸습니다. 전광판을 바라보니 화면 오른쪽 아래에 작게 김홍남의 얼굴이 보였어요. 이상한 장면이었습니다. 그는 분명히 발언자이자 음성언어로 말하고 있는데, 그의 얼굴은 수어통역 삽입화면에 작게 자리하고 있었어요. 화면 중앙에는 김홍남의 말을 통역하는 수어통역사의 모습이 크게 잡혀 있었습니다. 음성언어와 수어의 자리가 뒤바뀐 그 화면을 보고 있자니, 갑자기 눈물이 날 것 같았습니다. 김홍남은 말하는 내용뿐 아니라 자신의 위치를 조정하는 것으로도 메시지를 전하고 있었습니다. 저는 우리의 두 번째 대화에서 김홍남이 마지막으로 던진 질문을 떠올렸습니다.

_많은 사람 앞에서 발언하게 된다면, 어떤 이야기를 하고 싶어?

*

# 비록 잘 모르더라도

*

라소영

+1

# Prologue

비전문 배우들이 무대에서 연기하는 공연을 본 적 있으신가요? 누군가가 자신의 경험이나 생각을 직접 말하는 공연, 혹은 허구의 인물을 연기하더라도 자신의 고유한 특성을 전면에 드러낸 공연은 정말 특별합니다. 말 그대로 대체 불가능한 연극이지요. 누군가의 삶을 무대에서 대리하여 전할 수 있는 자들은 많지만, 삶 자체를 대체할 수 있는 자는 없으니까요. 실제 삶의 현장으로서의 연극은 삶 그 자체만큼 치열하고 숭고합니다.

어떤 사건을 겪었거나 겪고 있는 당사자, 사회적 소수자로서의 정체성을 가진 당사자들이 무대에 직접 서는 연극들이 있습니다. 사건을 알리고, 연대하거나 연대를 요청하고, 존재를 가시화하고, 주체적으로 목소리를 내기 위해 이들은 자신의 삶을 지고 무대에 오릅니다.
이 과정에서는 안전한 환경이 필수입니다. 당사자가 자신의 경험을 꺼낼 때 겪게 될 어려움에 대한 존중, 관객과 만나는 연기의 적정선을 찾기 위한 코칭이 필요할 수도 있겠지요. 무엇보다 중요한 것은, 관객들을 그의 당사자성에 어떻게 연루시킬지 모두 함께 섬세하게 살피며 논의하는 일이라고 생각합니다. 자신의 삶을 걸고 무대에 오른 사람은, 그가 있음으로써 극장에 어떤 맥락이 발생하는지 알아야 합니다. 물론 관객과 만나며 예기치 못한 일이 일어나기도 하지만, 다른 구성원들은 충분히 예상하고 있는데 정작 배우 본인만 모르는 상황은 없어야 합니다.

배우가 무대에서 자신의 고유성과 당사자성을 알고 운용할 때와 모르는 채로 놓여 있을 때, 관객이 연루되는 방식 또한 달라집니다. 참여할 것인가, 구경할 것인가. 함께 책임질 것인가, 잠시 소비할 것인가. 어쩌면 극장의 윤리는 바로 이 지점에서 시험받는지도 모릅니다.

배우 라소영은 연극 〈드랙×남장신사〉 초연에 참여하며, 일반적인 연극에서 경험하기 힘든 무대와 객석 간의 교류를 느꼈다고 합니다. “중장년층 퀴어들은 어디로 갔을까?”[18]라는 의문에서 시작된 그 공연에는 전문 배우가 아닌 사람들이 등장합니다. 레즈비언, 트랜스젠더, 트랜스젠더 부모 등의 정체성을 가진 이들은 무대에서 자신의 이야기를 연기하고, 드랙 퍼포먼스를 합니다. 전문 배우들은 그들과 함께 노래하고 춤을 춥니다.
미국의 행위예술가이자 젠더 이론가 케이트 본스타인은 이렇게 말했습니다.

“내가 하는 퀴어극장에서라면, 난 사람들의 젠더와 정체성 개념에 도전하고 싶다. 나의 또 다른 자아일 터인 무대 위의 연기가 관객 모두의 정체성을 의심하게 만들길 원한다. 따라서 연극을 보러 갈 때면 난, 정체성에 대한 나 자신의 완고한 관념이 뒤흔들리길 바란다.”[19]

〈드랙×남장신사〉의 배우들은 젠더와 정체성 개념에 도전하며 적극적으로 관객들을 초대합니다. 관객들은 그 초대에 응하여 배우들과 함께 웃고, 울고, 화내고, 위로받고, 안심하고, 때로는 자신의 정체성을 의심합니다. 극장 안에서 수많은 정체성이 서로 영향을 주고받으며 뒤흔들리는 것을 보며, 저 또한 이 연극이라는 사건에 관객으로서 연루되어 있다는 사실에 깊은 감사를 느꼈습니다. 라소영은 무대 위에서 마치 콘서트를 하는 것 같은 기분을 느꼈다고 합니다. 쉽게 드러나지 않았던 존재들을 향한 애정과 환호가 가득했던 그 극장 안에서 그는 굉장히 행복해 보였습니다.

라소영은 다양한 배역을 맡아 연기하는 전문 배우입니다. 배우라면 누구나 다양한 배역을 연기하지만, 그가 연기하는 배역들의 스펙트럼은 일반적으로 생각할 수 있는 정도보다 훨씬 넓습니다. 고정된 성별 이미지를 갖고 있지 않은 그는 무대 위에서 경계를 넘나들며, 성별 해석의 다양한 가능성을 증명하고 고정관념을 해체합니다. 그 과정에서 그는 어떤 고민을 하며 자신의 무대를 만들어 갈까요?

배우 라소영과 대화를 나눈 기록입니다.

**라소영**

특기와 적성에 따라 배우를 하고 있다. 팟캐스트 '라배우의 예술활동증명'을 진행 중이다.

+²

# Interview

## 무대가 모두의 축제가 될 때

(성수연) 초연 때는 배우로, 재연 때는 안무로 참여하셨던 〈드랙×남장신사〉(이하 〈남장신사〉), 출연작 〈웰킨〉 등을 중심으로 라소영 배우님께서 어떤 지점에 주목하고 어떻게 작업하시는지 이야기를 나누고 싶습니다.
먼저 〈남장신사〉부터 여쭤볼게요. 저는 초연도 보고 재연도 봤는데 정말 좋았어요. 연습 과정에서 어떤 고민을 하셨을지, 또 무대에 올라서 어떠셨을지 궁금해요. 직업 연극인이 아닌 분들과 함께 작업한 과정도요.

_어려운 부분은 전혀 없었어요. 다만 직업 연극인인 스태프와 배우들이 먼저 이것저것 살펴야 하는 부분은 있었죠. 전문 배우들은 무대에서 자기 이야기를 할 때나 자신으로서 발언할 때, 이것이 어떻게 비치고 무엇을 발생시킬지 어느 정도 짐작할 수 있잖아요. 그런데 비전문 배우들은 자기 이야기가 연극 안에서 어떻게 보일지 가늠하는 일이 익숙하지 않을 수 있으니까요. 본인은 알지 못한 채 무대에 그의 이야기가 올라가 버리는 일이 일어나지 않도록 연출부와 배우들이 세심하게 살피려고 했어요.

**그분들도 걱정을 많이 하셨나요?**

_어떻게 보일지 걱정하신 순간도 있었고, 어떤 기억을 반복해서 떠올려야 하는 일이 쉽지만은 않으니까요. 그렇지만 결국, 이 공연을 보러 오는 사람들이 누구일지에 대한 인식이 모두에게 명확하게 있었어요. 그래서 참여자분들이 '그들을 위해서 내 이야기를 꺼낼 수 있다'는 마음으로 작업에 참여하셨다고 생각해요.

**배우분들의 이야기를 듣는 순간순간이 정말 소중했어요. 그것과는 별개로 또 무대에서 배우님이 굉장히 신나 보인다고 생각했어요.**

_제가 다시 깨달은 것이 있어요. 저는 늘 콘서트를 하고 싶었거든요(웃음). 그 공연을 하면서 오랜 꿈을 이룬 듯한 느낌이 들었어요. 그래서 이번 재공연에 배우로 참여하지 못해서 너무 질투가 났어요. '저 무대에 내가 있었어야 되는데….'

**'이효진 무대감독님이 내 자리에….'**

_너무 부러웠어요. 배우로 무대에 서게 되신 이효진 감독님이 연습 때 걱정하시길래 저의 경험을 다 얘기해 드렸어요. 콘서트 같을 거라고. 정말 행복할 테니 걱정하지 말라고. 내가 "아" 하면 저쪽 객석에서 "아악!" 해 줄 거라고. 〈남장신사〉는 진짜 무한한 사랑을 받을 수 있는 무대였어요. 일반적인 연극에서 경험하기 힘든 어떤 교류랄까요. 관객들이 나를 보러 온 건 아니지만, 뭔가를 보러 왔잖아요. 그 '뭔가'를 향해 진짜 무한한 환호와 애정을 보내 줘요.

**그 이유가 뭐라고 생각하세요?**

_전에는 볼 수 없었던 주제, 존재의 실현을 향한 애정 아닐까요? 누가 부치 얘기를 하겠어요(웃음). 그리고 트위터 밈으로나 소비됐던 우리의 농담들을 아주 큰 극장에서, 모두가 듣는 곳에서 공유하는 재미요. 그 '숭한', 남사스러운 이야기들을, 내가 집에서, 침대에서, 휴대폰 보면서 혼자 음침하게 낄낄대던 이야기들을 극장에 앉아 다 같이 나누고 있다는 사실에서 발생하는 에너지. 저는 〈남장신사〉의 객석 에너지는 거기에서 왔다고 생각하거든요. '이걸 들으며 다 같이 웃어도 돼?' 하고 옆 사람들을 힐끔 보면서도 웃게 되는 순간.

**웃으면 내 음침함을 들킬 것만 같아서 신경 쓰이긴 하지만 다 웃고 있으니까 상관없다, 이런 기분?**

_네. 얼마나 편안하겠어요. 어떤 곳에서는 음침하게 나만 웃어야 되는데 여기서 다 같이 웃을 수 있다는 것이.

**맞아요. 사적으로만 나누던 농담을 공개적으로 나누는 야릇한 기분이기도 하고.**

_어쨌든 농담은 우리끼리 해야 농담이 되잖아요. 그런 자리가 되었던 거 아닐까요. 사실 결과적으로 관객들이 그걸 받아 준 거지, 만드는 과정에선 확신할 수 없었어요. '이게 인사이드 조크가 될 수 있을까?' '누군가를 불편하게 하면 어떡하지?' 이런 얘기가 계속 있었어요. 어떤 농담이 불편했을 당사자들이 객석에 있었을지도 몰라요. 하지만 결국 관객들이 받아 준 만큼, 그 자리가 가능했던 거죠.

**공연 중에도 그랬고, 공연이 끝난 후 극장 주변이 축제 같은 느낌이었어요. '퀴퍼(퀴어 퍼레이드)' 같고.**

_초연 때 그런 후기들을 봤어요. '세종문화회관에 왔는데 S씨어터를 어떻게 가는지 몰라서 길을 헤매다가 대충 퀴어 같은 사람 따라갔더니 극장이 나왔다', 뭐 이런(웃음). 이 공연은 퀴퍼 시즌에 해야 되는 공연인가 보다 싶기도 했고, 또 다른 축제가 하나 더 생긴 것 같다는 느낌도 들었어요.

**그런 공연 경험은 배우한테 소중한 것 같아요. 관객들에게 다 받아들여지고, 관객들과 잘 만나서 내가 하는 것 이상의 엄청난 에너지들이 생기는 경험이요. 춤과 노래와 환호가 있는. 저도 해 보고 싶은 경험이에요. 재공연 계획은 없으세요?**

_한 번만 더 하고 싶어요. 대학로에 부치 할 수 있는 배우 다 모여!

## 장난감 군인의 독백

**〈DRAG×여성국극〉도 하셨었고, 〈퍽킹 젠더〉도 하셨었지요.**

_네. 〈퍽킹 젠더〉에서 7분짜리 독백을 했어요. 신효진 작가님께 부탁을 드렸는데, 자신에게 거시기가 없다는 것을 알아차린 장난감 군인의 이야기였어요. 작가님이 예전에 써 두신 희곡에서 모티브를 가져오셨대요.

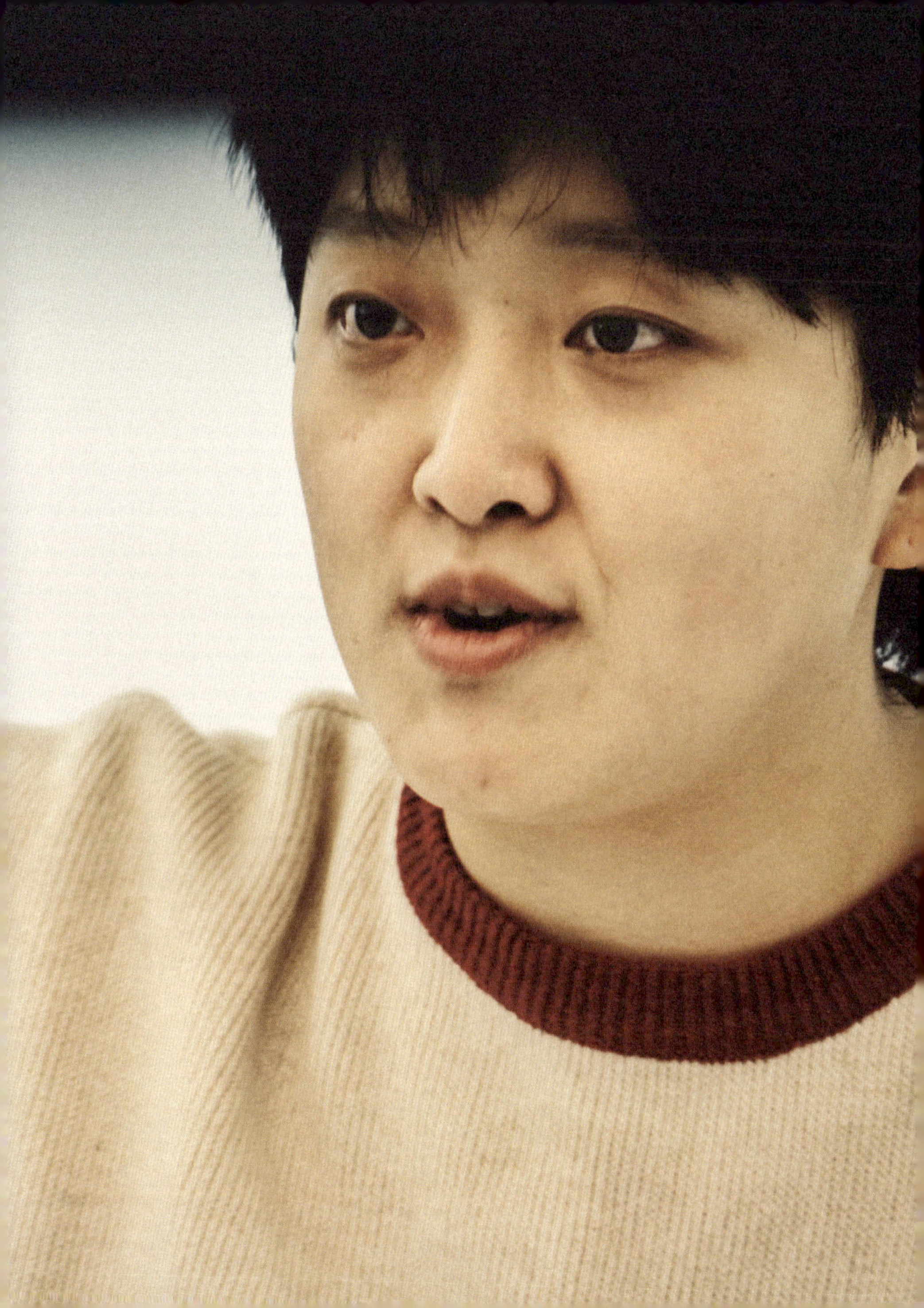

**그 7분짜리 독백의 제목이 〈라 하사의 임무〉였지요?**

_직전에 연극 〈웃기는 어둠〉에서 '라 하사'라는 역할을 했었거든요. 〈웃기는 어둠〉의 의상 디자이너님께 부탁드려서 그때의 의상을 똑같이 입고 연기했어요.

**〈웃기는 어둠〉의 라 하사가 다시 〈퍽킹 젠더〉의 장난감 군인 라 하사로 다시 나타난 거네요. 재미있는 연결이네요.**

_그렇죠. 〈웃기는 어둠〉은 독일 작품인데, 원작에서 제 역할은 그냥 남성 군인이에요. 저는 그간 남성 역할에 캐스팅된 적이 거의 없었는데, 당시엔 마땅히 고민하고 논의해야 할 부분들을 충분히 하지 못한 채 장면을 만드는 단계로 돌입해서 아쉬움이 남았어요.
그 과정에서 더 깊이 나누지 못했던 고민들을 〈퍽킹 젠더〉 팀이 유쾌하게 담아내 주신 거예요. 딱 7분짜리 아기자기한 독백인데, 오랜만에 독백을 해 보니 정말 재밌었어요. 거시기가 없는 장난감 군인이 '나의 남성성은 어디서 온 거야?'라는 의문을 가지면서 '난 그럴 필요가 없잖아?'라는 얘기를 하기도 해요. 관객들이 '성별이 없는 것처럼 느껴졌다', '정말 장난감인 것 같다'는 말도 해 주셨는데, 특별히 장난감으로서의 액팅을 한 건 없거든요. 서사와 '갬성'만으로 그런 효과가 발생하는 게 재밌었어요.

**장난감으로서의 움직임도 안 하셨고요?**

_네. 장난감 총 정도가 소품으로 있었어요. 대사가 다 해 줬죠. "왜 사탕 냄새가 나지, 총에서?" 이런 식으로요.

**그렇군요. 장난감 군인의 총이라 안에 사탕이 들어있었겠군요.**

_발바닥을 보면서 "메이드 인 차이나?" 이런 대사도 하고요. 신효진 작가님의 유머가 통했죠.

**〈웃기는 어둠〉의 라 하사와 〈퍽킹 젠더〉의 라 하사가 꼭 동일 인물이 아닐지라도, 그 배역을 배우가 개인적으로 다시 불러와 고민을 이어 가고 풀어냈다는 것은 정말 멋진 시도라고 생각해요. 배우가 여러 작품을 통과하며 품은 고민과 질문을 흘려 버리지 않고 자기 흐름 속에서 갈무리한, 아주 재미있는 예시라는 생각도 들어요.**

_마침 〈웃기는 어둠〉을 먼저 했고, 이어 〈퍽킹 젠더〉를 하게 됐고, 또 마침 신효진 작가님이 도와주셨고. 우연의 연속이었지만 정말 운이 좋았기에 할 수 있었어요.

**라소영이라는 배우가 '라 하사'라는 남성 군인 배역을 맡았을 때 좀 더 깊이 나누고 싶었던 이야기를 결국 한 셈이네요. 배우와 배역의 젠더에 대해서는, 특히 의도적으로 그것을 일치시키지 않을 경우, 섬세한 논의가 있어야 배우가 주체성을 가질 수 있게 되는 것 같아요.**

_젠더 이슈와 별 관계가 없는 작품에서도 공연이 다 끝난 후에야 "사실은 당신을 캐스팅함으로써 젠더적인 미스핏 감각을 노렸다, 염두에 두었다"는 이야기를 들은 경우도 여러 번 있어요.

**다 끝나고 뒤늦게 그런 얘기를 들으면 어떠세요?**

_"나는 몰랐어요!" 이렇게 얘기하게 되는 거죠. 사실 꽤 많은 작품에

서 그런 포지션이었던 것 같은데, 실제로 내가 고민한 것은 없는 듯한 느낌이 남기도 해요.
직접적으로 퀴어 이야기를 담은 작품을 할 땐 과정에서 계속 이야기를 나누잖아요. 그런데 그렇지 않은 작품에서 연출이 어떤 식으로든 젠더의 맥락을 염두에 두고도 그걸 공유하지 않았다면, 저는 작업 과정에서 그런 부분을 한순간도 고민해 보지 못했을 수 있으니까요. 그것을 논의하지 않음으로 인해 저는 그냥 안전장치가 된 것 아닌가 하는 찝찝함이 남아요. 물론 좋게 보면 제가 어떤 배역이든 장벽 없이 소화할 수 있다는 얘기가 되겠지만, 필요한 논의 없이 손쉽게 결과물을 뽑아낸 것 같은 느낌도 드는 거죠.

**무슨 말씀인지 알겠어요. 배우가 자기 요소들이 공연에 어떻게 쓰이는지 알고 연기하는 것과 모르고 하는 것은 굉장히 다르죠. 겉으로 연기가 크게 바뀌지는 않을 수도 있지만, 주체적으로 운용하는 것과 그냥 놓여 있는 것은 전혀 다른 상황이니까요.**

_예전에는 제가 먼저 제대로 묻지 못했다거나, 저도 모르고 했던 적도 있는 것 같아요. 이제는 할 수 있어요. 나를 왜 캐스팅했는지, 구체적으로 어떤 점들을 염두에 두고 있는지 물어볼 수 있는데 당시에는 그렇게 하지 못했어요.

## 감각이 태도로 이어질 때

**〈웰킨〉을 할 땐 어떠셨나요? 저는 배우님이 연기하신 '매리 매들턴'이 지금**

**한국에 살고 있었으면 어떤 사람이었을까 상상해 보게 되더라고요.**

_맞아요. '이렇게까지 행동한다고?' 싶은 순간이 많았죠. 이 사람은 대체 어떤 사람인가(웃음).

**정체성을 인식하거나 드러내기 어려운 시대를 살던 퀴어일 수도 있지 않을까, 하는 상상도 해 봤어요.**

_그럴 수도 있다고 생각해요. 극 중에서는 남편으로부터 어떤 가정폭력을 겪는다고만 나와 있지만, 사실 그 작품은 여성들이 가진 날것의, 야성적인 면모를 담고 있잖아요. 그런데 한국 정서상 그 부분이 다 담기지 않긴 했어요. 은밀한 관계에서만 드러나는, 마치 헐벗은 것 같은 솔직한 면모들을 더 많이 잡아내지 못한 것이 약간 아쉽네요. 공연 당시엔 미처 생각 못 했는데, 지금 이야기하면서 느껴져요.

**〈웰킨〉은 아무래도 등장인물이 많은 데다가, 모두가 무대에 내내 올라 있잖아요. 조금 더 중심 서사에 가까운 인물들은 대사량도 적지 않은 편이라 단서도 비교적 많았을 텐데, 그렇지 않은 인물들은 배우들이 조금 더 적극적으로 단서를 찾거나 만들어야 하지 않았을까 궁금했어요. 매리 미들턴의 순간들도 특히 인상적이었는데, 어떤 식으로 인물의 흐름을 만들어 가셨나요?**

_〈웰킨〉에서도 인물의 전사를 찾는 과정부터 시작했어요. 그것이 몸 상태를 만드는 데 도움이 됐고요. 또 극 중 인물이 변화하는 포인트는 무조건 다른 인물로부터 온다는 기준을 잡았어요. 사실 저는 늦게까지 이거다 싶은 감각을 못 찾았어요. 그러다 분장 디자이너님이 제 헤어 얘기를 하시면서 "와일드한 노동자 같다"고 하셨을 때 크게 와

닿았고 이후로 인물이 잡혔어요.

**어떤 말씀이었나요?**

_거칠고 지친 노동자의 느낌… 이런 말이었던 것 같은데, 그전까지 생각 못 했던 부분도 아닌데 헤어의 형태와 함께 들으니 그 미묘한 감각이나 형상이 바로 떠오르더라고요. 아프로펌 같은 걸 하자고 하셨거든요. 굉장히 신기한 경험이었죠.

**의상이나 헤어에 영향을 받아서 감각적으로 뭔가 확 찾아지는 순간이 분명히 있는 것 같아요.**

_굉장히 의지가 되는 부분이지요.

**그런 경험들을 연습 과정에서 더 많이 만나는 게 배우에게는 참 중요한 것 같아요. 과정 이야기가 나와서 말인데, 미투 이후에 안전한 창작 환경을 만들기 위한 여러 시도가 있잖아요. 여러 프로덕션을 오가며 작업하시면서, 이런 부분이 현장에서 잘 이뤄지고 있다고 느끼세요?**

_시간이 흐르긴 한 것 같아요. 아직 뭘 많이 한 것도 아닌데 사람들이 벌써 피곤해한다는 생각이 들 때가 있어요. 솔직한 심정으로는 좀 의아해요. 결국 중요한 건 인성인가 싶기도 하고요(웃음). 사람마다 페미니즘이나 연극에 대한 생각은 다 다를테고, 누구에게나 다 모난 부분이 있는데… 같은 상황에서도 어떤 행동을 하는지는 결국 개인에게 달려 있으니까요.

맞아요. 여러 사람이 모여 연극 작업을 하다 보면 생각의 차이가 있을 수는 있지만, 그걸 이유로 인신공격을 하거나 상대에게 함부로 말하는 등의 행동을 하는 것은 다른 문제니까요. 그런 행동을 할 수 있다는 것 자체가 의미하는 바도 있고요. 더 안전한 환경을 만들려면 어떤 노력이 필요할까요? 내부 규약을 잘 만드는 일도 중요하지만, 가끔은 너무 당연하다고 여겨져서 명시하지 않은 부분에서 문제가 생기기도 하니까요.

_아직 뭘 많이 한 것도 아닌데 피곤하다는 인식이 퍼지는 것부터 돌아봐야 한다고 생각해요. 나이, 성별 불문하고요. KTS(한국공연예술자치규약) 읽는 게 그렇게 피곤한 일인가? “가능하면 모두가 모였을 때 함께 읽습니다”라는 구절이 있는데도, 그냥 나눠 주고 각자 읽어 보자며 넘어가는 경우도 많잖아요. 지성인까지는 아니더라도 최소한 민주 시민으로서의 덕목이랄까, 인성을 갖추려는 노력은 해야 되지 않을까요.

## 질문을 배우는 사람

그렇네요. 굉장히 중요한 말씀 같아요.
개인적인 질문을 좀 드리고 싶어요. 어떻게 연기를 시작하게 되셨는지 궁금해요.

_페미니즘 연극제에서 〈이방연애〉라는 작품을 할 때, 공연 중에 그 얘기를 한 적이 있어요. 저는 드라마 〈파리의 연인〉을 보고 박신양 배우를 좋아하게 되었거든요. ‘그땐’ 그랬습니다(웃음).

그래서 〈바람의 화원〉도 보게 됐는데, 거기서 문근영 배우가 연기한 '신윤복'이 정말 매력적이었어요. '저거 내가 해 보고 싶다. 문근영 배우 왜 이렇게 잘해?' 이런 생각을 했어요. 사실 그 역할엔 좀 퀴어한 면이 있잖아요. 정체화를 하기도 전이었는데, 감각적으로 그런 생각이 들었던 것 같아요. 태어나서 처음으로 드라마의 대사를 적어서 혼자 연습했어요. 신윤복의 대사를요.

**와, 그 대사 아직 기억하세요?**

_제가 연습했던 대사는 기억 안 나고, 드라마의 명대사는 기억이 나요. 신윤복이 '정향'이라는 인물에게 플러팅을 하듯 말하죠. "향기가 있어서 왔더니 꽃이 있군." 그리고 신윤복이 자기 손을 돌로 막 찍다가 다친 손을 부여잡고 김홍도를 찾아가서 도와달라고 호소하는 장면이 있었는데, 그 장면이 너무 인상적이었어요. 그때 배우가 돼야겠다고 생각했어요. 드라마를 다 보고 TV를 딱 끈 그 순간에 바로 결심해 버린 거예요. 미래를 쭉 그려 보면서요. 그렇게 연기를 전공했고, 장우재 연출을 만나 극단 이와삼에서 작업하며 지금까지 이렇게 연극을 하고 있어요.

**혹시 앞으로 계획하는 작업이나, 연기할 때 좀 더 주목하고 있는 측면, 지향하는 방향이 있으신가요?**

_계획은 없는데, 하고 싶은 것은 있어요. 속 시원한 것을 하고 싶어요. 요새 숨 막힐 때가 있어요. 제가 맡은 인물이 답답함을 느끼는 건지, 나와는 너무 다른 인물을 연기해서 답답한 건지 잘 모르겠어요. 〈남장신사〉처럼 콘서트 같은, 마음껏 연기할 수 있는 공연을 하고 싶어요. 제 특성과도 잘 어우러지는 역할을 하면서요.

사회 통념상 조금 일반적이지 않은 역할을 맡는 경우도 꽤 있었어요. 그런 역할들이 저랑 잘 어우러지는 부분이 있을 때도 있고요. 그럴 때 누군가는 제가 연기를 쉽게 한다고 생각할 수도 있지만 그런 역할을 맡아도 부대낄 때가 있어요. 모든 배우가 인물을 만나기까지 부대끼잖아요. 나와 비슷한 인물을 하든, 나와 다른 인물을 하든 연극 안에서 서사를 진행시키는 것은 똑같으니까요. 코 풀듯이 쉽게 하는 작업은 없으니까. 그런데 저에 대해 그런 오해를 할 수도 있다고 생각해요.

**예를 들면 라 하사 같은 역할인가요? '저 배우는 보이시하니까 남자 역할 편하게 하겠지' 같은 오해일까요?**

_네. 또 지금의 저로서는 오히려 사회적 여성성을 수행하는 편이 더 퀴어하겠다는 생각이 들기도 해요. 단지 사회 통념을 인물에 입히지 않았을 뿐인데, 물론 역으로 차용할 때도 있지만, 헤어가 짧고 치마를 입지 않았을 뿐인데 아예 남성 인물을 연기한 것으로 바라보는 시선도 있더라고요. 젠더 이슈에 관심이 있는 사람들이나 디테일하게 보지, 그렇지 않으면 대사에 딸이라고 나왔는데도 "아들 아니었어?" 하고 놀라기도 하더라고요. 아직까지는 외적인 모습이나 의복에 대한 사회적 통념이 강력하다고 느껴요. 다음 공연에서는 '아들' 역할을 하는데 아예 장발로 등장해 볼까 봐요. 머리 짧다고 자꾸 남자로 본다면.

**"무슨 여자애가 남자 역할을 해!" 이렇게 되려나요? 혹은 "남자 역할이면 머리를 짧게 했어야지!"**

_모르겠네요. 저 자체를 그냥 머리 긴 남자로 보지 않을까요? (박장대소)

**또 해 보고 싶은 것이 있으세요? 혹은 연극을 통해 하고 싶은 이야기가 있으신지 궁금해요.**

_최근엔 아는 것을 말하고 싶다는 생각이 들었었어요. 얼마 전에 공연한 〈A·I·R 새가 먹던 사과를 먹는 사람〉은 호불호가 확실히 갈린 작품이었는데, 저에게는 불호의 목소리가 너무 크게 들렸어요. '모르는 것을 했나? 우리 자신도 잘 모르는 것을 무대에 올려놔서 관객들이 이렇게 반응하나?' 하는 생각이 드는 거예요. 분명히 해야 할 이야기인 듯한데, 안 좋은 반응을 받으면 괴로우니까 아는 이야기만 하고 싶다는 마음이 들기도 해요.

**확신을 갖고 말할 수 있는 주제들이요?**

_네. 그렇지만 기후 위기도 그렇고, 앞으로 지구가 어떻게 될지 아무도 모르는 상황에서, 많은 사람이 이를 둘러싼 문제의식을 공유하고 있다는 건 분명한 것 같아요. 결국 배우로서 관심을 갖고 할 얘기는, 비록 잘 모르더라도 '필요하다고 인식되는 이야기'가 아닐까 싶긴 해요.

**'필요한 이야기'.**

_사람들이 보고 싶어 하는 이야기나 많은 사람이 공감할 수 있는 이야기도 좋지만, 다 알지 못하더라도 필요하다고 여겨지는 이야기나, 누구도 생각하지 못했던 이야기를 무대 위에 올릴 때도 분명히 뭔가가 발생할 텐데. 그러기엔 우리 다 피곤한가? 살기가 힘든가? 모르는 것을 마주하기엔 삶이 빠듯한가? 이런 생각도 들고. 어디로 가야 할까요? 사실 앞으로 뭘 하면 좋을지 제일 모르겠어요, 지금.

저도 그렇습니다. 진짜 모르겠어요. 모르겠는 사람들끼리 만나서 얘기를 했네요(웃음).

**우리한테 필요한 이야기를**
**정작 우리는 기다리지 않는다면 어떡하지?**

연극은 왜 보는 걸까?

**연극을 볼 때도 할 때만큼 좋을 때가 있어?**

보는 게 더 좋을 때가 있지 않아?

**요즘 제일 안 보고 싶은 건 어떤 것들이야?**

제일 하고 싶은 게 뭐야?

**단 한 순간이라도 극장 안에 있는 모든 사람이**
**같은 것을 보게 되는 순간이 있을 수 있을까?**

행복은 전달이 가능한 걸까?

**누군가에게서 전달받은 행복이 사람을 변화시킬 수 있을까?**
**네가 연기했던 인물들처럼, 변화의 출발점이 결국 타인이었듯.**

사람 좋아하니?

+³

# Epilogue

배우가 자신의 존재가 발생시킬 맥락에 대해 질문하는 일은 왜 어려울까요? 어쩌면 연극의 사회적 의미까지 고민하는 일은 배우의 영역이 아니라는 믿음이 오랫동안 퍼져 있었기 때문일 겁니다. 그런 믿음이 확고한 곳에서라면, 배우의 질문은 쉽게 월권으로 받아들여질 수도 있으니까요.

그러나 이제는 많은 이들이 압니다. 배우에게는 자신이 어떤 맥락 속에 놓이는지 알 권리가 있다는 것도, 누군가의 정체성은 수많은 사람의 생존과 직결된 문제이기도 하므로 좀 더 많은 사람들이 머리를 맞대고 고민해야 한다는 것도요.

2025년 1월 다시 만난 라소영은, 그런 질문들이 안전하게 오갈 수 있는 환경을 만들기 위해 여전히 성실히 주변을 향해 감각을 열어 두고 있었어요.

"근 2년 동안 운이 좋게도, 그때 제가 말했던 '안전한 창작 환경'이나 '젠더' 문제에서 껄끄러운 경험을 하지는 않았어요. 시기적으로 저도 어떤 위계를 갖게 되었다는 사실을 감지하기도 했어요. 최근에는 제가 일종의 선배인 경우가 많아서, 제 태도를 계속 점검하며 작업하고 있어요. 그때 '장발로 연기해 볼까' 했던 작품은 결국 숏컷으로 공연했어요. 〈사월의 사원〉이라는 공연이었는데, 왜 저를 캐스팅하셨는지 여쭤보니 여러 가능성을 열어 두고 싶었다고 하시더라고요. 트랜스젠더일 수도 있고, 또 다른 의미일 수도 있지만 '아들'인 것은 분명하다고요. 또 다른 작품에서는 이전에 남성 배우들이 맡았던 역할을 제가 맡게 되었는데, 제 눈빛이 역할과 맞는다고 생각하셨대요. 제 눈에 슬픔이 있다고(웃음). 결국 두 배역 다 젠더 수행이 중요한 경우가 아니었어요. 어쩌면 연극계 안에서 젠더 수행에 관한 논의는 이제 한 단계 넘어갔나 싶기도 해요.
그렇지만 혐오가 발산될 때는 좀 더 크게 소리를 내야 한다고 생각해요. 지금 한국 사회가 격동의 시기를 지나면서 트랜스젠더 혐오 언어가 또 많아지고 있더라고요. 현실이 팍팍할 땐 연극을 하는 게 사치스럽다는 기분이 들 때도 있잖아요. 연극이 저런 현실에 전혀 영향을 못 미치는 것 같고. 하지만 그 때문에 오히려 영향을 미칠 수 있는 연극을 만들고 싶다는 생각도 해요. 잘 모르더라도 필요하다고 느껴지는 이야기는 해야 하고, 내 안에 남아 있는 의문은 정제되지 않아도 꺼내 보아야 한다는 믿음은 여전해요. 아귀가 딱딱 맞아떨어지는 공연이 거짓말처럼 느껴지는 요즘이니까요."

비록 잘 모르더라도 콘서트 무대에 선 것처럼 신나게 연기할 수 있으려면, 어떤 경험들을 더 통과해야 할지 생각해 보았습니다. 사람과 마주 앉아 그들이 들려주는 이야기를 통과하는 경험이 새삼스레 소중하게 느껴졌어요. 첫 대화에서 라소영이 던졌던 마지막 질문을 떠올리며, 다시 물었습니다.

**너는 어떨 때 사람에 대한 생각이 커져?**

_절대 살 수 없을 것 같은 상황에서도 계속 살아가려는 모습을 볼 때.
그런데 어떻게 해야 살 수 있어?

*

# 이야기를
# 결말짓는다는 것

*

이지민

+[1]

# Prologue

저는 이야기를 좋아하는 어린이였습니다. 밤마다 할머니를 졸라 옛날이야기를 듣곤 했지요. 하지만 할머니의 이야기 레퍼토리에는 한계가 있었기에 결국 책을 집어 들 수밖에 없었어요. 한글을 익히자마자 시작된 독서는 『콩쥐 팥쥐』, 『흥부와 놀부』, 『아기 돼지 삼형제』를 거쳐 온갖 이야기책으로 이어졌습니다. 재미있었던 책은 닳도록 읽는 습관도 있었는데, 그것 좀 그만 보라며 부모님의 핀잔을 들었던 책이 무엇이었는지는 이상하게도 기억나지 않습니다.

그렇지만 비극의 감각을 처음으로 알게 해 준 책은 또렷이 기억합니다. 안데르센의 『인어공주』. 마지막 페이지를 펼친 채 엎드려 눈물도 흘리지 못하고 멍하니 멈춰 있던 순간을 기억해요. 저는 가끔 제가 그 노란 장판 위에 여전히 엎드린 채로 나이를 먹은 것 같다고 생각합니다. 몸은 그 방에서 이미 나왔지만, 방문을 열어 둔 채 종종 그리로 돌아가 서성이는 기분을 느끼곤 하지요.

어떤 종류의 비극은 그 자체로 열린 결말이 되기도 합니다. "인어공주는 바다에 뛰어들어 물거품이 되었습니다."라는 마지막 문장을 분명 읽었지만, 제 안에서는 그 이야기가 완전히 끝나지 않았습니다. 뒷이야기를 상상한 것은 아닙니다. 다만 마지막 문장을 읽고 난 후 찾아온 설명할 수 없는 감정, 그리고 그런 결말이 가능한 세계의 정체를 이해하기 위해, 저는 책을 덮지 못했습니다. 아마도 그때 이 세계의 불완전함을 처음 감지했을지도 모르겠어요. 어떤 희생은 물거품만큼의 무게로 환원될 수 있다는 것, 어떤 감정은 딱 떨어지는 단어로 표현할 수 없다는 것을요.

그때 느낀 슬픔을 완전하게 표현할 말은 여전히 찾지 못했지만, '페이지를 넘길 수 없는 슬픔, 책을 덮을 수 없는 슬픔, 문을 닫을 수 없는 슬픔'이라고 이름 붙여 보고 싶어요. 저는 이제 이 불완전한 세계에 슬픈 일이 얼마나 흔하게, 그러나 매번 고통스럽게 일어나곤 하는지 잘 알고 있습니다. 여전히 펼쳐 둔 제 오래된 슬픔을 가끔 들여다보며, 문을 닫지 못한 누군가의 슬픔에 머무르는 일을 연습합니다.

창작자 이지민은 자신이 만드는 어린이극을 해피엔딩으로 마무리하고 싶지 않았다고 합니다. 그의 연극 〈어딘가, 반짝〉과 〈기억들의 무덤〉의 결말엔 그런 생각이 깊게 반영되어 있었습니다. 〈기억들의 무덤〉을 본 날, 저는 객석에 제 일부를 남겨 둔 채 극장 문을 닫지 않고 집에 돌아온 것 같은 기분이었어요.

몸은 이미 극장을 떠났지만, 종종 그 객석으로 돌아가서 서성이곤 합니다. 완전히 슬프진 않지만 한편으로는 대단히 슬프고, 조금은 희망차지만 익숙하지 않은 종류의 희망을 말하는 그 마지막 장면이 제 안에서는 완결되지 않았거든요.

〈기억들의 무덤〉의 주인공은 갑자기 기억을 잃고, 기억을 찾기 위한 모험을 떠납니다. 관객들은 그가 기억을 찾을 것이라 믿지만, 그는 끝내 자신의 기억을 되찾는 대신 자신을 기억하는 사람들의 기억을 남기기로 결정합니다. 나라는 존재가 오직 나의 기억을 통해서만 계량되는 것이 아니라는 희망, 그리고 돌이킬 수 없는 시간에 대한 커다란 슬픔을 동시에 드러내는 결말이었습니다.

그 결말의 순간, 주인공과 이지민은 어떤 기억을 떠올렸을까요? 그 기억은 슬픔이었을까요, 아니면 행복이었을까요? 문득 기억에는, 아니 세상 모든 일에는 딱 떨어지는 감정의 이름을 붙일 수 없다는 생각이 드네요. 어쩌면 '엔딩'도 그렇지 않을까요. 해피나 새드라는 단어로 단정할 수 없는, 그저 이야기의 마지막 순간. 이지민은 자신의 이야기를 왜 그렇게 끝맺었을까요?

창작자 이지민과 대화를 나눈 기록입니다.

**이지민**

극단 비영역공작단 대표. 연극을 쓰고, 연출하고, 연기한다.
다양한 연령과 감각을 가진 관객을 경계 없이 만난다.

+²

# Interview

## 무대는 어디까지 열릴 수 있을까

(성수연) 오늘 저는 이지민 연출님이 2021년부터 지금까지 계속 공연하고 있는 〈어딘가, 반짝〉, 그리고 얼마 전에 공연한 〈기억들의 무덤〉을 중심으로 여러 이야기를 나눠 보고 싶었습니다. 연출님은 배우로도 활동하지만, 이 두 작품은 직접 쓰고 연출까지 했잖아요. 종합예술인으로서 어떤 것에 주목해서 작업하는지, 또 여러 포지션을 경험하며 어떤 생각을 했는지 궁금했어요. 다양한 연령대의 관객들을 두루두루 만나며 한 생각들도 듣고 싶고요. 〈어딘가, 반짝〉은 첫 연출작 맞지요? 어떻게 시작하게 되셨나요?

_맞아요. 1인극을 혼자 쓰고 연출하고 연기한 경험은 있지만, 저 말고 다른 사람들이 참여하는 공연을 연출로서 만든 것은 처음이었어요. 어린이 관객과 만나는 형식을 실험해 보고 싶어서 시작한 작업이에요. 저는 어린이 관객들이 공연에 참여하는 방식에 대해서 고민해 왔거든요. 어린이 관객들은 나이가 어릴수록 현장에서 적극적으로 반응하고 싶어 해요. 어린이 연극의 경우 프로덕션에서도 어린이 관객들이 참여할 수 있는 단계를 만드는 경우가 종종 있어요. 공연 중에 배우들이 관객들의 참여를 직접적으로 유도한다든지, 질문을 던지고 답을 끌어낸다든지 등등 다양한 방식으로요. 저 역시 그러한 경험들이 있고요. 그러면서 공연의 흐름이나 이야기를 끊지 않으면서도 그

안에 깊이 녹아들 수 있는 관객 참여 방식은 없을지 고민하게 되었어요. 또 관객으로서 공연에 참여하는 것이 흥미로워도, 적극적으로 나서기 부끄러울 때도 있잖아요. 저도 그렇거든요. 어린이 관객들도 마찬가지라고 생각해요. 적극적으로 손을 들고 참여하려는 어린이도 있지만, 참여하고 싶어도 부끄러워서 나서지 못하는 어린이들도 있어요.

**저 같은 어린이요(웃음). 저는 어린 시절에 한 번도 제대로 나서 본 적이 없어요. 부끄러워서.**

_그러니까요. 그 다양한 성향을 지닌 어린이들의 참여 욕구를 다 수용하지 못하는 것이 아쉬울 때가 있었어요. 그래서 저는 모든 관객이 은밀하게 참여하면서도 공연에 영향을 미치는 형식을 찾고 싶었어요. 직접 드러나지는 않지만, 분명 '내 이야기가 공연을 변주시키고 있다'는 감각을 모든 관객이 알아챌 수 있는 방식을 실험해 보고자 한 거죠. 그렇게 매번 모든 관객이 참여하면, 그날의 공연은 딱 '우리만의 연극'이 되는 거예요.

**멋지네요. 그게 어떤 방식으로 구현이 됐나요?**

_공연 시작 20분 전쯤, 간단한 활동을 통해 관객들에게 각자의 몸에서 마음에 드는 부분과 그에 담긴 이야기를 종이에 적어 달라고 부탁했습니다. 그 종이들을 무대에 걸고, 공연 안에서 이야기를 모두 활용했죠. 관객들의 이야기가 등장인물들의 이야기가 되는 식으로요.
〈어딘가, 반짝〉은 외모에 대한 이야기거든요. 수많은 매체에서 아름다움의 기준이 획일적으로 제시되니까, 그걸 좇아가지 못하면 스스로를 못났다고 생각하게 되잖아요. 저도 그런 생각을 했고요. 그래서 다른 식으로 내 몸을 바라볼 수 있는 관점을 제안해 보고 싶었는데, '너에게는 너만의 장점이 있고 너는 특별하고 소중하다'라고 막연한 위로를 하고 싶지는 않았어요. 그래서 제가 찾은 방법은 몸에 쌓인 기억들을 바라보는 것이었어요. 시간이 흐를수록 내 몸에 쌓여 가는 나만의 기억. 나만의 기억들이 축적된 몸은 오로지 나만의 것이잖아요. 그렇게 바라보면 내 어깨, 뱃살, 콧구멍, 흉터까지도 나에게는 고유한 의미가 있고요. 그런 식으로 내 몸을 다르게 바라보는 관점도 있을 수 있다고 말하고 싶었어요. 그리고 이를 함께할 친구가 있으면 좋겠다고 생각했어요. 나 혼자 그렇게 바라본다고 해서 세상이 바뀌는 건 아니니까요. 친구와 같이하면, 우리는 연대를 통해 한 발짝 더 나아갈 수 있다고도 말하고 싶었거든요. 그래서 각자의 몸 이야기를 관객들과 함께하고자 했어요.

**그럼 매번 즉흥적으로 연기를 하셨겠네요?**

_네, 즉흥의 티키타카가 굉장히 중요했어요. 누군가의 이야기를 잘 다뤄 내야 하니까요. 성인 관객들은 때로는 깊은 상처가 있는 이야기도 많이 공유해 주셨거든요. 그런 부분들을 그저 상처로만 드러내지 않으려면 고민이 필요했어요. 워크숍도 하고 즉흥 연습도 했는데, 무엇보다 함께한 이미라 배우님과 호흡이 잘 맞았어요. 덕분에 잘 놀 수 있는 장면을 만들 수 있었어요.

**그 장면에 대한 관객들의 반응은 어땠나요?**

_극장에 특별한 분위기가 생겨났어요. 누군가의 은밀한 이야기가 무대에 오르지만, 누구의 이야기인지는 아무도 모르고 당사자만 알잖아요. 초연 때 그 독특한 교류의 감각은 잊을 수가 없어요. 2022년

12월에 극장 씨어터송에서 재공연을 했는데, 그땐 사전 신청을 통해 이야기를 받았어요. 참여하지 않은 관객들에게는 의미가 약할까 걱정도 했지만, 공연 전에 미리 '객석에 있는 누군가의 이야기가 무대 위에서 쓰일 것'라고 말씀드렸더니, 또 색다른 교감이 발생하더라고요. 모두가 너그럽게 시간을 보내는 느낌이었어요.

**내가 배우들을 통해 듣고 있는 이야기의 주인이 나와 함께 객석 어딘가에 앉아 있다는 감각, 정말 특별할 것 같아요. 은밀하게 연대하는 느낌도 들 것 같고요. 완전히 모르는 사람의 이야기를 듣는 것과는 다르겠네요. 예전에 몸의 기억을 말하는 연습을 해 본 적이 있어요. 한 사람이 손전등으로 다른 사람의 몸 어딘가를 비추면, 그 사람은 그 부분과 관련된 이야기를 하는 거예요. 저는 말할 때도 들을 때도 좀 울컥하더라고요. 그런 것을 의도한 연습은 아니었는데. 〈어딘가, 반짝〉을 볼 때도 주인공들이 자신의 몸에 남은 기억을 말하는 장면에서 울컥했어요.**

_이 공연에서 어른들이 느끼는 것들은 확실히 그런 부분이더라고요. 워낙 몸에 축적된 기억이 많아서 할 이야기도 많고, 다른 누군가의 이야기가 공감 가기도 하고, 울컥하고. 사실 적정 관람 연령층을 9세 이상으로 잡았어요. 유아부터 초등학생까지 다 만나 봤는데, 유아들은 몸에 쌓인 기억이나 외모로서의 몸보다는, 몸의 기능이 발달해 나가는 이야기를 더 하더라고요. '내 손은, 내 발은 이런 것도 할 수 있어' 이야기요. 물론 그런 이야기도 의미 있지요. 그런데 초등학교 고학년들은 이 작품이 말하고자 하는 게 무엇인지 정확하게 알고 이야기를 나눌 수 있더라고요.

**학생들은 한 해 한 해 몸에 대한 인식이 달라지잖아요. 저도 외모에 대해 의식하기 시작한 것이 초등학교 4학년쯤이었던 것 같아요.**

_맞아요. '사람들이 나를 어떻게 볼까?' 하는 생각을 하게 되는 시기가 있어요. 여러 초등학교를 다니며 공연을 했는데, 1학년부터 6학년까지 다 만났거든요. 저학년과 고학년이 재미있어하는 포인트가 각각 다르더라고요.

**어떻게 다른가요? 1~2학년들은 무엇을 재미있어했나요?**

_1~2학년들은 마법으로 확 변하는 그런 장면들을 좋아하더라고요. 감각적으로 다가오는 순간들을 굉장히 좋아해요.

**저도 좋아했습니다. 두더지가 마법을 부리는 순간들**(웃음).

_저도 사실 그런 말도 안 되는, 놀이 같은 마법들을 좋아해요(웃음). 작년 연말에는 청소년 관객들이 꽤 많이 왔어요. 특히 여성 청소년들이 "이 작품은 아동극이라기보다는 청소년극에 좀 더 가까운 것 같다, 또래의 여자애들이 많이 보면 좋겠다"고 말해 줬어요. 확실히 이 작품은 연령대마다 다르게 작동하는 공연이지만, 모두가 공감하는 부분이 있구나 싶어서 용기를 많이 얻었어요.

**성인 관객인 제가 보기에도 그랬어요. 공연의 어떤 순간들도, 결말도 마음에 오래 남더라고요. 지금도 선명하게 남아 있고요. 〈어딘가, 반짝〉은 앞으로 얼마나 계속할 생각이세요? 오래오래 하셨으면 좋겠어요.**

_기회가 닿는 대로 계속하고 싶어요. 또 청소년 관객들을 만나고 싶고요.

## 언어보다 오래 남는 감각

**왜 청소년 관객들을 만나고 싶으세요?**

_글쎄요. 일단 청소년들이 확신을 줬기 때문에(웃음)? '이 공연, 우리가 공감할 수 있다!'

**'이거, 되는 공연이다!'** (웃음)

_또 저는 어린이나 청소년들과 이야기 나누는 것이 재미있어요. 문제를 직관적으로 바라보고, 계속 '왜?'라고 질문하고 의심하는 태도가 정말 좋더라고요. 저는 40년 넘게 살았고, 제가 살아온 방식대로 저도 모르게 당연하다고 여기는 것이 있어요. 어린이와 청소년 관객들은 의심하고, 때로는 이야기를 받아들이지 않고 지적하기도 해요. 계속 그렇게 의심하며 질문하게 만드는 것이 좋아요.

**의심하고 지적하는 사람들을 관객으로 만나는 게 무섭지는 않으세요?**

_가끔은 무섭습니다. 어린이 관객들은 솔직하잖아요. 재미없으면 "엄마, 집에 언제 가? 재미없어. 언제 끝나? 나가고 싶어."

(웃음) **극장 안에 그런 말이 울려 퍼진 적이 있나요?**

_물론이죠. 어쩔 수 없다고 생각해요. 어른 관객들도 소리 내어 말하지 않을 뿐 마음속으로 같은 생각을 하잖아요. '재미없어. 언제 끝나? 나가고 싶어.' (웃음) 창작하는 사람들의 숙명 아닐까요? 모두를 만족

시킬 수 없으니까요. 관객들의 반응에 많이 흔들리던 시기도 있었고, 물론 지금도 그렇지만, 다만 중요한 건 '어떻게 관객과 소통할 것인가'라고 생각해요. 피드백을 잘 받아들여서 발전시킬 부분들을 찾아가고 싶어요. 어린이와 청소년 관객들이 어렵기도 하지만, 잘 만나고 싶어요.

**며칠 전에 친구의 딸을 만나러 갔었어요. 같이 놀다 보니 부모님들이 말씀하시는 '무한 반복'이 이거구나 싶더라고요. 특히 기억에 남는 건 아기를 재우고 달래는 놀이예요. 이 아이에게 얼마 전 동생이 생겼거든요. 인형을 아기 삼아 재우면, 우리가 눕자마자 바로 아기가 울어요. 일인다역으로 아기 울음소리도 내 줘야 하고(웃음). 아이가 인형을 보며 "아가야, 왜 우니?" 묻고, 제가 "나 혼자 자기 무서워요." 하면, "아니야, 혼자 잘 수 있어. 오늘 잘 자면 내일은 재밌을 거야."라고 달래 주더라고요. 그리고 다시 눕고, 다시 울고, 다시 달래고. 이 놀이를 끝없이 반복했어요. 친구도 아이가 이런 놀이를 하는 것은 처음 본다고 했어요.**

_감동적이네요. 어린이들에게 놀이는 곧 삶이라고 배웠어요. 놀이를 통해 삶을 연습하고 감각적으로 받아들이면서 안전하게 몰입하고 터득하게 된다고요. 제 선생님이 아이들은 놀지 못하면 죽는 것이나 다름없다는 이야기를 하셨어요. 놀아야 삶을 알게 되고, 관계를 익히고, 그것을 무한 반복 하면서 무의식적으로 터득한다는 거예요. 물론 같이 노는 어른들은 너무 힘들지만(웃음).

**그렇군요. 그렇다면 그 아이는 동생이 밤마다 울어서 깨는 상황을 연습하는 걸까요?**

_그럴 수도 있겠죠. 무엇이 정답이라고 말하기는 어렵지만, 처음 겪

는 어떤 일을, 놀이를 통해서 계속해 보는 거예요. 아이들은 새로 만나는 사람들이나 새로 겪는 상황들을 반복하고 놀면서 자신도 모르게 성장한다고 해요. 저는 그런 모습을 보면 감동받아요. 공연에서도 놀이성을 잘 살리고 싶고요. 아이들 놀이가 굉장히 연극적이잖아요.

**맞아요. '했다 치고'의 세계. 아무 의심 없이 여기저기 넘나들고.**

_네. '했다 치고', '있다 치고', '먹는다 치고'. 모든 상상과 가능성이 열리고, 아무것도 없어도 다 가능하잖아요. 빈 무대에서 모든 것이 가능하듯이. 그런 놀이성을 공연에서 살리고 싶었어요.

**〈어딘가, 반짝〉을 보며, 그런 부분이 말씀하신 것처럼 잘 살아 있다고 느꼈어요. 어린이청소년 연극이 어린이와 청소년들만 보라고 만드는 극이 아니라는 것도 다시 느꼈고요.**

_맞아요. 저는 공연을 만들 때 연령층을 고려하긴 하지만, 그 대상을 특정 연령층으로만 한정하지 않아요. 청소년극이라고 하면 청소년부터 어른까지, 4세 이상 극이라고 하면 4세 이상 누구나 볼 수 있다는 점을 항상 생각하거든요. 관객들이 각자의 맥락에서 즐길 수 있는 공연을 만드는 것이 제 목표예요. 물론 유아 관객들부터 볼 수 있는 공연을 만든다면 그 특성에 맞는 형식을 탐구할 필요가 있겠지만, 내용 자체는 무엇이든 다 가능하다고 생각해요.

저는 제 경험이나 흥미에서 출발해 이야기를 만들어요. 하고 싶은 이야기가 생기고, 다음에 누구와 나누고 싶은지 고민해요. 연령층을 먼저 정하기보다 이야기를 먼저 생각하는 거죠. 이야기를 발전시킬 땐, 뭔가를 명확하게 제시하고 알려 주기보다는 제 생각을 나누고 질문을 던지는 방식으로 풀려고 해요. 모든 게 착착 해결되는 해피엔딩으로 결말짓지 않으려고도 노력하는 편이고요.

**왜 해피엔딩을 피하려고 하시는지 궁금합니다.**

_물론 해피엔딩도 충분히 의미 있죠. 세상의 아름다운 모습들을 나누는 것도 중요하다고 생각해요. 하지만 저는 어린이나 청소년이 느끼는 삶의 희로애락이 성인과 다르지 않다고 생각해요. 우리 모두 어려움에 봉착하기도 하고, 매 순간 그것을 견디면서 살고 있잖아요. 그러니 제가 성인이라고 해서 그들에게 뭔가를 주려 하기보다, 제가 진짜로 믿는 이야기를 나눠야 한다고 생각해요.

〈어딘가, 반짝〉을 예로 들면, 외모 문제로 고민할 때 누군가가 '그래도 너에게는 이런 장점이 있잖아'라고 말해도 위안이 안 되더라고요. 그래서 '나도 수긍할 수 있는 결말은 뭘까' 고민하다가, 비록 해피엔딩은 아니지만 어떤 관점을 함께 나누는 방향으로 이야기를 만들었어요. 굉장히 어려웠어요.

**저도 비슷한 경험이 있어요. 하고 싶은 이야기를 연극으로 만들었는데, 결말을 맺는 게 너무 어려웠어요. 내가 던진 화두에 대한 답을 먼저 어느 정도 찾아야 가능한가 싶더라고요. 내 이야기의 결말을 짓는 일은 결국 나의 다음 페이지를 여는 일인 것 같아요.**

_정말 그래요. 이야기를 시작하는 것은 즐거운데, 결말을 짓는 것이 늘 큰 고민이에요. 〈어딘가, 반짝〉을 할 때도 조심스러웠어요. 아름다워지고 싶고, 예뻐지고 싶은 욕망 자체를 부정하는 이야기가 될까 봐. 저 역시 그런 욕망이 있으니까요. 〈기억들의 무덤〉을 만들 때도 마찬가지였어요.

## 끝맺음이라는 불가능한 숙제

**말이 나온 김에 〈기억들의 무덤〉에 대한 이야기로 넘어가 볼게요. 어떤 생각을 하며 공연을 만드셨나요?**

_시각을 최소화하고, 더 다양한 감각을 활용해서 '보는' 공연을 만들고 싶었어요. 제가 몇 년간 시각장애와 관련된 일을 하며 다양한 연령대의 시각장애인을 만난 경험이 있거든요.
시각장애인들을 위한 디지털 도서를 교열하는 작업을 했어요. 생계를 위해서 시작한 일인데 제 적성에 맞아서 몇 년째 하고 있어요. 활동 지원, 도서관 근무를 비롯해 시각장애 어린이들, 그리고 시각장애인 부모를 둔 비시각장애인 어린이들을 대상으로 수업도 하고….

**와, 다양한 일을 하셨네요.**

_그러다 한 워크숍에서, "우리가 너무 쉽게 '보다'라는 표현을 쓰는데, 시각 중심의 표현이라 시각장애인과 대화할 땐 다른 단어를 찾는 게 좋다"는 이야기를 들었어요. 그때는 그 이야기를 받아들였는데, 그 후로 시각장애인들을 만날 때 너무 조심하다 보니 오히려 말이 잘 나오지 않더라고요. 그런데 선천적 전맹인 초등학생들과 수업하면서, 그 어린이들이 '나 좀 보여 줘!', '나도 볼래!' 같은 표현을 아무렇지도 않게 쓰는 것을 봤어요. 순간적으로 '본다는 것은 뭐지?' 하는 생각이 번쩍 들었어요.
비시각장애인들은 눈으로 보지만, 시각장애인들은 다른 감각으로 보는 것이고, '보다'라는 단어가 시각에만 한정되지 않을 수도 있다는 것을 알았어요. 시각장애인들을 대상으로 리서치와 인터뷰도 진행했는데, '보다'는 단순히 눈으로만 보는 게 아니라 세상을 인식하는 일에 대한 표현이라고 말씀하신 의견이 인상적이었어요. 너무 조심하기보다는 자연스레 비시각장애인과 이야기하듯이 하는 게 제일 좋다고도 많이들 말씀하셨고요. 또 공통적으로 하신 말이 '내가 시각장애인을 대표한다고 생각하지 말아 달라'는 이야기였어요. 시각장애는 스펙트럼도 다양하고, 개인의 성격도 생각도 다 다르니까 그냥 참고만 해 달라고요.

**그런 과정을 통해 다른 감각으로 보는 연극을 만들게 되신 거군요.**

_네. 단순히 '체험하는' 것이 아니라 정말 '보는', 스토리가 있는 연극을 만들고 싶었어요. 그렇다면 다양한 감각들을 자극하며 여러 곳을 탐험하는 스토리를 만들면 재밌겠다고 생각했어요. 그 무렵 가족 중 한 분이 기억을 잃어 가고 있어서, 기억이라는 주제에 관해 고민이 많기도 했고요. 처음엔 많이 슬프기도 했지만, 그렇게만 받아들이고 싶지 않았어요. 기억을 잃는다는 것은 슬픈 일일 수도 있지만, 또 다른 방식으로 세상을 감각하며 살아가게 되는 일이기도 하니까. 그래서 기억을 잃어 가는 누군가가 기억을 찾아 떠나는 판타지적인 이야기를 쓰게 됐어요.

**저는 그 이야기의 결말이 참 좋았어요. 마냥 마음 편하지 않아서 더 좋았고요.**

_〈어딘가, 반짝〉 때처럼 이번에도 결말이 가장 어려웠어요. 제가 마주하는 현실은, 당사자는 서서히 기억을 잃어 가고, 그 기억을 처음처럼

다시 되돌릴 수 없다는 사실이거든요. 그런데 무대 위에서는 주인공이 모험 끝에 기억을 되찾고, 해피엔딩! 이렇게 마무리하고 싶진 않았어요. 결국 발견한 생각은, 설령 가족이 나를 잊더라도 나는 그를 기억한다는 것이었어요. 한 사람의 순간을 기억하는 수많은 존재가 있기에, 그 존재들이 기억하는 한 그는 사라지지 않는다고 믿고 싶었고요.

**결말에서 주인공이 내리는 선택은, 저에게는 거의 반전이었어요. 그 순간 갑자기 세상의 온도가 올라가는 것 같은 느낌이었어요.**

_실제로 올라갔던 것 아닌가요, 공연장의 온도가(웃음)?

**그랬을지도 몰라요, 배우분들이 많이 뛰셔서(웃음). '기억'에 대해 오래 생각하게 되었어요. 뭔가가 내 안에 가득 차서, 내 말이 늘어난 것 같은 기분이었달까요.**

_정말 감동적이네요. 감사합니다. 〈기억들의 무덤〉은 제가 좀 우당탕탕 만들어서 아쉬운 점도 많아요. 공연을 만들면서 점점 더 깨달았어요. '시각장애인을 위한 공연' 혹은 '시각장애 체험 공연'을 만들고 싶었던 것이 아니라, '다양한 감각으로 볼 수 있는 공연'을 하고 싶었던 거구나. '누구를 위한'이 아니라 '함께 볼 수 있는' 공연이 될 수 있을 거라고 생각하면서요. 그래서 이 작품은 차분히 가라앉히고, 숙성시키고, 더 다듬어서, 동료들과 발전시켜 가고 싶어요.

**만든 공연을 객석에서 보는 느낌은 어땠나요? 출연 안 하고 연출만 하신 것은 처음이시죠?**

HANDMADE BY KL

**〈기억들의 무덤〉이 또 어떻게 발전할지 궁금하네요. 문득 연출님께 이런 질문을 해 보고 싶어요. 사람은 꼭 어른이 돼야 할까요?**

_어른은… 어른이 뭘까요?

**지민 연출님은 스스로 어른이라고 생각하세요?**

_어른을 어떻게 정의하냐에 따라서 달라질 수 있지 않을까요? 세상에 좋은 어른이 있나요?

**좋은 어른을 본 적 있으세요?**

_좋은 어른이 될 수는 있나, 인간이? (웃음) 그냥 다양한 사람들을 만나는 게 아닐까요? 좋고 나쁨으로 쉽게 판단하기 힘든 수많은 사람을 그냥 만나게 되는 것이 아닐까 싶어요.

**대화를 나누다 보니 제가 거친 나이, 아직 경험하지 않은 나이대의 사람들이 떠올라요. 열다섯 살 때의 나를 안다고 해서 지금의 열다섯 살을 다 아는 건 아니잖아요. 또 쉰다섯 살의 감각을 알 수 없으니 저의 쉰다섯 살도 상상할 수 없고요. 나이만으로 사람을 규정할 수는 없지만, 오늘 나눈 이야기가 저한테는 '아는 나이도 모르는 나이도 결국은 다 모른다'는 사실을 기쁘게 느끼게 해요.**

_맞아요. 저는 어쨌든 '어른'이잖아요. 같은 시대에 살고 있어도 저는 거의 쉰을 바라보는 성인이고, 어린이와 청소년들은 자기 나이를 살

고 있지요. 어른 예술가로서 그들을 만날 때 내가 뭘 나누고 싶은지를 항상 생각해요. '요즘 청소년들은 이래' 같은 생각을 하기 시작하면 너무 어려워져요. 발달단계마다 특성이 있고 그에 대한 탐구도 중요하지만, 그 틀에 너무 갇히고 싶지 않아요. 오히려 개별성에 더 집중하려고 해요. 내가 정말 하고 싶은 이야기를 어떻게 그들에게 가닿게 들려줄 수 있을지 고민하는 게 중요하더라고요. 이야기가 끊임없이 만들어지는 이유는 사람들이 이야기를 좋아하기 때문이잖아요. 어린이청소년 연극을 하는 사람들은 '내 안의 어린이'를 끊임없이 발견해 나간다고 하는데, 저도 늘 그 말을 떠올려요. 내 안의 어린이는 요즘의 어린이와 다를 수 있지만, 만날 수 있는 어떤 지점들을 찾아가는 과정이에요. 정답은 없지만.

**80대의 이지민 연출이 무슨 이야기가 하고 싶어져서 어떤 작품을 만들지, 또 그 이야기의 결말을 어떻게 지을지 궁금해지네요.**

**지금 잠깐 네 안의 어린이를 생각해 봐.**
**지금 이지민 어린이는 뭘 제일 하고 싶어?**

(전화벨 소리) 죄송해요. 잠깐만요. (통화한다)
주차를 30분 연장했어요.

**이지민 어른이시네요(웃음).**

(웃음) 내 안엔 몇 명의 어린이가 있는 걸까?
어린이가 있다고 믿고 싶은 게 아닐까?

**연극 무대 위에서 믿었던 것들이, 무대 밖에서도 믿어져?**

나는 왜 계속 내 이야기를 하고 싶은 걸까?

**너의 이야기를 들은 사람들이**
**너의 이야기를 오랫동안 기억했으면 좋겠어?**

내가 만나는 존재들과의 관계에서
내가 원하는 것은 뭐지?
나는 무엇을 나누고 싶은 걸까?

**이야기는 나누는 걸까?**

세상에는 왜 이렇게 많은 이야기가 있을까?

**이 세상에 많이 있는,**
**하지만 네가 아직은 모르는 이야기들을 너는 알고 싶어?**
**듣고 싶어?**

나는 어쩌면 굉장히 자기중심적인 사람이 아닐까?

+[3]

# Epilogue

어린 시절, 저는 할머니가 들려주시던 옛날이야기를 들으며 할머니의 하얀 머리카락을 검정 싸인펜으로 색칠하곤 했습니다. 이야기가 흐르는 동안 할머니의 머리카락은 검어졌지만, 할머니도 저도 그 이야기만큼 나이를 먹었죠. 이야기는 늘 시간을 따라 흐르니까요. 어쩌면 우리는 들은 이야기만큼의 나이를 먹고 어른이 되는 것일지도 모르겠습니다. 얼마나 많은 이야기를 더 먹어야 좋은 어른이 될 수 있을까요?

인어공주를 읽던 시절 저는 하루빨리 어른이 되고 싶었습니다. 그런데 어른이 된 지금도 여전히 어른이 되고 싶어요. 김장하 선생님만큼은 아니더라도, 이 불완전한 세계의 슬픔에 잘 머물고 누군가에게 잠시나마 해피엔딩의 순간을 내어 줄 수 있는 존재가 되고 싶습니다.

이야기와 어린이, 어른에 대한 섬세한 사유를 들려주었던 창작자 이지민을 2년 만에 다시 만났습니다. 그는 새로운 어린이극을 구상하며 여전히 깊이 고민하고, 신중하게 살피면서도 용감하게 시도하는 어른이었어요. 2년만큼의 이야기를 더 먹은 이지민에게 물었습니다. 2년만큼 더 어른이 된 것 같은지, '내 안의 어린이'는 자주 만나고 있는지를요.

"'어른'이라는 단어를 국어사전에서 찾아봤어요. '다 자라서 자기 일에 책임을 질 수 있는 사람', '한 집안이나 마을 따위의 집단에서 나이가 많고 경력이 많아 존경을 받는 사람'이라는 의미가 있죠. 그러니까 어른이란 경험이 많아서 아랫세대에게 뭔가를 나누고 전달해 줄 수 있는 사람이라고 생각해 본다면, 지금 시대에 어른은 없다는 생각이 들어요. 2년 후에도 제가 이렇게 말할 수 있을지는 모르겠지만, 지금은 그래요. 너무 많은 것들이 쏟아지고 있는 시대이고, 모르는 것이 계속 늘어나요. 계속 배우지 않으면 어린이들을 만날 수조차 없어요. 그들이 앞으로 살아갈 세계는 제가 경험했던 세계와는 감각적으로도, 철학적으로도, 기술적으로도 달라요. 그들은 제 경험을 뛰어넘는 세대라고 생각해요. 제가 어른으로서 어린이들에게 세상을 가르쳐 줄 수 있는 시대가 아니고, 오히려 그들로부터 배워야 할 것 같아요. "너희들은 무슨 생각을 하니? 이 다음에는 무슨 일이 일어날 것 같니?"라고 물어보면서. 그렇다면 이제 다음 세대가 우리 세대에게 어른이 돼야 하지 않을까요? 그런 의미에서 '내 안의 어린이'를 생각할 때도, 나의 어린 시절만을 떠올리지 않기 위해 조심하고 있어요."

그의 이야기는 흔히 듣던 '어린이로부터 배워야 한다'는 말과는 다른, 새로운 감각을 불러일으키는 통찰이었습니다. 모르는 것이 늘어나는 이 세계 속에서, 오히려 그 불완전함을 인정하는 태도가 가장 완전한 어른의 모습일지도 모르겠어요. 저는 이 만남의 마무리를 이렇게 적어 두고 싶었습니다. "과거를 전수하기보다는 미래를 전수받으며 살고 싶다." 그러나 결말을 열어 놓기 위해, 마지막으로 그에게 다시 물었습니다.

**너의 경계가 가장 흐려질 때가 언제야?**

_너의 경계를 정말 흩트려 버리고 싶을 때는 언제야?

*

# 더 자연스럽고
# 더 건강하게

*

김국희

+[1]

# Prologue

이 책의 전반에 걸쳐 종종 '연극계', '공연 예술계'라는 표현이 등장합니다. 그런데 이것은 어디까지나 제가 경험하는 세계일 뿐입니다. 다양한 현장을 경험하려 애쓰고 있지만, 결국 제가 몸담은 연극계란 서울을 중심으로 한 작은 세계일 테니까요.

한국의 공연 예술계를 세부적으로 나누는 기준은 무척 다양합니다. 제작 주체를 기준으로 국공립·민간·독립·축제·대학 등으로 분류할 수도 있고, 제작비 규모나 관객층, 제작 목적에 따라 또 다른 분류를 시도할 수도 있겠지요. 이런 분류를 통해 2020년대 공연 예술계의 지형도를 대략 그려 볼 수는 있겠지만, 다양한 공연들을 모두 기준에 따라 정확하게 분류하는 일은 쉽지도 않고, 또 그렇게까지 의미 있는 일도 아닐 겁니다.

그럼에도 간단하게나마 이런 이야기를 꺼내는 이유는, 같은 연극계 안에서도 배우 김국희와 제가 서로 조금은 다른 영역에서 활동하고 있다는 사실을 독자와 미리 공유하고 싶기 때문입니다. 우리의 대화 역시 그 전제 위에서 진행되었고요.

저와 김국희가 각자 활동하는 영역을 정확히 지칭하는 전문용어가 있는 것은 아닙니다. 제가 주로 참여하는 공연들은 지원금으로 제작되는 경우가 많습니다. 지원 주체나 제작 방식에 따라 '국공립 연극', '지원사업 연극', '제작극장 연극'이라고 부르기도 하지요. 반면 김국희는 주로 민간 제

작사의 공연에 출연합니다. 이 경우 '컴퍼니 연극' 혹은 '상업극'이라는 표현을 쓰기도 하지만, '상업극'이라는 표현에는 오해의 소지가 다분합니다.[20] 사전적 의미는 '흥행을 목적으로 상연되는 극'이지만, 때로는 폄하의 뉘앙스를 풍기기도 하거든요. 흔히 국공립에서는 예술성을, 컴퍼니에서는 대중성을 추구한다고들 말하지만, 예술성과 대중성이 꼭 상충하는 가치라고만 볼 수도 없습니다. 제작 주체나 예산 운용 방식에 따라 창작자들이 추구하는 가치가 단순히 갈리는 것은 아니기 때문입니다. 그럼에도 현장에는 분명히 서로 다른 결이 존재합니다.

이 분리를 설명하기 위해 저는 '움벨트(umwelt)'라는 개념을 빌려오고자 합니다. 제가 비인간 존재를 연기하기 위해 공부하는 과정에서 알게 된 단어인데요, 각 생명체가 자신의 고유한 감각과 인지 체계로 경험하는 '주관적 세계'를 뜻합니다. 서로 다른 지도를 들고 같은 지역을 걷는 상황에 비유할 수도 있겠네요. 똑같이 대학로를 중심으로 활동하고 있어도 자주 공연하는 극장도, 함께 일하는 동료도, 만나는 관객도 서로 다르니까요.

편의상, 그리고 조금 귀엽게 김국희의 움벨트를 '와글와글 연극계', 저의 움벨트를 '왁자지껄 연극계'라고 불러 보겠습니다. 와글와글 연극계에서는 배우를 더블 혹은 트리플 캐스팅 하는 경우가 많고, 활발한 팬덤 문화가 정착해 있으며, 서사를 기반으로 하는 작품이 주로 공연됩니다. 전반적으로 예산이나 관객의 규모가 왁자지껄 연극계에 비해 큰 편이고요. 반면, 왁자지껄 연극계는 시의성을 담은 작품을 자주 무대에 올리고, 창작과 비평이 긴밀하게 서로 영향을 끼치며 동시대의 예술 담론을 만듭니다. 독립예술계와도 맞닿아 있고, 서사를 해체하는 등 형식 실험 또한 활발하지요. 물론 양쪽을 오가며 작업하는 사람들도 있으나, 대부분 자기 움벨트에서 더 많이 교류하며 살아갑니다.

저는 오래전 뮤지컬 〈빨래〉 무대에서 김국희 배우를 처음 보았습니다. 무대 위 그의 모습에 반했던 기억이 지금도 선명합니다. 시간이 흘러, 와글와글 연극계의 대표적인 배우인 그와 이렇게 마주 앉아 이야기를 나누게 되었습니다. 팬데믹과 연극계 미투, 우리 모두의 삶에 큰 흔적을 남긴 사건들은 와글와글 연극계를 어떻게 변화시켰을까요?

배우 김국희와 와글와글, 그리고 왁자지껄 대화를 나눈 기록입니다.

**김국희**

배우. 뮤지컬, 연극, 드라마를 종횡무진하며 연기를 하고 있다.

+²

# Interview

## 서로 다른 길, 같은 무게

(김국희) _오늘 여성의 날이네요.

(성수연) **아주 의미 있는 날에 대화를 나누게 되었네요. 요즘 많이 바쁘시지요?**

_촬영을 많이 하고 있습니다. 엄마가 분명히, 여물 먹을 때 태어난 소띠여서 고생은 덜 할 거라고 그랬는데. 너무 많은 일을 하고 있습니다. 다작(多作)을 해요. 읽어야 하는 대본도 많고요. 다행히 대사량이 많진 않습니다(웃음).

**제가 김국희 배우님과 대화를 나눠 보고 싶었던 이유는, 우리가 둘 다 배우이긴 하지만 활동해 온 영역은 조금 다르다고 할 수 있잖아요. 연극계 안에도 다양한 현장이 있으니까요. 경계선을 딱 하나로 짚어 말하긴 어렵지만, 분명히 다름은 있지요. 굳이 나눠서 얘기하는 것도 이상하지만, 그렇다고 없다고 치기도 어렵고요. 뭐라고 표현하면 좋을까요. 어떤… 계(界)? 영역? 바운더리? 필드?**
**비슷한 필드에서 활동하는 창작자들과 더 많이 마주하다 보니, 작업에 관한 고민이나 화두도 결국 늘 같은 사람들과 나누게 되더라고요. 자주**

만나는 사람들의 생각은 조금 알겠는데, 얘기할 기회가 적은 사람들의 생각은 모르는 거예요.

_이런 표현은 거창하긴 하지만, 이 시대 안에서 가져야 하는 연극 정신에 대해서는 필드가 다르더라도 거의 비슷하게 생각하지 않을까 해요.

맞아요. 두 필드를 오가면서 공연을 보시는 관객들도 꽤 많다는 것을 알게 됐어요. 한창 혜화동1번지와 연우소극장에서 각각 '세월호'와 '권리장전' 프로그램이 동시에 진행될 때, 낮에는 혜화동1번지에서, 저녁엔 연우소극장에서 공연을 보는 관객들이 있었어요. 저도 그랬고, 아는 분들과 함께 이동하기도, 반대로 관람을 마친 분들과 마주쳐 하이파이브를 하기도 했고요.
그러다 보니 문득, 이 공연들이 결국 같은 사람들 안에서만 이야기되는 것은 아닐까 하는 생각이 들었어요. 그래도 주요한 사회적 이슈를 전면적으로 다루는 공연들인데 좀 더 많은 사람과 얘기 나눌 수 있으면 좋겠고. 다른 필드에서 활동하는 배우들이 이런 작품에 함께하면, 자연스럽게 관객층도 섞이고, 더 다양한 목소리가 오갈 수 있지 않을까 상상했어요.
당시 그런 말을 많이 하고 다녔는데, 알고 봤더니 관객들은 이미 여러 현장을 오가며 공연을 보고 계셨더라고요. 오히려 창작자들 사이의 교류가 아주 잦지는 않은 것 같아요.

_그렇죠. 아무래도 지금은 대학로에서 오디션이 많지 않잖아요. 그러다 보니 결국 아는 창작자들끼리 작품을 많이 하게 되고, 또 아는 창작자의 작품을 보러 갔다가 캐스팅되는 경우가 많고. 이런 식으로 결국 비슷한 영역 안에서만 계속 교류하게 되는 게 아닐까요?

오디션이 많았다면 배우들도 좀 더 다양한 작품에 도전할 수 있을 텐데. 배우들은 비슷한 것 같아요. 선택지가 좀 더 열려 있다면 더 많은 교류가 가능할 텐데 지금은 방법이 없으니까.

**맞아요. 교류가 적다고 꼭 나쁘다고만 할 수도 없고요.**

_사실 '필드'라고 얘기하고 있지만 이 안에서 또 세밀하게 또 나뉘어 있거든요. 같은 영역 안에서도 한 번쯤 같이 작업해 보고 싶은데 도저히 만날 기회가 없는 사람들도 있고요.

말씀대로 여러 현장을 오가며 공연을 보는 관객들도 있고, 우리도 굳이 경계를 짓지 않았는데, 여러 이유로 교류가 잦지 않다 보니 자연스럽게 현장마다 특성이 생긴 것 같아요. 창작자들이 무슨 이야기를 하고 싶은지, 관객들이 무엇을 보고 싶어 하는지, 그 조율을 어떻게 하는지가 그룹마다 다를 테니까요. 그렇지만 현장에서의 분위기나 작은 문화가 좀 다를 수는 있어도 결국 배우들은 비슷한 고민을 하고 있다고 생각합니다.

## 미투 이후, 새로운 언어와 태도

**2018년 연극계 미투 이후에는 어떤 생각을 하셨고, 또 어떤 변화를 체감하고 계시는지 궁금해요.**

_다양한 각도에서 여러 가지를 생각해 볼 수 있는 시간이었어요. 감정을 어떻게 지혜롭게 표출할지도 고민했고요. 더 나은 스텝을 위해

서, 더 나은 방향으로 함께 가기 위해서. 그런데 너무 긴 시간 자리 잡은 분노의 감정이다 보니, 거칠고 강력한 표현을 하게 될 때도 있는 거죠. 그게 또 반감을 불러일으키고, 좋은 대화를 할 수 없게 되고, 이런 단어를 쓰긴 조심스럽지만 '혐오'를 다시 낳게 되고. 그래서 당연한 것을 얘기하는데도 마치 투쟁처럼 느껴지기도…(웃음). 여러 가지를 체감했고, 다방면으로 생각하려고 노력했고요. 당연한 것을 향해서 가는 과정인데, 과도기라서 그런 건지 아니면 사람들이 받아들이는 사람들의 속도가 달라서 그런 건지 모르겠지만요. 조금 더 따뜻하게, 다 같이 상처받지 않으면서도 충분히 변화할 수 있을 것 같은데, 그게 잘되지 않는다는 아쉬움이 늘 있었어요.

**지금은 시간이 흘러서 그때와는 달라졌지만, 그때 단 며칠 만에 빠르게 많은 언어를 찾게 됐던 것이 기억나요. 말씀처럼 지금 느끼는 이 분노가 사실 아주 긴 시간 자리 잡고 있었던 감정이었다는 걸 깨닫기도 했고, 구체적인 언어가 생기면서 그동안 설명하기 어려웠던 불편함의 정체를 말할 수 있게 됐죠. 그러다 보니 상처가 다시 드러나고, 상황을 견디기 힘들어지고, 각자의 자리에서 또 상처를 주고받게 되고. 많은 분들이 그러셨겠죠.**

_저도 어릴 때 대학로에서 활동을 시작했는데, 사실 말 못 한 것들이 정말 많았어요. 단 한 번도 말하겠다는 생각을 못 해 봤고요. 그런데 이제는 말해야 한다는 것을 알게 됐어요. 인식이 달라지면서 사람들의 행동도 조심스러워지고 있고요. 건강한 변화라고 생각합니다. 현장에서는 이미 2018년 이전부터 어떤 변화가 조금씩 있었어요. 인식이 서서히 바뀌고 있었고, 그러던 중 '짚고 넘어가야 한다. 말해야 한다'가 시작된 것이라고 느껴요.

**그때 주변 여성 동료들과 이야기도 많이 나누셨어요?**

_네. 제가 겪으면서 불쾌했지만 나쁘다고 인식조차 못 했던 경험들이 있어요. 그런데 시간이 지나 제가 언니가 되고 보니, 동생들도 똑같이 겪을 수 있다는 생각이 들어 더 싫더라고요. 그런 것들을 확연히 알게 되니 조금 더 여성 배우들끼리 더 깊은 이야기를 나누는 시간이 많아졌어요. 만약 그런 일이 생긴다면 어떻게 해야 피해자가 최대한 덜 상처받는 방법으로 대응할 수 있는지에 대해서 같이 고민하게 되었죠. 저 역시 예전에 좋지 않은 경험을 했을 때, 다행히 주변의 언니, 오빠들이 지혜를 발휘해 대처해 주어서 큰 상처로 남지 않았던 기억이 있어요.

**피해를 입은 사람이 감당해야 할 몫을 조금이라도 덜어내기 위해서군요.**

_상황에 따라서 섣부르지 않고 조심스럽게 지혜를 발휘해야 할 때도 있고. 어쨌든 지금은 이런 대화를 좀 더 자연스럽게 많이 하게 되는 것 같아요. 어떻게 받아들이고 어떻게 행동하면 좋을지 서로 의견을 주고받기도 하고요. 예전에는 거의 하지 않았던 대화들이죠.
게다가 요즘은 매체나 공연 모두 프로덕션을 시작하기 전 의무적으로 교육을 받는데, 그 내용이 점점 발전하는 것을 느끼기도 해요. 예컨대 굳이 성별을 특정하는 단어를 쓰지 않는다거나 할 때, 변화의 방향을 보여 주고 있다는 생각도 들어요.

## 성별을 넘어, 서사의 문을 두드리다

**말씀을 듣고 보니 저도 교육의 변화를 좀 더 주의 깊게 살펴보고 싶어지네요. 미투 이후, 작업 환경의 변화를 체감하고 계신가요?**

_사실 앞서 말씀드렸듯, 저는 그전부터 분명히 변화는 시작되고 있었다고 생각해요. 2016 창작산실 뮤지컬 〈레드북〉 트라이아웃 때도, 주변에 창작 지원을 받아 진행한 쇼케이스 작업들을 보면 거의 여성 배우들만 출연하는 작품이 많았어요. 여성 서사도 많았고요. 물론 본공연까지 가거나 상업화가 되기까지는 벽이 있긴 했지만 정말 많은 사람이 그런 작품을 쓰고 있다는 것을 알았어요. 어렵겠지만 우리 기다려 봅시다. 다들 쓰고 있어요. 노력하고 있습니다.

앞으로 더 많이 바뀌겠지요. 지금 당장 대학로 공연 포스터 게시판에 붙은 얼굴이 반은 남자, 반은 여자인 것까지는 아니지만 분명히 바뀌고 있어요.

성비가 지나치게 치우친 작품은 관객 반응도 좋지 않은 경우가 있다고 하더라고요. 그래서 뒤늦게 남성 인물을 여성으로 바꾸는 경우가 있어요. 사실 제가 매체에서 원래 남성 역할이던 배역을 맡은 적이 몇 번 있습니다(웃음).

**와, 그렇군요. 어떤 역할들이었나요?**

_촬영 직전에 배역의 성별이 바뀌며 배역의 성격에도 변화가 생긴 경우도 있었고, 이미 촬영이 시작되고 나서 뒤늦게 합류하게 된 경우도 있었어요. 내부 기술 시사 후에 목소리로만 등장했던 인물의 성별을 바꾸기로 결정해 제가 다시 녹음한 적도 있고요. 어떤 영화에서는 인

물의 성별이 바뀌는 바람에 다 찍은 영화에 가서 한 씬만 다시 촬영한 적도 있어요(웃음).

**그게 더 기회가 많이 생길 수도 있겠네요. 워낙 연기도 잘하시고요.**

_사실 성별이 중요한 건 아니에요. 물론 여성일 때, 남성일 때의 매력이 각각 다를 수 있다고 생각하지만, 이것이 크로스 됐을 때 생기는 묘한 매력도 있잖아요.

**맞아요. 동의합니다.**

_요즘은 어떤 역할을 하고 싶냐는 질문을 받으면 "남자 배우들이 하는 역할 제가 다 할 거예요."라고 말하기도 해요. 사냥꾼처럼요. "성별을 바꿔 보시죠!" (웃음)
인물 성별이 지정되지 않은 대본을 받아 공연한 적이 있어요. 〈더 헬멧〉이라는 공연이었어요. 그냥 헬멧1, 헬멧2 이런 식으로만 표기돼 있어요. 소녀인지 소년인지 중요하지 않아요.
처음 대본을 받았을 때, 일단 성별이 적혀 있지 않은 것에서 오는 그 쾌감은 말로 표현할 수 없을 정도였어요. 그 후 〈더 헬멧〉을 쓰신 지이선 작가님을 만날 때마다 나름대로 감사와 감동을 표현했어요. 정말 좋은 작품입니다. 앞으로도 이런 작품이 많았으면 해요. 그래서 가끔 TV 드라마를 볼 때도 '저 역할이 여자였으면 어땠을까, 남자였다면 어땠을까?' 생각해 보게 돼요. 요즘 여성 배우들의 가장 큰 스트레스를 해결할 수 있는 실마리가 그 안에 있을지도 모르니까.

**실제로 요즘 공연계에서 젠더 프리, 젠더 크로스 캐스팅을 많이 시도하는 편이잖아요. 저도 얼마 전에 창작 과정 발표였지만, 여성으로 패싱되는**

배우들끼리 젠더 프리로 〈갈매기〉를 작업했어요. '뜨레블레프', '도른', '소린', '니나' 모두 여성이 연기했죠. 전 '뜨레블레프'를 맡았습니다.

_와우! 어떠셨나요?

정말 재미있었어요. 성별을 연기한다는 강박 없이 인물의 말을 열심히 따라가는 것이 굉장히 신났어요. 말을 많이 하는 인물이라, 그 흐름 속에서 제 안에서도 뭔가가 발생되고 신나더라고요. 워크숍 과정에서 함께하는 배우들 이야기를 듣는 것도 좋았고요.
배역의 성별을 떠나, 여성 인물이나 남성 인물이 작품 안에서 각각 어떤 편견 위에 그려져 있으며, 그것을 어떻게 풀어야 하는지는 또 많이 고민해야 할 부분이겠지만요.
2018년 미투 당시, 아까 말씀하신 뮤지컬 〈레드북〉이 공연 중이었죠?

_맞아요. 그때 〈레드북〉에 나오는 특정 대사가 미투 운동의 어떤 현장에서 인용되었다는 이야기도 듣고, 공연 현장에서 관객들의 변화와 에너지를 체감하기도 했습니다.

여성 서사 뮤지컬이고 창작극이라, 당시에 또 다른 의미가 있었을 것 같아요. 〈레드북〉에서 맡은 역할은 어떠셨어요?

_좋았어요. 사실 트라이아웃 때 작가님께 많은 이야기를 드렸어요. 여성 서사이고, 주인공도 여성인데 여성 조연 중 분량이 좀 있는 역할은 제 역할밖에 없고, 그 역할도 뭔가를 수습하거나 안아 주는, 따뜻한 분위기의 인물이라 조금 불만이었어요. 왜 여자들은 항상 이렇게 따뜻하기만 하냐고. 누가 사고 치면 수습하고, 상처받은 사람 위로해주고, 이거 모두가 원하는 어머니상 아니냐고(웃음). 작가님께 그런 말

씀을 드리고 요구도 드리고 그랬어요.

**오, 요구를 수용해 주셨나요?**

_많이 바꿔 주셨어요. 좀 더 괴짜 같아지기도 하고, 여러 면을 가진 인물로요. 정말 사랑하는 캐릭터고, 좋은 대사도 많아요. 사람을 위로하고 공감하게 하는 극이고요. 제가 정말 사랑하는 작품입니다.

**당분간 공연 계획은 아직 없으세요?**

_없습니다…. 미리 약속된 매체 작품들이 있어서요. 이제는 공연과 촬영을 병행하는 것이 예전보다는 조율이 되는 편이지만, 스케줄이나 프로덕션 상황에 따라 다르니까요. 공연 너무 하고 싶어요. 공연하고 싶어서 몸져누울 정도로요(웃음).

**매체에서 연기하실 때와 연극에서 연기하실 때 차이가 있나요?**

_기본적으로 '연기한다'는 것은 비슷하고, 연극과 다른 부분이 낯설긴 해도 하다 보면 적응 돼요. 우리가 연극 처음 할 때도 낯선 것들이 많았지만 결국 적응했잖아요? 모르면 물어보면 되고. 다만 맡을 수 있는 배역에 대한 고민은 계속 있어요. 매체 특성에서 오는 배역의 한계도 있다고 생각하고요. 연극 같은 경우는 공연에 5분만 출연해도—제가 5분만 나오는 작품을 한 적이 있거든요—그래도 '시작!'과 동시에 같이 달리기 시작하는 거잖아요.

매체에서 재난물 같은 작품 찍을 때, 진짜 한 씬을 일주일씩 찍으면서 소리치고 도망가고를 반복해도 결과물에서 어깨만 요만큼 나오는 경우도 있거든요. 그러면 생각이 많아져요. '연기하고 싶다', '하고 싶

은 연기를 맘껏 하려면 결국 스타가 되는 수밖에 없나.' 하는 생각도 해요(웃음). 제 남편도 배우인데, 한번은 남편이랑 이런 이야기를 나누는데 남편이 그러더라고요. "국희야, 속물이라고 생각하지 말고 스타가 되자! 스타들이 항상 하는 말 있지? 자고 일어났더니 스타가 되어 있더라고. 그러니까 국희야! 일단 푹 자!"

(큰 웃음).

_우리 스타가 됩시다.

**그러기 위해 일단 잠을 좀….**

_푹 자야지요. 나는 숙면을 취할 겁니다. 우리 숙면합시다.

## 공감의 언어를 찾아서

**배우로서 작품을 통해 하고 싶은 이야기가 있다면 무엇인가요?**

_하고 싶은 이야기… 정말 많아요. 이미 그런 이야기들이 많이 있을 것 같긴 한데, 동물과 사물에 대한 이야기를 해 보고 싶어요. 동물을 많이 좋아하기도 하고요. 의사소통이 쉽지 않은 생명체에게 연기를 시키는 것이 맞는지 요즘 좀 고민하고 있어요. 그래서 가끔 TV에 아기가 나왔는데 그 아기가 더미(dummy)이거나 CG라는 느낌이 확 들 때, 오히려 기쁘고 안도감이 들어요. 의사소통이 쉽지 않은 생명체들

_은 연기를 어떻게 이해하고 있을까요? 그들이 과연 원해서 연기를 하는 것일까요? 얼마 전 큰일이 있었잖아요.

**네, 드라마 촬영을 위해 말을 넘어뜨려 끝내 말이 죽은 사건이요.**

_네, 말. 그런 얘기를 스토리로 풀어 공연할 수 있다면 좋겠다고 생각해요.

**저도 비슷한 고민을 하고 있어요. 동물권이나, 인간의 잣대로 그저 추측만 할 수 있는 존재들은 작품에 어떻게 드러낼지, 혹은 배우가 그런 존재를 연기할 때 어떻게 접근해야 할지 고민하게 돼요. '의사소통이 쉽지 않은 생명체'라는 표현을 빌려 와서, 그들과 어떻게 소통하고 어떻게 그들에게 공감할지, 어떻게 그들을 대할지. 또 어떻게 연기할지.**

_오, 재미있는 고민이네요.

**이야기 나누는 것이 즐겁네요. 미투 이후 여성 배우로서의 이야기부터 연기 자체에 대한 이야기까지 쭉 나누고 있어요.**

_여성이든 남성이든, 배우로서는 결국 같은 범주의 고민을 하게 되죠.

**맞아요. 그렇게 안 되던 때도 있었으니까, 변화가 더 자연스러워지면 좋겠어요.**

_더 자연스럽고, 더 건강하게. 그래야 진짜 변화가 될 것 같아요.

**어떻게 연기를 시작하게 되셨나요?**

_어릴 때 노래를 했었는데, 변성기가 올 때 목소리가 많이 변해서 노래를 그만두고 예고가 아닌 일반 고등학교로 진학했어요. 국어 선생님이 연극을 권유하시면서 연극부를 만들고, 거기서 연극을 시작했어요. 노래할 때보다 훨씬 즐거웠어요.

연기를 하기로 결심하고, 진로 고민을 하며 공연도 많이 보러 다녔어요. 아침에 아빠에게 만 원을 받아 지하철 1호선을 타고 수원에서 대학로로 올라와서 사랑티켓(신문)을 보며 공연을 골라 보고, 다시 집으로 돌아오곤 했어요. 그때 사랑티켓 신문 맨 앞장에 항상 〈지하철 1호선〉이 있었어요. 제가 수원에서 늘 타고 오던 그 지하철 1호선. 그게 웃겨서 공연을 보러 갔는데, 정말 쇼킹했어요. 이런 뮤지컬도 있을 수 있구나, 뮤지컬이 다 〈오페라의 유령〉이나 〈아가씨와 건달들〉 같은 것만 있는 것은 아니구나. 생각이 확 열린 계기였죠.

그래서 연기를 제대로 배우고 싶어 검색하다가 오디션 정보를 발견했어요. '만 18세 이상은 누구나 지원 가능'이라고 되어 있었는데 그땐 만 나이의 뜻을 모르고 18세면 지원할 수 있는 줄 알고 지원했어요. 연출님도 웃기고 기가 막히셨겠죠. 그런데 그 작품이 청소년 이야기를 다루는 뮤지컬이라, 연출님이 '그래, 진짜 청소년도 한 명 출연하면 좋겠다!' 생각하셨대요. 덕분에 데뷔를 일찍 했어요. 고등학생 때, 아무것도 모를 때 그냥 귀여움 받으면서 했어요.

**얼마나 웃기고 귀여웠을까요.**

_연습실에 교복 입고 오고. 다들 오냐오냐해 주셨죠.

고등학교 졸업식 다음 날이 그토록 하고 싶었던 〈지하철 1호선〉 오디션이었어요. 그때부터 붙을 때까지 오디션을 계속 봤어요. 진짜 끔찍했어요. 사람들이 매번 "쟤 또 왔다"고 웃었거든요. 처음 오디션을 봤을 때 3차까지 붙었는데, 그러니까 이게 포기가 안 되는 거예요. 결국 한참 후에 붙었어요.
그때가 지금까지 했던 공연 중 제일 괴로웠어요. 너무 하고 싶던 공연과 역할이었고 하루하루가 귀한데, 어떻게 하면 잘할 수 있는지 아무도 알려 주지 않잖아요. 코멘트는 받지만, 그걸 어떻게 연기로 구현해야 하는지도 몰랐어요. 잘하고 싶어서 매일 괴로웠고, 자신을 너무 혹사시켰죠.
〈지하철 1호선〉이 끝났을 때 큰 전환점이 생겼어요. '무조건 즐겁게 하자, 공연은 내 직업이고, 평생 할 것이고, 좋아서 시작한 거니까 즐겁게 하자. 나를 괴롭게 하지 말자. 하다 보면 늘겠지. 안 늘면 포기하게 되겠지. 그러니까 그 전까진 그냥 즐겁게 하자.' 그때를 기점으로 공연을 대하는 태도가 바뀌었어요.

**잘하고 싶어서 괴로운 마음, 이해돼요. 일에서 오는 긴장을 풀거나, 환기할 취미가 있으세요?**

_시간을 정해 두고 저에게 집중해요. 연기할 때 그 인물에 대해 생각을 많이 하잖아요. 그런데 정작 나에 대해 생각하는 시간은 너무 짧아요. 어느 순간 그것이 좀 섭섭하더라구요.
그래서 정해진 시간에 집중해서 생각하고, 나머지 시간엔 내 기분대로 행동하려고 해요. 누워 있고 싶으면 누워 있기도 하고, 고양이만 바라보기도 하고. 대단한 취미가 있어야 할 것 같지만, 그렇게 치면 배우가 배워야 할 것이 너무 많거든요.

**취미도 일처럼 느껴지고, 언젠가 써먹어야 해서 배우는 것 같고요.**

_맞아요. 기술적으로 훌륭한 단계까지 올라가야만 될 것 같은 부담이 있어요. 그게 나를 어느 순간 괴롭혀요. 드라마도 그냥

생각 없이 보기가 어렵잖아요. "하루 종일 드라마 봤다" 하면, 회사 다니는 친구들은 "진짜 좋았겠다!" 하는데, 저는 "노는 거 같지? 일이야, 일." 하지요(웃음). 계속 분석하고, 저 배우가 저걸 어떻게 연결했나 다시 한번 돌려 보고, 좋은 연기 있으면 한 스무 번 돌려 보고. 이상한 게 있으면 저건 작가의 선택이었을까, 배우의 선택이었을까 생각하고요.

**맞아요. 저는 최근에 드라마 〈구경이〉를 정말 재밌게 봤는데, 보면서 저런 캐릭터는 작가, 연출, 배우가 어떻게 소통하면서 만들었을까, 저 장면에선 왜 저런 표현을 선택했을까, 어떻게 찍었을까, 이런 생각이나 하고 있었지요. 취미로 시작했다가 밤을 새우고 기력을 소진했어요.**

_일이니까요, 사실. 잠을 푹 자야 하는데.

**오늘은 우리 둘 다 푹 자도록 해요.**

**다 같이 상처받지 않을 수 있는 변화는 어떤 모습일까?**

아무도 상처받지 않게 하는 연기가 존재할까?

**사람을 치유하는 연기라는 게 있을 수 있을까?**

사람에게 필요한 것 중,
연극의 가치는 어디쯤 있을까?

**무대 위에서 관객들이랑 다 같이 소리 지르고 뛰고 땀 흘린 뒤,**
**분장실로 돌아갔을 때 너는 어떤 말을 먼저 내뱉게 될까?**

다른 존재들이 궁금한 만큼,
나 스스로에게 궁금한 것이 있을까?

**네가 가장 최근에 스스로를 사랑스럽다고 느낀 순간은 언제였어?**

나는 네가 항상 많이 멋있었는데, 너 괜찮아?

**공연이 너무 하고 싶다고 했는데, 한참 후 공연을 하게 되면**
**첫 커튼콜에서 어떤 얼굴을 하고 있을까?**

우리는 다른 필드에 있지. 언젠가 함께 지향하는 것에 대해
이야기하려고 우리가 같은 무대에 섰을 때,
연기적으로 안 싸울 수 있을까?

**이게 마지막 질문이라고요? (웃음)**
**좀 더 그럴싸하고 멋있는 질문 없으세요?**

현실적이어야죠. 현실적이어야 돼요(웃음).

1 John 4:18
love.
out fear,
with punishment.
perfect in love.

+[3]

# Epilogue

배우 김국희와의 대화 이후, 잘 자려고 노력했습니다. 스타가 되고 싶어서요. 농담입니다. 진담일지도 모르지만, 사실 더 자연스럽고 건강하게 변화를 만들고 싶다던 김국희의 말에 영향을 받았기 때문이에요. 한동안 날 선 태도로 성찰하며 싸우느라 건강을 돌보지 못했다는 생각을 문득 하게 되었거든요.

3년이 흐른 뒤 다시 만난 김국희는 여전히 연극계와 영화, 드라마를 오가며 바쁘게 활동하고 있었습니다. 저는 그에게 물었어요. 자연스럽고 건강하게 변화하기 위한 노력은 계속하고 있는지, 남성 배우들이 했을 법한 역할은 많이 맡고 있는지, 그가 바라던 대로 여성 서사가 늘어나고 있다고 느끼는지, 그리고 잠은 잘 자는지.

“어떤 화두를 던지기 위해 어느 정도 날 선 성찰과 강력한 태도가 필요한 시기가 분명히 있었어요. 그때 우리가 느낀 분노는 정당했고, 분노의 감정은 사람에게 꼭 필요하다고도 생각해요. 그렇지만 분노 하나만으로는 모든 것을 해결할 수 없죠. 자연스럽고 건강하게 성찰하는 일은 굉장히 어려운 일이기도 하잖아요. 누군가의 실수를 자연스럽게 지적하기 위해 농담을 섞다가 오히려 선을 넘어 버리기도 하고요. 자꾸 실패하는 경험을 하면서 좋은 선을 찾아 가고 있어요. 이제는 제가 선배인 경우가 많아 더 조심해야 한다고 느끼고요.
여성 배우들이 할 수 있는 역할은 그때보다 다양해지고 있다고 느껴요. 사람들도 새로운 그림을 보고자 하는 것 같고요. 최근에 오픈된 드라마 〈가족 계획〉에서 처음으로 악역을 연기했어요. 그 역할로 많은 인터뷰를 했는데, 이렇게 시작하는 질문을 정말 많이 받았어요. '무명 배우 생활이 길었는데….' 무명이라는 게 뭘까요. 사람은 태어나면서부터 이름을 갖잖아요. 스타가 되고 싶은 건지는 여전히 잘 모르겠지만, 요즘 잠은 정말 잘 잡니다. 숙면은 중요해요."

첫 대화의 마지막에서 김국희가 던졌던 '현실적' 질문을 생각하며, 저는 가끔 웃습니다. 지향하는 가치는 비슷해도 접근 방식이 달라 싸우는 경우는 연극을 만들 때만 있는 건 아니잖아요. 정치인, 활동가, 어쩌면 인간이 속한 모든 집단에서 크고 작은 충돌이 생기니까요. 김국희의 질문은 그런 큰 질문이자, 연습실에 흐르는 차가운 공기, 붉어진 얼굴처럼 자못 익숙한 광경이 확 떠오르는 구체적인 질문이기도 해서 재미있었어요.

김국희와 제가 각자 가진 연기에 관한 생각은 많이 다를지도 몰라요. 각각 와글와글, 왁자지껄 연극계에서 활동하며 선 극장도, 공연 형식도, 자주 만난 관객도 차이가 있을 것이고, 그런 우리의 움벨트에 맞추어 발달시켜 온 세부적인 연기 근육도 차이가 있을 테니까요. 그 재미있고 무섭고 현실적인 상황을 떠올리며 다시 던진 질문에 김국희는 갑작스레 눈물을 터뜨렸어요. 질문과 질문 사이 흔들리는 공간에서 우리는 한참을 함께 울었습니다.

**상대 배우나 친구, 혹은 그게 누구건 간에 싸우고 나서 훨씬 더 많이 사랑하게 되고, 더 함께하기 좋은 길을 찾은 경험, 많아?**

_너무 좋다…. (운다) 계속해서 건강하게 성장해 나간다면,
우린 얼마나 더 큰 어른이 될 수 있을까?

*

# 의미 있는 행위가 적어도 한 번은

*

날씨

멸종동물생활협동조합

+[1]

# Prologue

이 책에 실린 스무 편의 대화 가운데 제가 유일하게 기존에 알지 못했던 사람은 창작자 날씨입니다. 활동 반경이 조금 달라서였을까요? 제목에 이끌려 예매한 공연 〈멸종동물생활협동조합〉으로 처음 알게 되었고, 공연을 보자마자 바로 그의 팬이 되었습니다.

"시간은 마음이 쓰이는 방향으로 흐르는 것이 아닐까?"

날씨가 공연에서 던진 질문입니다. 공연이 끝난 뒤 대화를 청하려 공연장을 서성이며, 제 시간이 지금 어느 방향으로 흐르고 있는지 생각해 보던 기억이 납니다.

그는 열역학 제2법칙을 탐구하며, 거기에 마음을 더해 시간의 흐름에 관한 나름의 가설을 세웠습니다. 많은 분이 한 번쯤 들어 보셨을 이 열역학 제2법칙은 시간의 개념을 설명하는 법칙이라고도 해요. 이 법칙에 따르면, 엔트로피, 즉 무질서는 시간이 흐를수록 증가합니다. 그러나 그 과정에는 엔트로피를 감소시키는 행위가 반드시 포함됩니다. 무질서를 질서로 바꾸는 행위, 즉 흩어진 모래로 컵을 만들거나, 흩어진 소리를 음악으로 만드는 행위는 엔트로피를 줄이는 일이지만, 동시에 마음을 쓰는 일이기도 합니다. 그래서 그는 '시간은 마음이 쓰이는 방향으로 흐른다'는 가설을 세웠습니다.

〈멸종동물생활협동조합〉에서는 이미 멸종한 스텔러바다소, 큰바다쇠오리, 파란영양, 콰가, 웨이크뜸부기의 말을 들을 수 있습니다. 날씨는 이 동물들이 더 이상 관측할 수 없지만 파동의 상태로 분명히 존재한다는 가설을 세우고, 파동 통번역기라는 농담 같은 장치를 이용해 그들의 말을 무대 위로 불러냈습니다. 무질서 속에 흩어진 소리를 모아 다시 인간의 언어로 바꾼 것, 그것이 바로 이 공연입니다.

어쩌면 예술가들은 작업을 통해 자신의 시간을 흐르게 하는 중일지도 모르겠어요. 작업하는 동안, 그 작업을 통해 말하고자 한 주제에 온 마음을 쓰니까요. 창작자 날씨의 시간은 이미 사라진 동물들이 파동으로나마 분명히 존재하고 있는 세계를 그려내는 방향으로 흘렀습니다.

다른 관점으로 말해 볼까요? 이미 멸종한 동물들의 시간은, 그러니까 멈춰 있었던 그들의 시간은 날씨가 마음을 쓴 덕에 계속 흐르게 되었습니다.

공연을 보는 내내 마음 어딘가가 아릿하고 울렁울렁했어요. 세계의 어떤 진실을 잠깐 엿본 기분이기도 했습니다. 정신없이 살아가느라 잊고 있었지만, 사실은 원래부터 알고 있었을지도 모르는 진실이요. 그게 무엇인지 언어로 설명하기란 어려웠지만, 앞으로 저의 시간은 제가 언어의 모양으로 이해한 만큼의 세계를 그리는 방향으로만 흐르지는 않을 것이라는 생각이 들었습니다. 보이지 않고 들리지 않지만 분명히 존재하는 것들을 진심으로 믿는 방향으로 흐를 것이라고요.

좋은 공연을 보면 힘이 날 때가 있습니다. 어서 공연을 하고 싶다는 생각이 들기도 하고요. 그런데 〈멸종동물생활협동조합〉을 본 후의 기분은 평소와는 약간 달랐습니다. 그 공연에서 날씨는 직접적으로 '사랑'을 언급하지 않았지만, 공연의 모든 순간에서 어떤 존재들을 향한 그의 사랑과 정성이 느껴졌어요. 그 마음은 관객인 저를 살고 싶도록 만들고, 세계를 사랑하고 싶도록 만들었습니다. 그의 공연이 제 시간의 방향을 바꿔 놓았듯, 이 대화가 이 글을 읽는 여러분들의 시간을 어떤 방향으로 흐르게 할지 궁금하네요.

창작자 날씨와 대화를 나눈 기록입니다.

**날씨**

사운드와 공연을 통해 자연과 인간의 관계를 탐구하고 있다.

+²

# Interview

## 음악에서 무대로 건너간 길

**(성수연) 2023년 11월 탈영역우정국에서 공연하신 〈멸종동물생활협동조합〉(이하 〈멸종동물〉)을 정말 재미있게 관람했습니다. 그 공연에 궁금한 것도 많고, 날씨라는 예술가에 대해서도 궁금해서 대화를 요청드렸습니다. 2022년에 신촌극장에서 〈멸종동물〉의 초연을 하셨지요. 그 이전에도 연극 작업을 하신 적이 있나요?**

_한 번도 없어요. 그래서 인터뷰 요청을 하셨을 때 놀랐어요.

**저도 공연장에서 창작진을 기다렸다가 바로 섭외한 건 처음이었어요. 응해 주셔서 감사합니다. 평소엔 자신을 어떻게 소개하시나요?**

_음악가라고 소개해요. 주로 음악 작업을 하는데 주변에 미술 작가 친구들이 많아서, 친구들이 의뢰하는 작업을 많이 했어요. 같이 전시를 하는 경우도 있었고요.

**음악 작업은 언제부터 하셨어요?**

_20대 초반부터 활동했어요. 처음에는 '아콤다'라는 밴드로 버스킹

도 하고, 여러 집회 현장이나 투쟁 현장에서 공연도 했어요. 그때 활동들이 지금 하는 작업과 이어지는 부분도 있고요. 천성산 터널 반대 단식 농성이나 새만금 방조제 반대 현장에서도 공연을 했어요. 이후에는 '캐비넷 싱얼롱즈'라는 밴드에도 있었는데, 주로 홍대 클럽이나 길거리에서 공연하는 팀이었어요. 혼자 음악 작업을 하면서 작은 앨범을 내 보기도 했고요.

**제가 찾아 들은 음악이 혼자 작업하신 앨범의 곡이었나 봐요. 〈Wandering Navigator〉. 유튜브에 검색하니 나오더라고요. 정말 좋았어요. 재킷 사진도 정말 예쁘던데요. 〈Walking Downwind〉도 좋았어요. 음악 작업은 어떤 계기로 언제 시작하게 되셨어요?**

_제가 연습한다 생각하고 작업했던 디지털 싱글이에요.
고등학생 때부터 음악을 하고 싶었어요. 그러다 악기를 배우고, 사회문제에 관심이 있던 친구들과 밴드를 하면서 본격적으로 활동하게 된 거예요.

**어떤 악기로 음악을 시작하셨나요?**

_처음에는 우쿨렐레로 시작했고, 두 번째 밴드에서는 트럼본도 연주했어요. 지금은 하나도 못해요. 너무 오래돼서 다 잊어버렸거든요. 지금은 악기 대신 미디로 작업해요. 악기는 매일 연습해야 하고, 실력도 잘 안 늘더라고요.

**학창 시절에 어떤 학생이셨을지 궁금하네요. 고등학생 때 제 주변에는 날씨님처럼 사회문제에 깊은 관심이 있는 친구가 없었어요. 저도 그랬고요.**

_평범한 학생이었어요. 활동을 시작하고 나서도 주로 환경 문제에 관심이 많아 집회나 공연을 하는 정도였죠. 활동가로서 깊은 의식을 가진 건 아니었어요.

**그때의 활동이 지금의 작업과 이어지는 부분도 있다고 말씀하셨는데, 〈멸종동물〉을 떠올려 보니 그 연결이 짐작이 되기도 하네요. 연극은 어떻게 시작하게 되신 건가요?**

_저와 음악 작업을 함께한 작가들이 신촌극장에서 공연한 경우가 몇 번 있었어요. 그러다 전진모 극장장님께서 저에게도 공연을 제안해 주셨어요. 그걸 계기로 〈멸종동물〉을 구상하게 됐죠.

## 사라진 동물들의 언어

**저도 최근 몇 년 동안 비인간을 다룬 연극 작업을 계속했는데, 어떻게 해도 인간중심적인 시각을 벗어나기 어렵다는 생각이 늘 있었어요. 제가 인간인 이상, 어떤 비인간 존재의 이야기도 인간을 향해, 인간의 언어로 할 수밖에 없으니까요. 의인화나 대상화에 관한 고민도 하고, 최대한 여러 맥락을 살피려고 애쓰게 되더라고요. 〈멸종동물〉에서 멸종한 동물들이 대화를 나누는 장면이 있잖아요. 어떤 생각을 하며 작업하셨을지 궁금했어요.**

_저도 그게 가장 큰 고민이었어요. 동물을 절대 의인화하지 말자고 생각했었거든요. 처음엔 전시로 기획했어요. 원래는 폐차 스피커를 설치해서 멸종동물들의 소리가 나오게 하고, 관객들이 버튼을 눌러

듣는 형태의 전시를 생각했어요. 그들의 멸종 과정과 이야기는 설명문으로 전하고, 사람들이 그 소리를 들으면서 각자의 방식으로 이해하고 받아들였으면 좋겠다고 생각했죠.
그런데 극장장님께서 신촌극장의 공간성을 살려서 러닝타임을 채우는 공연 형식으로 작업 제안을 주셨어요. 공연으로 만들려다 보니 불가피하게 의인화를 할 수밖에 없더라고요. 어떤 서사가 있어야 하고, 주고받는 이야기들이 있어야 되니까요. 마침 그때 『퀀텀스토리』[21]를 읽고 있었어요. 그 책을 통해 이중슬릿 실험에 대해 알았어요. 이중슬릿 실험에 따르면, 관측을 하면 전자가 입자처럼 행동하고 관측을 하지 않으면 전자가 파동처럼 행동해요. 멸종동물들은 우리 눈에 관측이 안 되니까, '파동으로 존재하며 행동하는 세계관'을 만들면 되겠다 싶었죠. 파동은 소리이기도 하니까 말이 된다, 이렇게요(웃음).
그렇다면 이들의 대화를 어떻게 의인화하지 않고 보여 줄 수 있을까 고민하다가 초창기 번역기를 떠올리게 됐어요. 저도 사용해 본 적이 있는데, 번역이 말도 안 되고 문장도 뒤죽박죽인데 뜻은 얼추 통하잖아요.

**그래서 공연에 '파동 통번역기'의 개념이 들어온 거군요.**

_네. 완성도가 떨어지는 번역기의 디자인을 차용해서, 마치 그런 번역기가 작동하는 것처럼 설정했어요.

**그 번역기를 통해 재생되는 멸종동물들의 대사를 만든 과정이 궁금해요.**

_처음에는 한국어로 대본을 썼어요. 그 대본을 영어로 번역하고, 다시 한국어로 역번역했어요. 일부러 오래된 프로그램을 구해서 사용했는데, 윈도우98이나 XP에서나 돌아가는 프로그램이라 설치도 쉽

지 않았어요. 결과적으로 정말 딱 생각했던 만큼 엉망인 번역문이 나왔어요. 무슨 말인지 모르겠는데 자세히 들으면 알 것도 같은. 그런데 공연에서 사용하려면 좀 더 의미가 전해져야 할 것 같아서 그 뉘앙스를 어느 정도 유지하면서 수정했어요. 제가 하고자 하는 이야기는 잘 전달할 수 있어야 하니까 어느 정도 타협을 한 거죠.

**각각의 동물들이 캐릭터도 다르고 말투도 달랐잖아요. 어떤 기준으로 만드셨을지도 궁금했어요.**

_기본적으로 각각의 동물들의 성격이나 습성에 대해 남겨진 기록들과 멸종 과정을 참고했어요. 성격은 경험에 의해 만들어지기도 하잖아요. 대본을 함께 쓴 동시성 작가와 계속 생각하고 대화하며 캐릭터를 구상했어요. 웨이크뜸부기는 전쟁을 경험했으니 인간에 대해 비관적인 캐릭터로 가면 좋겠다, 파란영양은 아프리카를 뛰어다니던 종이니까 무리의 지도자 같은 모습이 있을 수 있겠다, 최후의 콰가는 동물원에서 오랫동안 갇혀 살다가 생을 마감했으니 긴 수감 생활을 견딘 경험을 반영하는 것이 좋겠다, 스텔러바다소는 동료들의 죽음을 계속 지켜봐야 하는 아주 고통스러운 멸종 과정을 겪었으니 아픔을 극복하고 초월한 영적인 여성 캐릭터로 만들어 보면 어떨까, 이런 의논을 하며 캐릭터를 잡았어요.

**동물들의 성별까지 설정하셨어요?**

_콰가와 스텔러바다소만 여성으로 설정했고, 다른 동물들의 성별은 굳이 정하지 않았어요.

**쉽게 이해할 수 있는 유려한 언어가 아니라, 오히려 낯설고 걸리는**

말이어서 더 마음에 남았어요. 예컨대 파란영양의 "나는 필사로 도망쳤으나 결국 나는 유지할 수 없었어요."라는 문장, 콰가의 "콰가도 끊어지게 되었어요." 같은 말들이 오래 기억에 남아요. 이런 이상한 말들이 주는 감각이 훨씬 더 진짜를 상상하게 했어요.

_감사합니다. 그런 게 다 번역기에서 나온 표현들이에요. 공연에서는 각 동물의 사운드를 함께 들으며 읽기 때문에 각각의 캐릭터가 더 와 닿았던 것 같아요. 저도 그렇게 느꼈고요.

## 시간은 마음의 흔적으로

'결국 나는 유지할 수 없었어요'라는 문장을 평범하게 바꾼다면, '결국 나는 살 수 없었어요', '결국 나는 죽었어요', '결국 우리는 멸종했어요' 정도가 될 텐데, 그런 이미지들이 '유지한다'는 단어를 통해 나오니까 갑자기 삶이라는 것이 확 다르게 느껴지더라고요.
특정 개념들을 이해하는 과정에서 제 안에 만들어진 카테고리나 패턴이 분명히 있을 텐데, 그 과정에서 누락되었을지도 모르는 중요한 진실이 확 다가오는 느낌이랄까요.
그런데 혹시 원래 공부를 잘하셨어요? 좀 이상한 질문이지요? 〈멸종동물〉의 시작점에 양자역학과 열역학 제2법칙이 있다 보니… 원래 물리를 공부하셨는지 궁금했어요.

_저 공부 못했어요(웃음). 대학도 안 갔습니다. 물리를 잘 아는 것은 아니지만, 책이나 글을 읽을 때 물리에 흥미를 느끼곤 했어요. 본격적

으로 관심을 갖고 작업에 적용했던 건 2021년에 전시 〈다가온 미래〉를 준비하면서부터였어요. 그때 열역학 제2법칙을 공부했는데, 시간이 무엇인지 알고 싶었기 때문이에요. 음악도 어쨌든 시간을 전제하는 작업이고요.

물리학자들에게 가장 어려운 질문이 '시간은 무엇인가'래요. 시간은 참 설명하기 곤란해요. 예를 들어 조금 전 우리가 문을 열고 이곳에 들어왔지만 지금은 그 일이 없잖아요. 또 제가 지금 보고 있는 건 수연 님의 실체가 아니라 반사된 빛이 제 각막에 비치는 모습이고요. 아주 짧은 시간차가 있는 거죠. 10만 광년 떨어진 별을 보면, 10만 광년 전의 빛을 보고 있는 게 되잖아요.

그래서 물리학자들이 시간에 대해 말할 때 열역학 제2법칙으로 설명하더라고요. 열역학 제2법칙은 엔트로피라는 개념으로 설명하는데, 간단하게 얘기하면 시간은 엔트로피의 증가, 즉 점점 무질서한 방향으로 흐른다는 거예요. 저는 처음엔 이것을 잘못 이해했어요. 이 공간에 어떤 음악이 나오면 공기가 진동하고, 그로 인해 어떤 무질서한 변화가 생기니까 시간이 흐르는 것이겠구나. 그런데 음악이 멈추면, 공기 분자들이 진동하다가 원래대로 돌아오니 시간이 멈춘다고 이해해야 하는 건가? 그래서 어떤 과학자에게 물어봤더니, '음악을 멈췄어도 우리가 그걸 기억하고, 기억하기 위해서 애쓰는 것도 엔트로피를 증가시킨다, 그러므로 시간은 계속 흐른다고 할 수 있다'는 답변을 주셨어요.

**그 음악이 있었다는 걸 기억하고 있기 때문에.**

_네. 그렇다면 시간이란 우리가 기억하고 생각하려는 것, 마음으로 애쓰는 것과 닿아 있는 게 아닌가 생각했어요. 그렇게 '시간은 마음이 쓰이는 방향으로 흐르는 것이 아닐까?'라는 질문을 하게 됐고요.

**안 그래도 그 질문에 대해 더 자세히 듣고 싶었어요.**

_〈멸종동물〉을 준비하며 물리학자 박권 교수님의 자문을 받았는데 큰 도움이 됐어요. 처음엔 음악이 공기를 진동시키며 무질서를 만들기 때문에 시간이 흐른다고 생각했는데, 사실은 반대더라고요. 음악의 진동은 일정한 패턴을 갖는 일이라 오히려 질서를 만드는 일이고, 대신 전기를 쓰면서 발생하는 열이 더 큰 무질서를 일으키기 때문에 전체적으로는 엔트로피가 증가해요. 즉, 국소적으로는 질서를 만들 수 있지만 전체적으로는 무질서가 늘어나죠.

보통은 엔트로피의 증가가 즉 시간이라고 설명해요. 예를 들어 컵이 깨지면 무질서한 상태가 되는데, 유리 파편이 다시 모여 컵이 됨으로써 엔트로피가 감소할 일은 없잖아요. 그렇게 시간이 거꾸로 갈 일은 없고, 따라서 엔트로피의 증가 자체가 시간이라고 설명하기도 하거든요.

그런데 이번에 교수님께서 이런 말씀을 해 주셨어요. 단순히 엔트로피가 증가하는 것만이 아니라, 그 전에 엔트로피를 줄이기 위해 했던 행위와 그다음 무위로 돌아가는 과정 전체가 시간이라고요. 컵의 예를 다시 들면, 컵이 깨지기 전에는 누군가 흩어져 있는 모래를 녹여 컵을 만들었잖아요. 무질서를 규칙적인 배열을 가진 뭔가로 바꾸는 일이지만, 동시에 열이라는 에너지를 사용하기 때문에 컵을 만드는 과정에서 전체 엔트로피는 증가해요. 이 전체 엔트로피가 증가하는 과정에 국소적으로 엔트로피를 줄이려는 노력이 있었죠. 이렇게 컵이 만들어진 과정을 포함해서 이것이 다시 깨져서 무위로 돌아가는 이 전체가 다 시간이라는 거예요.

여기서 중요한 것은 엔트로피를 줄이기 위한 의미 있는 행위가 그 안에 적어도 한 번은 있어야 한다는 점이에요. 그리고 그 노력은 마음으로부터 나와요. 마음으로 어떤 생각을 하거나 기억을 하는 일도 어

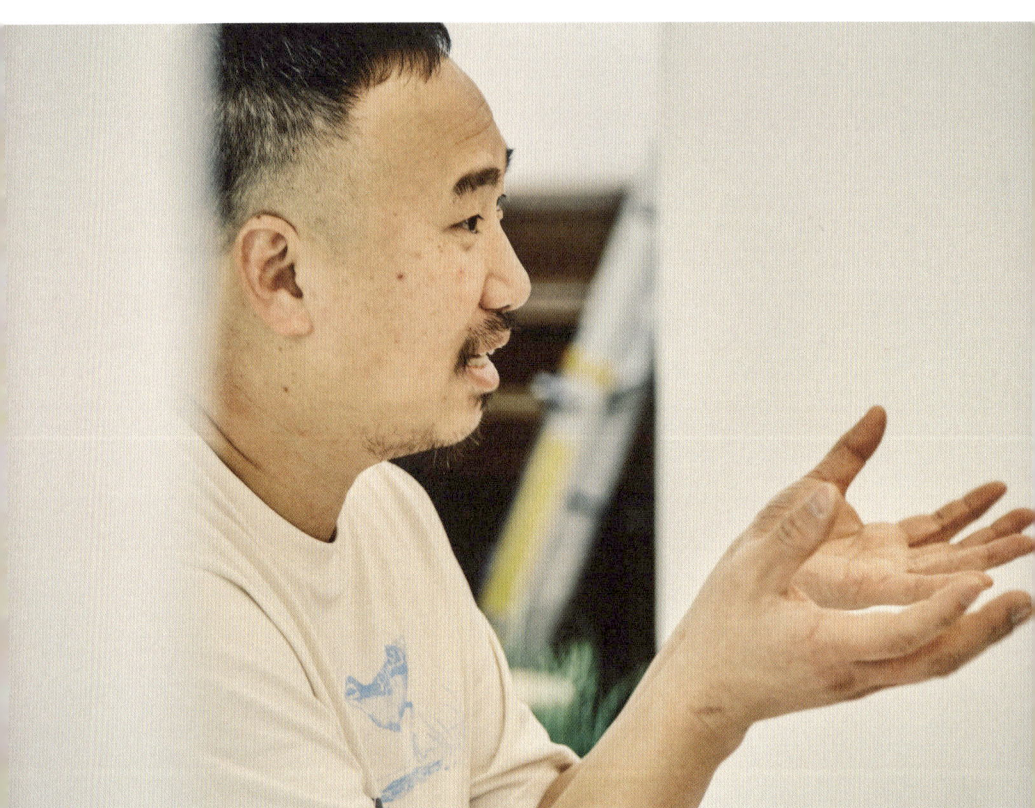

떤 질서를 만드는 일이므로 엔트로피를 국소적으로는 줄이려는 행위죠. 그래서 시간은 마음이 쓰이는 방향으로 흐른다고 한 것입니다.

**조금 더 알 것도 같아요. 그 생각이 날씨 님의 일상에도 영향을 끼치고 있나요?**

_저는 늘 그렇게 생각하면서 살고 있어요. 어떤 과학자들은 자유의지가 있는 증거는 없다고 말해요. 이미 고전역학에서는 속도와 위치를 알면 결과를 정확하게 알 수 있잖아요. 그런 세계에서는 자유의지가 없는 거예요. 모든 게 이미 결정되어 있다면, 우리의 만남도 다 예정된 것이 되는데 그렇게만 생각하면 슬프잖아요. 이 세계를 탐구한 결론이 '자유의지는 없다'가 끝이라면요.
그렇지만 시간이 마음이 쓰이는 방향으로 흐른다고 본다면, 어쩌면 우리가 생각하는 자유의지가 있다고도 할 수 있잖아요. 내 의지대로 살아가는 것이 중요하다는 것, 내가 믿는 대로 살아갈 수 있다는 사실을 또 다른 방식으로 이해하는 것 자체가 힘이 될 수도 있지 않을까요?

**네. 비록 같은 결론이더라도, 시간과 엔트로피의 길을 따라 도달한 '내 의지대로 살아가는 것이 중요하다'는 생각은 또 완전히 새롭게 와닿고 힘이 되네요.**
**각본도 함께 쓰시고 드라마터그(dramaturg) 작업을 하신 동시성 작가님, 조연출로 참여하신 비선형 작가님과는 자주 같이 작업하세요?**

_예전부터 오랫동안 알던 친구들이고, 작업을 자주 하지는 않아요. 그 친구들은 영화 작업을 해요. 굉장히 재미있어요. 영적인 분야에 관심이 많은 친구들이라, 〈멸종동물〉 대사에도 영적인 내용이 좀 들어

갔어요. 그런 내용이 들어가는 게 좋았어요. 과학이나 역사 이야기를 하다 분위기를 확 바꾸어 영적인 주제를 다루는 것도 재미있다고 생각했거든요.

**그날 공연을 보기 전에 박권 교수님의 강연도 들었는데, 질의응답 시간에 양자역학이 꼭 불교 교리 같다는 이야기를 하신 분이 계셨어요. 교수님도 어느 정도 수긍하시던데요? 저도 작년부터 양자역학을 조금씩 접하며 공부해 보려고 애쓰는데, 영성에 대한 생각을 더 하게 되더라고요.**

_나는 누구인지 탐구하는 일과, 우리는 무엇으로 만들어졌는지 탐구하는 일은 만나는 부분이 있는 것 같아요.

## 보이지 않는 파동, 우리 존재의 방식

**현실에서 직접 보거나 느낄 수 없지만, 분명히 존재하는 다른 것들을 생각하게 하는 점에서도 영적인 부분과 닿아 있는 것 같아요. 보이지 않아도 파동으로 존재하는 어떤 것들에 대한 믿음 또한 여러 생각을 하게 하고요.**

_그 이중슬릿 실험에 대해서 더 이야기를 해 볼게요. 입자는 관측하지 않을 때 파동으로 존재해요. 저는 이 성질이 사람을 포함해 우주에 있는 모든 것들에 해당된다고 생각해요. 아무도 나를 보지 않는다면 나 역시 확정되지 않은 파동 상태일 수 있죠. 지금 내가 이런 모습으로 존재하는 건 관측, 그리고 서로의 상호작용 덕분이에요.

**상호작용이요?**

_관측하고 본다는 것은 어떤 대상한테 영향을 준다는 의미예요. 우리가 뭔가를 보기 위해서는 그 대상에게 어떤 영향을 줘야만 하죠. 예를 들어 불을 켜서 사물을 볼 때, 빛의 입자가 대상에 부딪혀 반사된 상이 저에게 보이는 것이잖아요. 그래서 관측이 없는 상태라면, 모든 것은 파동으로 퍼져 있을 뿐이에요.
이것은 작은 입자 세계만의 일이 아니에요. 분자나, 더 큰 구조물에도 같은 현상이 나타나고, 결국 미시 세계와 거시 세계의 구분이 모호해지는 거예요. 이론적으로는 우리도 관측되지 않으면 파동으로 존재한다고 볼 수 있죠.

**제가 지금 이 세계에 존재하는 이상, 관측되지 않는 상태가 가능할까요?**

_그러면 수연 님이 없어지겠죠. 관측되고 있기 때문에 여기에 존재하는 거예요. 하이젠베르크의 불확정성원리에 따르면, 우리가 보는 자연은 있는 그대로의 실재라기보다 관측 방식에 따라 드러나는 모습이라는 거죠. '관측한다'는 것에는 뭔가 굉장히 철학적인 의미가 있는 것같이 들리죠. 어려워요(웃음).

**이론을 듣다 보니 조금 이해되는 것 같다가도, 일상의 차원으로 가져와서 생각하면 잘 모르겠어요. '나는 누구지, 어떻게 존재하고 있지, 어떤 방식으로 관측되고 있지?'라는 생각이 막 엉키네요. 불을 꺼 버리고 싶어요.**

_불이 꺼진 방에 혼자 있어도 공기 분자들과 상호작용을 하고 있잖아요. 그 자체가 관측이고요. 만나고 있고, 부딪히고 있고, 그래서 나타난다는, 그런 개념이 있어요. 결국 우주라는 건 거대한 상호작용의

장인 거죠.

**어렵지만 걷잡을 수 없이 빠져들 수밖에 없는 분야인 것 같아요. 〈멸종동물〉은 처음에 전시로 기획했다고 하셨는데, 공연으로 만들어 보니 어떠셨어요?**

_하고 싶은 이야기를 오해 없이 잘 전달하는 것이 중요하겠다는 생각을 했어요. 사실 미술 작품에 대한 감상엔 딱히 오해라는 게 없잖아요. 그런데 공연에서는, 제 설명이 부족해서 누군가 제 의도와 다른 방향으로 해석하면 그건 오해가 될 수도 있겠다는 생각을 했어요. 또 과학 이야기를 하게 되는데요, 과학 공부를 하면서 알게 된 것은 과학을 언어로 설명하는 것이 오히려 오해를 만들 수도 있다는 사실이에요. 그런데 그런 내용이 내레이션으로 지나가면 관객들이 잊어버리기도 쉬울 것 같고, 한 번 들어서는 소화할 수 없을지도 모른다는 생각이 들어서 책자를 만들어서 나눠 드린 거예요.

**쉽지 않은 말들이긴 했어요. 내레이션 한번 놓치면 끝이라는 생각에 긴장했는데, 다시 읽어 볼 수 있어서 좋더라고요.**

_신촌극장에서 초연했을 때는 책자가 없었어요. 그래서인지 관객들이 피드백을 주는데, 제가 전달하고 싶었던 핵심 내용은 아무도 기억 못 하는 경우도 있었어요. 앞에서부터 쌓은 세계관이 제대로 전달되지 않으니, 동물들의 대사도 그냥 재미있는 대화 정도로만 받아들여진 것 같고요.

**이번에는 의도와 생각이 잘 전달된 것 같으세요?**

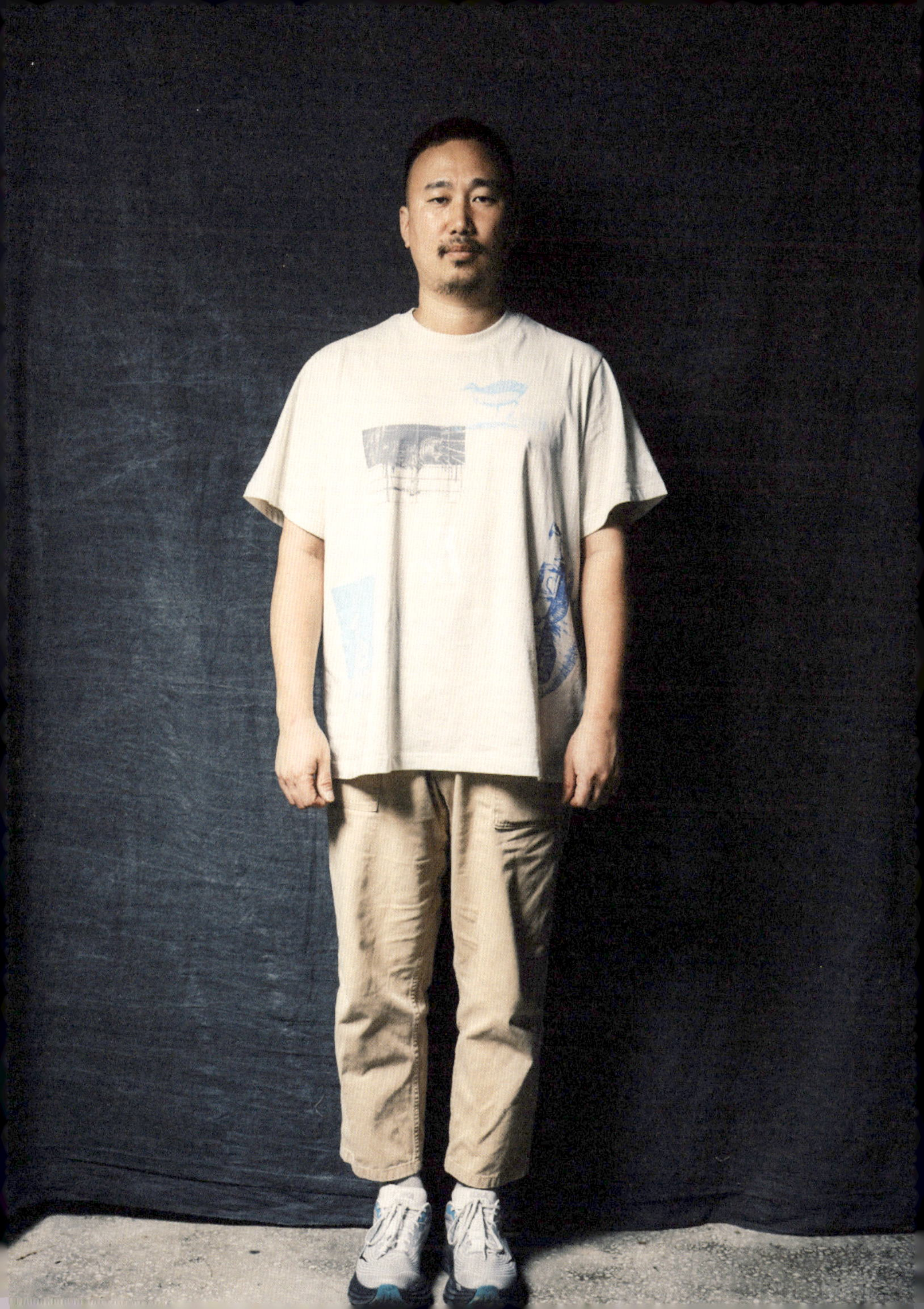

_네(웃음). 수연 님도 들으셨다는 물리학 강연도 프로그램에 넣었더니. 또 요즘에는 이 분야가 많은 사람의 관심사더라고요.

맞아요. 저도 양자역학 진짜 어렵지만 흥미롭게 들여다보고 있어요. 아직 열심히 공부했다고는 할 수 없지만 책도 보고, 유튜브 강연도 찾아보는데, 신기하게도 돌아서면 잊어버리게 되더라고요. 꼭 마법에 걸린 것처럼. 글자를 볼 땐 알 것 같은데, 돌아서면 하나도 모르겠는 그것이 양자역학인가요.

_정확하게 언어로 설명하는 일이 쉽지 않아서 더 그런 것 같아요. 언어로만 개념을 설명하려면 오해가 생길 수밖에 없고, 사실 물리학을 정확하게 알려면 수학을 공부해야 하더라고요. 저도 올해는 수학을 공부해 볼까 생각 중이에요.

비록 돌아서면 잊게 되는 양자역학이지만, 저는 관객으로서 〈멸종동물〉 세계관을 비교적 잘 따라갔다고 생각해요. 작업자로서 전해 주시는 이야기를 많은 생각을 하면서 봤어요. 보이지는 않지만 파동으로 존재하는 누군가에 대한 생각, 사랑, 기억, 우정, 마음을 썼던 어떤 순간 같은 것들이 공연을 통해 완전히 새로운 '진짜'로 다가왔어요. 공연 말미, 파란영양이 '나는 동료들을 만나면 눈물을 닦아 줄 것입니다'라고 할 땐 울기도 했는데, 지금 또 갑자기 눈물이. (눈물을 닦는다) 흔히 쓰여서 무뎌졌던 표현들에 대해서도, 그런 표현을 새롭게 느낄 수 있는 작업이 가능하구나, 하는 희망도 받았고요.

_감사합니다. 이런 걸 다음에 또 할 수 있을까요(웃음)?

쉽게 이야기할 수 없는 주제로 작업할 땐, 오히려 단계별 과정 설계가 중요하겠다는 생각도 들더라고요. 모든 순간이 결과를 향해 직진하는 과정일 필요도 없고, 각각의 과정 간의 논리만 잘 쌓아도 좋겠다고요. 동물들의 대화를 여러 번 번역하거나, 동물들의 소리를 수집하고, 자르고, 다시 건반에 하나씩 입히고, 그것을 다시 연주하는 과정도 그런 설계였잖아요. 얼핏 처음과 마지막을 떼어 놓고 보면 어떠한 인과도 없어 보일 수 있지만, 그 사이 촘촘히 존재하는 여러 단계의 논리가 의미 있는 결과를 만들어 낸다는 생각을 하게 되었고, 많이 배웠어요. 〈멸종동물〉은 단순히 '동물이 인간 언어로 말하는 의인화'에서 더 시도하고 더 나아간 작업이구나 싶었고, 저도 빨리 작업을 만들고 싶다는 자극을 받았습니다. 구상하고 계시는 다음 작업이 있나요?

_아직 구체적인 생각은 없고요, 공부하고 리서치도 하는 시간을 가져야겠다고 생각하고 있어요. 사운드 스케이프[22] 작업을 하고 싶어요. 그렇게 직접 만든 녹음 장비를 가지고 제 나름대로 의미 있는 장소에 가서 녹음하고, 아카이브 사이트를 만들어서 기록, 보관하는 일들을 해 보고 싶어요. 여러 가지를 담을 수 있을 것 같아요. 시간에 대한 것, 언어에 대한 것.

**너는 너 자신의 세계가 거시 세계라고 느낄 때가 많아,**
**미시 세계라고 느낄 때가 많아?**

너는 네가 왜 존재하고 있는지 알 것 같아?

**어떻게 존재해야 되는지 결정할 때, 왜 존재하고 있는지를**
**알게 되는 것이 중요할까?**

너는 의미 있다고 생각하는 일들을 많이 하고 있어?

**너는 취미가 뭐야?**

너는 해석할 여지가 없는 언어를 사용하고 있니?

+³

# Epilogue

2025년 1월, 창작자 날씨를 다시 만났습니다. 1년 전 대화에서 들려주었던 대부분의 계획을 실행에 옮긴 그에게, 지난 시간은 어떤 방향으로 흘렀는지 물었습니다.

"새로운 사람들을 만나고 여러 관계를 경험하며, 사람들의 말을 그대로 다 믿으면 안 되겠다는 생각을 한 적이 있어요. 어떤 사람의 진실은 말보다 그 사람이 내린 결정과 그 결과에서 드러나는 것 같아요. 이걸 한 단어로 표현하자면 '태도'가 아닐까 싶어요. 내가 전하고 싶은 진실을 말로 잘 표현하지 못하더라도, 태도에 담아내려면 어떻게 해야 할지 고민하고 있어요. 지금은 소리 작업을 준비하면서, 그 소리를 어떻게 들려줄지 고민하는 중이에요. 차원을 이해하는 방식으로 풀어내고 싶어서 공부하고 있고요.
『플랫랜드』라는 소설을 읽었는데, 그 소설에 의하면 2차원에 사는 존재는 자신이 사는 세계를 온전히 상상할 수 없어요. 예를 들어 평면에 그려진 삼각형은 3차원에 사는 우리가 위에서 보기엔 삼각형으로 보이지만, 2차원의 존재에게는 그저 1차원의 선으로만 인식될 거예요. 마찬가지로 1차원에 사는 존재에겐 모든 것이 점으로 보이겠고요. 우리 눈에도 모든 게 2차원으로 보이지만, 우리는 그 뒤에 입체가 있음을 알잖아요. 그렇기에 우리는 사실 3차원이 아닌 4차원에 살고 있다고 해요. 이런 이야기를 통해 소리와 우리가 상호작용하는 방식을 생각해 보고 있어요. 우리에게 들리는 게 사실 소리의 전부가 아닐 수도 있다는 생각을 하면서. 그래서 작업을 준비하는 게 굉장히 어렵습니다."

저는 1년 전 그와 나눈 대화가 제 시간을 어느 방향으로 흐르게 했는지 이야기했습니다. 확정하지 않고, 모르면 모르는 상태 그대로 존재하려 애썼다고, 연기할 때도 마찬가지였다고요. 도움이 될 만한 이야기를 청하자, 그는 『플랫랜드』 서문 중 한 대목을 읽어 주었습니다.

"당신의 눈으로 2차원의 평면을 볼 때마다 그것으로부터 3차원의 입체를 추론합니다. 하지만 당신은 물론 인식하지 못하지만, 4차원을 보고 있는 것입니다. 그것은 밝기도 없고 색깔도 없으며 내가 그 방향을 지적할 수도 없고 그것을 당신이 측정할 수도 없지만, 분명히 실제로 존재하는 진정한 차원입니다."[23]

나지막한 날씨의 목소리를 들으며, 1년 전 그의 마지막 질문을 떠올렸어요. 저는 해석할 여지가 있는 언어를 쓰고 싶습니다. 측정할 수 없는 차원을 진심으로 느끼고 싶고, 파동으로 존재하는 동물들의 목소리를 들으며 살고 싶습니다. 무엇을 해야 할지는 선뜻 떠오르지 않았어요. 다만 앞으로의 삶에서 곧 내려야 할 결정을 생각하며 그에게 물었습니다.

**너는 어떤 결정을 할 때, 그 결정이 바뀔 여지를 많이 열어 두는 편이야?**

_어떤 소리가 있다고 할 때, 그 소리를 듣고 있는 것은 누구일까?
너일까? 소리일까?

**어떤 배역을 연기할 때, 내가 그 배역을 연기하는 것일까,**
**그 배역이 나를 연기하는 것일까?**

_아직 이해하지 못했지만, 언젠가 꼭 이해하고 싶은 것은 무엇이니?

* 3부 *

# 살피다: 무대 너머를 함께 살아가는 법

*

# 이 일은 재미없을 가능성이 없는 일이니까

*

손상규

+[1]

# Prologue

스무 살에 처음으로 이별을 경험했습니다. 소주병을 붙들고 꼬부라져 울고 있는 제게, 함께 연기를 배우던 친구가 이런 말을 해 주었습니다.

"배우에게 경험은 재산이래. 지금 그 감정을 기억해 둬."

조금 서운했지만, 어딘가 안심이 되는 말이기도 하더라고요. 내가 겪는 이 슬픔이 연기를 위한 재산이 될 수 있다니. 삶의 모든 순간이 배우에게는 다 의미가 되는 것이로구나! 저는 친구의 말처럼 감정을 기억하려고 노력했습니다. 심장이 시큰거리고, 몸을 살짝만 움직여도 눈물이 차오르던 그 느낌. 시간이 지나 슬픔이 희미해지는 것 같으면 얼른 이별 노래를 찾아 들으며 다시 눈물을 흘리길 반복했어요. "일 년 뒤에도, 그 일 년 뒤에도오오오 널 기다려." 언젠가 이별하는 역할을 맡아 진실된 연기로 무대를 '찢을' 날을 기다리며 이별을 극복하기를 거부했지요. 하지만 일 년 뒤에도, 그다음 해에도, 십 년이 지나도 이별을 연기할 기회는 주어지지 않았습니다.

돌이켜 보면, 경험을 재산으로 만들겠다고 빗나간 노력을 했던 기억입니다. 이어폰을 꽂고 슬픔 속에 머무르려 애쓰던 제게, 지금의 저는 이렇게 말할 수 있을 것 같습니다.

"당신은 지금 슬퍼하는 자신에게 그저 취해 있군요. 재밌어서 그러는 거라면 말리지는 않겠습니다만, 언젠가 창피해질 수도 있다는 점은 알아 두세요. 이별의 감정은 이미 몸속에 새로운 물길을 만들었습니다. 그러니 최선을 다해 슬퍼했다면, 몸의 기억을 믿으세요. 감정뿐 아니라 이해와 상상도 그 길을 따라 흐를 테니까요. 소주는 이만 내려놓고요."

많은 이들이 배우에게 경험이 중요하다고 말합니다. 그 경험이 어떻게 내 재산이 되었는지, 사실 정확히는 알 수 없습니다. 다만 어떤 직접경험은 순식간에 내 몸에 여러 길을 내며 나를 재구성할 수 있다는 것을 잘 알고 있어요. 길이 늘어나는 만큼 감정의 스펙트럼은 넓어지고, 해석의 근거도 많아집니다.

그렇다면 간접경험은 어떨까요? 보통 다른 예술 작품을 보는 일을 간접경험이라 하지만, 그 작품 자체로 직접 겪는 사건이 되기도 합니다. 특히 예술가들에게는요. 배우 손상규는 피아니스트 임윤찬의 연주, 만화 『배가본드』, 앙리 카르티에 브레송의 사진에서조차 연기 예술과 연결된 통찰을 발견하고, 때로는 그것들을 연기의 지침으로 삼는다고 말합니다.

손상규는 양손프로젝트의 멤버입니다. 배우 손상규, 양조아, 양종욱, 연출가 박지혜로 이루어진 이 창작집단은 배우들의 힘과 매력이 무대를 가득 채우는 공연들을 만들어 냅니다. 무대 위 손상규는 유연하면서도 날카롭게, 자유로우면서도 정확하게 연기하며 관객들을 연극 안으로 끌어들입니다. 그는 양손프로젝트에서 작업할 때면, 모든 장면에 대해 이야기를 굉장히 많이 나눈다고 말합니다. 배우끼리의 생생한 주고받기를 위해, 살아 있는 장면을 만들어 내기 위해 전제를 공유하고 합의하는 일에 에너지를 많이 쏟는 것이지요.

하나의 희곡은 수많은 가능성을 품고 있습니다. 어떤 해석을 선택할지 결정했다면, 각 장면과 인물 사이에서 정확하게 일어나야 할 일을 그려 보는 것이 바로 작품 분석이자 테이블 작업일 것입니다. 이것은 연기를 어떻게 할지 미리 결정하는 일이 아니라, 합의된 전제를 토대로 우리가 무엇을 만들어 내야 할지 방향을 잡는 과정입니다. 각자 믿는 '진짜'를 해내려는 과정 속에서 연기의 가능성은 무궁무진해집니다. 그때 길잡이가 되는 것이 바로 우리가 합의한 전제들이겠지요.

우리는 모은 재산을 그렇게 써먹습니다. 세계에 대한 통찰이라는 재산으로 장면을 분석하고, 몸의 감각이라는 재산으로 연기 리허설도 하겠지요. 동료의 통찰과 감각을 존중하는 근육 또한 귀한 재산일 테고요. 배우들은 어떤 경험을 통해 그런 재산을 모으고 또 그 재산을 어떻게 관리할까요? 배우 손상규와 대화를 나눈 기록입니다.

**손상규**

극단 양손프로젝트 소속. 배우로서 활발하게 작업을 해 왔고,
연극 〈타인의 삶〉의 각색과 연출을 맡은 것을 시작으로 연출 분야로 활동의 폭을 넓히고 있다.

+²

# Interview

## 감각과 영감이 교차할 때

**(성수연) 오래전부터 손상규 배우님과 대화를 나눠 보고 싶었습니다. 평소에 연기에 대해 어떤 생각을 갖고 계신지 궁금했고, 연기 외에 관심 있는 일들도 궁금했어요.**

_종종 『연극in』에서 인터뷰 코너를 읽었어요. 배우만 만나는 것은 아니시지요?

**네. 다양한 분야의 창작자들을 만나려고 해요. 최근에는 피아노 연주자 겸 창작자를 만났고요.**

_좋으셨을 것 같아요. 저는 피아노 치는 사람들을 좋아해요.

**오, 그렇군요. 피아노 연주를 많이 듣는 편이세요?**

_네. 연주자들을 동경해요. 얼마 전에는 임윤찬 연주도 몇 달간 계속 들었고. 피아노 다큐멘터리 영화 같은 것도 보고. 영화 〈피아니스트 세이모어의 뉴욕 소네트〉도 굉장히 재미있게 봤고, 세이모어 번스타인이 쓴 책도 읽었어요. 다니엘 바렌보임의 마스터 클래스 영상도 굉

장히 인상 깊었어요. 옛날 영상이지만 랑랑 같은 유명한 연주자들이 학생으로 와요. 티칭하는 내용이 정말 대단해요.

**오, 무려 랑랑! 찾아봐야겠어요. 원래 피아노를 좀 치세요?**

_연주할 수 있는 악기는 하나도 없어요. 연기 선생님들이 미술이나 음악을 많이 접해야 한다고 말씀하시잖아요. 이유를 잘 모르겠으니 알아보자는 생각에 연주를 듣기 시작했어요. 작정하고 클래식 명반들을, 불 다 꺼 놓고 혼자 들었어요.
'자 오늘은 이거다, 〈월광〉. 〈월광〉의 명반은 뭐냐, 에밀 길렐스?' 오케이, 오늘은 에밀 길렐스를 듣자. 그의 연주는 뭔가 터질 것 같으면서도 음이 하나하나 다 들리는 느낌이었어요. 느리게 연주하는 부분에서는 달빛이 느껴지고. '아, 이게 월광이구나' 싶었어요. 그러다 아르투르 루빈스타인의 〈월광〉도 들어봤어요. 정말 재미있는 것이, 배우마다 햄릿을 연기하는 게 다 다르듯이, 연주자마다 〈월광〉도 다르더라고요. 에밀 길렐스는 압도적인 빛이 떨어지는 느낌, 루빈스타인은 빛이 부드럽게 사아악 떨어지는 느낌. 그런 것들을 느끼다니, 제가 그때 컨디션이 좋았었나 보죠(웃음)?

**낭독 공연 〈다스 오케스터〉에서 지휘자 역할을 연기하기도 하셨지요.**

_네. 재밌게 봤던 〈아트 오브 컨덕팅〉이라는 DVD가 있어요. 옛날 지휘자들이 많이 나오는데, 지휘자마다 스타일이 다르더라고요. 어떤 지휘자는 굉장히 민감해서 1분 동안 열 번쯤 화를 내요. 또 어떤 지휘자는 액팅 코칭에 비유하자면, '사이드 코칭'을 하더라고요. 배우의 연기를 끊지 않고 계속 진행시키고, '거기 좋았어', '지금 거기서 약간 저쪽으로 가' 같은 코멘트를 주는 거죠. 그리고 어떤 경우에는 지휘

자 존재만으로 연주가 되기도 해요.
〈다스 오케스터〉에 나오는 지휘자 푸르트뱅글러에 관한 유명한 일화가 있어요. 오케스트라 단원들이 자기들끼리 연주를 하던 상황이었어요. 팀파니 주자는 연주를 계속하지는 않으니까 몇 번 치고 쉬면서 연주를 듣고 있었죠. 그런데 갑자기 오케스트라의 소리가 변하더래요. "갑자기 뭐지? 연주 소리가 변했어." 딱 봤더니 출입구로 푸르트뱅글러가 걸어 들어오고 있더래요. 우스갯소리 같기도 하지만, 그를 본 순간 사람들은 이 앙상블로는 그를 납득시킬 수 없다는 것을 직감하게 되는 거죠. 그러면 지휘가 되는 거예요, 갑자기.

**존재 자체만으로 지휘가 되는 거네요.**

_저도 그럴 때가 있어요. 계속 연기하다 보면 지치고 익숙해져서 자신에게 관대해지기도 하잖아요. 그때 갑자기 연습실 문을 열고 알 파치노가 들어온다면, 나의 기준이 알 파치노가 되겠지요. 그의 시선을 상정하는 것만으로도 집중도가 올라가고, 그러다 내가 덮어 둔 것들을 깨닫게 되기도 하겠죠.
연기와 음악은 물론 다르지만 통하는 부분이 있는 것 같아요. 최근에 임윤찬의 그 유명한 라흐마니노프를 들었는데, 처음에는 너무 평범하게 시작한다고 느껴지는 거예요. '분명히 리스트의 〈초절기교 연습곡〉을 칠 때 테크닉을 봤는데, 왜 라흐마니노프는 평범하게 치지?' 그런데 그게 저에게는 빌드업으로 느껴졌어요.
군중 속에 어깨를 축 내리고 가방을 메고 평범하게 걸어가는 한 사람이 있어요. 걔한테 스포트라이트가 가는 것도 아니죠. 그러다 6~7분쯤 지나면서, 그 사람이 갑자기 고개를 '탁' 드는 거예요. 그때 띵! 땅! 와… 정말 대단하죠. 그렇게 젊은 나이인데, 콩쿠르인데, 욕심이 날 수도 있는데, 자기 기교를 내세우기보다는 전체 이야기를 생각하고 그 안에서 자기가 해야 할 것을 정확하게 알아요. 그리고 그 정확한 것을 너무 잘해요. 저도 연기할 때나 티칭을 할 때 정확하게 하자는 얘기를 많이 하거든요. 저도 그러려고 노력하고요.

## '정확하게' 연기한다는 것에 대하여

**정확하게 연기한다는 건 구체적으로 어떻게 말할 수 있을까요?**

_어떤 장면에서 어떤 일이 벌어져야 한다면, 작품 전체의 맥락 안에서 그 일이 정확하게 일어나도록 만드는 거예요. 작품을 통해 하고 싶은 이야기가 정해지면, 그 전체 구조 안에 각 장면의 구조가 있고, 각 장면 안에서 인물이 해야 하는 일이 있잖아요. 저는 그 구조들이 먼저 스케치가 되고 나면, 더 들어가서 그 이야기를 적확하게 할 수 있는 인물을 그리는 편이에요. 상대 배역과 주고받을 때도 정확하게 그 장면에서 일어나야 할 일을 매번 발생시켜야 한다고 생각하고요. 그 일이 정확하게 벌어지도록 단계를 잘 밟아 가는 거죠.

물론 어떤 상황이나 감정은 어느 정도 즉흥성이 있기도 해요. 그렇지만 가능한 한 제가 정확히 해야 할 일을 까먹지 않으려고 해요. 그걸 잊으면 어제 하던 대로 하게 되니까. 중요한 건, 내가 뭘 발생시켜야 하는지 잊어버리지 않고 정확하게 하는 것. 그런데 안 되는 경우라면… 장면에서 애초에 무슨 일이 벌어져야 하는지 배우들이 정확하게 몰라서 그런 것 같아요.

**무슨 일이 정확하게 일어나도록 하려면 그 장면에 연루된 모든 사람이**

**그 일이 무엇인지 알고 있어야 한다는 말씀이지요? 각 배우가 해석하고자 하는 방향이 다르다거나, 다른 배우는 또 전체 내용을 다르게 받아들이는 경우도 있으니까요. 합의가 명백하게 되는 경우도 있지만, 여러 이유로 잘 되지 않을 때도 있고요.**

_맞아요. 얼마 전에 〈오셀로〉에서 이아고를 연기했는데, 차갑고 이성적인 인물로 연기할 수도 있고, 욕망과 출세욕으로 가득한 인물로 연기할 수도 있고, 평범하고 저속하게 연기할 수도 있죠. 이번 〈오셀로〉에는 아주 평범하고, 염치없고, 하찮은 사람 때문에 큰 가치가 깨지는 이야기를 드러내고자 하는 작품 전체 의도가 분명히 있었어요. 그렇다면, 이아고의 장면에서는 그 의도 아래 어떤 일들이 일어나야 할지 생각해 보는 것이지요. 어떻게 하면 멋없을까(웃음). 그런데 어떤 순간엔 자연스러운 멋이 생길 수도 있잖아요. 조커처럼 소위 멋있다고 여겨지는 악역들도 있고요. 어떻게 하면 '저놈 정말 별거 없는 놈이구나' 하는 느낌을 줄 수 있는 일을 정확하게 할까. '정확하게'라는 것은 그런 의미 같아요.

**저도 공연을 보면서, "피는 나지만 죽지는 않는다"라는 대사를 이 이아고라면 어떻게 할지 궁금했어요. 공연의 말미에 오셀로가 이아고의 음모를 깨닫고 그를 찌르지만, 이아고가 상처를 입고도 살아남으면서 하는 대사잖아요.**

_"주… 죽지 않았습니다!"

**새로웠어요(웃음). 이아고의 끝없는 악의를 표현하는 경우를 더 많이 봤던 것 같아서요.**

_이아고는 워낙 유명한 캐릭터라서 분석도 많고, '동기 없는 악'이라는 해석도 있죠. 그런데 제가 보기엔 동기가 너무 많더라고요(웃음). 사돈이 땅을 사면 배가 아프고, 친한 사람에게 좋은 일이 생기면 마음이 이상해질 때도 있고, 스스로가 정말 멋지지 않게 느껴지는, 하찮은 일들이 실제로 벌어지잖아요.

**저는 가끔 셰익스피어의 높은 위상 덕에, 인간으로서 그렇게 높게 평가되지 않아도 되는 인물들의 위상이 괜히 높아지는 경우도 있다고 생각했어요. 주요 배역의 경우엔 더욱요. 그래서 이아고를 평범한, 하찮은, 어쩌면 위상이 낮은 저열한 인물로 연기하고 싶으셨다는 말씀이 와닿았어요.**

_저는 셰익스피어를 굉장히 마당극, 대중극으로 보고 있기 때문에 '셰익스피어! 와!' 하는 생각은 별로 없어요. 그런 생각을 혼자 하고 있었어요.

**갑자기 배우님의 이아고 말투가 떠오르네요. "이건 아니지~." 연극을 할 때 특정 장면에서 지금 정확하게 무슨 일이 일어나는지 알고, 그 일을 잘 발생시키려면 배우들끼리의 주고받기가 중요할 텐데, 연습 때는 어떤 단계들을 거치시나요?**

_양손프로젝트에서 작업할 땐 거의 모든 장면에 대해 이야기를 많이 해요. 토론도 많이 하고요. 오랫동안 그렇게 해 왔어요. 그런데 자주 만나지 않았던 사람들과 작업을 할 땐, 각자 생각하고 있는 것을 들고 리허설 때 만나려고 하는 경우가 많잖아요. 그러다 보면 이야기를 나누기가 조심스러워지기도 하고요. 이렇게 연기해 달라고 요구하는 일이 될까 봐.

**아까 말씀하신 〈오셀로〉의 경우처럼 전체 방향성이 공유되어 있다면, 그 방향을 지도 삼아서 내 방식대로 부딪혀 볼 수 있겠지요. 그런데 얘기할 것이 많거나 선택할 방향이 많은 작품의 경우, 테이블 작업이 중요할 것 같아요. 양손프로젝트에서 하시는 토론과 이야기도 결국 작품 전체의 맥락 안에서, 각 장면에서 정확하게 무슨 일을 발생시켜야 하는지 이야기하고 합의하는 과정일까요?**

_맞아요.

**테이블 작업은 전제를 공유하고 합의하는 중요한 과정인데, 가끔 연기의 합을 미리 짜는 과정으로 인식되거나 폄하될 때도 있는 것 같아요. 말씀하신 것처럼 같은 장면에서 서로 다른 일을 발생시키며 어긋나지 않으려고 하는 일인데 말이죠.**

_맞아요. 또 리허설에서 직접 부딪히며 이야기하면, 상대 배우에게 연기 코멘트를 하는 상황처럼 될 수 있어서 위험하다고 생각해요. 그래서 테이블에서 먼저 공유와 합의를 많이 하는 것이 중요한 것 같아요. 살면서 이런 말을 가끔 하잖아요. "꼭 이걸 규정지어야 돼?" 물론 삶은 단순하지 않지만, 적어도 연기할 땐 어떤 방향성이 있어야 액팅을 선택할 수 있죠. 여러 방향으로 풀어낼 수도 있지만, 각각의 방향도 정확해야 하죠. 결정이 안 된 채로 하면, 우연히 누군가의 선택으로 뭔가 발생할 수도 있겠지만 대부분의 경우 정확한 일이 일어나기 어려워요. 좋은 일이 발생할 수도 있지만, 말 그대로 우연이죠. 테이블 작업은 중요해요.

일어나야 할 일을 잘 공유한 상태로 상대 배우와 부딪히면, 보통은 재미있어요. 혼자일 땐 생각하지도 못했던 에너지를 서로 주고받을 수 있지요. 어떤 바이올리니스트에 대한 다큐멘터리를 본 적이 있는데, 피아노와 바이올린의 협주곡을 녹음하는 상황에서 그분이 '양보하면 안 된다'는 이야기를 하더라고요. 각자의 최선을 다해 서로에게 덤벼야 혼자일 땐 갈 수 없는 지점까지 갈 수 있다는, 그것이 앙상블이라는 의미였어요. 그 말이 좋았고, 저도 상대에게 맞추기 위해 힘을 빼는 것을 경계하며 최선을 다하려고 해요.
어떤 작품에서 싸우는 장면을 만들 때도, 상대방이 내 생각과 전혀 다르게 밀고 들어오니까 막 부딪히더라고요. 너무 신이 났어요. 그 배우와 전철을 타고 집에 가면서 "누나, 진짜 재밌었어요. 너~무 재밌었어요."라고 했죠(웃음). 아시다시피 그런 일은 매번 일어나지 않아요. 하지만 매번 하려고 애쓰는 것이죠.

**1인극을 하실 땐 어떠세요? 〈살아 있는 자를 수선하기〉, 〈전락〉 등 배우님의 1인극 이야기가 궁금해요. 〈전락〉은 어떤 이유로 선택하셨나요?**

_〈전락〉은 제가 심리적으로 힘들 때 그 책을 읽으며 위로를 많이 받았고, 그래서 하고 싶었어요. 공연하는 것이 저한테 힐링이 된다고 해야 하나? 그때의 저에게 아주 중요한 이야기를 하는 작품이었거든요. 아마도 '괜찮아, 괜찮아, 괜찮아, 상관없어, 넌 그렇게까지 쓰레기는 아니야' 하는 위로였던 것 같아요.
관객들도 그 안으로 끌어들이고 싶어서 객석을 원형으로 만들었어요. 마치 중독자 모임처럼, 객석 모두가 돌아가며 자신의 이야기를 할 것만 같은 상황에서, 제 차례에 제가 길게 1시간 30분 정도 이야기한 것일 뿐인 콘셉트였죠. 그런 모임에서는 누군가가 자신의 이야기를 하면 사람들이 듣게 되잖아요. 특별히 꾸미지 않아도, 진짜 이야기처럼 관객들이 받아들일 수 있는 느낌이랄까?

**〈살아있는 자를 수선하기〉를 하실 땐 정확한 일을 만들기 위해 어떤 접근을**

**하셨나요? 배우님 공연 정말 재미있게 봤어요.**

_예전에 장례식장에서, 어떤 분이 약간 넋이 나간 채 거대한 복도를 천천히 걸어오다가, 빈소에 들어서 코너를 돌아 영정 사진을 만난 순간 바로 무너지는 모습을 본 적이 있어요. 〈살아있는 자를 수선하기〉에 인물이 의사와 대화를 나눈 후 병원의 중앙 홀을 걸어가는 장면이 있었어요. 거대한 공간에서 혼자 아주 작은 존재처럼 걷는 그런 느낌. 그러다 그 인물이 바에서 남편을 만난 후 병원 복도를 걸어와서 돌아서는 순간 무너지는데, 삶에는 그런 순간이 있단 말이죠. 우리는 어떤 순간을 보기만 해도 바로 상황을 캐치할 때가 있어요. 제가 장례식장에서 그분을 보고 그랬던 것처럼요. 제가 무대에서 정확하게 반응하면, 관객들은 무대를 보며 자신이 경험했던 일과 연결시킬 수 있어요. 그 순간은 관객에게 믿을 수 있는 '정확한 일'이 되죠.

## 현실과 극적 순간을, 리얼하게

**실제로 무대에 있지 않은 존재들과 일종의 주고받기를 하는 것 같기도 하네요.
조금 딴 얘긴데, 이번에 개봉한 〈더 퍼스트 슬램덩크〉 보셨어요?
연기에서의 주고받기 이야기를 하다 보니 농구가 생각났어요.**

_네 번 봤어요. 처음에 그 스케치 나올 때의 소름.

**정말 소름. 저도 두 번 봤어요. 만화책도 다시 다 샀어요.**

_송태섭이 어릴 때 형이랑 농구하는 장면을 보면 아마추어들이 많이 하는 실수나 습관들이 그대로 나와요. 공 놓쳤을 때 하는 짓도 다 똑같고. 아마 모션 캡처를 해서 가능했던 것 같아요. 영화 〈아바타〉 이후 기술에 놀란 것도 처음이고, 이노우에 타케히코의 연출도 훌륭하고.

**연출 정말 좋았어요, 진짜. 기다리던 명대사들이 나오지 않아도 좋았어요.**
**저는 송태섭을 보면 왠지 배우님이 생각나요.**

_맞아요. 전 어릴 때부터 농구를 좋아했고 농구할 때 딱 송태섭 포지션이었어요. 왜냐하면 저는 슛을 못 넣어요(웃음). 키도 비슷할걸요? 드리블은 빠른데 화려하지는 않고, 뚫고 지나가는 것과 패스를 잘했어요. 기술 연구는 안 하고. 전 이노우에 타케히코를 정말 좋아해서, 『슬램덩크』, 『리얼』, 『배가본드』 세 작품은 전집으로 갖고 있어요. 『배가본드』는 약간 연기 교과서이자 철학서로 생각하고 있고.

**정말요? 어떤 점에서요?**

_정말 멋진 내용이 많아요. 이런 에피소드가 있어요.

***손상규, 만화 『배가본드』 12권의 내용, 주인공 미야모토 무사시가 승리에 굶주려 아래를 내려다보기 위해 산꼭대기에 올라 우쭐한 순간, 구름이 걷히며 수많은 다른 산봉우리가 드러나는 장면을 생생하게 연기하며 들려준다.***

_우리가 어떤 일을 할 땐, 단순히 익숙해지기 위해서 하는 것이 아니

라 더 날카롭게, 닿을 수 없는 지점까지 가기 위해 하는 것이잖아요. 어떤 경지까지 가고 싶어지고. 이 만화는 무도 이야기이지만, 음악이나 연기에도 통하는 부분이 있다고 생각해요.

**예전에 보다가 말았는데, 다시 봐야겠어요.『리얼』은 어떤 면에서 좋아하시나요?**

_『리얼』은 휠체어 농구 만화라고 할 수 있는데 모든 면에서 정말 좋아요. 삶에서는 내가 꿈꾸는 일들이 안 이루어지는 경우가 훨씬 많잖아요.『리얼』은 그 현실을 단순히 적시한 만화가 아니라, 어떤 사건들이 느닷없이 벌어지는 상황 속에서도 계속 삶을 이어 가는 '리얼'한 순간들이 담겨 있는 만화예요. 막연히 희망적인 이야기를 하지도 않고, 어떤 영웅을 그려 내지도 않아요. 삶의 여러 순간들이 교차하면서 자연스럽게 드러나는 이야기들이 정말 좋아요.

**음악과 만화 이야기를 했는데, 좋아하시는 다른 분야가 있으세요? 전시도 보러 다니시는지, 연기 철학으로 삼는 책이 또 있으신지 궁금합니다.**

_모든 분야가 도움이 되는 것 같아요. 전시는 많이 보러 다니지 않지만, 작년에 봤던 앙리 카르티에 브레송 사진전이 정말 좋았어요. 사진도 좋았지만 글이 특히 좋았어요. 사진전 제목이 '결정적 순간'이었는데, 그 말이 그에게 정말 잘 맞더라고요.

그는 라이카 카메라 하나만 들고 다니면서 순간을 찍는데, 지나가다가 찍는 것인데도 빛, 구도, 내용이 한 장에 다 담겨요. 또 찍는 순간 자체에 관심이 있고, 찍은 다음엔 사진을 다시 안 본다고 하더라고요. 그 순간에 삶 속으로 딱 들어가 캐치하는 거죠. 이렇게 하기 위해서는 당연하지만, 기술적으로 초점 맞추고 노즐 맞추는 그런 일들을 의식하지 않고 순식간에 할 수 있어야 하잖아요. 마치 케이크를 손가락으로 푹 찍어 먹듯이.

**평소에 훈련된 기술이 없으면 순간을 놓쳐 버리게 되겠지요.**

_맞아요. 어떤 공연은 낭독 공연이 더 좋을 때도 있잖아요. 대사를 전혀 생각하지 않아도 되고, 어떻게든 그 순간에 라이브하게 들어갈 수 있으니까. 그러니까 대본을 보지 않고도 라이브하게 들어갈 수 있도록 연습해야 하는 거죠. 제가 늘 하는 이야기예요. 피아노 치는 사람들이 설마 그 곡을 몰라서 악보를 보겠냐, 열한 살 때부터 치던 곡을 설마 몰라서 연습을 하겠냐(웃음). 순간에 살아 있기 위해서는 '이 다음 음이 뭐였지?' 이러고 있으면 안 되잖아요. 그래서 악보를 보고 연습하는 거겠죠.

## 연습은 감각의 실험실

**기술 이야기를 했는데, 배우님은 혹시 배우님만의 훈련법을 갖고 계세요?**

_저는 특별히 어떤 훈련을 하지는 않고, 그냥 평상시에 연기를 겁나 많이 해요(웃음). 오늘도 보셔서 아시겠지만, 저는 이야기를 할 때 이미 연기를 하고 있죠.

연기를 많이 한다는 것은, 감각과 호르몬을 많이 쓴다는 의미예요. 예전에 학원에서 티칭을 했는데, 한 반에 학생이 스물네 명이면 작품 스물네 개의 짧은 순간을 연달아 보게 되잖아요. 보면서 속으로 늘

연기했어요. 그때 감각들을 쓰는 훈련이 많이 됐다고 생각해요. 배우가 몸을 잘 쓴다는 말은, 기능적인 의미이기도 하겠지만 저는 사실 감각에 대한 말이라고 생각해요. 결국 연습이란 정확한 감각을 사용하는 일이라고 생각하고요. 배우가 어떤 감각으로 상황을 받아들이는지에 따라 다른 일이 일어나기 때문에, 기능적으로나 감각적으로나 몸을 여는 훈련이 필요하죠.

**평상시에 연기를 많이 하다 보면 몸이 열린다고 느끼세요?**

_네. 감각을 작동시키는 통로가 개발된다고 믿어요. 집중하는 힘과도 연결되고, 보는 사람들로 하여금 상황을 믿게 만들죠. 표현할 수 있는 범위를 넓히는 훈련도 해야 해요. 저는 그것들을 따로 훈련하지 않고, 평소에 연기하면서 합니다. 배우는 자신에게 필요한 훈련을 정확하게 찾을 수 있어야 한다고 생각해요. 그러려면 목표가 더 정확하고, 더 구체적이어야 해요. 그래야 내게 필요한 철학과 훈련과 집요함의 방향을 찾을 수 있겠죠. 송강호와 한석규와 케이트 블란쳇이 연기 잘한다는 말은 각각 의미가 다르잖아요. 뭐가 옳다고 할 수도 없고요.

**연출을 해 본 적 있으세요? 직접 연기하는 작품에서 말고, 연출만을 하신 경험이요.**

_학교 다닐 때 〈갈매기〉와 〈보이체크〉 연출을 했는데 기억이 좋게 남아 있어요. 연출도 재미있습니다. 티칭, 코칭, 연기 모두 즐겁죠. 또 제가 직업으로 삼고 싶은 일이 있어요. 제가 제일 재능을 발휘할 수 있는 일은… '액팅 터그'라고 해야 할까요? 작품 전체의 맥락에서 액팅을 읽어 내고, 그 부분을 코칭하는 일이요. 제가 연기할 때는 그 일을

제가 저한테 하고 있고, 연출할 때도 도움이 된다고 생각해요.

**오, '액팅 터그'라는 말이 있군요.**

_없어요. 지금 그냥 지어낸 말이에요. 액팅 코치와 드라마터그를 섞은 거죠. 연출마다 강점이 다르잖아요.
만약 제가 미장센을 잘 보는 연출과 작업을 한다면, '이 캐릭터를 풀 수 있는 방향은 많은데, 이 작품의 전체 방향성을 이렇게 결정했고, 전체 안에서 이 장면은 이러한 장면이 되어야 하니까, 이런 캐릭터로 풀면 도움이 될 것 같아요' 하는 식의 가이드를 할 수도 있을 거라고 생각해요. 물론 소통할 수 있는 환경이 잘 만들어지면요.
또 이런 생각이 있어요. 아무리 각자의 방식으로 잘하는 배우들이 모여도, 상대 배우에게 '너 이렇게 해 줘'라고 할 순 없단 말이죠. 저는 그렇게 하면 안 된다고 생각하고 있어요. 그런데 그 일을 하는 것이 마땅한 누군가, 예를 들면 액팅 터그나 액팅 코치가 한다면 받아들여질 수 있어요. 기분 나쁠 게 없죠, 그게 그 사람의 일이니까. 또 잘하는 배우들이 모여 있는 공연인데도 이야기가 그냥 다 흘러가 버리는 경우가 있잖아요. 정확한 앙상블이 중요한데, 그건 밖에서 잡아 주지 않으면 어려울 수 있어요. 나중에 여건이 되면 광고를 하려고 합니다. '액팅 코치, 액팅 터그 합니다. 회당 얼마.' (웃음)

**정말 필요한 일이라는 생각이 들어요. 요즘도 티칭을 하세요?**

_티칭은 안 한 지 좀 오래됐어요. 좋아하는 일이니까 여유가 생기면 다시 하려고 해요. 코로나 이후로 못 하고 있지만, 단체 레슨 프로그램도 했었고요.

**단체 레슨은 어떤 내용이었나요?**

_두 가지 경우가 있었어요. 연기를 많이 하지만 일에 재미를 잃은 배우들, 갓 졸업해서 현장에 갔을 때 무엇부터 어떻게 접근해야 할지 모르는 배우들. 연기를 차근차근 되짚는 8주짜리 프로그램이에요. 연기는, 이 일은 재미없을 가능성이 없는 일이에요. 그럼에도 불구하고 흥미를 잃는 경우를 많이 봤거든요.

**'선생님! 연기가, 아니 농구가 하고 싶어요.' 하면서 찾아갈 날이 올지도 모르겠네요.**

**호르몬을 많이 쓰면 연기가 더 재미있어질까?**

연기가 왜 재미있어?

**공연하고, 오늘은 공연이**
**좀 재미없었다는 생각이 들 때가 있어?**

연극을 하는 동안 내가
완전히 다른 시공간에 있다는 자각이 들 때가 있어?

**나는 그 시공간에 갔는데 관객들은 못 갔거나,**
**나는 솔직히 조금도 못 갔는데 관객들은 너로 인해 갔다고 하면,**
**그런 일은 그냥 받아들여야 할까 수정해야 할까?**

배우는 뭘 하는 사람이라고 생각해?

**너는 연극을 상연하는 동안 관객들의 반응을 찾아보거나 의식하는 편이야?**

너는 연습할 때 리허설 룸에 있는 동료들을
관객으로 생각하면서 연기해?

**연기하는 일에, 네가 몰랐던 재미가**
**아직 남아 있을 거라고 생각해?**

널 가슴 뛰게 하는 건 뭐야?

+[3]

# Epilogue

손상규와의 대화를 통해, 연기가 원래는 정말 재미있는 일임을 다시 떠올렸어요. 연기는 막연할 때보다 '정확할 때' 더욱 재미있습니다. 제가 이쪽에서 저쪽으로 가야 한다면 저는 걸어갈 수도, 뛰어갈 수도, 안 가겠다고 버티다가 기어갈 수도, 길에 물을 채워 수영해서 갈 수도, 순간 이동 할 수도, 뒷걸음질로 갈 수도 있습니다. 그 장면에서 발생시키기로 합의한 내용을 바탕으로, 저는 그 모든 가능성 속에서 어떤 행동을 선택하고 세부적으로 실험하겠지요. 손상규가 개발한 역할인 '액팅 터그'가 그 과정을 함께할 수도 있겠고요.

오랜만에 다시 만난 손상규는 첫 번째 인터뷰 당시 계획 중이던 연출 작업, 연극 〈타인의 삶〉을 올려 둔 상태였습니다. 여전히 음악과 전시와 만화 등 다양한 예술을 접하고 있는지, 〈타인의 삶〉에서 그가 '액팅 터그'적인 연출가였는지도 물었습니다.

"그랬다고 생각해요. 연출을 하며 액팅 코치 역할도 했고, 작품의 맥락을 계속 읽어 내는 드라마터그의 역할도 했으니까요. 어떤 연출가들은 연기를 매우 정밀하게 보고 요구하기도 하지만, 저는 배우들이 마음껏 놀 수 있는 정확한 공연 구조와 장면을 먼저 만들고, 그 안에서 연기가 잘 작동할 수 있도록 디자인하려 했어요. 연기 외의 다른 디자인 요소들을 결정할 때도 특별히 미학적인 접근은 하지 않았고, 장면이 잘 작동되는지를 기준으로 삼았고요. 매일 에너지를 다 쏟으며 즐겁게 작업했습니다. 앞으로 연출 작업을 많이 하려고 해요. 열 개 정도의 작품을 잘 만드는 것이 1차 목표예요.
최근에는 영화 감상에 시간을 더 쓰고 있는데, 뭔가가 좀 바뀌고 있다는 생각이 들더라고요. 사조가 바뀐다고 해야 하나. 낭만주의가 자연주의로, 자연주의가 사실주의로, 또 표현주의로 전환됐던 것에는 이유가 있잖아요. 기존에 분명히 작동하던 톤의 연기가, 이제는 작동하지 않을 수도 있는 것이죠. 물론 날카로운 사유가 담겼다면 톤이나 사조와는 관계없이 좋아요. 하지만 이야기 자체는 좋아도 표현 방식이 너무 익숙한 나머지, 더 이상 저에게 작동하지 않는 경우도 분명히 있더라고요. 최근에 본 영화 중에서는 〈존 오브 인터레스트〉가 좋았어요. 그 이야기를 하는 목적은 관련된 다른 작품들과 다르지 않을지도 모르지만, 어떻게 해야 지금 시대에 더 잘 전달될지, 더 잘 닿을지, 그러니까 더 잘 작동할지 고민한 결과처럼 보였거든요."

손상규의 이야기를 들으니 새로운 사조에서 연기가 더 쉽게 작동할 수 있는 조건이 누구에게 있을지 궁금해졌습니다. 그는 곰곰이 생각한 끝에, 사조와 관계없이 날카롭게 고민해야 하는 질문을 저에게 돌려주었습니다.

**만약 지금이 어떤 새로운 사조가 만들어지고 있는 시기라면,**
**이 사조 안에서 잘 작동하는 방식의 연기는 연기를 많이 한 사람이**
**더 잘할까, 아니면 이제 막 시작하는 사람이 더 금방 잘하게 될까?**

_예술가는 자기가 하고 싶은 이야기를 하는 게 더 중요하다고 생각해,
사람들이 듣고 싶은 이야기를 들려주는 게 더 중요하다고 생각해?

*

# 연극을 좋아하는 사람들이 다 연극인이 되어 버리면

*

배서현

+[1]

# Prologue

연극의 3요소는 희곡, 배우, 관객이지요. 희곡도, 배우도, 관객도 정의하기에 따라 그 범주가 한없이 넓을 수는 있겠습니다. 사전적 의미로만 이야기하자면 희곡이 없는 연극도, 배우가 없는 연극도 존재할 수 있습니다. 그러나 관객이 없는 연극은 연극이라고 하기 어려울 것 같아요. 연극은 '보는 행위'를 전제로 한 예술이기 때문입니다. 그러니 배우인 저에게 관객이란 가장 중요한 존재라고 말해도 과장이 아닐 것입니다. 대부분의 연극인들이 첫 공연을 올리는 날 가장 많이 긴장합니다. 처음으로 관객을 만나며, 연극을 드디어 완성시키는 날이니까요.

하지만 때로는 복잡한 마음을 불러일으키기도 합니다. 사랑하는 만큼 잘 보이고 싶고, 외면당할까 무섭고, 공연에 관한 이야기를 신나게 나누고 싶다가도 무대 아래 제 초라한 모습을 들키게 될까 봐 겁도 납니다. 그래서 배서현에게 대화를 청할 때 조금 망설여지기도 했습니다. 그는 연극을 열정적으로 보는 관객이자, 언제부턴가 저에게 공연 소감이나 응원을 전하기도 하는 특별한 관객이었으니까요.

배서현은 SNS에 '관계'이라는 단어를 자기소개처럼 적어 두었습니다. 관객과 관계자의 합성어인 그 단어에는 그의 정체성이 잘 드러나 있습니다. 그는 연극을 누구보다 많이 보는 관객이면서 영미권 희곡을 우리말로 옮기는 번역가이자, 연극 축제의 자원 활동가로 극장 곳곳을 누비는 사람입니다.

〈어디서 본 건 있어가지고〉는 배서현이 창작하고 출연한 연극입니다. 저를 포함해 여러 직업 배우들이 그를 보기 위해 극장을 찾았습니다. 그는 '직업 관객'이라는 역할로 무대에 등장했습니다. 무대가 또 다른 객석이 된 것이지요. 무대와 객석이 전복된 것이 아니라, 그저 객석이 한없이 확장된 듯한 풍경이었습니다. 그 속에서 우리는 모두 함께 관계으로서의 시간을 보낸 셈이지요. 그는 놀라울 만큼 훌륭한 배우이기도 했습니다. 관객이자 공연자로서의 미세한 태도들을 섬세하게 운용하며, 우리의 극장을 무대와 객석이라는 이분법으로 나누지 않는 감각을 열어 주었지요.

저 또한 배우이지만, 무대에서 연기한 연극보다 객석에서 관람한 연극이 훨씬 많은 관객이기도 합니다. 다만 저는 주로 '직업 배우'의 시선으로 무대를 바라보았던 것 같습니다. 멋진 장면을 볼 때면 어떤 연습 과정을 거쳤을지 상상하느라 이야기를 한참 놓치기도 하고, 친한 동료들의 공연을 볼 때면 가슴을 졸이며 관객들의 반응을 살피기도 합니다. 저와는 반대로 '직업 관객'의 감각을 무대 위에서 펼쳐 낸 배서현의 이야기가 궁금했습니다. 자신을 바라보고 있는 관객들의 얼굴이 그에게 어떻게 다가갔을지. 서로의 관객으로서, 관계으로서 나누는 대화의 시간을 떨리는 마음으로 기다렸습니다.

배서현은 자크 랑시에르의 『해방된 관객』을 읽으며 약속 장소로 왔습니다. 대화 중 제게 한 구절을 발췌하여 읽어 주기도 했습니다.

"관객에게 공통된 힘은 어느 집단의 성원이라는 자격에서 오는 것도 아니고 어떤 특정한 형태의 상호작용과도 무관하다. 관객에게 공통된 힘은 자신이 지각한 것을 각자의 방식으로 번역하고, 그렇게 지각한 것을 개별적인 지적 모험과 연결하는 관객이 저마다 갖고 있는 힘이다."[24]

이 문장은 한 편의 연극을 보는 일이 얼마나 강렬한 행위가 될 수 있는지 상기시킵니다. 우리는 지각한 것을 어떻게 번역하고, 어떻게 우리의 지적 모험과 연결하고 있을까요?

관객 배서현과 대화를 나눈 기록입니다.

**배서현**

직업 관객을 꿈꾸는 직장인. 평일에는 연극과 전혀 관련 없는 일을 하고,
주말에는 연극을 세 편씩 본다.

+²

# Interview

## 무대에 오른 직업 관객의 이야기

(성수연) 〈어디서 본 건 있어가지고〉라는 연극을 만들어 신촌극장에서 공연하셨지요. 그 공연에서 본인을 '직업 관객'이라고 소개하셨고요. 관객과 창작자의 입장 사이에서 균형을 잘 잡으면서도, 굉장히 재미있는 위치에서 이야기하신다고 생각했어요. 그나저나 연기를 왜 그렇게 잘하시는 거죠?

_세상에, 그럴 리가요.

진짜로요. 직업 배우가 아닌 분들께 가끔 연기 너무 좋았다고 말씀드리면 그냥 후하게 평가해 주는 것이라거나 놀리는 거라고 생각하시더라고요. 그런데 저는 정말 좋았어요. 여러 관객 역할을 빠르게 하시는 장면 있었잖아요. 각 인물의 태도와 말을 단단하게 밀어 주는 것 같았어요. 멋있었어요.

_이렇게 분석적으로, 디테일하게 말씀해 주시다니. 감사합니다(웃음).

뻔한 질문일 수도 있는데요, 왜 연극의 직업 관객이 되셨나요? 다른 장르가 아니라.

_그러게요. 왜 연극이었을까 저도 생각을 해 봤는데, 좋아하는 배우님들이 안 계셨다면 여기까지는 못 왔겠다고 생각했어요. 장르에 대한 사랑만으로는 이렇게 오래 좋아하지는 못 했을 것 같고요. 사실 제가 배우 덕질을 좀 오래 했어요. 초등학교 때부터 드라마에 나오는 여자 배우들을 좋아했어요.

**와, 어떤 배우를 좋아하셨어요?**

_초등학교 때 하희라 배우를 잠깐 좋아했고, 5학년 때 김정난 배우를 좋아하면서 본격적으로 덕질을 시작했어요. 그분이 동국대학교 연영과 출신이세요. 팬카페에 10년 전 자료도 있고 그랬는데, 〈세 자매〉를 했다는 자료가 있으면 희곡을 찾아 읽고 하는 식으로 연극의 세계를 알게 됐어요. 직업 관객으로서의 첫 시작은 〈민들레 바람되어〉라는 연극이었는데, 그 연극에 이일화 배우가 출연했어요. 그분을 보러 갔다가 또 이지하 배우를 좋아하게 됐어요.
'연극이 왜 그렇게 좋아?'라는 질문에 대한 답은 늘 조금씩 바뀌었어요. 연극적 상상력 때문이라는 답변을 꽤 오래 갖고 있었는데, 요즘에는 그 답을 새로 쓸 때가 됐다는 생각을 하긴 해요. 일단 덕질 차원에서 말하자면, 드라마 덕질은 화면으로 보고, 팬카페에 글 쓰는 정도잖아요. 그런데 연극은 극장 앞에서 기다리면 볼 수 있으니까요?

**제 생각이 틀렸으면 말해 주세요. 저는 덕질을 할 수 있는 사람은 따로 있다고 생각하는 편인데… 그런 성정을 타고나셨나요?**

_저도 그렇게 생각해요. 타고난 성정이라고 생각해요.
언제 깨달았더라? 곰곰이 떠올려 보면 제가 대학교 1학년부터 3학년 때까지 연극만 봤더라고요. 다른 친구들은 대외 활동도 하고, 인턴도 하는데. 그래도 "좋아하는 게 있어서 좋겠다"고들 하는데, 이게 부러워할 만한 건 아니지 않나 싶었어요(웃음). 어쨌든 덕질은 할 수 있는 사람이 있고, 못 하는 사람이 있다고 생각해요. 배우님은 어떠신가요? 그런 성정을 좀 타고나셨나요?

**그런 것 같아요. 뭔가에 꽂히면 24시간 집요하게 빠져드는 편이고, 그것만 해야 되는 타입이에요. 어떻게 보면 저도 어렸을 때부터 연기 덕후였던 것 같아요. 그래서 직업 배우가 되었나 봐요.**

_진정한 '덕업일치'를 이뤘네요. 어린 시절에 그게 어떻게 드러났나요?

**어릴 때 하는 놀이 중엔 상황극이 많고, 그럴 때 일종의 메소드 연기를 하잖아요(웃음). 그런 것을 굉장히 좋아했어요. 또 드라마나 영화를 보다가 배우의 어떤 순간이 좋으면 장면을 계속 곱씹어 생각하고, 좋은 것은 처음부터 끝까지 외울 정도로 반복해서 보기도 했고, 본 것을 다른 사람 앞에서 다시 연기하면서 얘기하는 것도 좋아했어요. 학교 다니면서는 읽고 상상할 거리가 많은 국어 과목을 좋아하고 잘하는 편이었고요. 서현 님은 학창 시절 특별히 좋아하거나 잘하는 과목이 있었나요?**

_저는 좋아하는 선생님 과목을 잘해야겠다는 생각이 컸어요. 매년 좋아하는 선생님이 있었거든요. 좋아하는 걸 잘하고 싶다는 마음은 연극에도 그대로 적용되는데. 역시 덕질이 아니면 약간 설명이 안 되는 인생…. 그래도 모든 과목을 다 잘해야 직성이 풀리는 편이었어요. 대학생이 되고서 돌아보니 그 시절에 공부를 좀 덜 열심히 하고, 인간관계나 인성과 관련된 부분을 더 신경 썼으면 어땠을까 싶더라고요.

인성이 왜…

_공감 능력이 낮은 편이에요. 연극을 보면서 공감 능력이 조금 개선됐다고 생각해요. 조금! (웃음)

## 관객은 무엇으로 말하나

**〈어디서 본 건 있어가지고〉 공연 중 티켓북을 한 장씩 넘기며 본 공연들의 제목을 말씀하시는 장면이 인상적이었어요. 공연들의 제목과 함께 어떤 시기들을 함께 떠올릴 수도 있었고, 서현 님의 '직업 관객'으로서의 생각 변화를 듣는 것도 재밌었고요. 그래서 말인데, 가장 최근에 보신 공연부터 역순으로 제목을 한번 쭉 불러 주실 수 있나요? 듣고 싶어요.**

_〈웰킨〉, 〈오아시스〉, 〈트랙터〉, 〈베로나의 두 신사〉, 〈그 순간, 시간이 멈춘다〉, 〈인간이든 신이든〉, 〈당선자 없음〉, 〈부서진 마을로 가는 빈 상자들〉, 〈구두점의 나라에서〉, 〈영자씨의 시발택시〉, 〈A.SF_비거니즘의 세계〉, 〈순교〉, 〈소극장판-타지〉, 〈서울 도심의 개천에서도 작은 발톱수달이 이따금 목격되곤 합니다〉, 〈네이처 오브 포겟팅〉, 〈미드-필ㄷ-ㅓ〉, 〈죽음의 집〉, 〈고인돌 위에 서서〉, 〈기억여행〉, 오페라 〈아틸라〉, 〈몸쓰다〉, 〈프리다〉, 〈리어〉, 〈눈을 뜻하는 수백 가지 단어들〉, 〈GV 빌런 고태경〉, 〈콜타임〉, NTOK 라이브 〈엉클 바냐〉, 〈갈매기〉, 〈트랜스!〉, 〈빌리 엘리어트〉, 〈머핀과 치와와〉, 〈조각난 뼈를 가진 여자와 어느 물리치료사〉, 〈가족이란 이름의 부족〉, 〈마우스피스〉, 〈스핏파이어 그릴〉. 올해 본 공연들입니다.

**와. 〈어디서 본 건 있어가지고〉 2편은 어떤 내용일지 기대되는데요, 만들어 주시면 안 되나요?**

_관객과의 대화 때도 재공연 문의를 많이 받았는데, "연극은 저에게 결혼식 같은 거라서 여러 번 할 수는 있지만 한 번 하는 게 제일 좋다"고 얘기한 적이 있었어요.

**그 공연을 어떻게, 왜 만들게 되셨는지 궁금해요.**

_요즘 돌이켜 보면, 관객으로서 살아온 시간을 인정받고 싶었던 일종의 투쟁이었던 것 같아요. 물론 저보다 훨씬 오래 연극을 보신 분들도 계시지만요. 「전지적 독자 시점」이라는 인기 웹소설을 즐겨 읽었었는데, 한 교수님이 그 소설을 "실제로 「전지적 독자 시점」의 서사는 판타지 소설을 읽어 온 나에게 끊임없이 동경을 표하고 인정받으려는 투쟁에 가깝습니다"[25]라고 분석하신 글을 봤어요. 어쩌면 제 공연도 그런 맥락이었을 수도 있겠다 싶었어요.
저에게는 그 무엇보다도 '관객'이라는 정체성이 가장 큰데, 제가 어디 가서 "안녕하세요. 관객 배서현입니다."라고 하면 "뭔 소리야?" 하겠죠(웃음). 그게 약간 서운한 마음이 있었어요. 또 흔히 하는 "오늘 공연의 주인공은 관객 여러분입니다." 같은 말 있잖아요. 그런데 저는 한 번도 객석에서 나를 주인공이라고 느껴 본 적 없거든요. 그렇다면 '관객이라는 정체성을 유지하며 무대에서 발화하는 게 가능할까?' 또 '배우는 연기로 말하고, 디자이너는 디자인으로 말하는 부분이 있겠지, 그러면 관객은 무엇으로 말할 수 있지?' 이런 질문이 떠올랐어요.
저는 사실 후기를 잘 쓰는 관객도 아니거든요. 물론 연극의 영향을 받아 일상이나 생각의 변화가 일어났을 수도 있겠지만, 그땐 유치하게도 그냥 무대에 직접 올라야만 관객으로서의 말을 하는 기분일 거라고 생각했어요. 그래서 공연이 끝나고 나니 제가 연극이랑 결혼식 한 것 같다는 생각이….

**재밌어요. 결혼 이후 둘 사이의 관계가 달라진 점이 있나요?**

_연애와 결혼의 감정이 다르다고 하잖아요. 저는 이제 풀타임 5년 차 관객인데, 연극이 너무 좋을 때도 있었고, 사명감으로 봤던 때도 있었고, 뭘 봐도 감흥이 없을 때도 있었어요. 일종의 권태기가 왔다 가기도 했죠. 어떤 공연 놓치면 큰일 날 것 같을 때도 있었는데, 지금은 그런 집착도 줄었어요. 그렇게 놓친 공연을 재공연하는 경우가 많아지기도 했고요. 연극이 동반자 같다는 생각을 요즘 들어 해요.
저는 '관객 정체성으로 무대에 오르는' 창작을 했고, 오늘 이렇게 인터뷰하게 된 것도 그 지분 때문이라고 생각해요. 제가 공연을 가장 오래 본 관객도 아니고, 후기를 많이 쓰거나 가장 열성적인 관객도 아니에요. 그런데도 이런 초대를 받은 것은 제 자리를 한번 바꿔서, 그러니까 '창작'이라고 부를 수밖에 없는 경험을 했기 때문이겠죠. 그래서 이미 순수한 관계는 끝났다, 관객으로서의 순수를 잃었다고도 생각해요. 만약 2편을 만든다면, 전혀 다른 것을 해야 한다는 생각을 하고 있어요.

**'관객은 무엇으로 말하지?'라는 질문이 좋아서 계속 생각하게 돼요. 어디까지가 창작의 범주인지에 대해서도요. 관극 후 의견을 말하거나, 리뷰를 쓰는 것도 일종의 창작일까요? 내가 본 공연을 내 것으로 만드는 방법, 혹은 관객으로서 말하는 방법이 꼭 콘텐츠의 생산이어야 할 필요는 없을 텐데. 그러면 어떤 방법이 있을 수 있을까요? 나는 관객으로서 무엇을 어떻게 말하고 있는지 생각해 보게 돼요. 단순히 감상에 대한 것이라면 주로 좋았던 것들을 크게 많이 말하고, 안 좋았던 건**

**아예 안 하거나 아주 작게 말하는 편인데…**

_‘당신이 먹는 것이 당신이다’는 말처럼, 관객이라면 ‘당신이 보는 것이 당신인가?’라는 생각을 한 적이 있어요. 저는 제 취향이 굉장히 중요한 사람이고 취향이 저를 말해 준다고 생각하는데, 그렇다고 내가 본 공연이 곧 내가 되는 건 아니잖아요. 예를 들어 비건에 관한 공연을 본다고 해서 제가 비건이 되는 건 아니니까요. 보는 것이 저의 전부는 아니지만, 내가 공연을 선택하는 방식이 어느 정도 저를 보여 주는 것도 맞아요.

그래서 저는 취향과 정체성은 다르다고 생각해요. ‘나는 이 공연의 생각에 동의하지 않아’와 ‘이 공연은 내 취향이 아니야’는 분명 다르거든요. 연극의 생각에 완전히 동의해도, 실제 삶에서 그 생각을 행동으로 옮기기 어려워 정체성까지는 되지 못할 때도 있어요.

‘이런 공연을 보는 나, 엄청 진보적인 사람? 사실 나는 그렇게까지는 못 되는데 어떡하지? 그냥 “그건 내 취향이 아니었다.”라고 하면 괜찮은 걸까?’ 이런 고민을 했어요.

학교 다닐 때라면 수업을 들으며 더 깊게 고민했을 텐데, 지금은 취준생의 정체성이 제 삶에 크게 자리하다 보니 이런 고민이 잠시 유보된 상태예요. 그게 요즘 제 문제랍니다.

**유보되는 시간만큼 오히려 다른 차원에서 고민이 잘 숙성되지 않을까요?**

_그렇게 된다면 좋겠어요.

**올해 보신 공연 제목을 쭉 읽어 주셨잖아요. ‘이것이 배서현이다’라고까지 할 순 없겠지만, 이것들은 배서현의 일부, 라는 느낌은 분명히 들었던 것 같아요.**

_시간이 지나며 보는 것의 취향과 주관이 더 분명해진 것 같아요. 예전보다 보는 공연의 양도 전체적으로는 줄었고요. 한때는 제가 너무 진보적이라고 생각했던 것들이 사회가 변하면서 다르게 받아들여지기도 하고, 제 안에 체화된 것들도 있어서, '내가 본 연극들이 결국 나를 설명해 준다'는 생각이 들어요. 물론 아닌 지점도 있지만요.
'생각할 거리를 던져 주는 연극'이라는 표현 흔히 하잖아요. 아무 정보값도 없는 말이라고 생각해서 좋아하지 않는 표현이에요. 구체적으로 어떤 생각을 했는지, 그 생각이 어떻게 행동이나 실천으로 이어졌는지에 대한 이야기가 없어요. 하지만 동시에 그래서 편한 표현이고, 결국 저도 그 표현으로 돌아갈 때가 있어요(웃음).
내가 본 공연이 내 삶의 일부가 되기까지는 많은 게 필요하잖아요. 생각할 거리, 그러니까 질문을 던져 주는 공연은 사실 중요한 것 같아요. 어떤 공연은 그냥 "잘 봤습니다. 그런데 내일 출근해야 돼서요."로 끝날 때도 있어요. 그래도 시간이 지나며 공연이 던진 질문에 대해 제 의견이 생기기도 해요.
요즘 제가 하는 생각은 '이 공연을 보는 나'에만 안주하지 않기. '난 이런 공연을 봤으니 뭔가 실천한 거야'라고 스스로 위로하지 않기.

와, 멋져요. 저도 그렇게 생각해야겠어요. '그 공연을 했던 나'에 안주하지 않기.

_그래도 공연을 보는 것보다 하는 게 좀 더 실천적인 것 아닌가요?

공연을 '하는 도중의 나'는 그렇지만, '했던 나'는 또 안주할 수도 있으니까. 엄밀히 말하면 제가 한 것은 연극이지, 구체적인 행동은 아니었을 때도 있으니까요.
서울프린지페스티벌에서 인디스트(자원 활동가)도 하셨고,

**변방연극제에서도 활동하셨잖아요. 그런 활동들은 어떤 이유로 하게 되셨나요?**

_인터뷰 전에 창작자와 관객이 저의 정체성에서 차지하는 비율을 물어보셨잖아요. 그래서 연극과 관련해서 가진 정체성이 뭐가 더 있을까 생각해 봤어요. 관객, 창작자, 번역가, 학생, 자원 활동가 이렇게 다섯 가지가 떠올랐어요.

자원 활동은 처음에 SPAF(서울국제공연예술제) 해외 공연 진행 팀에서 통역으로 시작했는데, 그냥 공연에 가까이 가고 싶었던 마음 때문이었어요. 저 세계 안에 들어가 보고 싶은데, 직업으로 완전히 들어가기는 아직 무섭고, 자원 활동이야말로 특별한 준비 없이도 제일 가까이 갈 수 있는 방법처럼 보였거든요. 머리가 좀 더 굵으니까 내가 그 고생을 돈 하나도 안 받고 했구나 싶지만(웃음)….

프린지는 정말 재밌었어요. 같이 했던 인디스트들이 너무 좋아서 아직도 연락하는 분들도 있고요. 변방연극제에서는 해외 공연 팀 통역 일을 메인으로 했고, 사무국 일도 했어요. 그때 MD 판매도 했는데, 연극인들이 공연을 보러 오니까 서 있는 위치가 반대가 되어서 새롭고 재밌었어요.

**지금 연극과 관련되지 않은 정체성 중 하나를 여쭤보면 무엇을 말해 주시겠어요?**

_작년이었으면 없었을 텐데, '취준생'이요. 제 전공은 경영학인데, 이쪽에서는 직업을 고를 때 산업과 직무를 정해야 해요. 어떤 산업에서 어떤 일을 할 것인가? 저는 직무보다는 산업이 중요한 사람이더라고요. 연극이 저에게 중요하지만 연극 쪽은 일단 산업은 아니라고 생각하기 때문에, 다른 산업에서 돈을 열심히 벌어서 여기에 투자를 하자

고 생각했어요. 일단 조금은 비슷한 점이 있는 미디어와 영화 산업을 택했고, 지금 그 회사에서 인턴을 하고 있어요. 저는 좋아하는 것이 확실하고, 연극과 비즈니스 둘 다 좋아해서 교집합을 찾고 싶은데… 없으니까(웃음). 이렇게 두 가지에 걸쳐 있으면 어디에든 걸쳐 있기는 한 건데, 사실 대부분 제가 하게 되는 일은 연극도 아니고 진짜 비즈니스도 아니에요. 왜 저는 좋아하는 걸 그냥 용기 내서 직업으로 삼거나, 아니면 깔끔히 취미로만 두지 못하고 굳이 그 중간을 찾으려 하는 걸까요. 그러다 보면 이도 저도 아닌 게 되어 버리기도 하는데 말이에요.

**우리 각자 관객과 창작자로서의 정체성을 주요하게 걸었을 때, 떠오르는 말을 한마디씩 주고받으면 어떨까요? 그러다 길게 얘기할 것들이 생기면 또 나누고요. 일단 창작자 성수연과 관객 배서현으로.**

_‘티켓팅’. 오늘 트위터에서 이런 말을 봤거든요. “내가 뮤지컬을 좋아하면 인생이 뮤지컬로 가득 찰 줄 알았는데 티켓팅으로 가득 찼다.”

**‘관점’.**

_저는 방금 ‘티켓팅’ 얘기했는데 그렇게 멋진 단어 얘기하시면 어떡해요.

**‘긴장’.**

_‘직업’.

'책임감'. 저 착한 척하는 것 같나요?

_긴장과 책임감이라고 하시니… 그럼 '응원'.

'첫 공연'.

_'관객과의 대화'.

따라 해야지. '관객과의 대화'.

_'일상'. 오늘처럼 인터뷰하는 것은 비일상 이벤트고요. 처음이자 마지막이 아닐까요?

'빈 무대에서 빈 객석을 보며 몸 풀 때의 느낌'.

_'해방된 관객'. 오늘 카페에서 약속 시간을 기다리며 랑시에르의 『해방된 관객』을 읽었어요.

'관객'. 결국 가장 많이 생각하게 되는 것은 역시 관객인 것 같아요. 관객에게 어떻게 가닿을까. 배우가 연기할 때 배우 안에서는 뭔가가 발생하고 있겠지만, 그것이 객석에는 어떻게 닿을까. 나 혼자만의 '진짜'를 하는 게 아니라 이게 이 극장 전체에 작동하는 '진짜'가 되게 하려면 어떻게 해야 할까. 저는 그런 순간을 만드는 게 정말 어려운 일이라고 생각해요. 그런 생각을 할 때 머릿속에 늘 관객이라는 존재가 있어요. 늘 있어요. 떨쳐 내지 못하는 생각이고, 만나고 싶은 동시에 두렵고, 너무나도 닿고 싶은 존재들로서 머릿속에 있어요. 그래서 그 고민을 놓을 수가 없어요.

_이야기 들으며 갑자기 생각났는데, 〈우리는 농담이(아니)야〉를 보고 나서 SNS에 큰 소리를 지르는 연기의 효과에 대해 쓴 적이 있어요. 그 소리를 앞줄에 앉아서 들으면 진짜로 소리의 진동에 의해서 몸이 떨리거든요. 그때 '뭔가 작동한다'는 느낌을 받았고, 저는 그걸 '작동'이라고 생각했어요. 관객을 만날 때 기대가 더 크세요, 걱정이 더 크세요?

**기대가 될 때도 있지만, 솔직히 말하면 걱정이 더 클 때가 많아요. 무서울 때도 있고요.**

_관객 수가 점점 는다거나 관객층이 넓어진다거나, 그런 것을 체감할 때도 있으세요?

**한 번에 확 느낀 것은 아니고요. 제1회 페미니즘 연극제 때 축제 같다고 느낀 기억이 있어요. 여성 창작자에게 보내는 응원도 체감하고요. 당시 관객 집회는 창작자들에게 여러 차원에서 큰 영향을 끼쳤다고 생각해요. 그중 하나는 관객의 존재를 이전과는 다른 방식으로, 정확하고 새롭게 인지했다는 사실이죠. 그때 서현 님은 어떠셨어요?**

_그때는 제가 막 연극을 보기 시작했을 때였어요. 공연에서도 대사로 썼지만, 좋아하기 시작한 지 얼마 되지도 않았는데 와장창…. 그래서 저의 관객 커리어는 시작부터 한 번의 멸망과 재건 시기가 있었답니다.

**'멸망과 재건'. 재미있네요. 그 멸망과 재건 시기를 함께 겪은 것을 느낄 수 있어서 더 잘 닿고 싶고, 그래서 무섭고 걱정되기도 하고 그러는 것 같아요.**

_맞아요. 저도 그랬던 것 같아요. 관객일 때는 공연을 보고 나면 이 시간은 온전히 내 것이고, 관객인 내가 해석하기 나름이라고 생각했는데, 막상 창작자의 입장이 되니까 관객에게 어떻게 보일지 너무 무서웠어요.

**그럼 자연스럽게 창작자 배서현과 관객 성수연의 단어로 넘어가 볼까요?**

_좋습니다.

**'예술인 할인'.**

_어렵네. '결혼식'.

**'관객 연기'. 이게 뭐냐면 객석에서 무대 위의 배우들을 향해 연기하는 거예요. 코로나 팬데믹 이후 마스크를 쓰니까 무대로 웃는 얼굴이 전달이 안 될까 봐 몸을 막 움직이면서 나의 웃음을 알려요.**

_음… 자꾸 망설이게 되는 걸 보니 저는 관객 정체성 비율이 현저히 높은 거 같아요. '연극의 3요소'.
〈어디서 본 건 있어가지고〉 공연 소개에 '아무것도 안 하고 객석에 있는 것만으로도 연극의 3요소가 될 수 있다고?'라고 썼었어요. 연극의 3요소가 되려면, 그냥 앉아 있는 것만으로는 뭔가 부족하다고 생각했고, 실제로 무대에서 실연하는 방식의 창작은 아니어도 뭔지 모를 어떤 창작을 관객 입장에서도 해내야 3요소 중 일부가 될 수 있다고 생각했거든요.

**'내가 창작자가 아니어도 관객일 수 있을까?' 아까 관객과 창작자의**

배서현

정체성이 각 50퍼센트 정도씩 되는 것 같다고 말했었는데, 이야기 나누다 보니 저는 이미 창작자의 시각을 버릴 수 없는 관객 같아요. 이런 제가 창작을 혹시 안 하게 된다면 과연 연극을 보러 올까요?

_'관계자'. 그래서 제 페이스북 자기소개에 '관객'이라고 쓰여 있어요. 아마 한창 자원활동 할 때 관객으로 오신 관계자들이 제게 "관계자 다 됐다"고 하셔서 써 둔 말로 기억해요.

와, 서현 님 정말 언어의 마술사. 〈어디서 본 건 있어가지고〉 2편 당장 만들어 주세요. 당장 못 하신다면 결혼 2주년 기념 파티라도.

## 미래 연극 상상하기

앞으로 10년 동안 보고 싶거나 하고 싶은 연극, 아주 개인적인 욕망도 상관없이 이야기해 볼까요?

_〈너에게〉 재공연 보고 싶어.

무대에 청소년, 장애인, 다양한 젠더와 나이대의 인물을, 되도록 가장 당사자성이 일치하는 사람들이 맡아서, 하지만 완전히 드라마적 인물 연기를 하는 연극을 보고 싶어.

_멋져요. 확신의 순간을 주는 연극을 보고 싶어. 저는 선택에 완벽주의가 있어요. 내가 선택할 수 있는 모든 옵션을 알고, 거기서 최선의

선택을 하고 싶다는 강박인데, 이것만으로도 충분하다는 생각을 할 수 있는 연극이요.

**진짜 뻔하고 유치한 말 할게요. 정말 사랑이 넘치는 연극을 하고 싶어.**

_중요하죠. 직업 관객이랑 직업 배우랑 한 무대에 서는 연극을 해 보고 싶어.

**'보고 싶다'가 아니라 '하고 싶다'네요?**

_그렇게 됐네요? 하고 싶다.

**격식을 차려야만 될 것 같은 큰 극장에서 다 같이 떠들썩하게, 심지어 뭔갈 먹으면서 볼 수 있는 연극을 하고 싶어.**

_신촌극장에서 평일 낮에 문 열어 놓고 하는 연극을 보고 싶어.

**조금 불편하고 위험할 수도 있는 질문을 자신 있게 던지는 연극을 보고 싶어.**

_날카로운 질문을 던지는 연극. 아! 청와대에서 하는 연극 보고 싶어.

**와, 무슨 공연이면 좋을까? 고전은 너무 뻔하려나? 하찮은 얘기처럼 보이지만 정신 못 차릴 정도로 정치적이고 심지어 섹시한 연극이면 좋겠어요.**

_저의 상상력은 여기까지인가 봐요. 어쨌든 저는 저에게 질문을 던져

주는 연극을 보고 싶어요. 그리고 나만의 답으로 끝날 수 있는 연극을 하고 싶어요.

## 너도 연극인이 되지 않게 조심해

**〈어디서 본 건 있어가지고〉에 등장공룡이 등장인물인 '직업 관객'에게 "너도 연극인이 되지 않게 조심해."라고 하잖아요. 연극인이 되지 않게 조심하려는 이유가 있으신가요?**

_그보다는 관객으로 남고 싶은 이유를 말하는 것이 더 낭만적일 것 같아요(웃음).
좋아하는 배우들과 퇴근길에 이야기하거나 메시지를 주고받을 때, '저도 배서현 님을 응원해요' 이렇게 말씀해 주시는 분들이 계세요. 어떻게 보면 삶에서는 공통점을 찾기 어려운 관계이지만, 서로 잘 알지는 못해도 응원하는 관계로 남을 수 있다는 것이 참 좋거든요. 어쩌면 적당한 거리가 있어 가능한 관계일까요?
또 이런 생각을 해요. 연극을 너무 좋아하는 사람들이 다 연극인이 되어 버리면 연극은 누가 보지? 볼 사람이 없지 않나? 그래서 내가 봐야겠다, 이런 생각이요. 오래 관객으로 남아 있는 것에도 의미가 있다고 생각하고, 나중에 좋아하는 배우들의 구술 채록을 하고 싶어요. 그래서 지금 그들의 연극을 계속 보며 사라지는 것들을 아카이빙 하고 싶어요. 살아 있는 역사가 되겠다는 거창한 말은 아니고, 그냥 오래오래 목격하고 싶어요.

창작자인 관객이 되는 것이 아니라, 어쨌든 관객으로 남아 있으면서 아까 말씀하신 '연극의 3요소'적 관객의 창작을 하고 싶으신 거지요? 꼭 그렇게 하셨으면 좋겠어요.

_감사합니다.

**지금 네가 좋아하는, 혹은 좋아했던 배우 중 한 명을 떠올려 봐.**
**그 사람의 무엇이 너를 그렇게 매료시켰어?**

혼자 무대에 있으면 외롭지 않아?

**너는 공연을 보고 집에 돌아가는 길에**
**그 공연의 영향을 받아서 외롭다고 느낄 때가 있어?**

매일 전화하는 사람 있어?

**목소리의 크기에서 비롯되는 진동 말고도**
**객석의 너를 작동시키는 요소는 또 뭐가 있어?**

최근에 너도 몰랐던
너의 모습을 발견한 적 있어?

**공연하면서 혹은 끝난 직후에 '어, 나 이거 좀 잘했는데?' 라고**
**느꼈던 순간 있어?**

시간이 지난 후에 알게 되는 것들을
그때 알았더라면 얼마나 좋았을까?

**언젠가 나올 너의 구술채록집에는**
**몇 명의 이야기가 실리게 될까?**

영원을 약속할 수 있을까?

+³

# Epilogue

2025년 1월, 배서현을 다시 만났어요. 그 사이 우리는 많은 무대와 객석, 객석과 객석에서 눈을 마주쳤습니다. 어느덧 직장인이 된 그에게 연극과의 결혼 생활에는 달라진 점이 있는지, 연극이 좋은 이유에 대해 새롭게 발견한 답이 있는지 물었습니다.

"저도 당연히 제가 연극을 본 횟수가 줄었을 것이라고 생각해서 세어 봤는데, 하나도 줄지 않아서 당황했어요. 큰 변화가 생기지 않는다면 계속 이 정도로 볼 것 같아요. 연극이 왜 좋은지에 대한 답은 아직 새로 쓰지 않았어요. 회사 동료들이 물어도 솔직히 잘 모르겠어요. 어쩌면 연극은 저에게 너무나도 당연한 뭔가가 된 게 아닐까 생각해요. 다른 관객 친구와도 그런 얘기를 했었는데, 그 친구가 '우리에게 그런 질문은 왜 TV를 보느냐는 질문과 똑같다'고 하더라고요. 〈어디서 본 건 있어가지고〉의 속편을 만들 생각은 없지만, 연극을 하고 싶다는 생각을 자주 하고 있어요. 나름대로 실천도 하고 있고요. 입사와 동시에 연극 적금을 만들어서 일정 금액을 모으고 있고, 이 돈으로 언젠가 연극을 하겠다고 생각하고 있어요. 또 친구들과 함께 영미 희곡 번역 모임도 하고 있어요. 스탠드업 코미디도 공부하고 있고요. 스탠드업 코미디에서도 관객의 정체성으로 무대에 설지는 아직 모르겠어요."

두 차례의 대화를 나누는 동안 두 관객 간의 거리는 더 가까워졌습니다. 서로의 걸음을 지켜보는 친구가 되었다고도 할 수도 있겠네요. 어느 날 배서현은 안희연 시인의 『당근밭 걷기』를 제게 보내 주었습니다.

따뜻한 주황색과 예상치 못한 응시의 순간을 떠올리게 하는 그 아름다운 시를 읽으며, 오래 전 주황색 소파를 끌고 광화문 일대를 걸었던 때가 떠올랐어요. 〈당신의 소파를 옮겨드립니다〉라는 거리극에서였습니다. 관객들은 알아보기 어려운 지도 한 장으로 퍼포먼스를 찾아다녀야 했고, 운이 나쁘면 저는 우리 공연을 보러 온 관객을 아무도 만날 수 없는 상황이었지요. 저는 이런 것이 연극이 될 수 있는지 의구심을 가진 채로, 첫 공연을 하기 위해 횡단보도 앞에 섰습니다. 그러다 신호에 걸려 잠시 멈춘 버스 안 어떤 승객과 눈이 마주쳤을 때, 저는 깨달았습니다. 연극이란 문득 발생할 수도 있다는 것을, 그리고 서로의 관객인 동시에 서로의 배우가 되는 일이 가능하다는 것을요. 저와 승객은 한참 동안 서로를 응시했습니다. 버스가 떠나며 짧은 연극은 끝났어요. 하지만 그 응시로부터 또 다른 연극이, 그로부터 한참 뒤에 발생할 수도 있다는 것을 배서현을 통해 알았습니다.

시를 읽으며, 마지막 질문을 던지던 목소리를 다시 생각했습니다. 그리고 짧은 연극이 끝나도 또 다른 이야기가 시작될 수 있다는 것처럼, 우리가 서로를 오래 응시하는 배우이자 관객이기를 바랐습니다.

_무언가를 기꺼이 믿으려면 얼마만큼의 시간이 필요할까?

*

# 갑작스럽게
# 변하는 일은
# 드물겠지만,
# 조금씩 조금씩

*

권은혜

Disneyland

+[1]

# Prologue

배우 권은혜와 저는 둘 다 로봇 배역을 연기한 적이 있습니다. 저는 연극 〈액트리스 원: 국민로봇배우1호〉, 〈액트리스 투: 악역전문로봇〉에서 각각 연기하는 로봇 '액트리스 원'과 '액트리스 투'를, 권은혜는 연극 〈너의 왼손이 나의 왼손과 그의 왼손을 잡을 때〉에서 객실 승무원 로봇 '벨보이'를 연기했지요. 농담처럼 '로봇 배우 모임이라도 만들어 보라'는 말이 나올 정도로, 지난 몇 년 한국의 연극 무대에는 로봇뿐 아니라 동물, 곤충, 미생물 등 다양한 비인간 존재들이 등장하고 있습니다.

연극 평론가 김옥란은 이를 두고 "기후 위기와 환경 재난, 그리고 지금 막 지나온 코로나19라는 전 지구적 팬데믹의 경험으로 포스트휴머니즘의 생태학적 관점은 점점 더 긴박한 논의 주제가 되고 있다"[26]고 말합니다. 포스트휴머니즘은 인간중심적 사고를 벗어나 인간과 비인간 존재의 관계를 새롭게 사유하는 철학적 담론입니다. 비인간 존재들은 인간의 배경으로 놓이거나 인간을 은유하고 대리하기 위해 의인화된 방식으로 출연하는 것이 아니라, 존재 그 자체로 무대 위에 등장합니다.

저 또한 비인간 연기는 최근 가장 큰 화두 중 하나입니다. 〈B BE BEE〉에서는 '인간 배우는 어떻게 꿀벌을 연기할 수 있을까?'라는 질문으로 시작했습니다. 연습 과정에서 질문은 계속 확장되었지요. '인간 배우는 왜 꿀벌을 연기해야 하지?' '인간이 만들고 인간이 보는 연극에 비인간 존재들은 왜 등장해야 하지?' '연기를 잘했는지는 누가 판단할 수 있지?' '인간중심적인

사고에서 벗어나는 감각은 어떤 감각이지?'

이런 질문들을 통과하며 저는 제가 전부 알 수 없는 꿀벌의 세계를 제가 아는 만큼의 세계로 끌어오는 일을 하지 않기로 결정했습니다. 배역의 말과 행동을 이해하는 일을 우선시하지 않기로 한 것입니다. 인간중심적 이해에 의존하지 않고 오히려 인간으로서의 몸과 마음에 균열을 내고, 그 틈으로 경이로운 꿀벌의 세계를 잠시 엿볼 수 있는 장면들을 만들고자 했습니다. 이를 '비인간 등장시키기' 또는 '비인간 연기하기'라고 일시적으로 정의하기도 했고요. 중심을 흐트러뜨리는 이 과정은 매우 어렵고도 즐거웠습니다. 감각을 새롭게 구성하는 일이기도 했으니까요. 인간이 만들고 인간이 보는 연극에 비인간 존재들은 왜 등장해야 할까요? 연극을 만드는 과정에서 저는 일시적인 답을 찾았습니다. 등장하게 하는 일은 드러내는 일이고, 드러내는 일은 곧 살리는 일이라고요. 인간이 중심이었던 세계에서 드러나지 못했던, 그래서 살길이 막막했던 존재들을 드러내어 살리기 위해서는 보는 법과 듣는 법을 새로 공부해야 했습니다. 인간 아닌 존재들은, 특히 곤충들은 아주 작거나 아주 빠르고, 우리가 쉽게 들을 수 없는 소리를 내니까요. 표현의 방법도 다시 찾아야 했습니다. 말 그대로 내 몸과 마음에, 그리고 내 삶에 새로운 길을 내는 일이라고도 할 수 있었습니다. 하지만 그 길이 언젠간 저를 살려 낼 길이 될 것이라고 믿으며 지금도 고민하고 있습니다. 비슷한 고민을 하는 동료들과 종종 이야기를 나누면서요.

2023년 여름, 배우 권은혜와 대화를 나눴습니다. 그는 로봇과 퀴어 배역을 통해 시대와 연극의 변화를 몸으로 체감하고 있었지요. 배우들은 공연 현장의 맨 앞 선에서 관객과 만나며 새로운 담론을 실행하고, 감각적인 반응을 체득합니다. 이렇게 쌓인 감각은 새로운 공연에 자연스레 반영됩니다. 그 감각을 소중히 기록하는 일은 언젠가 배우들을 새로운 담론을 만들어 내는 주체로 자연스럽게 세워 줄지도 모릅니다. 제가 배우들의 경험을 기록하고 질문을 나누는 이유도 담론의 장에서 종종 배제되어 온 그들이 자기 언어로 시대와 연극을 말하게 하고 싶어서인지 모르겠습니다.

배우 권은혜와 대화를 나눈 기록입니다.

**권은혜**

결국엔 '나'라는 존재를 찾고 싶어 하는 사람. 그 길을 찾아 연극배우 활동과 함께 액팅 코치, 스크린 배우로도 활동 무대를 넓히고 있다.

+²

# Interview

## 로봇과 인간 사이에서 달라지는 것들

권은혜 배우님이 여러 비인간 역할을 많이 하셨다고 들어서 그에 관한 대화를 나눠 보고 싶었어요. 최근 〈너의 왼손이 나의 왼손과 그의 왼손을 잡을 때〉(이하 〈왼손〉)에서 로봇 역할도 하셨고요. 배우님이 하신 로봇 연기를 정말 재미있게 봤어요. 특히 노쇠한 로봇이 큰 나무와 부딪히는 장면이 인상적이었어요. 부딪혔을 때의 모양이 특히 그랬는데, 왜 배로 부딪히는 선택을 하셨나요?

_제가 실제로 안전하기 위해서, 그리고 소리가 잘 나게 하려고 그렇게 했어요. 연습할 때 바닥으로 확 떨어져 보기도 했고, 머리까지 부딪혀 보기도 했어요. 여러 방법으로 해 봤는데 배랑 가슴으로 부딪히는 것이 좋겠더라고요. 의상에 달린 단추 덕에 부딪히는 소리는 잘 나고, 저의 몸은 안전하고요.

몸이 휜 모양이 굉장히 멋졌어요. 이야기를 나눠 보니 더 흥미롭네요. 배우가 안전하기 위해서 선택한 것이, 보는 사람에게는 굉장히 위태롭게 느껴지는 모양이었던 것 같아서요. 사람의 배와 가슴 쪽엔 주요 장기들이 있어서 그런지 그쪽을 확 열어서 어딘가에 부딪히는 모습을 보면서, 저는 그냥 보는 것뿐인데도 내 배를 확 웅크리게 되는 감각을 느꼈거든요.

_그렇게 보여서 다행이네요.

**그러고 보니 〈윈손〉을 제외하면, 2023년 올해 하시는 작품들에서는 전부 인간 역할을 맡으셨네요. 소감이 어떠신가요?**

_연극을 시작한 후, 한 해에 작품을 이렇게 많이 한 것도 처음이지만 일상적인 차원에 있는 인간 역할을 이렇게 많이 한 것도 처음이에요. 사람들과 일상적인 대화를 나누는 역할. 농담이지만 '이렇게 편할 수가 있나' 싶기도 했어요(웃음). 제 생활과 맞닿은, 일상에서 하던 고민을 적용할 수 있으니까요. 예를 들어 〈몬순〉의 '홀키' 는 그냥 '권은혜'로서 해도 되는 느낌이어서 좋았어요. 그렇지만 비인간 역할을 연기할 때와는 다른 고민을 더 해야 한다는 생각도 들었고요.

**〈몬순〉에서 배우님이 맡으신 '홀키'는 중심인물의 주변에 있는 것처럼 보여도, 그 인물만의 서사를 충분히 상상할 수 있는 인물이었고, 직접 드러나지 않는 그의 서사가 매 장면에 굉장히 풍성하게 작동하고 있다는 생각을 했어요. 비인간 역할을 연기할 때와는 다른 고민을 더 해야 한다고 말씀하신 부분을 좀 더 구체적으로 듣고 싶어요.**

_비인간 역할을 연기할 땐, 일상에서의 제가 가진 가치관과는 좀 다른 관점에서 생각할 필요가 있다고 느꼈거든요. 다른 관점으로 쌓아 올린 가치관을 기반으로 캐릭터를 만드는 느낌이랄까요? 그런데 인간 역할을 할 땐, 평소에 흔히 볼 수 있는 친숙한 캐릭터를 연기한다고 생각하니 편한 부분도 있는 반면, 오히려 전사를 비롯한 인물의 세부 설정을 더 많이 쌓아야 하는 것 같아요. 어떤 환경에서 자랐는지, 어떤 직업을 가졌는지, 그래서 어떤 책들을 접하는지, 그로 인해 어떤 생각과 가치관을 갖는지, 그에 따라 어떤 말투나 어떤 태도를 취하는

지. 비인간 역할을 연기할 때보다는 일상적인 부분을 훨씬 촘촘하게 설정해야 하는 거죠. 물론 비인간을 연기할 때 촘촘하지 않다는 뜻은 아니고, 그냥 다른 층위에서 디테일을 세운다고 할 수 있겠어요.

지금 준비하는 〈오르막길의 평화맨션〉은 인물들의 일상이 드러나는 사실적인 작품이에요. 그래서 일상적인 층위에서의 디테일을 고민해요. 인물의 말투, 인물이 입는 옷, 저와의 차이점까지지요.

반면 〈엔젤스 인 아메리카〉에서 '천사'를 연기할 땐 또 다르게 접근했어요. 실제로 본 적이 없는 존재니까요. 제가 천사를 생각할 때 떠오르는 여러 이미지, 그러니까 하얀 날개, 후광, 인자할 것 같은 느낌 등은 분명히 어떤 매체들에서 본 것이겠지요. 그런 이미지에 반하는 느낌의 천사를 그려 내고 싶다는 생각을 제일 먼저 하긴 했어요. 그래서 인물의 외형이나 성격보다는, 수많은 대사 속에서 정말 하고 싶은 말이 무엇인지를 촘촘하게 생각하는 것이 제 숙제라고 느꼈어요. 그 과정에서 의상 디자이너님께서 찢어지고 더럽혀진 의상을, 분장 디자이너님께서는 짙은 눈화장, 바래고 헝클어진 하얀 머리를 디자인해 주셨고요. 그렇게 외형이 조금씩 구체화되더라고요.

**재미있어요. 저도 비인간 역할을 할 때마다 다른 촘촘함이 필요하다고 느껴요. 인간 배역도 작품의 형식이나 내용에 따라 접근 방식이 달라지듯이, 비인간 역할을 할 때도 매번 다르게 접근할 수밖에 없다는 생각을 하고요. 저도 〈B BE BEE〉에서 '꿀벌'을 연기하면서 무엇을 근거로 촘촘함을 쌓아야 하는지 여러 각도에서 고민했거든요. 한 가지 방식으로만은 연기할 수 없다는 생각도 했고요.**

## 매번 다른 실마리를 붙잡으며

_저는 연극이 시대의 흐름을 탄다고 생각해요. 최근엔 소수성, 테크놀로지 같은 주제가 두드러진다고 생각하고요. 정보도, 표현도, 기준도 너무 많아져서 오히려 모호해지는 것 같아요. 그런 다양한 가치관과 생각들이 혼합된 시대를 살고 있기 때문에, 무언가 하나의 관점으로만 이야기되는 일은 위험하다고도 생각해요. 4~5년 전만 해도 저는 작품에서 주제 하나를 뽑아서 그것을 위해 달려가는 방식의 작업을 했어요. 그런데 지금은 '그게 맞나?' 하는 의문이 들어요. 관객으로서도 마찬가지예요. 하나로 설명되지 않는 공연에서도 제게 닿는 생각들을 쏙쏙 가지고 나올 수 있거든요. 저는 그런 공연이 좋아요. 나 동시대를 살고 있나(웃음)?

**'하나로 정해 밀어붙이는 게 위험하다'는 말씀, 흥미롭네요.**

_연기를 하려면 결국 하나를 선택해서 밀어붙여야 하는 순간이 있겠지만, 그것을 찾는 동안에는 제 생각이 맞는지 계속 고민하려고 애써요. 이런 생각을 일상생활에서도 많이 해요. 제 생각이 틀렸을 수도 있다고 열어 두는 거요. 그래서 사람들과 대화를 많이 하려고 해요. 같은 작품을 놓고서도 참여자들이 각기 다른 생각을 하잖아요. 그 차이가 궁금해서 사람들의 생각을 끄집어내서 들어 보려고 노력하는 편이고요.

**동감해요. 그런 고민들을 안고 계시다면, 요즘은 연기라는 행위의 어떤 측면에 특히 관심이 있으신가요?**

_예전에는 저 자신을 위해서 연기했어요. 제가 재미있으려고, 제가 경험하기 위해서. 물론 지금도 그 마음은 있지만, 요즘엔 공연을 보러 오는 사람들에게 좋은 영향을 주고 싶다는 생각이 커졌어요. 배우라는 직업은 결국 타인에게 보여지고, 누군가에게 영향을 줄 수도 있다는 점을 인정해야 한다고요. 얼마 전 혜화동에서 어떤 분이 "은혜 배우님 아니세요?" 하고 말을 거셨어요. 알고 보니 예전 제 공연을 봐 주셨던 관객이더라고요. 공연장 줄에서 인사해 주시는 분도 있고, 제가 진행한 작은 수업에서 "배우님께서 하신 그 작품을 보고 연기를 다시 하고 싶다는 생각이 들었어요."라는 말을 듣기도 했어요. 이런 말들을 들으면, '나는 나를 위해 산다고 생각했는데, 잘해야 할 또 다른 이유들이 생겨났구나' 느껴요. 되도록 좋은 선택을 하는 사람이 되고 싶고요. 수연 배우님은 요즘 배우로서 어떤 생각을 하고 계신가요?

**최근엔 '일단 시도하고, 실패를 통해 발견되는 것들에 마음을 열자'는 쪽이에요. 연기의 여러 측면에 흥미를 갖고, 방법을 찾고, 다시 무너뜨리는 일을 반복하거든요. 생각이 자주 바뀌기도 하고요. 배우님 말씀처럼, 연기에는 늘 옳기만 한 기준이 없는 것 같다고도 생각하고 있고요. 최근 작업에서는 예전의 저였다면 하지 않았을 여러 선택을 해 보았고, 그로 인해 발견한 것들이 또 있어요. 실패라 여겼던 순간들이 오히려 배역의 여러 맥락을 드러낼 수 있는 순간이 되기도 한다는 체감도 했어요. 실패가 그저 실패가 아닌 거죠.**

_무슨 말인지 알겠어요. 생각은 늘 조금씩 변하잖아요. 몇 년 전에 먹지 않던 음식도 지금은 먹는데요, 뭐. 갑작스럽게 변하는 일은 드물겠지만, 조금씩 조금씩.

**배우들은 배역에 접근하는 자신만의 방법론을 갖고 있거나**
**매번 인지하지는 못하더라도 자신만의 습관을 갖고 있기도 하잖아요.**
**배우님은 어떤 편이세요?**

_자신만의 방법이 있는 사람들이 좀 부러워요. 아니, 신기하다고 해야 할까요? 물론 저도 이미 뭔가 갖고 있는데 인지하지 못하는 것일 수도 있겠지요. 저는 제가 주변 환경의 영향을 잘 받는 사람이라고 생각해요. '권황소'라는 별명이 있을 만큼 어떤 면에서는 고집도 있지만, 좋아하는 것들의 영향을 기꺼이 받으려고 노력해요.

그러다 보니 매 공연마다 접근 방식이 달라지는 것 같아요. 어떤 작품에서는 도서관에 가서 레퍼런스를 찾아 읽고, 또 어떤 공연을 할 땐 영상을 집중적으로 보기도 했고요. 어떤 비인간 역할을 연기할 땐 '동물의 왕국'을 계속 보기도 했어요. 특정 배우를 레퍼런스로 삼아 그 배우의 연기와 인터뷰를 다 찾아본 적도 있고요. 그런 식으로 실마리 하나를 잡아서 영감을 확장하는 편이에요. 누군가의 말이 실마리가 될 때도 있고, 유튜브 알고리즘을 통해서 우연히 발견한 글귀에서 뭔가를 찾을 때도 있고요.

**굉장히 흥미롭네요. 저도 매번 달라지는 편인데, 어떨 때는 힘들어요.**
**'경력은 쌓여만 가는데, 왜 매번 처음 하는 것 같지?' 싶고.**

_재밌기도 하지 않으세요?

## '편안함'도 훈련이 된다면

**그래서 또 믿어 보는 거예요. '나는 매번 처음 같지만, 내 몸 어딘가에는 무엇인가 조금씩은 쌓이고 있겠지, 감각으로 남아 있겠지' 하고요. 매번 적용할 수 있는 연기법은 없더라도, 자신만의 훈련법을 가진 경우는 꽤 있던데 배우님은 어떠세요? 몸과 마음의 상태를 유지하거나 발전시키기 위한 훈련일 수도, 넓게는 삶에 대한 통찰을 배우로서의 자아에 연결하려는 훈련일 수도 있겠고요. 아까 말씀하신 '내 생각이 맞는지 계속 고민하려고 애쓴다'는 것도 배우님만의 훈련 같아요.**

_맞아요. 또 하나 제가 의식적으로 노력하는 부분은 '편한 환경 만들기'예요. 누구나 그렇겠지만, 저도 편한 환경에서 작업할 때 아이디어가 잘 나오거든요. 그래서 그런 환경을 만드는 것에 많은 노력을 기울여요. 특히 공연을 함께하는 사람들과 편해지는 것이 굉장히 중요한데, 보통 길어야 세 달 정도의 시간을 함께 보내잖아요. 친해질 만하면 끝나는 것이 매번 아쉬웠어요. 그래서 제가 택한 방법은 '헛소리하기'예요(웃음). 사실 헛소리라기보다는 동료들에게 '나는 편안하게 이야기할 수 있는 사람이에요'라고 알리는 일인 거죠. 그게 제 훈련의 첫 단계예요. 편안한 환경 만들기, 그걸 위해 헛소리하기. 수평적인 환경을 위해 중간에서 노력하는 것도 좋아하는 편이고요.

**와, 멋져요. 연기하기 좋은 환경을 구축하는 것 자체를 '배우로서의 연기 연습'의 일환으로 생각하고 계신 거네요. 결국 동료들과의 관계를 세심하게 돌보는 일이기도 하고요. 배우의 태도가 단순히 성품에서 비롯되는 것이 아니라, 배우로서의 노력과 훈련의 일환이라는 점, 그것을 연습 자체로 생각하신다는 점이 감동적이에요.**

_지금은 그런 일이 편해졌지만 초반에는 의식적으로 노력한 것이 맞아요. 예전에는 워낙 경직되어 있어서, 사람들이 저를 굉장히 딱딱한 사람으로 봤어요. 그 첫인상을 깨기까지 부단히 노력했어요. 그래서 '편해지고 싶다'는 생각을 하게 됐던 것 같아요. 지금도 여전히 그렇고요.

**배우님의 그런 태도가 굉장히 부러워요. 저는 편안하기 위한 노력을 열심히 하다가도 작품을 하다 보면 점점 눈빛이 이상해지곤 하거든요. '매드 사이언티스트' 같다는 소리를 들을 때도 있고(웃음).**
**배우들의 안전을 살피고 원활한 소통을 매개하는 안전 조력자 역할도 하셨던 것으로 알고 있는데, 팀 내에서의 노력이 피곤하거나 스트레스가 될 때는 없으세요?**

_그런 역할을 맡는 것이 제 성향에 잘 맞는 것 같아요. 어느 순간 제 그릇이 넘쳤다는 생각이 들어도, 자고 일어나면 언제 그랬냐는 듯 바로 괜찮아져요(웃음).

**평소에 고민이 많을 때, 혹은 연기가 힘들 때 스트레스를 해소하기 위해서 어떤 일을 하세요?**

_작품을 대하는 방식처럼 그때그때 달라요. 완전히 정적으로 쉴 때도 있고, 완전히 역동적으로 움직일 때도 있어요. 쉴 때는 커다란 소파가 있는 카페에 앉아서 오랫동안 유튜브를 보거나 책을 읽기도 하고, 가만히 뒹굴기도 해요. 역동적으로 움직일 땐 딱 하루 쉬는 날에 대여섯 개의 스케줄을 소화하면서 밀린 일을 하고요. 꼭 만나야 하는데 못 만나고 있던 사람을 만난다거나, 구제숍에 들른다거나, 나간 김에 평소에 가 보고 싶었던 곳을 간다거나. 찾아뵙지 못했던 선생님

을 찾아뵙기도 하고요.

**와, 정말 대단한 에너지입니다. 쉬는 날을 그렇게 보내고 나면 더 피곤하지 않으세요?**

_연습이 있는 날엔 정적인 시간을 보내거든요. 그러다 보니 쉬는 날이 생기면 여러 일을 하느라 역동적으로 움직일 수밖에 없기도 해요. 저는 연습 중 에너지가 돌기 시작하면 한없이 도는 스타일이라, 쉬는 날에도 특정 시간엔 여전히 그 바이오리듬이 느껴져요. 그래서 결국 밖에 나가게 되고요.

그리고 저는 좋아하는 사람들과 스몰 토크를 나누는 걸 무척 좋아해요. 지금 이렇게 대화 나누는 것도 좋고요. 내향형이라 세 명이 넘는 자리는 좀 힘들긴 해요(웃음). 그런데 생각이 잘 맞는 사람들과 대화 나누면 정말 즐겁잖아요. 서로의 작업에 도움 되는 이야기를 주고받기도 하고, 상대의 이야기를 듣다가 제 생각을 길게 풀어내어 적어 두기도 하고. 그런 시간을 통해 다시 회복하는 것 같아요. 사실 쉴 때는 연기 이야기 안 하고 싶긴 한데, 요즘은 사람들을 만나면 어느새 캐릭터 이야기를 하고 있더라고요. 연기가 요즘 제 삶에서 굉장히 중요한 부분이라는 것을 깨닫고 있어요.

## 나는 멋있으려고 한다

**배우님은 정말 멋있어요. 특정한 젠더로 읽히지 않고, 건강하고, 에너지 넘치는 그 멋짐이 배우님의 몸과 마음, 생각에 다 드러나는 것 같아요.**

**많은 분이 그렇게 느끼실 거예요. 언제부터 그렇게 멋지셨어요? 멋있음을 유지하는 비결이 뭔가요(웃음)?**

_쑥스럽네요. 아니에요. 이런 질문도 좋아요. 멋있음이라… 저는 멋있어지려고 하는 것 같아요. "나는 멋있다. 나는 멋있지!" 하고 다니는 건 아니고(웃음), 어릴 때부터 누가 저에게 어떤 사람이 되고 싶은지 물으면, 늘 '멋있는 사람'이라고 답했어요. 멋있게 늙고 싶다는 말을 입에 달고 살았고요. 그래서 평소에도 제가 멋있다고 느끼는 부분들을 주의 깊게 보려고 해요. '저 사람은 왜 멋있을까?', '저 선배는 왜 저렇게 재미있을까?', '저 선생님은 왜 저렇게 멋있게 늙었지?' 같은 생각을 하면서요. 그런 사람들과 이야기를 나눠 보면, 생각 자체가 멋있는 경우가 많더라고요. 자기 말이 다 맞다고 고집하지 않는다거나, 외적·내적으로 자신을 끊임없이 가꾼다거나, 필요한 말을 해 주되 받아들여지지 않아도 괜찮다는 태도를 갖고 있다거나. 저도 닮고 싶고, 그런 방향으로 조금씩 변하고 싶다는 생각을 해요.

**어린 시절에 꿈꿨던 '멋있는 사람'의 상은 무엇이었나요?**

_어렸을 때를 물어보시는 거잖아요, 그렇지요(웃음)? 그때는, 옷을 잘 입는다거나, 그 당시의 제가 멋있다고 생각하는 옷을 60대, 70대에도 자신 있게 입는 사람이 되고 싶었어요. 저는 옷차림이나 헤어스타일에도 그 사람의 가치관이 담겨 있다고 생각하거든요.

**저는 제 스타일링에 가치관이 담겨 있는지는 잘 모르겠는데요(웃음). 아, 담긴 것일까요? '내가 평소에 어떻게 보이든 크게 상관하지 않는다'라는 생각이….**

권은혜

_맞아요. 어쩌면 그것도 배우님의 가치관이겠죠? 저는 제가 원하는 방식으로 저를 꾸미는 걸 좋아해서 하는 거예요. 꼭 사회의 기준에 맞지 않더라도 제가 보기에 멋있고, 머리가 예쁘고, 옷이 쿨해 보일 때 기분이 좋아요.

**권은혜 배우님이 생각하는 '멋있음'의 정의가 어떻게 변해 왔는지가 궁금해요. 어린 시절의 권은혜가 그다음엔 어떤 것들을 멋있다고 생각했는지, 지금은 어떤 생각을 하시는지요.**

_옷에 대한 생각은 사실 20대 중반까지도 계속 있었던 것 같아요. 물론 그 생각만 했던 것은 아니지만요. 그다음에는 '낭만이 있는 사람'을 멋있다고 생각했어요. 묵묵하고 진지해도 어딘가 낭만이 있는 사람들이 있잖아요. 그 뒤로는 '쿨해 보이는 사람'을 멋있다고 생각했어요. 매사에 크게 연연하지 않고, 뭔가 신경을 덜 쓰는 것처럼 보이는 사람.

이 모든 '멋있음'의 정의들이 새로운 정의로 인해 사라지는 건 아니고, 계속 덧붙여지고 있어요(웃음). 최근에는 흔한 말이지만, '일에 몰두하는 사람'을 멋있다고 생각해요. 혹은 '자기 소신이 뚜렷하게 있으면서도 고집하지 않는 사람', 열려 있고, 유연한 사람도요.

그리고 제 평생을 관통해 온 가장 중요한 '멋있음'의 정의는 '유쾌함'이에요. 연기를 할 때도 그런 생각이 반영되는 것 같고요. 저는 유쾌하게 살고 싶고, 어떤 이야기를 위트 있게 풀어낼 수 있는 사람이 좋아요. 누군가를 웃게 할 수 있으면서도 언제든지 진지해질 수 있는 사람. 그런 모습이 제가 지향하는 멋있음 같아요. 배우님은 어떤 사람을 멋있다고 생각하세요?

**저도 생각이 계속 바뀌는데, 요즘은 '다정함'을 멋있다고 생각하는 것**

같아요. 그건 굉장히 큰 미덕이라고 생각하고, 아주 사소한 다정함이 어떤 상황의 존재들을 구원하기도 한다고 느끼거든요. 그런 멋있음을 가진 사람들을 보면 저도 배워야겠다는 생각이 들어요.
이렇게 여러 대화를 나누니 굉장히 좋네요. 매 작업마다 새로운 실마리를 찾으려 하고, 스스로 확신하지 않으려는 배우님의 태도가 제 생각과도 닿아 있는 부분이 있어서 더 즐거웠고요. 배우님께서 참여하셨던 작품의 이야기도 들을 수 있어서 좋았습니다.

_〈몬순〉과 〈왼손〉은 둘 다 '지금'이 아닌, 그 이후의 물음을 위한 연극이었어요. 우리는 어디로 나아갈 것인지, 어떠한 생각을 품고 살아가야 하는지. 나만을 위한 삶을 살지 않을 때, 비로소 내 곁의 모든 존재와 더불어 나로서 살아갈 수 있는 것은 아닐지 고민하게 되기도 했고요.

저 역시 연극을 오래 하면서 계속 질문의 모양을 바꿔 나가고 있는데, 앞으로도 가끔 서로의 변화하는 생각들을 나눌 수 있다면 좋겠습니다. 배우님의 말씀을 인용하자면, 갑작스럽게 변하는 일은 드물겠지만 조금씩 조금씩 변할 테니까요.

**너는 요즘 주로 무슨 생각을 구체적으로 많이 해?**

넌 하루를 어떻게 보내?

**오늘 아침에 일어나서 제일 먼저 어떤 생각을 했어?**

너의 인생에 가장 영향을 끼쳤던 질문은 뭐야?

**너의 인생에 가장 영향을 미친 사건은 뭐야?**

너를 제외한 타인만을 위해 했던,
가장 잘했다고 생각하는 말이나 행동이 있어?

**너는 너의 다정함이**
**너의 연기에 드러난다는 것을 알고 있어?**

스스로 가장 되뇌듯 많이 하는 말은 뭐야?

**너는 어떤 때에 네가 여기에 존재한다는 것을 실감해?**

너는 어떤 것을 볼 때 아름답다고 느껴?

+[3]

# Epilogue

권은혜와 저는 2024년 가을, 월간 『한국연극』의 '인간 주체의 해체, 무대 위 새로운 연기 창작 방법을 고민하다'라는 기획에 나란히 글을 실었습니다. 그는 이렇게 썼습니다. "한 작품, 한 작품을 할 때마다 비인간을 대하는 다양한 개념과 시선들을 가진 동료들을 만나게 되는데 평소에 갖고 있던 인간적 사고에서 벗어나려는 시도를 계속하다 보니 나에게도 역할을 대하는 새로운 시선과 해석들이 생겨났다. 그 넘쳐 나는 개념의 파도 속에서 나만의 자그마한 돛단배를 만드는 과정을 하고 있다."[27]
제 돛단배도 거센 파도에 이리저리 흔들리며 간신히 항해 중인데요, 그래서 서로의 경험을 나누는 동료들이 더욱 소중합니다. 우리는 서로를 부표 삼아 조금씩 조금씩 어디론가 갈 수 있을 것입니다.

2025년 1월, 다시 만난 권은혜에게 2023년과 2024년을 지나며 그는 어떻게 달라졌는지, '멋있음'의 정의에는 또 어떤 내용이 새롭게 더해졌는지 물었습니다.

"생각보다 저는 그때와 크게 다르지 않더라고요. 7년 전을 떠올려도 그렇고요. 하지만 미세한 변화가 모여서 분명히 다른 사람이 됐을 거라고 생각해요. '나를 어떻게 정리할까, 무엇을 정리해야 할까' 생각하면서 2024년을 보냈어요. 이제는 종종 워크숍을 진행하거나 누군가의 작품을 봐 주는 일이 생겨요. 저는 여전히 제가 더 많이 배워야 된다고 생각하는데, 돌아보니 참 열심히 살아왔더라고요. 그래서 잘 나누기 위해 잘 정리해 둬야겠다는 생각을 하게 됐어요. '잘해야 할 이유들이 늘어난다'고도 전에 했었죠. 그 이유가 또 늘어난 셈이에요.
멋있음에 대한 생각도 여전해요. '자기 소신이 뚜렷하게 있으면서도 그것을 고집하지 않는 사람'이 멋있다고 했었는데, 나이를 먹을수록 제게도 고집이 생기는 것 같아서 스스로를 떨어져서 보려는 노력도 하고 있고요. 요즘엔 꾸준히 뭔가를 하는 사람이 멋있어 보여요. 무엇이든 꾸준히 하면, 결국 다 티가 나는 것 같아요."

첫 대화 때 그가 던졌던 마지막 질문을 떠올렸어요. 그때 저는 아름답다고 느껴지지 않는 것들을 먼저 떠올렸거든요. 지금도 제 눈엔 여전히 아름답지 않은, 그러나 함께 살아남기 위해 꾸준히 보고 싶은 어떤 비인간들을 떠올리며 그에게 다시 질문했습니다.

**아름답지 않은 것을 봐도, 행복할 수 있겠지?**

_너는 어떤 삶을 살아가고 싶은 사람이야?

**너 자신을 위해서 한 행동이 결과적으로는 다른 존재를 이롭게 했던 경험이 있어?**

_행복해?

*

# 과하게
# 챙긴다고 해서
# 문제가 되는 일은
# 아니라고

*

박진아

+[1]

# Prologue

공연 중, 무대 너머 백스테이지의 광경을 상상해 본 적 있으신가요? 공연마다 차이는 있지만, 무대 위의 배우들보다 훨씬 많은 사람이 그 뒤에서 조용히 움직이고 있습니다. 무대장치를 전환하는 무대 크루, 빠른 의상 교체를 돕는 의상 크루, 분장의 수정을 위한 분장 크루 등등. 그리고 거의 모든 공연의 백스테이지에는 이 사람이 꼭 있어요. 여기서 퀴즈를 하나 내 보겠습니다! 공연 예술계에 종사하지 않는 분들께는 어려울지도 모르겠네요.

> 다음은 공연 예술 종사자 중 (     )의 업무 내용입니다. 괄호 안에 들어갈 말은 무엇일까요?
>
> 공연 대본을 분석하여 작품의 흐름 및 분위기, 시간과 공연 극장의 안전 사항에 대하여 검토한다. 무대장치, 조명, 음향, 진행 등의 무대 관련 종사원들과 협의하여 진행 사항을 확인하고 작업 일정을 조정한다. 관련 종사원들의 활동을 감독하고 무대 설치, 스크린 설치 등을 지시한다. 공연 시 무대 전환을 위해 대본(큐시트)을 확인한다. 장면 전환 시 무대 전환 및 무대 기계 조정원에게 신호를 보내 무대 전환을 지시한다. 공연이 끝나면 무대의 철거를 지시하고 감독한다.[28]

짐작이 되시나요? 정답은 '무대감독'입니다. 박진아 무대감독은 자신의 직업을 한 마디로 설명하기가 쉽지 않다고 말합니다. 배우는 연기하는 사람,

연출가는 연출하는 사람, 조명 디자이너는 조명을 디자인하는 사람이라고 간단하게 설명할 수 있는데, 무대감독은 뭐라고 설명해야 할까요? 그는 이렇게 말합니다. “한 편의 공연이 안전하고 원활하게 올라가기 위한 모든 과정을 신경 쓰는 사람.”

그 과정에서 그에게 가장 중요한 가치는 ‘안전’입니다. 세월호 참사 이후 공연 환경에서도 안전 교육은 의무적으로 정착되었고, 2년에 한 번씩 온라인 교육을 이수해야 합니다. 공연 참여자들이 연습실에서의 모든 과정을 마치고 극장으로 넘어가면, 먼저 극장에 관한 안전 교육부터 받습니다. 국공립극장이나 제작극장의 경우, 각 극장의 특성을 고려해 극장 측에서 미리 만들어 둔 안전 교육을 극장의 무대감독이 실시합니다. 그러나 작은 극장을 대관하여 공연하는 소규모 프로덕션의 경우, 안전에 관한 모든 점검은 오롯이 각 프로덕션의 몫이 됩니다.

다양한 프로덕션에서 무대감독 활동을 하며 크고 작은 여러 극장을 오갔던 박진아는, 가장 안전이 필요한 곳일수록 정작 안전 시스템이 마련되어 있지 않은 현실을 마주했다고 합니다. 그는 그런 상황에 대처하기 위해 매번 자신이 할 일을 새롭게 쓰고 있는 무대감독입니다.

박진아는 2024년 제2회 이영만연극상의 스태프상을 수상했습니다. 이영만연극상은 세월호 참사로 세상을 떠난 고 이영만 군(당시 단원고 2학년 6반)의 어머니인 이미경 님의 주도로 만들어진 상입니다. 세월호 참사가 남긴 가치를 ‘몸과 마음이 안전한 사회’, ‘모든 생명에 대한 존중’, ‘누구나 동등한 권리를 갖고 평등한 삶을 누릴 수 있는 환경’, ‘청소년의 권리 존중’으로 해석하고 이러한 활동을 해 온 연극인·단체, 작품에 감사와 지지를 표하고자 제정됐습니다.

저는 이 상이 연극의 사회적 가치를 묵직하게 환기하는 상, 연극의 미학적 성취만큼 윤리적·공동체적 성취 또한 중요하다고 말하는 상이라고도 생각합니다. 연극에서 '예술성'이 높다는 말은, 그 모든 측면의 성취가 높다는 말일지도 모르겠어요.

극장은 때때로 굉장히 어둡고, 많은 사람이 동시에 움직이는 곳입니다. 매뉴얼만으로는 안전을 보장할 수 없을 정도로 예측 불가능한 공간이지요. 그렇다면 무대감독은 매번 새로운 어둠과 새로운 사람들을 만나며 동료들의 안전을 어떻게 지켜 낼까요?

무대감독 박진아와 대화를 나눈 기록입니다.

**박진아**

(주로) 무대감독, 생계형 무대예술 종사자.

# +²

# Interview

## 무대로 이끄는 우연과 선택

**어떻게 연극을 시작하게 되셨나요? 무대감독으로 활동하게 되신 계기가 궁금해요.**

_저는 원래 무대 디자이너가 되고 싶었어요. 그래서 무대미술 관련 학과의 입시를 준비하면서 미술 학원을 다녔어요. 아시는 분들은 아시겠지만, 입시 전형에 맞추어 그림을 준비하잖아요. 하필이면 제가 입시를 하던 해에 지망 학교의 입시 전형이 바뀌었어요. 준비하던 것들이 쓸모가 없어지면서 고민이 많아졌죠. 그러다 연출을 꿈꾸게 됐고, 연출과에 지원했지만 떨어졌죠(웃음). 결국 문예창작과로 진학을 했고, 입학을 기다리던 중 공연을 보러 다니며 친분이 생겼던 팀의 조연출을 맡게 되면서 연극 일을 시작했죠. 학교는 점점 흥미가 없어져 결국에는 자퇴를 했어요.

**일을 굉장히 일찍 시작하셨네요.**

_네. 그렇지만 1년에 두 편 정도밖에 못 했고, 수입도 너무 적어서 삶이 무너질 것 같더라고요. 그래서 다른 공연들을 찾아 나서면서 지금 소속되어 있는 팀인 제12언어연극스튜디오에 들어가게 됐어요. 처음

엔 계속 조연출로 작업했어요. 작업량은 늘었지만 만족스럽지는 않았어요. 더 많은 연출, 스태프, 배우들을 만날 방법을 고민하다가 조연출 사이사이에 오퍼레이터, 무대감독 일을 병행했어요. 그래서 데뷔 자체는 빨랐어요. 그때는 완전히 무대감독이 되려고 했던 것은 아니었지만요.

**첫 무대감독 작업은 어떤 공연이었어요?**

_2012년 남산예술센터 〈사이코패스-푸른수염 이야기-〉였어요. 당시엔 무대감독 역할을 체계적으로 배운 적도 없었고, 그저 어깨너머로 배운 일을 직접 해 보는 상황이었죠. 그때만 해도 소극장 공연 현장에는 무대감독이 없는 경우가 많았어요. 조연출이 대신하거나 다른 스태프가 역할을 나눠 맡기도 했죠. 저 역시 크레딧은 조연출이었지만, 사실상 무대감독의 일을 하고 있었던 거예요. 그렇게 틈틈이 무대감독 일을 하다가 2018년에 극단 안팎으로 공표했어요. "이제 조연출 일은 하지 않고, 무대감독으로만 참여하겠습니다." (웃음) 그렇게 무대감독을 전업으로 하게 됐어요.

**정말 다양한 사람들을 만나시지요? 일을 굉장히 많이 하시는 편이잖아요.**

_네. 띄엄띄엄이라도 계속 작업을 함께하는 분들도 있고, 스케줄이 안 맞아도 다시 찾아 주시면 감사해요. 요즘은 무대감독 인력 풀이 커지고 있는데, 그게 참 반가워요.

**사람마다 혹은 프로덕션마다 무대감독에게 기대하는 역할이 조금씩 다를 것 같아요.**

_좀 다르긴 합니다. 제가 연습에 참여할 때면, 이 작품이 지금 우리가 생각하는 방향으로 잘 가고 있는지 작품 자체의 힘에 대해 먼저 물어보는 연출가가 있고, 이 작품이 지금 기술적으로 잘 흘러갈 수 있는지 또 어떤 기술들을 쓸 수 있는지 먼저 물어보는 연출가도 있지요. 크게 다른 점은 이 정도인 것 같아요. 그 외에는 비슷해요. 안전과 관련한 역할은 기본이고요.

## 공연의 시간을 설계하는 사람

**배우들에게도 '관객 앞에서 연기한다'는 사실은 공통적이지만, 세세한 업무는 프로덕션마다 다르잖아요. 그래도 공연까지 대략의 상황을 가늠해서 스스로 해야 할 일을 조율해 보곤 하는데, 박진아 감독님의 경우엔 어떤 일들을 먼저 하세요? 무대감독의 타임라인이 궁금합니다.**

_일단은 프로덕션 전체의 스케줄을 가볍게 짭니다. 보통은 PD가 큰 틀을 주고, 그 틀을 기반으로 연출가와 계획을 역순으로 따져 봅니다. 첫 공연일이 정해져 있으면 셋업 시점을 정하고, 셋업 직전 주간의 런스루 횟수를 계산해요. 그 사이 무대 제작소에서 제작이 시작되어야 하는 시기를 확인하고요. 무대 디자인, 동선, 테이블 작업, 장면 제작 일정까지 세부적으로 논의해서 짜요.
특히 저는 셋업 일정 조율에 가장 공을 들이는 편인데, 사실 한국 연극 현장에선 셋업 기간이 굉장히 짧은 편이잖아요. 2~3일이 평균인 것 같고, 조금 여유가 있는 프로덕션이어야 5~7일 정도 되는 것 같고요. 그런데 시간이 많이 주어지면 역설적으로 작업이 늦어지기도 합니다(웃음). 결국 드레스 리허설(총연습) 하루 전날에야 최종 결과물이 확정되는 걸 모두가 알기 때문에, 저는 3~4일 정도의 셋업이 적당하다고 생각합니다.

**그럼 셋업 기간엔 일정대로 잘 진행되도록 여러 일을 관리하시지요?**

_맞습니다. 최대한 효율적이면서 안전하게 일할 수 있는 상황을 만드는 것이 무대감독의 제일 중요한 임무라고 생각해요. 아무리 바빠도 두 파트가 무대에서 동시에 일하는 위험한 상황을 만들지 않아야 하고, 그것을 최우선으로 생각합니다. 필요할 땐 한 팀은 업스테이지, 다른 팀은 다운스테이지에서 작업하게 조정하는 등 현장에서 계속 집중하며 상황을 주시하고요.
타이트한 일정 안에서 모든 스태프가 안전하게 작업할 수 있도록 계획하고 진행하는 일에 가장 공을 들이는 거죠. 배우들의 안전도 마찬가지입니다. 배우들이 충분히 무대에 서 보고 적응할 시간을 마련하는 것도 매우 중요하죠. 공연과 철거까지 안전 중심으로 일정을 짜고 진행하는 것이 제 일입니다.

**테크니컬 리허설 땐 공연의 큐 진행[29]을 무대감독님이 담당해서 하시지요? 공연 때도 하나하나 큐를 주시는 경우도 있는 것 같던데.**

_동시에 가야 하는 큐가 많지 않은 경우엔 '그냥 오토큐로 간다'라는 용어를 내부적으로 쓰는데요, 공연이 올라가면 제가 시작과 끝에만 큐를 드리고 공연 중간엔 오퍼레이터들끼리 큐 진행을 하는 경우가 많습니다. 인터컴(양방향 음성 통신 시스템)이 있는 극장도 있고 없는 극장도 있고 극장마다 시스템이 다 다른데, 무전기는 안정성이 떨어져서 정확한 큐를 드릴 수 없는 경우가 생기기도 하거든요. 가급적이면

오토큐로 갈 수 있도록 테크니컬 리허설 때 잘 정리합니다.

**감독님 덕분에 모두가 안전하게 셋업과 리허설을 마치고 첫 공연을 올리고 있습니다. 공연 때는 어떤 일을 하시나요? 어디에 계세요?**

_저는 SM데스크(stage manager 데스크)에 있습니다.

**SM데스크가 없는 극장도 있죠? 그럴 땐 어디 계세요?**

_분장실 쪽에서 배회하고 있고요. 무대 뒤 관객에게 노출되지 않는 곳에 서서 공연을 지켜보고 있습니다. SM데스크가 없는 극장도 많고, 화면 모니터나 서 있을 자리가 없을 때는 소리만 듣고 있기도 합니다.

**무대감독이 가까운 곳, 혹은 늘 있는 그 자리에 있다는 사실 자체가 배우들에게는 큰 안정감을 주거든요. 어떤 사고가 생겨도 대처할 수 있는 사람이 곁에 있다는 믿음.**

_그렇죠. 열악한 극장이 많긴 하지만, 그래도 가까운 곳에서 보고 있다는 것을 모두들 잘 알고 계시니까.

**진짜로 한 편의 연극이 제대로 올라가도록 모든 일을 다 하는 역할이네요.**

_네, 맞습니다. 무대감독은 한 편의 공연이 안전하게, 원활하게 올라가기 위한 모든 과정을 신경 쓰는 사람이라고 생각하시면 제일 쉬울 것 같아요.

# 무대를 지탱하는 목소리

**무대감독 이야기가 재미있네요. 2024년 제2회 이영만연극상에서 스태프상을 수상하셨지요. 정말 축하드립니다. 처음 수상 소식 들었을 때 어떠셨어요?**

_'왜?'라는 질문을 제일 먼저 했어요. "예? 제가요? 왜요?" 그 상을 나에게 주는 이유가 뭘까 생각했어요. 나중에 알고 보니 이영만연극상에 새로 스태프상이 생겼고, 제가 첫 수상자였더라고요.

**수상 소감을 어떻게 하셨을지 궁금해요.**

_정확하게는 기억이 나지 않아요.

**기억을 더듬어 보세요. 혹은 이 지면을 통해 다시 말씀하셔도 돼요.**

_"이렇게 많은 사람 앞에 나서는 것이 좀 낯서네요. 사실 저는 극장에서 제일 안 보이는 곳에서 움직이는 사람이다 보니 지금 이런 시선을 받고 있는 것이 너무 부끄럽습니다. 제 목소리도 마이크를 통해서 나가고 있는데, 너무 낯설어요. 저는 극장에서 진행할 때도 아예 마이크를 안 씁니다. 마이크로 나가는 제 목소리가 낯설어서요. 저는 목도 잘 안 쉬는 타입이라서 대극장에서도 마이크를 안 쓰거든요. 이영만연극상에 스태프상이라는 것이 생겼는데, 그것을 처음 수상하게 돼서 너무 영광입니다. 무대감독이 상이라는 것을 받을 수 있다고 생각해 본 적이 없습니다. 보통은 스태프 부문도 디자이너님들이 받거나 연출님들이 받으니까요. 이 상에, 어떤 안전한 환경을 만들기 위해

서 노력하고, 안전의 의미를 전달하는 사람들에게 주는 상이라는 의미가 있다고 들었습니다. 그래서 더 감사하는 마음을 갖고 있습니다. 사실 이제 조금 일을 줄이고 싶은 마음도 있었는데, 이렇게 상까지 받으니 작업을 더 많이 해야겠다는 생각이 드네요. 감사합니다."
정확하지는 않지만 복기하자면 대략 이런 내용이었어요. 정리가 안 돼서 주저리주저리 말하고 내려왔던 것 같아요. 그래도 다들 잘 들어주셨어요.

**보는 사람들에게는 그게 더 재미있잖아요.**

_큰 영광이었어요. 의미가 남다른 상이니 더더욱요. 지금까지 무대감독 일을 하면서 안전을 무엇보다 중요하게 생각해 왔는데, 그 가치를 인정받은 느낌이었어요. 물론 저도 완벽하게 체크하지 못하는 부분이 있고 더 노력해야 하지만, 지금까지 해 온 생각과 선택이 틀리지 않았다는 확신을 얻었달까요. 정말 감사했어요. 원동력이 되기도 했어요. '안전에 더 많이, 더 철저히 신경 써야지'라는 다짐으로 자연스레 이어졌어요.

**와, 안전에 대해 더 많이 신경 쓰겠다는 생각으로 이어졌다니, 정말 멋있어요.**

_안전에 대해서는 모두가 신경을 쓰고 있지만, 급해지고 바빠지면 그냥 넘어가게 되는 경우가 많잖아요. 지금까지 문제 없었으니까 앞으로도 괜찮을 것이라고 생각하게 되기도 하고.
모든 사람이 모든 것을 다 확인하기는 어렵고, 시간에 쫓길 때도 많아요. 그렇다면 그 부분을 꾸준하게 짚으면서 확인하고, 계속 염려하는 누군가가 필요하죠. 그 역할을 무대감독이 제일 많이 해야 하고요. 안전이란 과하게 챙긴다고 해서 문제가 되는 일은 아니라고 생각해요. '이렇게까지 한다고?' 싶을 정도로 계속, 계속 체크를 해야 하는 것. 돌다리도 두들겨 보고 건너야 하니까.

## 안전을 지키는 감각

**사실 요즘 연극계에서도 '안전한 창작 환경'을 중요하게 생각하는 인식이 상당히 자리 잡았잖아요. 특히 몇 년 전 미투 운동 이후 많은 논의와 노력이 있었고요. 그런데 이 인식이 당시 활발하게 작업하던 사람들 안에만 머물러 있는 것은 아닌지, 이제 막 활동을 시작한 젊은 창작자들에게 잘 전해지고 있는지 고민이 돼요. 안전에 대한 인식은 사실 희미해지면 안 되잖아요. 그래서 지금 감독님께서 이렇게 공연장에서의 안전을 거듭 강조해 주시는 게 참 소중하게 느껴집니다. 혹시 공연장에서 자칫 사소하게 여겨질 수 있지만, 꼭 강조하고 싶은 구체적인 사례가 있을까요?**

_의상, 소품, 무대 대도구, 소도구까지 다 세심하게 체크해야 해요. 기본적으로 안전한 등퇴장로를 확보해야 하고, 소대에는 워크라이트(work light)가 있어야 하고요. 소품의 경우, 사용하다가 다칠 가능성이 없는지 확인해야 하고, 위험 소지가 있다면 안전하게 사용할 방법을 각 파트 디자이너들과 논의해야 해요. 제작되어 들어오는 대도구의 경우에도 날카로운 모서리나 이동 중 다칠 만한 부분이 없는 꼼꼼히 확인하고요.

사실 '안 보이는 곳'이 제일 위험해요. 공연 중 암전 때도 특히 그렇고요. 야광 테이프가 무대 바닥에 많이 붙는 것을 싫어하는 분들도 계세요. 그런데 그건 또 배우의 안전과 직결되어 있기 때문에, 저는 반드시 설득합니다. 협상이라기보다 무조건 제가 이겨야 하는 문제죠. 작은 표시라도 있어야 해요.
저도 직접 겪어 봤어요. 암전 중에 전환하러 무대에 들어갔다가 나오면서 뭔가에 걸려 콰당 넘어졌거든요. 제가 해 놓은 마킹이 있었는데도요. 무대 안에 있는 감각은 또 다르더라고요. 연출님들도 한번 암전 중에 움직여 보시고, 역지사지를 해 보시는 것도…. (웃음)

**(웃음) 무대에서 조명을 받다가 암전이 되면 더더욱 안 보일 때도 있어요.**

_맞아요. 순간적으로 아무것도 보이지 않잖아요. 가끔 암전 중 배우들이 퇴장해야 하는 상황인데, 연출 입장에서는 암전의 길이가 짧으면 좋을 때가 있어요. 그럴 때 연출님들과 이런 대화를 나눠요. "물리적으로 15초 정도의 암전이면 배우들이 다 퇴장할 수 있나요?", "시간으로 정하기보다는 배우들이 다 안전하게 퇴장했는지 확인하고 제가 콜을 드리는 걸로 하죠. 그때 다음 큐 가는 것으로요." 이런 약속들을 만들어 두는 거예요. 시간에 쫓기면 사고가 나기 때문에, 배우들이 익숙해졌다 해도 약속은 지켜야 해요.

**맞아요. 사실 공연을 하다 보면 몸이 알아서 익히는 것들이 있기 때문에, 몸을 믿고 움직이면 될 때도 있어요. 하지만 외부에 어떤 변수가 생길지 알 수 없으니까요.**

_사실 감각이기 때문에 컨디션에 따라서도 굉장히 다를 거라고 생각해요. 저도 배우들과 비슷하게 감각이 엄청 예민해지기도 해요. SM 데스크가 없고 적외선카메라가 없는 극장에서는 발소리로 상황을 짐작하기도 하고요. 평소에 눈이 조금 안 좋은 편인데, 어떤 상황에서는

초인적인 눈의 능력치가 생겨서 막 보여요.

**공연 끝나면 너무 피곤하실 것 같아요. 그래도 1인극이 아닌 이상에야 배우들은 퇴장해서 숨도 고르고 하는데, 오퍼레이터와 무대감독에게는 1인극이나 다름없네요.**

_배우들만큼은 아니겠지만 늘 엄청 곤두서 있죠. 거의 모니터에서 눈을 못 떼고 계속 보고 있어요. 한번은 공연 때 정전이 된 적이 있었는데, 상황을 수습하느라 정말 열심히 뛰었더니 다음 날 몸이 아프더라고요.

**아플 만하죠. 왜 정전이 되었어요?**

_한전 공사 중 뭐가 잘못 건드려졌는지, 혜화역 1번 출구, 2번 출구 뒤쪽 한 구역이 아예 싹 정전이 된 적이 있어요. 저희는 그래도 7분 만에 공연을 재개했어요. 다른 극장에서는 어땠을지 모르겠어요. 체계적인 안전 시스템을 보유한 극장이 있기도 하지만 사실 그렇지 못한 극장도 많아요. 저는 안전 매뉴얼을 따로 제작한 적도 있어요.

**어떤 항목이 들어가 있나요?**

_정전이나 기계 셧다운 같은 물리적 상황, 화재·지진 같은 비상 상황, 그리고 가장 중요한 배우 부상 관련 대응까지요. 신호를 미리 정하고, 대처 방식을 약속해 두는 거죠. 실제로 안전 매뉴얼을 만들었을 때, 그 극장에는 제세동기가 없었어요. 그래서 심폐소생술 가능한 사람들을 미리 체크하고, 근처 제세동기 위치를 사진으로 공유하기도 했어요. 그때 깨달은 게 있어요. 가장 안전이 필요한 곳일수록 정작

안전 시스템도, 담당자도 없다는 것.
오히려 열악한 환경의 공연일수록 무대감독이 꼭 필요하다고 생각해요. 그런데 현실적으로 그런 공연일수록 예산이 적으니까 무대감독 없이 공연을 하게 되는 경우가 많잖아요. 안전이 확보된 큰 프로덕션엔 무대감독이 당연히 있고, 정작 무대감독이 더 필요한 곳에는 없는 경우가 많아요. 결국 다른 스태프들이 역할을 분담하는데, 배우는 연기에, 연출은 연출에, 조연출은 조연출 역할에 집중하는 게 가장 좋잖아요.

**그러게요. 그런데도 최소 인원으로 여러 시도를 하는 공연도 많지요.**

_네. 여러 창작자들이 지원금 없이도 공연할 수 있는 생태계를 만들려고 시도하고, 그게 우리가 지금 활동하는 이곳의 여러 시스템에 질문을 던진다는 점에서 엄청난 발전이라고 생각해요. 그런데 한편으로는 스태프 없이 공연을 만드는 경우도 생기니 설 자리가 점점 좁아지는구나, 하는 생각이 들기도 해요(웃음). 더군다나 저는 디자인 스태프가 아니다 보니 더 고민이 많이 되었죠. 어쩌면 필수적인 역할은 아닐 수 있으니까요, 무대감독은.

**사실은 필수적인 역할인데.**

_그런 고민이 많이 돼요. 요즘은 배우 겸 연출이 직접 1인극을 하기도 하잖아요.

**죄송합니다. 그게 전데요.**

_아니에요(웃음). 1인 작업의 경우, 과정이 줄어드는 만큼 무대화가 오

박진아

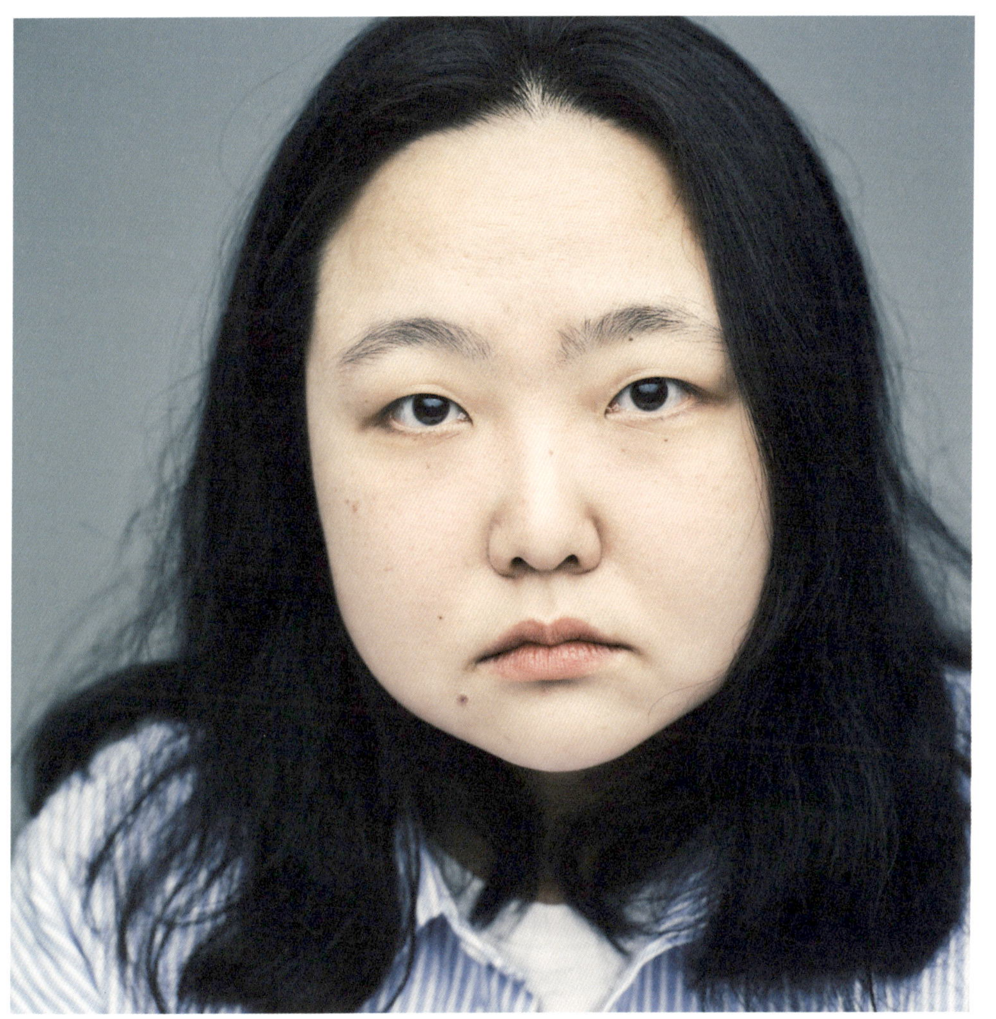

히려 수월해질 때도 있다고 생각해요. 안전을 담당하는 역할의 필요성을 인지하면서도 예산 문제로 포기하는 경우에 대해서도 너무 잘 알고 있고요. 그래서 저는 연극협회나 문화재단에서 실제 현장에 맞는 기본 매뉴얼을 만들어 배포했으면 좋겠다고 생각해요. 각 극장이나 공연의 특성에 맞게 수정해서 활용할 수 있도록요. 또 대부분의 소극장에는 제세동기 등 안전과 관련한 중요한 물품들이 구비되어 있지 않은 경우가 많아요. 재단이나 협회처럼 재원이 있는 쪽에서 구비해 놓고 대여 시스템을 마련한다든지, 힘을 써 주시면 좋겠다고 생각해요. 개인이 할 수 있는 부분은 끝까지 하겠지만, 큰 단체 차원의 지원이 꼭 필요하다고 생각합니다.

**정말 필요한 제안이네요. 정말 많은 것들을 살피고 계시는데, 이 일이 적성에 잘 맞으세요?**

_적성에는 맞는 것 같아요. 주변 사람들은 저에게 일할 때 빼고는 손 많이 가는 사람이라고 얘기하지만요(웃음). 일할 땐 넓게 보고 꼼꼼하게 간섭하고 체크하는 게 잘 맞는 것 같아요. 이런 제가 피곤한 사람들도 있겠지요.

애초에 공연 보는 것을 좋아해서 시작한 일인데, 정작 다른 공연을 보기가 어려워서 아쉬울 때는 있어요. 지금도 관객으로서 공연 보는 것을 정말 좋아해요. 그래서 직업을 잘못 선택했나, 보는 게 좋았다면 이 일을 해서는 안 됐구나 싶을 때가….

**저도 원래 공연을 좋아해서 연기를 하게 됐는데, 어느덧 일하는 마음으로 공연을 볼 때가 많아져서 슬퍼요.**

_맞아요. 일하는 마음과 무조건적인 팬심이 반반씩 있는데…(웃음). 그

래도 여전히 공연을 보는 것은 좋아요. 창작자들이 들려주려는 이야기가 궁금하고요.

**저도 아주 오랫동안 연기를 하고 창작을 하고 싶어요. 세부적인 방향에 대한 고민은 있지만요. 진아 감독님은 언제까지 무대감독 일을 하고 싶으세요?**

_이 얘기를 사실 다른 무대감독 친구들과 정말 많이 했어요. 시간과 체력이 한정되어 있으니, 농담 반 진담 반으로 "마흔다섯 살쯤엔 이렇게까지 뛰어다니지는 못할 것 같다"는 이야기를 친구들과 나눴는데…. (웃음) 여전히 소극장 무대에는 더 많은 무대감독이 생기면 좋겠다는 생각을 해요. 무대감독이라는 역할을 함께할 수 있는 동료를 더 많이 만들고 싶은 것 같기도 해요. 능력이 된다면 자격증도 따고 싶고요. 전공자가 아니더라도 무대감독을 할 수 있는 어떤 커리큘럼들을 만들어서 이 일을 해 보고자 하는 친구들과 함께 공부하고 싶은 욕심도 있어요. 실제로 학교에서 무대감독의 역할을 세세하게 배울 수 있는 수업이 많지는 않다고들 하더라고요. 물론 아카데미나 인력개발원 등에는 있다고 하는데, 소수 인원만 수용하잖아요. 아무래도 무대감독을 창작자로 보기보다는 기술 인력으로 보는 경우가 아직 많아서 그렇다고 생각합니다. 물론 그것이 아주 틀린 이야기는 아니라고 생각하고요.

**꼭 하시면 좋겠어요. 안전 매뉴얼을 만든 경험도 그렇고, 늘 네트워크와 공유를 고민하시는 것 같아요. 모두에게 좋은 길이 될 것 같네요.**

**공연을 준비하는 과정에서 가장 긴장될 때가 언제야?**

연습실에서 스태프들이 다 모여서
리허설 보고 있으면 기분이 어때?

**공연을 준비하는 과정에서 가장 뿌듯함을 느끼는 순간이 언제야?**

배우로서 무대감독에게 바라는 게 있다면
어떤 것들이야?

**무대감독으로서 배우에게 바라는 게 있다면 어떤 것들이야?**

배우는 아플 때 어떤 생각을 해?

**너는 아파도 이 일을 계속하고 싶다고 생각해?**

'쇼 머스트 고 온'이라는 말이 꼭 지켜져야 한다고 생각해?

**너라는 사람에게 '머스트 고 온' 해야만 하는 일이 있다면,
그건 뭐야?**

너 연출을 해 봤잖아. 천만 원 받고 연출하기와
백만 원 받고 연기하기 중 무엇을 선택할래?

+³

# Epilogue

'Show must go on.' 이 비장한 문구는 연극계의 확고한 전제이자 강력한 신화였지요. 저만해도 '배우는 죽어도 무대 위에서 죽어야 한다'는 농담(?)을 듣곤 한걸요. 하지만 세월호 참사, 연극계 미투, 팬데믹 등을 겪으며 안전과 권리에 대해 다른 각도에서 살펴보게 된 연극인들은, 이제 공연은 취소될 수도 있다고 생각합니다. 실행으로 옮겨지지 못하는 경우도 많지만, 조금씩 그러나 확실히 강력했던 그 신화를 고쳐 쓰고 있지요.

2025년 1월, 박진아를 다시 만났습니다. 이번에는 제가 그에게 같은 질문을 던졌어요.

"저는 이제 우리가 'Show must go on'을 반드시 지켜야 한다고 생각하지 않아요. 배우들이 아프거나 다치면 공연을 취소하고 바로 병원부터 가는 게 맞다고 생각해요. 그런데 그 결정권이 누구에게 있는지는 모르겠더라고요. 혼자서 할 수 있는 일이 아니고, 책임 구조도 명확하지 않아요. 또 본인의 판단도 중요한데, 대부분의 배우들은 자신의 고통을 축소하거나 티 내지 않으려고 해요. 아무리 아파도 무조건 공연해야 한다고 생각하는지, 어느 정도로 아파야 할 수 없다는 판단을 내릴 수 있는지 배우들에게 궁금했어요. 우리는 필요하다면 공연을 취소할 수 있어야 해요. 이런 이야기는 더 많이 나와야 해요. 대처 방안이 정확하게 시스템으로 마련되어야 하고요. 논의는 활발하지만, 실행은 아직 미비한 점이 많다는 것을 자주 확인하게 돼요. 창작자들끼리 서로를 예민하게 살피며 안전을 돌보려는 문화는 자리 잡아 가고 있는 것 같아요. 저도 작년에 몸이 안 좋았을 때, 감사하게도 많은 분이 제 안전을 우선하며 배려해 주셨거든요."

이 이야기를 들으며, 다른 사람의 안전을 챙기는 일은 결국 내 안전을 챙기는 일이라는 생각이 들었어요. 서로의 안전을 일상적으로 살피는 문화는, 안전을 책임져야 하는 위치에 있는 박진아와 같은 사람들의 노력 덕에 정착할 수 있었습니다. 그들이 보여 주는 태도를 통해 다른 사람들이 그 감각을 배우고, 다시 박진아 역시 그들 덕분에 안전해지는 것입니다.

문득 첫 대화에서 박진아가 무대감독을 기술 인력으로만 보는 것이 아주 틀린 것은 아니라고 스치듯 말했던 것이 떠올랐어요. 어쩌면 우리 모두 각자의 위치와 역할을 두고 같은 고민을 하고 있는지도 모르지요. 조심스레 제 이야기를 얹어 그에게 물었습니다.

**나는 배우라는 호칭 안에 담긴 일의 의미를 더 많은 사람이 제대로 알았으면 해. 배우가 연기만 하는 건 아니라는 사실을. 그래서 그들이 새로운 길을 탐색할 때 호칭으로 인한 한계나 편견에서 자유로우면 좋겠어. 그건 또 다른 의미에서의 안전과 생존 문제일 수 있잖아. 무대감독이라는 호칭 안에 어떤 일까지 포함되어 있는지, 사람들이 더 알았으면 하는 부분이 있어?**

_이성적으로 굴기 위해 굉장히 노력하지만, 사실은 감성이 꼭 필요한 포지션이라는 것. 무대감독을 흔히 테크니션이라고 하지만, 사실 우리도 창작자의 시선으로 작품을 바라보고 있어. 그런 시선이 무척 중요하고… 잠깐, 이건 대답이지? 그러니까…
무대감독의 MBTI는 무엇이 제일 많을까?

*

# 타인의 시간을 기꺼이 기다리는 일이

*

이래은

+[1]

# Prologue

혹시 가장 최근에 심장이 두근거릴 만큼 설레거나 벅찼던 순간을 기억하시나요? 저는 많은 사람의 에너지가 한데 모인 자리에서 그런 경험을 자주 합니다. 모두가 한마음으로 소리 지를 때, 그 큰 함성이 내 목소리인 것처럼 느껴지는 경우가 있잖아요. "와!" 하는 함성은 내가 성대를 울리는 순간 시작되었는데, 귀에 들려오는 소리는 내 소리를 구분할 수 없을 정도로 웅장하니까요. 내 심장이 다른 심장들과 공명하고 있다는 기분도 들지요. 같이 뛰고 있는 다른 심장들의 수만큼 내 심장이 훅 커지는 느낌이기도 합니다. 잠시 거대한 사람이 되었던 그 자리를 벗어나 나로 돌아왔을 때, 감각이 훨씬 또렷해지는 것 같은 기분도 신기하고요. 그래서 저는 축제를 좋아합니다. 운동경기를 직접 관람하는 것도 좋아했지만, 이제는 축제를 더 좋아해요. 결과에 연연하지 않아도 되고, 누군가의 심장박동에 공명하며 함성을 지를 수도 있고, 설레고 벅차오를 수 있으니까요. 맛있는 것도 많이 먹을 수 있고요.

연출가 이래은과 저는 2015년 서울프린지페스티벌(이하 프린지)에서 축제 프로그래머 활동을 시작하며 처음 만났습니다. 그해의 프린지는 서울월드컵경기장에서 개최되었어요. 더운 여름, 경기장이 쉬는 틈을 타 축제가 열린 것이지요. 경기장 어딘가에 숨어서 그 넓은 공간을 태평소 소리로만 가득 채우던 연주자 고안나의 공연을 아직도 기억합니다. 치열한 승부의 현장이었던 월드컵경기장을 새로운 눈으로 바라보며, 공간이 가진 다른 가능성을 탐색하던 프린지 예술가들의 모습은 감동적이었습니다. 매년 여름,

수많은 예술가가 프린지를 찾습니다. 연극, 음악, 무용, 영상, 마임, 퍼포먼스, 시각예술, 거리예술, 다원예술, 전통예술 등 규정할 수 있는 장르와 규정할 수 없는 장르의 예술가들이 모입니다. 자유로우면서도 안전한 축제가 될 수 있도록, 많은 사람이 사무국 스태프, 인디스트(자원 활동가), 예술가, 관객의 정체를 오가며 함께 만들어 온 덕에 프린지는 1998년부터 서울의 여름을 쭉 책임지고 있지요.

프린지는 크고 작은 네트워킹을 적극적으로 독려하는 축제이기도 합니다. 이래은은 같은 고민을 하는 사람들과 함께 안도하는 호흡을 나누는 일이 얼마나 큰 힘이 되는지, 프린지에서 배웠다고 말합니다. 저 역시 같은 기억을 공유하고 있습니다. 프린지에서 우리는 밤마다 평상에 둘러앉아 수박을 썰어 먹으며 그날의 공연을 이야기했고, '마이크로 포럼'에서 비슷한 고민을 가진 사람들을 만나 대화했습니다. 스쳐 가는 사람들의 눈을 마주 보고 미소를 나누는 일도 어렵지 않았습니다. 그때마다 마음이 따뜻해지곤 했어요. 찰나에 불과한 안도감이었을지도 모르지만, 그런 기억을 계속 쌓은 심장은 언젠가 또 다른 곳에서 누군가를 이어 주는 심장이 될 수도 있겠지요. 제가 보기에, 이래은의 심장도 그런 심장입니다. 그는 머리를 뒤로 젖히며 시원하게 웃곤 했어요. 여름의 축제에 참 잘 어울리는 사람이었습니다.

이래은의 공연을 볼 때면 종종 프린지를 떠올립니다. 그의 공연에는 항상 어떤 열기가 있습니다. 옆 사람과 내 심장이 함께 뛰는 것 같은 순간, 함성을 지르고 싶은 순간, 누군가와 함께 있다는 사실에 안도감을 느끼는 순간, 그러니까 축제와 같은 순간들을 그의 공연에서 만납니다. 감각이 훨씬 또렷해지는 것 같은 기분을 느끼며 극장 문을 나서면, 계절과 상관없이 여름밤의 냄새가 훅 끼쳐 옵니다.
2024년 여름이 시작될 무렵, 이래은과 만나 대화를 나눴습니다. 누군가와 대화를 나누다 보면 문득, 이야기를 듣는 일과 공연을 보는 일은 닮아 있다는 생각이 들 때가 있습니다. 빨리 감거나 건너뛸 수 없고, 다 헤아릴 수도 없는 누군가의 시간에 잠시 함께하는 일. 이래은은 "손가락 하나로 스킵할 수 없는 타인의 시간을 경험하는 곳이 바로 극장"이라고 말했어요. 그의 시간을 함께하며, 저는 다시금 축제에서 느꼈던 심장의 온도를 떠올렸습니다.

연출가 이래은과 대화를 나눈 기록입니다.

**이래은**

슬픔과 고통에서 움직임, 음악, 유머를 채굴해 극장으로 옮기는 일을 한다.
연극 생태계 작업환경과 관객의 감각 변화, 연극의 사회적역할을 고민하며
동료들과 함께 작업하고 있다.

+²

# Interview

## 딸기 꼭지를 따 주는 자리

(성수연) **요즘은 어떻게 지내세요?**

_별로 바쁘지 않아서 이럴 때 할 수 있는 일들을 계속 생각하고 있어요. 사람들과 모여서 이야기할 수 있는 자리도 만들었었고요. '길을 막는 숲'이라는 제목으로 세 번에 걸쳐서 라운드테이블 자리를 동료들과 같이 마련했었는데요, 처음에는 다양한 돌봄을 하는 연극인들과 만나 이야기를 나눴어요. 돌봄을 하다 보면, 누군가가 모이자고 나서 주지 않으면 업계 관련 모임에 나오기 쉽지 않더라고요. 두 번째로는 기후 위기와 관련된 공연을 만들고 있거나 만들고자 하는 사람들이 모여 이야기를 나눴어요. 세 번째로는 코로나 시기를 거치며 변화한 것들에 대해 공유하는 시간을 가졌어요. 그 시기를 통해 발견한 것들을 서로 나누는 것에 집중하고자 했고요.

**재밌고 의미 있는 자리였을 것 같아요. 그런 자리를 만드신 이유도 궁금하고요.**

_연극을 좋아하는 사람들이 한곳에 머물며 서로의 이야기를 귀 기울여 듣는 자리가 얼마나 소중한지, 경험으로 알고 있어요. 서로가 가

늘게 이어졌으면 했어요. 그래서 동아연극상 상금[30]을 이런 자리를 마련하는 데 사용하고 싶었어요. 돌봄 이야기를 나누던 첫 모임에서는 딸기를 준비했어요. 저는 제가 돌봄받는다는 기분을 누군가 밤을 까준다거나 딸기의 꼭지를 따 줄 때 느꼈었거든요. 아무도 저의 딸기 꼭지를 따 주지 않아요, 아무도.

**지금 딸기 사 와서 꼭지 따 드릴게요.**

_(웃음) 그래서 누군가를 돌보는 일을 하는 사람들이 그 자리에서 일상과 다른 감각을 느낄 수 있었으면 좋겠다고 생각했어요. 제가 꼭지를 딴 딸기를 이만큼 가져다가 같이 먹으면서 이야기했어요.

**찡하네요. 누군가가 꼭지를 따 준 딸기를 먹는다는 것. 좋은 이야기도 많이 나누셨나요?**

_시간이 모자랄 정도로요. 돌봄을 하는 사람들이 느끼는 고립감은 굉장히 커요. 그래서 이런 자리가 계속 이어져야 한다고 생각했어요. 육아 등의 돌봄을 하는 사람들에게는 이런 모임을 이어 갈 여력이 없을 수 있잖아요. 그들이 계속 나올 수 있는 터가 있어야겠다는 생각이 들어요. 잠깐씩 아이들 데리고 마실 나오면서라도 현장과 동떨어지지 않았다는 감각을 느낄 수 있도록요. 육아뿐 아니라 앞으로 다양한 돌봄을 하는 동료들도 계속 늘어날 테고요. 이건 저 혼자만의 힘으로 할 수 있는 일이 아니지요. 이 글을 읽는 분들도 예술가이자 시민으로서 함께 고민해 주셨으면 해요.

**이런 모임을 통해 작업할 동력이나 살아갈 힘을 얻는 편이세요?**

_여러 마음이 섞여 있어요. 동력을 얻을 때도 있지만 기를 빼길 때도 있고. 그럼에도 불구하고 만나는 자리를 마련해야 된다고 생각하는 이유는, 조금이나마 서로 이어지는 시간을 만드는 일이 제가 할 수 있는 일이기 때문이에요.
만남은 필요해요. 한 번 만나고 다시 연락을 안 하는 사이가 되더라도, 만남의 순간은 사라지지 않고 계속 남아 있으니까요. 또 같은 고민을 하는 사람들과 함께 안도하는 호흡을 나누고, 서로 눈빛을 마주하며 받는 힘이 있죠. 다 프린지에서 배운 거예요. 프린지에 그렇게 이야기할 수 있는 자리들이 많았잖아요.

**그래서 프린지를 할 때 덜 외로웠나 봐요. 저도 부끄러움이 많아서 적극적으로 모임에 참여하지 못하는 편인데, 프린지에서는 자연스럽게 이야기할 수 있는 분위기가 만들어지니까요. 그런 만남을 만들어 주셔서 좋네요.**

## 미묘한 조율과 발견에 대하여

**최근에 〈이것은 사랑 이야기가 아니다〉(이하 〈이사이〉)를 공연하셨지요. 초연과는 달리 더블 캐스팅이었고, 저는 한 번밖에 못 봤지만, 듣기로 두 팀이 완전히 다른 공연이었다고 하던데요. 연습을 어떻게 진행하셨을지 궁금해요.**

_작품 분석, 워크숍, 기본 동선 잡기는 다 같이 했고요. 장면 연습은 두 팀이 거의 따로 했어요. 연습실 공간에 칸막이를 치고, 그날 연습

할 장면을 어떤 팀이 먼저 할지 가위바위보 등으로 정한 뒤, 시간을 정해 연습하고, 한 팀이 끝나면 다른 팀이 이어서 연습하는 식이었죠.

**연출부는 계속 일해야 했던 거네요(웃음). 쉽지 않았을 것 같아요. 걱정되는 부분도 많으셨을 것 같고요.**

_네. 사람들이 "이래은은 왜 안 쉬어?" 해도 "안 쉬어. 쉬면 나 힘 풀려. 안 돼." 그러면서 했어요. 연습실에서 연출부가 다른 공연에 비해 일을 더 많이 했어요. 두 팀에 모두 출연하는 박은호 배우는 마라톤 풀코스를 뛰는 셈이기도 했고, 두 팀의 배우들이 각각 연기가 다르니 자신의 연기도 달리 조정해야 했어요.
제가 특히 걱정한 건 '내가 양쪽에 다르게 디렉션 하면 어떡하지?'였어요. 저는 연습 중 동료들로부터 영향을 많이 받거든요. 순간순간에 집중하고 발견한 것을 나누는데, 같이 있는 사람이 바뀌면 연출적으로 발견하는 것도 다를 수밖에 없어요. 하지만 김태령 조연출이 연습을 쭉 기록하고 확인하면서 양쪽 팀에서 제 디렉션이 같다는 걸 계속 확인시켜 주어서 안심하면서 작업할 수 있었어요.

**접근성 회차도 있었잖아요. 두 팀의 접근성 요소에도 다른 점이 있었겠네요. 모든 리허설을 두 번씩 했을 테니, 공연 두 편을 하는 것이나 다름없었겠어요.**

_어떤 장면은 아예 두 팀의 조명 디자인 자체가 달랐어요. 전체 조명 큐와 음향 큐 타이밍도 많이 달랐고요. 그런데도 우연히 비슷한 순간이 생기면, 그걸 찾는 재미가 있었어요.

**두 팀의 공연을 다 본 분들이나 프로덕션을 같이하는 사람들만 아는**

재미가 있었겠어요. 한정된 시간 안에 공연 두 편을 만드는 것처럼 작업하셨으니 말이에요. 만든 분들은 힘드셨겠지만 정말 대단하고, 또 의미 있는 일이 아니었나 싶어요.

_연출 라인은 정해져 있고, 인물이 해야 하는 행동은 같은데, 그 인물이 각 배우의 해석과 만났을 땐 같은 인물인데도 불구하고 전혀 달라지더라고요. 놀라운 작업이었어요. 작업 시간의 한계 속에선 어렵기도 했고요. 하지만 재밌기도 했어요. 그러니까 버텼던 것 같아요. 결과적으로 색깔이 굉장히 다른 두 개의 공연이 나왔고, 관객들도 두 개의 다른 공연을 각각 즐기셨죠.

그러고 보니, 아까 주변의 영향을 많이 받는다고 하셨잖아요. 같은 공연이지만 서로 다른 두 공연의 영향을 받는 일은 즐겁고도 어려웠을 것 같아요. 그러고 보면 래은 님은 본인이 주변에 영향을 미치는 일에 대해서도 섬세하게 생각하시는 것 같아요.

_실은 인터뷰하는 것도 무서워요. 몰라요, 수연 님이 알아서 잘 정리하겠죠(웃음). 수연 님은 이 대화 프로젝트를 진행하면서 어땠어요? 2021년 가을부터 하셨지요?

네. 처음엔 대화를 글로 정리하는 것이 어려웠어요. 녹취를 풀고 재구성해서 정리하는 데 시간이 많이 걸렸고요. 그러다 AI 음성 기록 앱의 도움을 받게 됐고(웃음), 글 쓰는 것에 조금씩 익숙해지면서 시간도 줄고, 재미도 느끼기 시작했어요.

_사람들을 만나는 일은 어땠어요?

굉장히 좋았어요. 녹취를 글로 정리하려면 녹음된 대화를 계속 듣게 되잖아요. 누군가의 말을 글자로 바꾸며 계속 들여다보고 있으면, 정리하는 동안에도 대화가 이어지는 느낌이에요. 아마 저와 인터뷰하셨던 분들이 저에게 느끼는 친밀감보다 제가 그분들에게 느끼는 친밀감이 훨씬 클 거예요. 말씀을 드린 적이 없으니 그 어떤 분도 이 사실을 모르시겠지만, 저는 혼자 그분들과 친하답니다(웃음). 아마 그 사람의 그 순간과 친한 것이겠지요. 대화를 나누는 일도, 다시 듣는 일도, 구성하고 정리하는 일도 저에게 '듣는 연습'이 되고 있기를 바랍니다. 그런데 이 부분을 이렇게까지 물어본 사람은 당신이 처음이야.

_나는 성수연한테 관심이 많으니까.

심쿵. 그러고 보니 래은 님이 연출한 공연들을 볼 땐 항상 두근거리는 순간을 경험하는 것 같아요. 심장박동수가 확 올라가는 순간. 〈이사이〉도 그랬고, 〈김이박이 고등학교에 입학할 때 김이박이 고등학교에 입학한다〉(이하 〈김이박〉)도 그랬어요. 〈서울 도심의 개천에서도 작은발톱수달이 이따금 목격되곤 합니다〉도요.

_정말요? 정말 그래요?

네. 저에게는 분명히 그래요. 많은 분이 그렇게 느끼실 것 같고요. BPM 연극? 이래은의 연출 메소드, BPM 올리기(웃음). 심장이 두근거리는 공연을 좋아한다고 언젠가 말씀하셨던 것 같아요. 그런데 그런 공연을 좋아하는 것과 공연을 그렇게 만드는 것은 다른 일일 수도 있잖아요. 할 수 있고 없고의 문제가 아니라, 예를 들면 저도 볼 때 좋은 것과 만들 때 좋은 것이 다를 때도 있거든요. 그런데 래은 님은 두근거림을 좋아하고, 그렇게 만들며, 그 공연을 보는 사람까지 두근거리게 하더라고요. 정말

**좋은 의미로 래은 님과 래은 님의 공연이 닮아 있다는 느낌을 받았어요. 무대에서 역동이 있기 때문에 그렇게 느껴지는 것 같아요. 무대 위에서 발생하는 진동의 폭이 크다고 할까요? 정서도 밝았다가 어두웠다가, 무대 위 여러 요소의 에너지가 막 올라갔다 내려갔다 하면서 만드는 진폭이 커서 이렇게 두근거리는 걸까 싶었어요.**

_배우 분들이 잘해서 그래요. 저는 가끔 배우들을 질투하기도 해요. 너무 좋아해서 그런가 봐요. '얄미워 죽겠어' 싶다가도 '사랑해요!' 하게 되고. 그러고 보니 제가 늘 이 상태군요! 왔다 갔다 하는. 질투는 나의 힘, 사랑해, 미워, 사랑해, 하는.

## 마음의 진폭을 느끼면서

**가. 가지 마. 가. 가지 마.**

_가지 마! 오지 마! 여기 있어! 여기 있지 마! 떠날 거야! 머물 거야!

(목소리를 높여) **가지 마! 오지 마!**

_(목소리를 높여) 내 곁에만 있어 줘! 아니야!

(큰 웃음) **스스로가 그런 진폭이 좀 큰 사람이라고 생각하세요?**

_심하지요. 그래서 그 평정심이라는 단어를 무척 좋아해요. '9와 숫

자들'의 〈평정심〉이라는 노래도 정말 사랑하고요. 평정심은 참 만나기 어려운데, 아주 가끔 볕을 쬘 때라든가 나무 잎사귀 흔들리는 소리를 들을 때, 잠깐 바람처럼 스쳐 지나가 주지요.

저도 평정심을 찾아다녀요. 저는 스스로를 몰아붙여서 둔감하게 만드는 방식으로 스위치를 끄고, 그게 평정심이라고 착각한 적이 있어요. 그러고 보니 제가 민감한 사람이라는 것을 깨닫고 인정한 게 그리 오래되지 않았어요.

_아, 그랬군요. 그러면 그전엔 어떻게 생각하셨어요?

나약하고 가끔 까다로운 사람이라고 생각했고, 그걸 감추고 버텨야만 한다고도 생각했어요. 어떤 계기를 통해 다른 관점으로 저를 바라보면서 여러 노력을 통해 알게 됐어요. 저는 확실히 민감한 편이고, 특히 촉각과 압력 감각에 예민한 사람이었어요.

_그래서 움츠린 자세로 서 계실 때가 많았군요. 아이구, 고생 많으셨어요.

그러다 힘들었던 순간들을 돌아보게 됐어요. 스스로 알아차리지 못한 괴로움이 쌓여, 영문도 모른 채 어두운 상태가 된 적도 많았던 것 같아요. 필요한 때에 자신을 잘 보호하거나 돌보지도 못했고요. 이제 스스로를 잘 살필 방법들을 찾는 중이에요. 래은 님은 어떠세요?

_저는 오랫동안 저를 싫어했어요. 그래서 사랑하려고 애를 많이 썼고, 그건 결국 실패했어요. 얼마 전부터는 나를 사랑하기 위해 너무 애쓰지 말고, '나'와 '나를 싫어하는 나'가 별로 친하지 않은 룸메이트

처럼 지내게 해 보자는 생각이 들더라고요.
제가 어떤 행동을 했을 때 개가, 물론 그 개도 전데, '정말 싫어! 수준 떨어져!'라고 하면 저는 '그래. 수준 떨어지지. 맞아. 니가 눈이 높아.' 해요. 그러면 거기서 끝나더라고요. 서로를 괴롭히지 않고 각자의 방으로 들어가요. 평화롭습니다.

**룸메이트 이야기 재밌어요. 더 들려주세요.**

_룸메이트와 함께 지내면서 저를 전보다 받아들이게 됐어요. 때로는 도망치는 것도 필요하고, 아프면 누워서 쉬어도 된다고 생각하게 됐고요. 예전에는 저를 괴롭히는 일에 에너지를 많이 썼는데, 몸이 좀 약해져서 에너지가 떨어지니까 저를 괴롭힐 에너지도 없어졌어요.
이제는 얼마 없는 에너지를 아껴, 저와 주변을 돌보고, 당근라페도 만들고, 사람들과 만나는 자리를 마련하고, 차 마시고 소풍도 가고, 그렇게 지내고 있어요. 그럴 때 영감도 받고 힘도 생기더라고요. 어차피 고통이 삶의 기본값이니까, 잠깐잠깐 틈틈이 쉬면서 지내는 거죠. 아, 제가 아크로바틱 학원을 다녀요. 보여 줄까요?

***이래은, 자리에서 일어나 옆돌기를 한다.***

**아니, 언제부터 다니셨어요? 멋지다!**

_작년 12월부터요. 교통사고 이후 몸이 너무 가라앉으니까, 운동을 해 보고 싶어서 등록했어요. 선생님의 섬세한 코칭 덕분에 움직임이 달라지는 것이 정말 재밌어요. 수강생 연령대도 다양해서 좋아요. 해

냈을 때의 성취감을 아니까 서로 응원하게 되고요. 몸이 너무 아플 땐 학원에 가서 그냥 앉아만 있어도, 다른 사람들이 하는 것을 보면 몸이 서서히 풀려요.
그리고 세상에! 제가 돌잖아요. 제가 세상의 중심축이 돼요. 그것이 주는 힘이 있더라고요. 아직은 서툴지만, 다리도 뻗고 멋있게 할 수 있도록 연습해 볼게요. 올가을까지 핸드스프링을 하는 게 목표입니다.

## 몸과 감각으로 세상을 마주하는 법

**꼭 보여 주세요. 기다릴게요. 그러고 보니 청소년극도 하시고, 청소년들을 만날 일도 종종 있으시잖아요. 그럴 땐 어떤 기분을 느끼세요?**

_청소년들을 만나면 관성대로 가던 삶의 방향이 잠시 꺾이는 느낌이에요. 생애 주기에 따라 사회가 요구하는 태도나 사회적 위치가 생기기 마련이잖아요. 그럴 때 청소년들 옆에 있으면, 조금 이상한 말이지만 정신이 차려져요. 타인에 대한 감각이 열려요. 제가 혼자, 혹은 주변 몇몇 사람들하고만 사는 게 아니라는 사실을 계속 환기하게 돼요. 그래서 뭐라도 해야겠다는 생각이 들어요.
저는 청소년들이 극장에 가서 움직이는 배우들의 몸, 시간을 많이 들여서 벼린 순간들을 많이 만났으면 좋겠거든요. 그게 제가 연극으로 해야 할 일 중 하나라는 생각이 들고요. 많은 청소년이 학교에서 가만히 앉아 있는 상황에 내몰리잖아요. 요즘은 일상에서도 몸이 멈춰 있고요. 자신의 감각으로 세상을 만나는 경험을 통해 고유한 세계를 만드는 일은, 결국 다 같이 살아가기 위한 방법을 만들어 가는 일이기도 해요. 그러기 위해서는 자원이 필요한데, 청소년들이 접할 수 있는 자원이 대부분 화면 안에만 있잖아요. 타인의 시간을 손가락으로 스킵하는 것이 손쉬운 곳이요. 그런데 그 시간을 기꺼이 기다리는 일이 만들어 주는 근육이 있잖아요.

**요약본 시대이긴 하지요. 혹은 시간을 빨리 감거나 건너뛰기에 익숙해 있고요.**

_극장에서 연극을 보면서는 스킵을 할 수 없으니까, 그 자체가 타인에 대한 감각이라고 생각해요.

**그 말 정말 좋네요. 타인의 시간을 기꺼이 기다리는 일.**
**굉장히 거창한 질문을 해 보겠습니다. 연극은 이 시대에 무엇을, 어떻게, 왜 해야 한다고 생각하시나요?**

_저는 배우를 '온 존재로 세상을 감각하는 사람'이라고 생각해요. 관객이 그들과 함께 머물면서 때론 아름답고 때론 고통스러운 세계를 같이 감각하고 사유할 수 있는 시공간을 만들어 내는 일이, 바로 연극이 해야 하는 일이자 할 수 있는 일이라고 생각합니다.

**오늘 대화를 나누다 보니, 래은 님은 어떤 필요를 발견하면 그곳으로 기꺼이 자신을 보내는 분이라는 생각이 들어요. 아까 말씀하신 모임 '길을 막는 숲' 기획도 그렇고요.**

_능력주의에 대한 이야기를 구상해 보려고 해요. 저는 오랫동안 세상이 '능력'이라고 말하는 것들을 갖지 못했다고 생각했고, 스스로를 낙오자로 여겼어요. 힘도 세지고 싶었고, 더 많은 일을 하고 싶었고,

소위 능력 있는 사람이 되고 싶었어요. 나 자신과는 다른 사람이요. 스스로를 능력주의로 차별하고 혐오했던 거죠. 그런데 저 자신이라는 룸메이트와 각방을 쓴 이후, 비로소 하나둘 저의 다른 '쓸모'가 보이더라고요.

**예를 들면 어떤 쓸모인가요?**

_저는 당근라페를 맛있게 잘 만들고, 아크로바틱을 잘 못해서 사람들에게 웃음을 주고, 향기 좋은 차를 누군가와 같이 마실 수도 있어요. '쓸모'를 다른 단어로 바꾸고 싶다는 생각도 들어요. 사람을 물질화시키는 뉘앙스를 지양하면서도, 나는 또 내가 세상에 쓸모 있었으면 좋겠고. 이게 능력주의적 차별과 혐오이지 않나 고민하다가도, 동시에 다른 관점도 찾아내곤 해요. 사유와 성찰이 계속 어떤 역동을 만들어 줘요. 고꾸라졌다가 일어났다가, 또 넘어지면 그대로 누워서 주변을 관찰하면서 놀고, 이런 식으로 살아가고 있어요. 예전처럼 자학하며 제 안으로 파고들지 않고, 밖을 바라볼 수 있는 걸 보니 그래도 조금은 힘이 생긴 것 같아요. 자학하지 않고 작업한 공연, 〈김이박〉이 처음이에요.

**저도 온갖 방법으로 자학을 하며 작업하고 있을 텐데, 그걸 잘 들여다보고 다른 방법을 찾고 싶어요. 또 어떤 작업을 계획하고 계세요? 아까 말씀하신 능력주의에 관한 이야기가 궁금합니다.**

_네. 올해 안에 초안을 쓰고 싶어요. 그리고 안정민 작가의 「초록빛 목소리」를 낭독극으로, 극에 나오는 장소에서 공연하고 싶어요. 지원금이 없다고 해서 공연을 못 하는 상황을 바꾸고 싶어요. 극장 대관을 하지 않고 관객들과 함께 재미있게 낭독할 수 있는 방법을 찾아보

이래은

고 싶어요. 관객들을 위한 연기 디렉션을 미리 준비해서, 관객들도 읽는 재미를 느끼고 배우들도 관객들을 가까이에서 만나고요.
이전에 이오진 작가의 「우리는 적당히 가까워」를 그렇게 낭독한 적이 있거든요. 서울시립십대여성건강센터 나는봄에서의 초연 이후 5년 만에 신촌문화발전소에서 다시 공연한 건데, 그사이 섹슈얼리티를 둘러싼 사회적 감수성이 어떻게 달라졌는지 공연의 호흡 속에서 확인할 수 있도록, 실제 사건들을 중간중간 넣어 관객들과 함께 읽었어요. 관객의 성별, 나이와 관계없이 모두 한데 섞여 역할을 나누니 유쾌한 순간과 안전함의 공감이 있더라고요. 무척 즐거웠던 공연입니다.

**어떻게 그런 기획을 하게 되셨어요?**

_연극을 하려면 오랜 시간을 들여 훈련해야 하잖아요. 연극을 막 시작하는 사람이나 관객 들도 어렵지 않게 즐길 방법이 뭐가 있을까 고민하다가 이런 형식으로 해 봤어요.

**연극을 즐길 수 있는 방법을 학교에서 배우면 좋을 텐데.**

_우리나라에도 학교에 연극 과목이 있고, 계속 변하고 있는 것 같은데, 그러고 보니 연극 교과서를 읽어 봐야겠어요. 그런 노력도 안 했네. 아이들이 어떻게 연극을 접하고 있는지도 모르고 있었네요. 창피하네. 모르는 게 너무 많아요. 안 해 본 것도 너무 많고, 아주 그냥 애가 닳아요.

**안 해 본 것 중 어떤 것을 해 보고 싶으세요?**

_연극 교과서도 읽어 봐야 하고, 영화도 안 본 게 너무 많고, 패러글라이딩, 서핑도 해 보고 싶고, 핸드스프링도 해야 하고, 백텀블링도 하고 싶어요. 안 먹어 본 음식도 많고, 다양한 종교의 사원들도 가 보고 싶어요. 빈 교회나 성당, 절 안에 가만히 있을 때의 기분 있잖아요. 클래식 콘서트도, 브람스 교향곡 들으러 가고 싶어요.

하고 싶은 일들을 들어 보니 거의 다 몸과 관련된 일이네요.
패러글라이딩, 서핑, 텀블링, 먹는 것, 종교 사원에 가 보는 것 등등.
래은 님은 감각이 예민하고, 그게 래은 님에게 중요하기 때문에 힘들 때도
있으시겠지만, 그래서 또 그만큼 누군가에게 감각을 잘 전달하나 봐요.

_정말 그런가요? 아이고, 감사합니다.

**네가 보기에 나에게는 어떤 쓸모가 있어?**

네가 최근에 해 본 행동 중에,
사람들은 쓸모없다고 하지만
가장 쓸모 있게 느껴지는 행동은 뭐야?

**너를 만나서 행복하다고 생각하는 사람들이**
**무서울 때가 있어?**

너는 연극이 좋아, (세게 발음하며) 연극이 좋아?

**연극을 하는 동안**
**제일 행복감을 많이 느끼는 순간이 언제야?**

당근 좋아해?

**네가 만든 당근라페,**
**지금까지 제일 맛있게 먹은 사람이 누구야?**

너에게 일상과 연극의 교집합은 얼마만큼이야?

**너는 연극을 안 하고 사는 삶에 대해**
**생각해 본 적 있어?**

나 연극 좋아하는구나,
새삼스럽게 깨닫는 순간 몇 가지를 얘기해 줄래?

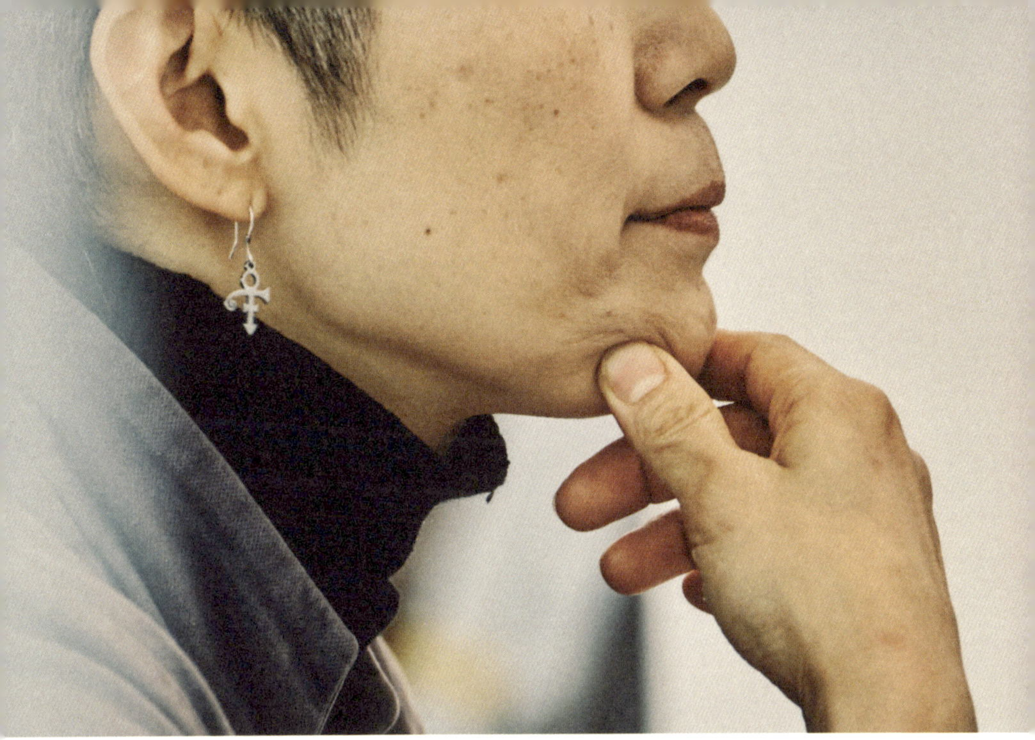

+³

# Epilogue

이래은은 "너는 연극이 좋아, 연극이 좋아?" 질문의 두 번째 '연극'을 강하게 발음했어요. 그러니까, '이-은-극'에 가깝게요. 저나 주변 친구들도 쓰는 표현인데, 뭐랄까, 굉장히 연극인 연극, 조금은 작위적인, 너무 연극이 된 나머지 현실은 없어진 연극, 그래서 거짓말 같은 연극을 뜻할 때 쓰입니다. 걸쭉하게 자조하면서 쓸 때도 있지요. 내가 하는 연극이 극장 밖 현실을 잘 담지 못한다고 느낄 때, 극장 안에만 머물다 사라지곤 하는 연극의 허무한 속성을 떠올릴 때, 입술과 혀에 힘을 주고 툭 말해 보는 것입니다. 이-은-극 하네.

이래은이 어떤 의미로 둘을 구분해서 표현했는지는 모르겠습니다. 이-은-극은 딱히 사전적 정의가 없어서, 대략의 느낌만 주고받을 수 있거든요. 하지만 어쨌지, 그가 이-은-극을 놀리고 있다는 생각은 들지 않았어요. 저의 기준에서는 연극이 더 좋지만, 누군가에게는 이-은-극이 연극일 수도, 그 반대일 수도 있다고 생각합니다.

6개월 남짓 지나, 이래은을 다시 만났어요. 짧다면 짧은 시간 동안, 우리의 현실엔 이거 이-은-극 아니냐는 이야기를 할 만한 일들, 수많은 사람이 야광봉과 깃발을 들고 거리로 나서는 일들이 일어나고 있었지요. 서로의 건강을 묻고 확인한 뒤, 저는 그에게 아크로바틱은 여전히 즐겁게 하고 있는지, 최근에 심장이 두근거릴 정도로 설레거나 벅찼던 순간은 언제였는지 물었습니다.

"목표였던 핸드스프링은 실패했어요. 하지만 해내지 못하고 있는 것을 6개월 이상 꾸준히 연습하는 경험은 처음이에요. 최근엔 남태령 이야기를 들었을 때 심장이 많이 뛰었어요. 현장에 함께 있지는 못했지만, 차별과 소외, 배제를 겪어 본 사람들이 함께 연대하는 모습, 그 연결감이 소중했어요. '나중에'라는 말들이 나오던 때도 있었잖아요. 남태령엔 '나중에'가 없고, 모두가 동시에 있다는 생각이 들었어요. 농민, 여성, 성소수자 깃발이 있고, 노동자들이 있고. 그 노동자들이 집회 이후 성중립 화장실을 만들었다고 하더라고요. 서로 다른 약자성들이 계속 겹치며 닿는 순간이죠. 그 현장에 있지 못했던 게 아쉬워서, 괜히 자꾸 가서 어슬렁거리고 있어요. 나를 확장할 방법, 그러니까 내가 어디에나 있을 수 있게 만드는 방법에 대해서도 생각하고 있어요. 직접 가지 못 하는 곳에도 SNS를 통해 함께할 수 있잖아요. 어쩌면 사람들이 모이는 자리를 만드는 것도 그런 일이 될 수 있을 것 같아요. 서로 생각을 나누고 닿게 되면, 그 사람에게 제가 조금이라도 묻고, 그럼 저는 그 사람을 통해 어디든 갈 수 있을 것 같아요."

저에게 묻은 누군가의 일부가 저를 통해 어디로든 갈 수 있는 것이라면, 그들을 더 소중히 대하면서 좋은 곳으로 데려가고 싶다는 생각이 들었어요. 저를 조금 묻힌 이래은의 다음 걸음은 어디로 향할지 잠시 그려 보며 그에게 물었습니다.

**너는 너와 연결된 사람을 통해, 네가 사랑하기 어려웠던 것들도 사랑하게 될 수 있을까?**

_사랑하고 있어?

# * 4부 *

# 잇다:
# 끝이 아니라
# 계속되는
# 창작

*

# 내가 잘
# 모르는 것까지
# 말하게 될까 봐

*

유은숙

+[1]

# Prologue

배우 유은숙을 처음 만난 건 2013년, 서울연극센터에서 주최한 PLAY-UP 아카데미 '신체 행동으로 설계하는 연기 기술' 수업에서였습니다. 극단 동 대표이자 연출가 강량원이 진행한 그 수업은, 연기에 대한 제 생각을 완전히 바꾸어 놓는 짜릿한 경험이었습니다.

이를테면 닫혀 있는 필통을 열어 연필을 꺼내는 상황을 연기한다고 할 때, 저는 그 행동을 '필통을 열어 연필을 꺼낸다'라고 설명해 왔습니다. 그 수업에서 배운 것을 적용해 다시 표현해 본다면 '필통 안에 있는 연필이 필통 밖으로 꺼내지게 만든다'가 됩니다. 의도에 따라 단위를 더 촘촘히 쪼개 볼 수도 있겠고요. 당시 배웠던 내용의 일부에 불과하지만, 이 단순한 전환만으로도 제 세계는 완전히 달라졌습니다.

A 상태에 있는 대상을 B 상태로 바꾸는 과정, 그 작용으로만 설계되는 연기술에는 어떤 사심도 개입할 여지가 없어 보였습니다. 만약 꺼내야 하는 연필이 돌아가신 아버지가 남긴 단 하나의 유품이라는 설정이라면, 이전의 저는 감정과 그로 인한 상태를 표현하는 것이 중요하다고 생각했을지도 모르겠어요. 감정이 잘 올라오지 않는 날에는 순간적으로 '어떡하지?'하는 생각이 스쳐 지나갈지도 모릅니다.

그렇지만 이 연기술에 따르면, 제가 해야 할 일은 돌아가신 아버지에 대한 기억이 연필을 꺼내는 과정에 어떻게 영향을 미치는지 생각하며 촘촘하게 행동을 설계하고, 행동에 따르는 작용을 만나는 일에만 집중하는 일일 것입니다. 감정 표현 자체를 목적이라고 생각할 필요가 없습니다. 강량원은 "도달해야 할 감정을 미리 표현해 버리면 진짜가 발생할 수 없으니, 행동을 설계할 때 감정을 공란으로 비워 두라"고 말했습니다. 차오를 수 있도록 비워 두라는 말이지요.

그 연기술을 접하며 저는 모종의 해방감마저 느꼈습니다. 연기를 하며 종종 막연하거나 어렵다고 느꼈던 상황을 타개할 구체적인 방법을 얻은 기분이기도 했지만, 결국 내가 별로 중요해지지 않는 것에 대한 해방감이었다고 할 수도 있겠습니다. 행동의 주체가 내가 아닌 '연필'이 되는 무대는, 스스로를 잊고 인물에 집중해야 하는 배우의 오랜 의무를 자연히 수행할 수 있는 무대라는 생각이 들었거든요. 그리고 '나'라고 믿었던 것들에 덜 얽매이게 되는 기분이었다고 할까요?

이런 관점은 더 넓은 세계를 감지하고, 그 세계의 일부로 존재하는 감각을 배우게 하는 일이기도 했습니다. 지금까지 소개한 기본적인 내용은 크게 바뀌지 않았겠지만, 당연하게도 시간이 흐르며 극단 동의 연기 기술은 진화했을 것입니다. 극단 동의 소개문에는 이렇게 쓰여 있습니다. "인물의 심리나 사건보다는 인물이 외부 세계를 마주하는 감각을 설계하는 연극과 연기 메소드를 연구하고 있다."[31]

인물이, 혹은 우리 자신이 마주하는 외부 세계는 끊임없이 변합니다. 그 변화를 무대에서 잘 만나기 위해 극단 동은 계속 탐색하고 연구합니다. 시기에 따라 주요하게 주제도 달라질 것이고요. 그 변화의 이야기를 듣고 싶어 2022년, 유은숙을 만났습니다.

유은숙은 극단 동에서 오래 활동해 온 배우입니다. 성우로도 활발한 활동을 펼쳤던 그의 목소리는 또렷하고 단단합니다. 그러나 그의 말하기 방식은 느슨하면서도 유연합니다. 어딘가 여백이 있는 느낌이랄까요? 연극계 사람들은 종종 극단 동의 배우들을 두고 '구도자' 같다고들 말합니다. 속세와 떨어져 도를 닦는다는 의미가 아닙니다. 그들에게서 치열한 탐구와 몸의 수행이 빚어낸 벼려진 힘과 맑은 기운이 느껴지기 때문입니다. 유은숙과의 대화는 도봉산에 올라 잠시 맑은 공기를 마시는 경험과 닮아 있었습니다.

배우 유은숙과 대화를 나눈 기록입니다.

**유은숙**

극단 동에서 동료들과 함께 세계와 신체 행동에 대한 탐구를 해 오고 있다.

+²

# Interview

## 행동으로 바라보는 세계

(성수연) 강량원 연출님께서 진행하셨던 PLAY-UP 아카데미 때 배우님을 처음 뵈었었죠. 저에게 정말 즐겁고 충만했던 시간이었어요. 함께 수업을 들은 배우들과도 쉬는 시간 내내 이야기를 나누고, 진행을 돕던 유은숙·김석주 배우님께 끊임없이 이것저것 묻기도 했지요. 이후 극단 동의 공연을 볼 때면 '아, 수업에서 들었던 내용이 이렇게 반영되는구나!' 하고 생각할 수 있어서 좋더라고요. 시간이 꽤 흘렀는데, 극단 동의 화두는 어떻게 달라지고 있는지 궁금했어요. 무엇보다 예전부터 배우님과 대화를 나눠 보고 싶었습니다. 배우님이 정말 멋져 보였어요. 막연히 도 닦는 사람 같다고 생각하기도 했고요.

_극단 동 사람들에 대해 그런 인식이 있는 것 같아요. 도 닦는…. (웃음)

그런데 한편으로는 연기하실 때 재밌고 웃긴 순간도 많이 봐서, 알고 보면 유쾌한 사람일 것 같다고 생각한 적도 있어요. 그래서 더 만나서 얘기해 보고 싶었고요.

_감사합니다. 아마 그 아카데미 때는 '행동'으로 세계를 바라보는 방법을 주요하게 공유했던 것으로 기억해요. 사물에 대한 행동, 몸에 대

한 행동, 내적 행동, 사람에 대한 말과 신체 행동 같은 식으로 구분해서 접근했고요. 그 이후엔 행동을 좀 더 의지적인 개념으로 보고, 무의식과 제스처를 연구했어요. 물론 그 수업 때도 '내가 커피잔을 든다'가 아니라 '커피잔 손잡이가 손에 잡히게 만든다, 커피가 내 입속으로 들어오게 만든다'라는 식으로 행동의 주체를 '나' 바깥에 두는 방식으로 생각했잖아요.

**기억납니다. 아, 그때의 'PLAY-UP 아카데미 냄새'가 지금도 느껴지네요.**

_그때는 어떤 행동을 하면서 무의식적으로 따라 나오는 제2의 어떤 행동을 '제스처'라고 했었는데, 지금은 우리가 의지적으로 한다고 믿는 많은 행동조차 결국 다 제스처일 수 있다고 보고 있어요. 지금 이 순간 하는 행동 하나는 이전의 경험과 강하게 연결되어 있고, 동시에 수많은 작용들과 함께 이루어지니까요. 내가 '나'라는 주체로 지금 하는 행동을 통해 존재하는 것이라기보다, 행동 하나와 연결된 이전과 이후의 세계들까지 생각하는 것이죠. 어떻게 보면 예전보다 훨씬 그 인물의 시간을 더 길게, 더 넓게 생각하게 되는 것 같아요.

**그런 세계관 혹은 연기관을 지칭하는 용어가 있나요? 극단 동 내부에서 자주 쓰는 표현 같은 것이요.**

_그때는 행동에 있어서 '대상'이라는 단어를 많이 사용했다면, 지금은 '물리성', '작용', '세계'라는 단어를 더 자주 쓰게 되는 것 같아요. '이 순간 당신을 움직이게 만드는 물리적 힘은 무엇인가?', '당신의 인물은 어떤 세계들로 이루어져 있는가?', '자신을 바깥의 작용에 완전히 열어 놓고 있는가?' 이런 질문들이랄까요?

그때 주체를 바깥에 두며 '내가 커피를 마신다'가 아니라 '커피가 내 목구멍으로 넘어가게 만든다'처럼 어떤 행동을 기존과는 다른 문법으로 말하던 것이 정말 흥미로웠어요. 수행이 잘되든 되지 않든, 배우의 주의 집중을 자기 바깥으로 옮기는 데 유용한 관점이라고 생각했고요.
배우가 외부로 보낸 자신의 주의 집중을 통해 세계와 만나고 작용하는 것은 정말 많은 확장을 가능하게 할 것 같아요. 잘 해내려면 훈련도 많이 필요하겠지요.
행동의 단위를 나누어, 각 단위 안에서 어떤 작용들이 이뤄지는지 설계했던 기억도 나요. '캐릭터 구현'은 막연한 성격 분석을 통해서가 아니라, 이런 식의 설계를 통해서 이뤄질 수 있겠다는 생각도 했어요. 같은 행동도 사람마다 단위를 나누는 기준이 다를 테고, 각 단위 안에서 만나는 작용도 다르게 설계할 테니까요. 인물이 세계에서 받는 여러 작용을 찾아내며 연기하는 일은, 배우 개개인의 세계에 대한 인식과 맞닿은 일일 것 같아요. 삶과 연기가 완전히 연결되어 있는….(웃음)

_그렇게 되면 좋은데(웃음). 책을 읽거나 공부할 때면 굉장히 충만해지는 순간이 있거든요. '주체는 나 자신이 아니다, 인간중심이 아니다, 우리는 사물과 동물, 세계 전체와 연결되어 있다, 시각을 지구 밖, 우주로 확장하면 모든 존재는 다 어떤 식으로든 연결되어 있다, 그 연결 속에서 우리는 움직이고 살아간다. 다중 주체, 다중 우주….' 이런 시각으로 보면 큰 충만함을 느껴요. 그런데 막상 생활에서는, 오히려 그 괴리에서 비롯되는 좌절감이 크기도 해요.
'왜 연기할 땐 이런 생각을 하면서, 일상에서는 내가 우주의 중심인 것처럼 고민하는 걸까. 내가 너무 나를 중심으로 어떤 일을 해결하려 하고 있다'는 생각이 들 때면, 좋지 않은 감정이 생기기도 해요. 연극을 연습하는 시간보다 일상을 살아가는 시간이 훨씬 많기 때문에, 삶에서 어떻게 실천하느냐가 연습과도 연결이 되는 것 같아요. 연기를

할 때처럼, 내가 일상에서 하는 거의 모든 것들이 세계와 연결된 무의식이고, 습관이고, 제스처라고 생각하기 때문에. 그래서 '어떻게 살 것인가'라는 질문도 자연스레 따라오게 되고요.

## 여백 사이에서 뭔가 피어날 때

**저도 최근 품은 질문 중 하나가 '인간이 어떻게 인간중심적이지 않은 사고를 할 수 있을까?'예요. '아마 안 될 거야.'라고 생각하기도 하고요. 하지만 주체가 내가 아니라는 개념은 여전히 붙들고 있어요. 연기할 때 그게 진짜로 되나요? 될 수 있나요? 물론 되는 순간이 있을 것 같아요. 그런데 지속이 될까요? '아마 안 될 거야.'라고만 생각하고 싶지 않아요. 가르침을 주십시오.**

_저도 기본적으로 그런 생각에서 출발하는 것 같아요. 누군가를 이해하려 할 때, 내가 주체가 아닌 상태로 그 사람 중심에서 뭔가를 이해하거나 행동하는 것은 기본적으로 불가능하다고 봐요. '나는 저 사람에 대해 전혀 모른다'라는 전제를 세운 뒤, 최대한 그 사람을 향한 진정한 호기심을 갖는 데서 출발하는 거죠.

주체를 옮긴다는 건 '내가 없다'라기보다는 '나는 최대한 저 존재를 이해하려 노력하는 방식으로 존재한다'에 가까울 수도 있겠어요. 그런 노력 속에서 그 존재가 만나는 세계를 배열해 보고, 마치 내가 그 존재를 다 안다는 듯이 연기하지 않는 것이요. 그래서 단위와 단위 사이를 의지적으로 연결하지 않는 것일지도요. 사이를 다 메워 버리면 '내가 이 인물을 이해했다!', '이 인물은 이렇다!'라고 주장하는 것이 될 수 있으니까요. 하지만 연기를 하다 보면 자꾸 나도 모르게 빈 틈을 꽉 채워서 '이런 거야!'라고 주장하게 되는 것 같아요.

**주장을 하지 않는 게 왜 중요한 걸까요?**

_어떤 주장은 곧 단정이 되어 버리기도 하니까요. 연기의 설계, 단위의 설계 자체가 이미 인물에 대한 나의 이해에서 비롯된 완벽한 주장일 수 있으니까. 실행할 때는 비워 둔 단위 사이에 저를 그냥 던져 둔다고도 말할 수 있을 것 같아요. 사이를 다 채우면 주장이 강요가 되기도 하고, 내가 잘 모르는 것까지 말하게 된다고 해야 될까요?

**와닿는 말이네요. 뭔가를 단정 지어 버리면 잘 모르는 것까지 말하게 될지도 모른다, 마치 아는 것처럼.**

_네. 한순간 더 깊은 이해에 도달해서 잘 모르던 것을 문득 알게 되는 경우도 있지만, 한 끗 차이로 잘 모르는 것을 아는 척 말하게 되기도 할 테고…. 배우라면 누구나 겪는 일 같기도 하고요. 억지로 더 애쓰다 더 잘 안되는 경우도 있잖아요.

**네. 너무 애쓰다가 오히려 수렁으로 빠지는…. '단위와 단위 사이를 비워 둔다'는 말이 참 좋네요. 대신 그 단위 안에서는 정확한 것들을 해야겠지요? 적어도 내가 설계한 단위 안에서는.**

_네. 작용으로 존재하니까요. 이 단위의 작용, 그다음 단위의 작용, 이런 식으로 작용과 만나며 존재하는 것이죠.
뭔가 부족하다고 느낄 때, 사람은 자기도 모르게 그 사이를 자꾸 '채우려고' 하게 돼요. 하지만 사실 깊은 이해 속에서 나도 모르게 자연스레 '채워지는' 순간도 있다고 생각해요. 그런 연결은 좋지만, 기본적으로는 그 사이를 어떤 식으로든 연결하지 않으려고 해요. 어떤 존재가 존재하는 방식을 '그 존재에게 작용하는 여러 세계의 총합'으로 보기 때문에요.

대화를 나누다 보니 '내가 이런 생각을 하고 있었구나' 하고 알게 되네요. 왜 작업에서는 이렇게 하지 못했지(웃음)? 수연 배우님이 질문들을 통해 이야기를 끌어 주니까, 그 질문들과 연결된 수많은 시간이 돌아오는 것 같아요.

**아마 제가 다 이해하는 것은 아닐 겁니다(웃음). 얼마 전 신촌극장에서 공연하셨던 〈복도 굴뚝 유골함〉을 정말 재밌게 봤어요.**

_공연이 괜찮았던 날 보셨을지 모르겠네요. 안 좋았을 때도 있어서요(웃음).

**공연이 좋고 안 좋고를 어떤 기준으로 판단하세요?**

_저희 식으로 말하자면, 배우 개개인이 힘이 없고 각자의 템포가 존재하지 않으며 모든 말이 똑같이 나오는, 물리적인 작용으로 존재하지 않는 무대가 '안 좋다'고 봐요. 관객은 희곡의 이야기에만 기대야 하고 배우의 에너지는 느낄 수 없는 텅 빈 무대랄까요?

**이번 공연에서 어머니의 흔적을 찾아가는 역할을 맡으셨다는 점이 재미있어요. 그 인물에게 어머니는 세계 그 자체였으니까요. 자신과 연결된 세계를 찾고자 한다는 점에서 배우의 목표와 인물의 목표가 비슷하지 않았을까 하는 생각도 들었고요.**

_제가 연기한 건축사진사는 "나는 도대체 누구를 닮았지?", "내가 엄마와 닮았나요?", "계속 우리에 대해서 얘기하던가요?" 같은 말들을 해요. 자신의 기원에 대한 궁금증으로 인해 어머니를 찾고 있었다고 생각하지만 그 여정에서 만나는 것은 어머니 자체가 아니었어요.
어머니에 대해 증언하는 사람들이 말하는 어머니의 이름도 다르고, 어떤 삶을 살았는지 증명해 주지도 못하고, 그들이 들려주는 이야기에서 어머니의 흔적을 조금씩 유추할 수 있는 거죠. 건축사진사는 그 모든 인물의 삶과 어머니의 존재가 연결되어 있음을 알게 돼요. '나는 누구인가?'라는 질문으로 시작했지만, 누군가의 이야기를 듣는 행위 자체로 굉장히 다양한 세계들을 받아들이게 돼요. 주체가 더 많이 분열되고, 혹은 더 많은 존재로 확장하게 만들죠.

## 몸이 불러낸 기억의 풍경

저는 이번 공연에서 굉장히… 아름다운, 정적이지만 역동적인, 그런 표현들이 떠올랐어요. 배우의 몸이 움직이지 않는 순간에도 그의 피부 안쪽에서 눈에 보이지는 않지만 엄청나게 역동적인 움직임이 발생하고 있고, 그것이 객석에 있는 나에게도 전달된다는 느낌을 받았고요.
배우님께서 몸을 아래쪽으로 숙이고 오랫동안 말하는 장면이 인상 깊었는데, 그 몸은 소위 '일상적'인 모양이 아니었어요. 그런데 그 장면을 계속 보다 보니 제가 일상에서 흘려보내고 있던, 어떤 순간의 핵심이 확 와닿는다고 해야 할까요?
바닥에 앉아서 바지를 반쯤 다리에 비스듬히 걸친 채로 말하는 장면도 너무 재밌었어요. 정말 이상한 모습이지만, 제 일상의 어떤 감각이 확

**떠오르더라고요. 그런 순간들은 어떻게 발견하세요?**

_바지 장면의 경우, 시궁창에 처박혔던 어린 시절이 흘러나올 수밖에 없는 몸의 순간을 찾고 싶었어요. 어떤 멈춤은 기억이 소환된 몸의 순간이 될 수도 있을 것 같아서 여러 각도를 찾아봤어요. 그러다가 옷을 입다 만, 약간 추운, 몸이 구부러진, 중심이 뒤바뀌어 다리가 위로 간 상태를 찾았고, 그게 적절하게 느껴졌던 것 같아요.

**지금 말씀하신 것들이 객석에 있는 저에게도 전해졌어요. 저 사람의 어린 시절의 순간, 저 사람이 느꼈을 감각. 저는 가끔 '외롭다'는 말 대신, '지금 내가 여기 있는 게 어리둥절하다'라는 표현을 쓰는데요, 그런 감각이 인물 안에서 발생하는 것처럼도 보였어요.**

_어떤 느낌인가요? 궁금해요.

**어느 날 외롭다는 말을 곱씹다 보니 좀 이상하고, 구체적으로 그게 어떤 감각인지 모르겠더라고요. 저의 상태를 설명하기 더 적합한 말을 찾다가, '나는 지금 내가 여기 있는 게 어리둥절한 상태구나'라는 표현이 떠올랐어요. 배우님의 바지 장면을 보는 순간에 그 느낌이 떠올랐어요.**

_저도 어릴 때 그런 느낌을 많이 받았던 것 같아요.
설계가 많은 것을 관통하게끔 잘된 경우에는 관객에게도 그렇게 전달되는 것 같은데, 그렇지 않은 경우도 많아서…. (웃음) 좋은 것을 찾으려고 노력하지만, 잘되지 않을 때도 많고, 억지를 쓰며 우기게 될 때도 있죠. 완전히 가로막혀 있을 때 문득 근본적인 것을 다시 생각하기도 하고요. '작용이란 뭐지?', '세계를 만난다는 것은 뭐지?'

**그러게요. 문득 끝없는 질문을 던지게 될 것 같아요. '작용이란 뭐지?', '나한테 유의미하게 작동하는 것이 작용인가?', '유의미함과 무의미함은 누가 판단하지?', '지금 내가 인지적으로는 무의미하다고 생각한 게 사실은 유의미한 작용인 건 아닐까?', '설계 단계에서 어떻게 판단하고 설계하지?'**

_맞아요. 연출님이 "심리적인 것보다는 물리성을 원해요."라고 하면 새삼스레 '물리성이 뭐지? 작용이란 게 뭐지?' 생각할 때도 있고요.

## 얽힘 속에서 살아간다는 것

**강량원 연출님과는 어떻게 작업하게 되셨나요?**

_운이 좋았어요. 성우 일을 하다가 도움이 될까 싶어 연기 전공 대학원에 진학했는데, 그곳에서 연출님을 만나게 됐어요. 논문만 쓰면 되는 상황에서 대학원을 그만두었어요. 연출님 따라가서 연기하고 싶어서요.

첫 작품은 〈죄와 벌〉이었는데, 당시 배우가 한 명 부족해서 제가 무대에 오르게 됐어요. 작은 배역이었지만, 그 인연으로 연출님과 함께하게 됐어요. 그때는 극단 동이 잠시 작업을 쉬고 있을 때였는데, 비가 많이 내리던 어느 날, 극장 문이 열리기 전 미리 와 있던 저에게 연출님이 물으셨어요. "극단 동을 다시 해 보고 싶은데, 같이해 볼래요?" 저도 "네. 같이 한번 해 볼게요."라고 대답했어요.

**그 순간 내리던 비는 어떤 작용이었을까요? 그 순간을 연기한다고**

**생각하면 단위 분석을 어떻게 하시겠어요?** (웃음)

_글쎄요. 이른 아침, 거센 비, 좁은 계단 사이로 지극히도 고요하게 퍼져 나가는 목소리… 제 안의 세계에서 격변의 충돌이 일어나는 순간일 텐데… 단위는 어떻게 나누지? 일단 연출님이 하신 제안이 가장 큰 외침인 것으로(웃음).
저는 강량원 연출님을 만나고 나서 좀 더 인간답게 사는 것 같아요. 연출님은 작업에서 늘 여러 각도로 열려 있고, 특히나 배우에게 작업으로 뛰어들 수밖에 없는 영감을 주세요. 배우들은 고통스러울 줄 알면서도, 맞닥뜨릴 세계에 대한 설렘을 품고 기꺼이 달려와요.
동료 배우들도 정말 멋져요. 사는 모습 자체가 참 넉넉한 사람, 상대의 고통을 깊이 헤아리는 사람, 꿋꿋하게 자신의 작업을 견지해 나가는 사람, 다른 사람을 잘 돕는 사람, 연극을 만들 때만큼은 감각이 극도로 깨어 있는 사람…. 모두에게 다 닮고 싶은 부분들이 있어요. 물론 우리 사이에 문제가 없는 건 아니죠. 시간이 오래된 만큼 해야 할 얘기도 많아지더라고요. 또 우리가 추구하는 세계에 대한 인식이 작업 과정에서는 어떻게 적용되는지에 대해서도 얘기를 나누는 중이에요.

**오랜 시간을 지나오면서 여전히 서로에게 좋은 자극이 된다는 것은 참 멋진 일인 것 같아요. 배우님도 그분들께 놀랍고 존경스러운 동료겠지요.**
**조금 다른 얘기로 넘어가 볼게요. 작업할 때 에너지를 많이 쓰실 것 같은데, 배우님은 어떻게 휴식하고 충전하시나요?**

_애인도 좀 만나고, 반려견 순돌이와 동네도 많이 돌아다니고, 시사 유튜브도 열심히 챙겨 보고, 가슴 뜨거워지는 책도 읽고….  제가 하고 싶은 작업을 생각하기도 해요. 이것저것 써 보기도 하고요.

**어떤 글을 쓰시나요?**

_희곡 비스무레한 것이에요. 그냥 끄적대는 정도로요. 그것을 1인극으로 해 볼까 싶기도 하고, 집 앞에 있는 호프집 아주머니랑 2인극을 해 볼까 싶기도 하고…. 그 호프집이 희곡 배경 중 하나라서요. 호프집에 오는 손님들을 관객으로….

**와, 재미있겠다! 꼭 해 주세요.**

_너무 아무것도 아니라서…. 극단 동에서의 연기와는 일말의 관계도 없고, 그 어떤 실험도 없어요(웃음).

**아무것도 아닌 것, 최고죠. 꼭 보고 싶어요. 알고 보면 웃긴 분일 것 같다고 생각했는데, 역시 제 짐작이 맞았군요. 진지하게 수행하는 사람들의 내면에 숨은 그림자는 억눌린 B급 정서라고 생각할 때가 있어요. 괴상한 농담 툭툭 던지고 싶은 충동 같은 것 있잖아요.**

_맞아요. 연습 단계에서 다 삭제된 유치한 것들을 다시 꺼내서 해 보고 싶은 생각도 있어요. 연출님에 의해 재탄생된 좋은 것들은 무대 위에서 하니까요.

**더더욱 기대가 됩니다. 어떤 이야기를 쓰셨는지 여쭤도 될까요? 스포일러일까요?**

_전혀요. 「도봉산의 은미」라고….
등장인물인 은미는 배우인데, 오디션에 자주 떨어지는 편이에요. 그날도 오디션을 보고, 오디션 복장으로 산에서 길을 헤매게 돼요. 얕게

유은숙

올라가도 좀 헤매게 될 것 같은 느낌이 도봉산에는 있거든요. 저도 거의 매일 올라가는데도 꼭 길을 잃은 것 같은 느낌을 받아요. 하여튼 은미가 도봉산에서 길을 잃는데, 지나가는 사람들에게 길을 물어도 외국인이거나 그냥 자기 갈 길 가 버려요. 그러다 꼬리명주나비라고 도봉산에서만 서식하는 멸종 위기의 귀한 나비가 있는데, 그 나비와 은미가 말을 섞게 되면서 이야기가 전개돼요. 은미는 오디션 스트레스 때문에 목이 너무 마른 상태예요. 그랬더니 나비가 자신이 이슬이 있는 곳을 안다며, 은미를 등에 태우고 험준한 도봉산을 날아서 이슬이 있는 곳으로 데려가요. 그곳이 우리 집 앞에 있는 '왕노가리 호프'. 은미는 살얼음이 낀 참이슬을 마시고, 나비는 혜은이가 되어 〈새벽비〉를 부르는데….
그런 류의 이야기들을 많이 쓰고 있어요. 「주문진에서의 은미」 등등, 계속.

**역시… 웃긴 분이 맞았어. 저는 B급 정서 좋아해요. 진지한 마음 다 내려놓고 의식의 흐름대로 놀 수 있는 작업을 하고 싶을 때가 있잖아요. 정말 좋아요. 빨리 해 주세요. 주문진에서는 나비 대신 오징어가 나오나요? 은미 시리즈인가요? 은미는 어떤 사람인지 궁금해요.**

_네, 은미 시리즈. 제 후배 중 은미라는 친구가 있어요. 은미가 공연을 하고 싶어 해서 쓰고 있는데 아직까지 공연으로 만들지는 못했어요. 언젠가 하게 될 수도 있겠지요?

**좋네요. 배우님이 1인극으로 하시는 것도 궁금하고, 은미라는 분과 하시는 것도 궁금하고요. 꼭 공연으로 만들어 주세요. 은미 시리즈도 계속 이어 써 주세요. 꼭이요!**
**조금 아까 말씀하셨듯 저도 실제 공연에는 올리지 않았던 장면들, 결국 다**

삭제된 것들을 모아서 공연을 해 보고 싶다는 생각을 해요. 언제 만나서 삭제된 장면들만 발표하면서 놀아도 재밌을 것 같아요.
극단 동의 활동도 응원하고 있을게요. 언젠가 우리가 처음 만났을 때처럼, 변화하고 있는 극단 동의 연기술을 다시 경험할 수 있는 자리가 생기면 좋을 것 같아요. 그때 받은 영향이 여전히 제 안에 남아 있거든요. 저도 제 자리에서 부지런히 저의 연기관과 세계관을 탐구하고 있겠습니다.

**오늘 우리가 만났던 오후 1시부터 3시까지 너의 세계와 너는**
**어떤 작용들을 만났어?**

너는 나와의 대화를 통해 어떤 작용들을 만났어?

**나의 중심을 내 밖으로 옮기는 일은 어떤 때 잘되고**
**어떤 때 잘되지 않아?**

막연할 때, 집착할 때, 성급하게 결과물을 내려고 할 때…
아, 이건 대답이지. 너는 연기를 하다가 크게 가로막혔다는
생각이 들 때, 어떤 식으로 그 상황을 헤쳐 나가?

**단위와 단위 사이의 여백에서 너는 존재하고 있어,**
**존재하지 않고 있어?**

너는 우연을 즐기는 편이니?

**너는 어떤 음식을 제일 좋아해?**

너는 어떨 때 가장 기운을 잃거나 힘들다고 느껴?

**나는 지금 오른손으로 턱을 반쯤 감싸고 있고, 눈썹을 살짝 찌푸리고,**
**고개를 45도 오른쪽으로 돌리고 있어. 혹시 지금 내가 만나고 있는 작용들이나,**
**지금의 나를 둘러싼 세계들이 너한테 짐작이 되니?**

중심이 내가 아니라고 생각하는 것, 나와 연결된 것들의
연속으로서 나를 인식하는 것을 삶에서 구체적으로 어떻게
실천할 수 있을까? 어떻게 해야 좀 더 이것을 잘 알게 될까?
이렇게 살면 무엇이 나아지는 걸까?

+ $^3$

# Epilogue

배우 유은숙은 연기를 통해 갖게 된 관점을 삶에서 어떻게 실천할지 고민하고 있었습니다. 그와의 대화는, 그 이후로도 저의 행동과 선택에 연결된 세계로서 저에게 계속 작용했습니다. 단위와 단위 사이를 비워 두는 태도로 살아가는 일에 대해 종종 생각했거든요.

그로부터 2년이 흘러, 유은숙과 다시 마주 앉아 연기와 세계에 관한 대화를 이어 갔습니다. 극단 동의 월요연기연구실은 최근 포스트휴머니즘 연구와 생태연극 스터디를 진행하고 있다고 합니다. 그 새로운 연구가 유은숙을 어떻게 바꾸고 있을지 궁금했습니다.

“언제부턴가 강량원 연출님과 저희의 고민은, 우리가 여전히 인간중심적인 생각에서 벗어나지 못한다는 데 있었어요. 세계를 하나의 주체로 바라보거나 개별체의 의지로 바라보는 것은 인간중심적인 사고인 것 같아서, 연기의 설계에서도 주체를 계속 바꿔 보기도 했고요. 이제는 조금 변하고 있는데, 윤리적인 이야기처럼 들릴 수도 있지만 저는 정말로 제가 연결되어 존재한다는 생각이 들어요.

지금은 모든 것이 얽혀서 하나의 장을 형성하고 있다고 생각해요. 지금 이 자리에서도 우리가 나눈 질문, 관심, 경험 등 수많은 요소가 얽히고, 그렇게 형성된 판에서 또 새로운 질문이 생성되고 있잖아요. 저라는 주체도 그와 분리될 수 없어요. 결국 저는 나의 말과 생각이 그 모든 것들과 얽혀서 존재한다는 것을 분명히 인정해야 하는 것 같아요.

어쩌면 우리의 고유성도 얼마나 많은 것들에게 빚지고 있는지, 그 사실을 좀 더 체감하는 쪽으로 변해 가고 있어요. 어떻게 하면 총체적인 이 장 속에 내가 놓일 수 있을지를 생각하게 되고요. 무대 위에서도, 삶에서도 마찬가지예요. 이건 단순히 연기의 문제가 아니라, 내가 어떻게 살아야 할 것인가에 대한 문제이기도 해요. 그렇지 않으면 이걸 할 이유가 없을 테니까요."

유은숙의 이야기를 듣는 내내 제 세계는 시시각각 재구성되었습니다. 이다음 펼쳐질 세계를 가늠해 보며 던진 질문은, 이렇게 정성스럽고 따뜻한 응원이 또 있을까 싶을 정도로 공간과 시간을 넘나드는 아름다운 말로 돌아왔습니다. 내게 닿은 그 아름다운 말이 그를 향한 응원이 되어 다시 그에게로 흘러갈 것이라는 확신이 들었어요.

**오늘 너와 이야기를 시작하기 전, 그러니까 40분 전의 내가 기억이 잘 나지 않을 정도로 지금 너에게 얽혀서 어디론가 가는 것 같아. 그곳이 어디일까?**

_너에게 좋은 시간이 끊임없이 찾아올 것 같아. 힘들고 피곤한 일들도 많겠지만 힘차고 재미있게 네가 나이 들어 갈 것 같고, 엄청엄청 좋은 예술가가 되기를, 너를 응원해. 너는 참… 참 재미있고, 그런 활기찬 시간이 너에게 많이 있을 것 같은 느낌이 들어서 너무 좋은데, 그런 네가 느껴지고, 네가 그렇게 살고 있는 그 시간까지 우리가 연결되어 있다면…. 너도 느끼고 있지? 내가 그런 너를 보고 있듯이, 너도 그런 너를 보고 있지?

*

# 반주하는
# 태도로

*

김재훈

+[1]

# Prologue

혹시 피아노를 배워 보셨나요? 저는 골목마다 피아노 학원이 흔하던 시절, 이웃집에서 흘러나오던 서툰 연주를 들으며 어린 시절을 보냈어요. 손잡이가 달린 두툼한 가방에 『하농』, 『체르니』, 『소나티네』, 『피아노 소곡집』 등의 악보집을 넣고 피아노를 치러 가는 친구들이 부러워서 저도 부모님을 졸라 학원에 등록했어요. 딱 피아노 한 대가 들어갈 정도의 좁은 방에서, 선생님이 그려 준 동그라미를 하나씩 지워 가며 연습을 하다가도 몰래 딴짓을 하기도 했습니다. 그러다 옆방에서 들리는 연주 소리에 마음을 다잡고 다시 연습에 몰두하기도 하고요. 〈소나티네 1번〉을 배우기 시작한 날, 마침내 동경하던 음악의 세계에 진입한 것만 같아 얼마나 우쭐했는지 몰라요.

공연 〈PNO〉에서 피아노 학원 시절을 떠올리게 하는 장면을 봤을 때, 그 시절의 기쁨이 울컥 되살아났습니다. 이웃의 소리, 옆방의 소리에 너그러이 영향을 받던 시절의 기억이 고스란히 겹치며, 감사하는 마음으로 무대 위 (불협)화음을 들었습니다. 서툰 연주는 소음으로 치부되어 거의 들을 수 없게 된 시대에, 그런 연주를 무대에 올려놓은 사람은 분명 다정한 사람일 것이라고 생각하기도 했습니다.

그 공연의 부제는 '철과 나무, 연쇄와 해체의 소나타'입니다. 무대에서 김재훈은 피아노를 집요하고도 섬세하게 해체하고, 피아노 내부의 물질적 연쇄 작용을 피아노 바깥으로 꺼내어 사람과 사람 사이의 연쇄로 확장시킵니다. 공연에는 피아노를 둘러싼 다양한 인물이 등장합니다. 피아노를 연주하는 사람, 피아노와 협연하는 사람, 피아노를 조율하는 사람, 피아노를 운반하는 사람, 피아노에 대해 말하는 사람 등등. 그들은 김재훈과 함께 온갖 방식으로 피아노를 연주하고, 피아노를 이야기합니다.

공연에 소나타 형식을 차용한 이유를 묻자, 그는 사람들이 가장 듣기 좋아하는 이야기의 원형이 소나타 구조라고 생각한다고 말했습니다. 주제가 제시되고 발전하다가 다시 돌아오는 소나타의 구조는, 모험이나 여행기와 닮아 있다는 것이지요. 그는 피아노가 PNO(Prepared New Object)로 돌아오는 여정을 관객들에게 들려주고 싶었다고 했습니다.

저는 그것이, 피아노를 집요하고도 다정하게 사랑한 한 인간의 이야기라고도 생각했습니다. 친구들을 즐겁게 하려 〈피구왕 통키〉 주제곡을 연주하던 소년이 클래식을 공부하고, 클래식을 의심하고, 홍대 앞에서 수염을 붙인 채 멜로디언을 불며 자신만의 음악을 찾아 나섭니다. 그리고 다른 이들이 연주할 판을 만들고, 마침내 모두와 함께 연주할 수 있는 플랫폼 PNO를 들고 집으로 돌아온 이야기입니다.

저는 그 여정의 어떤 순간을 본 적이 있습니다. 한강 작가의 『소년이 온다』를 원작으로 한 연극 〈휴먼 푸가〉의 무대에서 김재훈을 보았거든요. '푸가'는 같은 주제가 여러 성부에서 계속 반복·변주되는 음악 형식입니다. 음악감독으로 연극에 참여한 그는 공연 내내 직접 악기를 연주했습니다. 그가 연주하던 악기의 모양은 피아노였지만, 소리는 일반적인 피아노에서 나는 것과 달랐어요. 그는 공연을 준비하는 동안 광주에서 5·18의 직접적인 파장을 겪은 사람들을 직접 만났고, 그들이 보여 주고 들려주는 각각의 '주제'를 무대에 쌓아 올리기 위해 피아노를 해체했습니다. 잘 조율된 열두 음만으로는 고통을 표현하기 어렵다는 판단을 내렸기 때문이라고 합니다. 그 경험은 그를 〈PNO〉로 이끌었습니다. 그가 피아노를 해체한 이유에 피아노에 대한 사랑뿐 아니라, 누군가의 고통에 대한 마음 또한 있었다는 사실이 감동적이었습니다.

2023년 김재훈을 찾아간 날 그의 작업실에는 공연에 쓰였던 악기들이 조용히 쉬고 있었습니다. 놓여 있다기보다는 '쉬고 있다'는 표현이 어울렸습니다. 그가 악기들에 보내는 눈길과 손길이 살아 있는 존재를 대할 때와 같았기 때문일까요?

창작자 김재훈과 대화를 나눈 기록입니다.

**김재훈**

연출가이자 작곡가. 악보, 악기, 이론 등 음악을 구성하거나 전달하는 방식을 새롭게 설계하고, 이를 공연 언어로 전환하는 다양한 실험을 이어가고 있다.

$+^2$

# Interview

## 피아노와 기억의 조각

(성수연) 작업실에 초대해 주셔서 감사합니다. 2023년에 창작산실에서 공연하신 〈PNO〉 정말 잘 보았습니다. 공연을 보고 김재훈 님이 궁금했어요. 클래식 음악을 전공하셨고, 연극 음악감독도 하셨고, 밴드 '불나방스타쏘세지클럽' 멤버이기도 하시잖아요. 어떻게 다양한 작업을 하게 되셨는지, 작업하면서 어떤 생각을 하시는지 궁금하여 대화를 청했습니다. 공연에 대해서도 이야기를 나누고 싶었고요.

_저는 다섯 살 때부터 피아노를 배우기 시작했지만 특출한 재능이 있지도 않았고, 손이 또래에 비해 작기도 해서 피아노를 전공하겠다는 생각은 전혀 하지 않았어요. 그냥 음악 하고 싶어 하는 동네 애였는데, 운 좋게 좋은 선생님들을 만나기도 했고, 스스로 즐겁게 연주하는 방법은 알았던 것 같아요. 정통 클래식만 연습하는 게 아니라, 문구점에서 파는 500원짜리 노란 피스 악보, 혹시 기억나세요? 그런 악보를 연주하기도 했고, 친구들 앞에서 〈피구왕 통키〉 주제곡을 연주하고, 그것을 다시 새드 버전으로 연주하기도 했고.

피스 악보, 기억나죠. 저도 아직 집에 많아요. 그런 친구 정말 좋았는데.

_맞아요. 친구들이 좋아해 주니까 저도 '이렇게 하면 친구들이 재미있어하겠지?' 하면서 연습했어요. 관심 있는 친구가 나한테 한 번 더 관심을 주지 않을까 생각하기도 했고요(웃음). 그런 재미로 연주를 하니까 피아노가 늘 저와 꼭 붙어 있었던 것 같아요. 그러다가 음악대학에 진학해 서양음악을 전공하게 됐는데, 당시엔 학교가 제가 생각했던 이상적인 음악이나 환경과는 거리가 있다고 생각했어요. '나는 지금의 이야기를 좀 더 하고 싶은데 왜 계속 수백 년 전의 생각들을 따라 하려고 하는 걸까?' 이런 생각을 하기도 했고요. 그러다 친구와 함께 홍대 앞으로 갔던 것이 제 음악을 시작하는 계기가 되었어요.

**피아노를 해체하여 새로운 악기 PNO를 만드셨지요.**
**어떤 생각을 하며 만드셨는지 궁금해요.**

_저만의 악기를 만들고 싶다는 생각은 늘 있었어요. 물론 저만의 악기는 피아노였어요. 하지만 예술의전당이나 세종문화회관 같은 큰 무대에는 제가 설 자리가 없었고, 홍대 앞은 피아노가 설 자리가 없었어요. 작은 공연장에서는 관객을 한 명이라도 더 앉히는 것이 중요한데 피아노는 부피가 크고 관리도 어렵잖아요. 키보드로 건반을 연주할 때면 아쉬웠어요.

제 곡을 쌓아 가면서 피아노를 직접 연주할 일이 많아졌는데, 제가 의심했던 기존의 서양 전통음악 공연을 모방하고 있다는 생각이 들기도 했어요. 그래서 좀 더 제 소리를 낼 수 있는 뭔가를 만들고 싶다는 생각을 하게 됐어요.

결정적인 계기는 연극 〈휴먼 푸가〉 작업이었어요. 지금은 문을 닫은 남산예술센터에서 공연했는데, 제가 점유할 수 있는 공간이 그랜드 피아노 한 대 크기밖에 안 됐어요. 그런데 피아노 건반만으로는 인간의 고통을 표현하기 어렵다는 판단이 들었어요. 그래서 프리페어드 피아노 기법을 시도했고, 그 과정에서 이 기법을 잘 수행할 수 있는 구조의 악기를 직접 만들고 싶다는 생각이 구체화되었죠.

**프리페어드 기법에 대해 잘 모르는 독자도 많을 것 같은데, 간단히 설명해 주신다면요?**

_말 그대로 '준비된(prepared)', 미리 만들어진 음색을 내는 기법이에요. 천, 나뭇조각, 너트, 볼트 같은 사물을 피아노 내부의 음향 구조에 끼워 넣거나 설치해서 피아노가 원래와는 전혀 다른 음색을 내게 하는 것이죠.

〈휴먼 푸가〉에서는 잘 조율된 열두 음만으로는 고통의 신음, 함성, 강한 쇳소리 같은 것들을 만들 수 없다고 생각해서 오랫동안 피아노 내부에서 씨름하며 소리를 만들었어요. 그런데 여러 회차를 연주하다 보니 공연할 때 허리가 너무 아픈 거예요(웃음). 피아노는 안에 들어가서 뜯으라고 만든 악기가 아니니까요. 그때부터 프리페어드 기법을 잘 수행할 수 있는, 저만의 악기를 만들고 싶다는 생각이 뚜렷해졌어요.

이후 좋은 기회가 생겨 뉴욕에 리서치를 다녀왔어요. 메트로폴리탄 미술관에서 인류 최초의 피아노를 보기도 했고, 모마(MoMA, 뉴욕현대미술관)에서 한 대형 구조물 작품을 마주치면서 '새로운 악기로 피아노를 확장해야겠다'는 아이디어가 떠올랐어요. 사실 피아노는 요즘 처량한 신세거든요. 중고 거래 플랫폼에 5만 원, 무료 나눔으로 올라오기도 하고요. 주거 형태가 많이 바뀌면서 층간 소음 문제로 피아노의 입지도 많이 바뀌었어요. 저는 '피아노의 대이동'이라고 생각하는데…

**피아노의 대이동이라니, 무슨 의미인가요?**

_우리나라에서 생산된 피아노들이 개발도상국으로 많이 건너가고

있어요. 우리나라엔 영창, 삼익뿐 아니라 아리랑, 대우 같은 군소 브랜드도 한때는 많았어요. 그 시절 기술을 익힌 분들이 지금도 버려지는 피아노들을 수거하고, 고쳐서 중국에 판매하는 거예요.
반면 한국은 피아노가 점점 없어지는 추세죠. 너도나도 구매했던 국산 업라이트 피아노는 버리고, 소득 수준이 높아 층간 소음 걱정 없이 취미로 피아노를 할 수 있는 분들은 일본의 야마하, 가와이 같은 브랜드를 구입하는 경우가 많아요. 그러니까 한국의 피아노들은 중국으로, 일본의 피아노들은 한국으로. 이러한 피아노의 이동 흐름이 좀 보이더라고요.
이 '피아노의 대이동', 저의 성장과 떼어 놓을 수 없는 피아노, 미국에서 본 좋은 작품들, 최초의 피아노, 한국 사회에 대한 저의 생각 등을 저만의 악기를 만들고 싶었던 욕망과 잘 엮으면 한 편의 공연으로 잘 만들어 낼 수 있겠다는 생각이 들었어요.

**저는 〈PNO〉를 보면서 피아노라는 악기가 시대의 변화를 말하기에 정말 좋은 사물이자 개념이라고 생각했어요. 공연을 보고 피아노를 다시 치고 싶어서 동네 학원에 전화했는데, 성인 레슨은 없었어요. 초등학생 때처럼 피아노 가방 들고 매일 학원에 가서 한 시간씩 치는, 그런 생활을 해 보고 싶었는데. 본가에 피아노가 있지만 층간 소음이 걱정돼요. 그땐 마음 놓고 쳤었거든요. 다른 집에서 들리는 피아노 소리가 싫지도 않았고요. 집집마다 울리던 소나티네 1번. 끝까지 들어 본 기억은 없지만(웃음).**

_층간 소음을 참아 주던 공동체의 시대였지요. 공동육아의 감각이 있는 시대이기도 했고요. 저희 어머니도 항상 이웃집에서 들려오는 피아노 소리를 들으시면서, "재가 저 부분 늘 틀리더니 이제야 다음으로 넘어갔네." 같은 말씀을 하셨거든요. 그런데 요즘은 피아노를 치는 일로 싸움이 일어나기도 하니까. 인식이 많이 달라진 거죠.

맞아요. 공연을 보며, 지금보다 좀 더 너그러웠던 때의 감각이 떠오르더라고요. 아마 많은 관객이 재훈 님의 피아노 이야기를 들으며 자신의 시간을 함께 떠올렸을 것 같아요. 예전에는 대부분의 어린이가 피아노를 배웠잖아요. 제 주변에도 초등학교 입학과 동시에 피아노를 배우는 친구들이 많았어요. 누구나 바이엘은 떼는 느낌이었죠. 공연에 피아노 학원 장면도 있었잖아요. 작은 방에 피아노 한 대, 선생님이 그려 준 동그라미에 체크하면서(웃음). 볼펜으로 탁탁 박자를 맞추시다가 틀리면 손목을 탁 치시고. 답답해서 쿵쾅쿵쾅 치면 작은 창문으로 지켜보던 선생님이 들어오셔서 "수연이 피아노 치기 싫으니?" 묻던 기억도 나요.

_배우님은 정말 피아노에 대한 찐득한 기억을 갖고 계시는군요. 마지막 코다 장면에 저와 동료들이 많은 분께 부탁드려 모은, 어린 시절 피아노 치는 사진들이 쭉 나오잖아요. 그 장면에서 우는 분들이 많았어요. 많은 분이 공유하는 정서가 있는 것 같아요. 요즘은 그때처럼 피아노를 많이 배우지는 않는대요. 그래서 이 공연이 젊은 관객들에게 공감을 못 받을 수도 있지 않을까 하는 생각도 했어요.

하지만 어떤 방식으로든 다가갔을 것 같아요. 공연에 아주 오래된 피아노의 이야기도 나오잖아요. 저도 제가 태어나기 전의 피아노를 떠올리게 되더라고요. 저희 엄마는 부산이 고향이신데, 6·25전쟁 이전에 태어나셨어요. 서울에서 피난 온 음대생 언니가 치던 피아노 소리가 너무 좋아서, 매일같이 숨어서 그 연주를 듣곤 하셨다는 거예요. 음악을 정말 좋아하세요. 그래서 넉넉하지 않았는데도 저를 피아노 학원에 보내셨어요. 대단한 재능은 없었지만 피아노 치는 것을 좋아했고, 한참 시간이 지나 제 피아노를 갖게 됐어요. 그날은 제 인생에서 여러모로 아주 중요한 날이었기 때문에 지금도 그 피아노를 갖고 있어요. 어머니께서도 자리 차지하니까 이제는 버리자고 하셨지만 절대 보낼 수 없더라고요.

_피아노 운반사들 이야기를 들어 보면, 어머니들이 피아노를 처분하려고 사람을 불렀다가 막상 가져가려 하면 "출장비를 드릴 테니 그냥 가 주세요." 하시는 경우가 종종 있대요. 본인이 칠 줄은 모르지만 내 딸이, 내 아들이 치는 소리를 너무 좋아했는데 보내려니 안 되겠다고. 피아노는 단순히 악기나 가구가 아니라 어떤 기억의 덩어리인 것 같아요. 배우님, 휴지 좀 드릴까요?

**왜 눈물이 날까요? 괜찮습니다. 제 피아노에는 눌러도 소리가 나지 않는 건반이 두 개 있어요. 조율사를 모셔야 하는데 "얘는 이제 가망이 없습니다. 보내시죠."라는 말을 들을까 봐 무서워서 모시지 못하고 있어요.**

_그래도 금손 조율사분들이 한번 보시면 확실히 좋아질 거예요. 피아노는 손이 많이 가는 악기라 주기적으로 관리를 해 줘야 수명이 늘어나요. 업라이트 피아노는 한 음악가를 청년까지 키워 주고 은퇴하여 버려진다는 말이 있어요. 그랜드 피아노는 거장이 될 때까지 버텨 준다는 말이 있고요. 슬프지만 개나 고양이처럼, 피아노에도 기대 수명이 있는 셈이죠.

**공연 영상에 나왔던, 떠나거나 폐기되기를 기다리는 피아노들의 모습에 울컥했어요.**

_수거된 피아노들이 모여 있는 장소는 마치 공동묘지 같았어요. 사랑받다가 버려진 것들을 보는 일은, 그게 아무리 무생물이어도 슬픈 일이더라고요. 배우님의 피아노에도 이야기가 있듯, 피아노마다 각자의 이야기가 있잖아요. 어디서 태어나서, 어디로 갔다가, 어디로 버려지는가. 그 여정을 추적해 보고 싶었어요. 우리는 무대 위 피아니스트만 보지만 조율사, 운반사, 또 판매하고 수거하시는 분들이 없으면

공연을 할 수 없으니까요. 그분들의 이야기를 담고 싶어서 한 취재가 공연에도 도움이 많이 됐어요.

영상에 나온 장소는 원래 약용 굼벵이 양식장이었는데, 지금은 폐기될 피아노를 수거해 모아 두는 곳이에요. 그 비닐하우스 안에 망가진 피아노들이 가득 있는데, 함께 촬영을 간 감독님도 저도 정말 몸으로 느껴지는 슬픔을 받았어요. '이 친구들은 차게 식었구나. 손길을 받지 못해서'. 그곳에서 피아노 두 대를 데려왔어요.

그곳을 운영하시는 분과 대화하면서, 버려지거나 고쳐지는 피아노 이야기를 공연으로 만들고자 하고, 선생님의 이야기도 공연에 담고 싶다고 말씀드렸더니 부끄러워하시더라고요. 그래도 이런 공연은 여태껏 없었고, 이런 피아노들이 무대 위에서 다시 소리를 내게 될 거라고 말씀드리니까 흔쾌히 주셨어요. 그 피아노들이 PNO가 되었고요.

## PNO 소리의 재구성

_이것이 버려진 영창 피아노로 만든 업라이트 PNO입니다.

**자세히 봐도 될까요? 이 악기 연주하시는 장면 정말 멋있었어요. 악기에 대해 자세히 이야기해 주세요.**

_버려진 피아노로 새로운 PNO라는 악기를 만들려면 무엇을 근거로 만들어야 할지 훌륭한 동료들과 토론을 많이 했어요. 이 공연은 '피아노는 반주악기이자, 합주악기이자, 사람들이 모이는 어떤 공간이다'라는 생각을 중심에 두었죠. 저는 조성진, 임윤찬과 같은 초일

류 피아니스트들의 연주를 사랑해요. 그런데 또 한편으로는 제 주변에도 많이 있는, 사람들이 잘 모르는 피아니스트들도 생각하게 돼요. 피아노가 버려지지 않으려면 사람들이 많이 쳐야 하는데, 이 일을 통해 초일류가 되거나 유명해지는 사람들은 극소수이고, 이런 구조 안에서 갈 곳이 없어지는 사람들도 있거든요. 그래서 새로운 PNO는 혼자 달려서 무조건 우승해야 하는 그런 악기가 아니라, 사람들과 함께 연주할 수 있는 악기여야 한다고 생각했어요. 어린 시절에 제 동생은 바이올린을 배웠는데, 동생이 〈마법의 성〉 멜로디를 연주하기 시작하면 제가 피아노로 반주를 넣다가 갑자기 코믹하게 바꾸며 놀던 기억이 있어요.

**〈피구왕 통키〉는 새드 버전으로, 〈마법의 성〉은 코믹 버전으로.**

_네. 저는 가정에 있는 피아노란 그런 존재라고 생각해요. 그래서 보시는 것처럼 한 대의 피아노를 분리하여 여러 사람이 함께 연주할 수 있도록 만들었어요. 마치 하나의 플랫폼처럼요. 2층짜리 구조물이었던 그랜드 PNO를 무대에 세움으로써 그 생각을 더 구현했어요.
또 한 가지 담고 싶었던 건 백건(白鍵)에 대한 이야기예요. 예전에는 백건을 코끼리의 상아로 만들었대요. 상아 채취 때문에 수많은 코끼리가 희생되었고, 한때는 상아가 없는 코끼리가 우세종이 될 정도였다고 해요. 그래서 업라이트 PNO를 구성하는 악기 중 하나로 코끼리의 고통을 표현하고 싶었어요. 아까 말씀드렸던 프리페어드 기법을 사용해서요. PNO의 모든 악기가 다 프리페어드 기법을 수행하기 좋은 형태로 만들어져 있지만, 이 악기는 특히 코끼리의 울음소리를 잘 표현하고 싶다는 생각으로 만들었어요. 이렇게 스피커를 연결해서 들으면, 너무 직접적이라는 생각마저 들 정도로 고통스러운 소리가 나요.

**이렇게 가까이에서 보니까 악기의 모양에서도 코끼리가 연상돼요.**

_그래서 '엘리펀트 첼로'라고 이름 붙였어요. 그리고 여기 보이는 이것은 '핸드 스탠딩 라이언', 물구나무선 사자입니다. 피아노 다리의 이 문양은 제가 어릴 때 치던 피아노에도 있었는데, 사실 동물을 박물해 둔 장식이잖아요. 인간중심의 잔인한 박제 문화를 비판하고 싶다는 생각이 들어서 일부러 거꾸로 세웠어요. 공연 때는 이 위에 피아노 흑건들을 달아 놨었는데, 여기에서 백건을 사용하지 않겠다는 말이기도 했어요.

**정말 멋진 주장이고 선언이었네요. 저 한번 눌러 봐도 돼요?**

_그럼요. 거꾸로 연주하게 만들어 놓은 것도 일종의 반항이었어요(웃음). 코끼리들의 고통, 박제된 동물들… 서양음악사에 누적되어 있는 잘못된 선택들을 거슬러 올라가고 싶다는 생각으로요. 그리고 안쪽으로 들어가서 연주할 수 있게끔 만들어 놓아서, 프리페어드 기법을 하기에 용이해요. 〈휴먼 푸가〉 때, 허리가 아팠던 것이 이런 결과로 나왔네요(웃음).

**우와. 분명히 정확한 음은 나는데, 여러 물질의 소리가 느껴지네요.**
**프리페어드 기법이 이런 것이군요. 실제로 보니까 쉽게 이해가 되네요.**

_네. 각도를 틀어 보기도 하고, 여러 물질을 넣어 보기도 하면서 원하는 소리를 만들었어요. 피아노가 낼 수 없을 것 같은 소리들을 하나하나 끌어냈죠.
마지막으로 이 '터틀 체어'는 우리가 재미있는 상상을 하며 만든 악기예요. 처음 한반도에 피아노와 피아노 의자가 세트로 들어왔을 때,

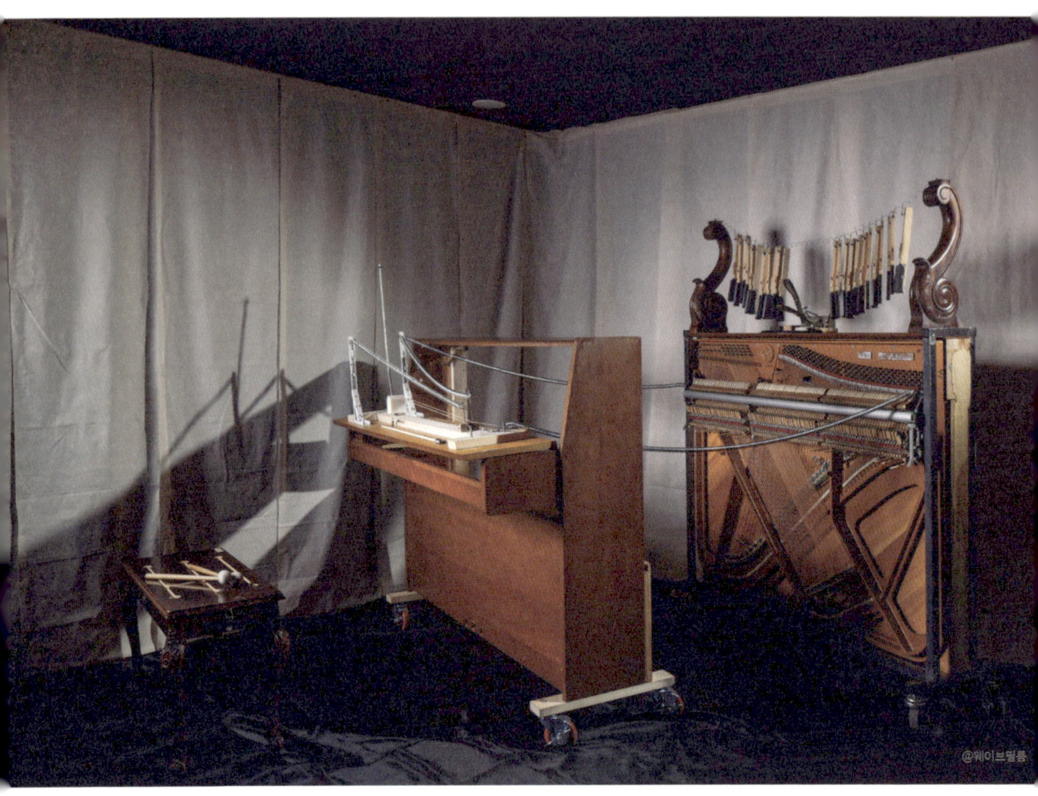
@웨이브필름

어쩌면 사람들이 이 의자 또한 악기라고 생각했을지도 모른다고 상상해 봤어요. 타악기 연주자 양현모 씨가, "사람들이 다듬이질하듯 두드리며 소리를 내 보았을지도 모른다"는 아이디어를 냈고, 실제로 그 연주 장면을 만들었어요(웃음). 여기에 있는 거북이 등껍질 모양처럼 갈라진 부분은 음정을 구분하는 기능을 해요. 이런 식으로 음정을 만드는 아프리카 타악기도 있거든요.
결국 한 대의 피아노가 거북이 의자, 코끼리 첼로, 물구나무선 사자, 이렇게 세 개로 분리되었어요. 세 동물이 변신 합체 로봇처럼 각자도, 함께도 연주할 수 있게끔. 타악기, 현악기, 건반악기가 모여서 업라이트 PNO가 된 것이죠.

**그 연주 장면, 정말 좋았어요. 다시 듣고 싶어요. 독주악기라고 생각했던 피아노가 분리되어 합주악기가 된다는 사실만으로도 멋진데, 각각의 악기에 담겨 있는 생각까지 모두 전해졌어요.**

_음원으로 나와 있습니다(웃음). 돌이켜 보면 좋은 과정을 거친 작업이었어요. 제 생각만이 아니라 여러 훌륭한 동료들의 의견들이 반영됐고요.

## 음악하는 사람의 연극, 연극하는 사람의 음악

**클래식으로 음악을 시작하셨지만, 지금은 연극 작업이나 밴드 활동도 하시잖아요, '불나방스타쏘세지클럽' 멤버이기도 하고요. 그 밴드는 어떻게 시작하시게 되었나요?**

_진작에 없어졌어도 이상하지 않을 만큼 아주 오래된 밴드예요(웃음). 가뭄에 콩 나듯이 어쩌다 한번 공연하는데, 그래서 아직도 해체하지 않고 이어 올 수 있는 것 같아요.
아까 제가 음대를 다니다가 '이게 무슨 의미가 있을까?' 싶어 홍대 앞으로 가게 되었다고 말씀드렸잖아요. 그런데 시간이 지나 생각해 보니, 의미가 있더라고요. 확실히 자기 공연을 직접 해 보고, 얕음을 느낀 뒤에 학교로 돌아가 다시 수업을 들으니, 예전엔 중요하게 느끼지 못했던 것들의 깊이를 새삼 깨닫게 되더라고요.
어쨌든 홍대 앞의 정말 작은 클럽에 갔어요. 헤비메탈을 하고 나서 바흐를 연주하는 희한한 공간이 있다는 말을 듣고 찾아간 건데, 저는 그 공간을 참 좋아했어요.

**살롱 바다비 맞지요? 저도 한때 공연 보러 자주 갔어요.**

_와! 정말요? 아는 분 많지 않은데. 거기 있던 피아노도 제가 기부한 거였어요. 정말 좋아하는 공간이었는데, 젠트리피케이션으로 사라진 게 참 속상하죠. 그 공간에서 참 많이 배웠어요. 예를 들면, 저는 당시 실수에 익숙하지 않았거든요. 클래식은 실수를 용납하지 않는 분야이기도 하고요. 그런데 실수를 하고 안 하고의 문제가 아니라, 어떤 태도로 어떤 말을 하고자 하는지가 무대에서 더 중요할 수도 있다는 것을 알게 됐어요.
그때 만난 동료들과 밴드를 하게 된 것인데, 처음에 같이하고 싶다고 했더니 밴드 리더가 '돈 주고 음악 배운 애는 안 쓴다'고 하더라고요. 물론 농담이었고요. 그리고 피아노 대신 멜로디언을 불게 됐어요. 피아노를 찾아보기 힘든 홍대에서 제가 할 수 있는 건반악기를 재미있게 연주했다고 생각해요.
만약 홍대 앞에 가지 않았더라면, 저는 아직도 공허한 메아리 같은 작품들을 쓰거나, 혹은 아예 음악을 하지 않았을지도 모른다는 생각이 들어요. 여러 아티스트를 보고, 함께 이야기 나누며 저의 고정관념들을 깰 수 있었어요. 음악이 이야기해야 할 많은 것들이 있다는 점을 홍대 앞에서 배웠어요.

**살롱 바다비에서 한창 공연을 자주 볼 무렵 저는 배우로서 무대 위에서 어떻게 존재할 수 있는지를 고민하던 시기였어요. 재훈 님이 클래식을 전공하신 것처럼, 저도 학교에서 고전을 주로 다뤘고, 전통적인 드라마 연극에서의 인물 연기를 주로 배웠거든요. 그런데 졸업 이후 다양한 형식의 작품을 하면서, 드라마 연극이 아닌 무대에서 배우는 무엇을 붙잡고 연기해야 하는지 질문하게 됐어요.**
**그러다 문득 악기 연주자들의 상태를 눈여겨보게 되었어요. 특히 살롱 바다비에서는 연주자들을 정말 눈앞에서 볼 수 있잖아요. 그들의 연주하는 모습이 바로 제가 지향하는 어떤 연기의 상태와 닮아 있다는 생각이 들었어요. 나의 집중을 내 안에 두지 않고 밖으로 보내는 일. 내가 만나고 내가 다루는 것, 정확한 대상에 집중함으로써 감정이 생겨나거나 사라질 자리를 열어 두는 일. 마치 연주자들이 악기와 맺는 관계처럼요.**
**그 모습을 보는 것이 좋았어요. 자기 악기, 자신이 내는 소리, 타인이 내는 소리, 전체의 흐름 등 외부의 대상들에 집중하면서 자신의 기술을 수행하는 모습. 어떤 연주자는 기도하는 사람처럼 보이기도 하고, 또 어떤 연주자는 명상하는 사람처럼 보이기도 했어요.**

_악기 연주라는 것은 누적된 시간이 만들어 내는 신체 동작들이잖아요. 이를 연기라고 비유할 수 있을지 모르겠지만, 배우가 인식하지 못하는 상태에서 자신에게 최적화된 움직임이 발휘되고, 완전히 하나가 되는 순간이 있는, 그런 연기인 것 같아요. 그래서 가끔 "왜 음악 공연에 연주 행위 외에 다른 것들이 필요하냐"고 하시는 보수적인 선생님

들의 말씀도 이해가 돼요. 연주 행위만으로도 사실 볼 것들이 이미 정말 많거든요.

**맞아요. 〈PNO〉에서 PNO를 연주하실 때, 재훈 님께서 연주하시는 그 상태, 연주 행위 자체를 보는 것이 정말 즐거웠어요. 오랜만에 살롱 바다비에서 봤던, 특정 악기를 아주 오랫동안 다뤄 온 사람들에게서 볼 수 있는 특별한 순간을 봤어요. 저도 배우로서 마치 음악을 하듯 연기하고 싶은데, 뭘 어떻게 해야 그럴 수 있을지(웃음).**

_이미 잘하고 계신 것 같은데요. 예전에 배우님이 하신 연극 〈나와 세일러문의 지하철 여행〉을 봤어요. 한국, 홍콩, 일본의 배우들이 마치 각각 다른 악기처럼 만나 앙상블을 이루며 다양한 방식으로 연주하듯 연기한다고 생각했어요. 연극은 소재와 형식을 바꿔 가면서 매번 다른 방법론으로 접근할 수 있다는 점이 자유롭게 느껴졌어요. 그 공연을 보고 행복한 마음으로 남산길을 걸어 내려오며, '꼭 저 극장에서 저런 작업 한번 올려 봤으면 좋겠다' 생각했어요. 남산예술센터라는 극장도 정말 좋았거든요. 거의 바로 〈휴먼 푸가〉 작업을 시작하게 되었는데, 결국 제가 그 극장 문을 닫고 나온 마지막 배우가 되긴 했지요.

**〈휴먼 푸가〉를 비롯한 연극 작업은 어떻게 처음 시작하게 되셨나요?**

_아르코에서 주관하는 기획자 프로그램을 들은 적이 있어요. 그때 만난 기획자님 덕에 '공연창작집단 뛰다'의 작품에 음악감독으로 참여하며 연극 작업을 시작하게 되었어요. 그 프로그램에서 저의 프로젝트를 실행하며 배운 것들도 이후의 작업에 큰 영향을 미쳤고요.

어떤 프로젝트를 하셨나요?

_'첩첩산중'이라는 레지던시 프로젝트였어요. 저는 산을 굉장히 좋아해요. 여러 산을 타면서, 산과 아트 프로젝트를 결합해 보면 좋겠다는 생각을 하게 되어 만든 프로젝트예요. 운 좋게 평창올림픽이라는 메가 이벤트와 연결이 되면서, 15개국 20명의 아티스트를 초청해 레지던시를 진행하는 역할을 맡게 되었죠. 그 과정에서 정말 많이 배웠어요. 몽골에서 온 마두금 연주자, 이스라엘의 재즈 베이시스트, 아르헨티나의 탱고 기타리스트, 한국의 피리 연주자 등. 서로 다른 음악적 배경과 언어를 가진 사람들이 모여 앙상블을 만들어야 하는데, 음악이 복잡하면 다양한 배경의 악기가 매끄럽게 섞일 수가 없더라고요. 마치 댄스 플로어를 깔듯, 저는 단순하고 미니멀한 구조의 곡을 준비했고, 그러자 다들 멋있게 들어올 수 있는 판이 열렸어요.
이전에는 선율을 쓸 때도 후크처럼 확 마음을 사로잡을 수 있는 것, '음악으로 잘되고 싶어'라는 욕심이 숨겨진 선율들을 썼던 것 같아요. 그 욕심을 내려놓아야 더 넓게, 더 많은 것들을 이야기할 수 있다고 생각하게 됐어요. 사람들에게 매력적으로 느껴지게 만들려는 마음을 비워 낼수록, 더 많은 이야기가 들어온 거죠.
연극에서 음악 작업을 하면서도 많이 배웠어요. '더 비워야 된다, 내 이야기를 줄여야 다른 사람이 더 다양한 이야기를 할 수 있다'는 생각을 하게 됐어요. '공연창작집단 뛰다'에서도 배우들과 즉흥 연습을 할 때도 마찬가지였어요. 제가 음으로 화려한 춤을 출수록 손해더라고요. 내려놓고 단순하게 할 때 더 멋있어질 수 있다는 것을 배웠어요.
그 시기에 제 이름으로 낸 1집의 제목을 《ACCOMPANIMENT》라고 붙였어요. 피아노 독주 앨범인데, 앨범의 제목은 '반주'라는 뜻이잖아요. '옆에 있는 소리들에 반주하는 태도로 음악을 만들어 갈게요'라는 다짐 같은 제목이었어요.

김재훈

## 연주자와 배우 사이의 공명 속에서

*성수연, 쿨라우 〈소나티네 Op.20〉 1번 1악장 첫 6마디를 연주한다.*

*김재훈, 뒷부분을 이어서 연주한다.*

*성수연, 모차르트 〈피아노 소나타〉 16번 첫 4마디를 연주한다. 이어서 류이치 사카모토 〈Merry Christmas Mr. Lawrence〉 첫 4마디를 연주한다.*

*김재훈, 박수.*

*김재훈, 김재훈 〈36〉 전곡을 연주한다.*[32]

김재훈의 〈36〉

*성수연, 큰 박수와 환호.*

이런 멋진 연주를 라이브로 들을 수 있다니. 숨소리도 음악의 일부 같았어요. 정말 감격스럽습니다. 이 곡에 대한 이야기를 듣고 싶어요.

_제가 층간 소음에 한이 맺혀서, 대학교에 입학하자마자 지하 작업실을 얻었어요. 춥고 난로도 없었지만, 피아노를 밤늦게까지 원 없이 칠 수 있었던 것이 좋았어요. 그런데 지하에 너무 오래 있으면 몸이 아프더라고요. 밤인지 낮인지 시간 감각도 없어지고요. 어느 날 몸살 기운이 있어 작업실에서 앓다가 간신히 밖으로 나왔는데, 하얗게 폭설이 내리고 있었어요. 정말 아름다웠어요. 뭔가 가슴이 울컥하기도 하고, 이 아름다운 풍경을 말하고 싶고, 제 상황을 말하고 싶고. 그길로 작업실로 내려가서 막 치기 시작했어요. 그렇게 쓴 곡이 〈폭설〉이에요. 레코딩해서 앨범으로 발표까지 했는데, 마음속 애타는 감정이 표현이 잘 안된 것 같아 아쉬웠어요.

그 후 13년 동안 이 곡을 편곡했어요. 앨범 낸 후에도 몇 번씩 다시 손보고, 군대에서 제설 작업 지휘하면서도 다시 쳐 보고. 악보 에디션이 몇십 개가 있어요. 맨 처음 버전에서는 눈송이 하나하나를 다 표현하려 했는데, 들을수록 왜 이렇게 눈덩이가 안 만들어지나 싶은 거예요. 아까 '첩첩산중' 프로젝트와 〈PNO〉 작업을 준비하면서 더 비워 낼 방법을 더 고민하기도 하고. 결국 그런 표현들을 버리고, 과정을 쌓듯 천천히 음을 쌓아 가니 큰 눈덩이를 만들 수 있었어요. 비워 두고 시작해야 진짜 제 이야기가 들어오더라고요.

13년 동안 붙들고 있던 곡에 '13'이라는 제목을 붙이고 마지막 편곡 작업을 시작했는데, 이게 웬걸, 2주 만에 끝나더라고요. 비워 놓고 시작하니까 작업이 잘되고, 하고 싶은 이야기도 다 들어갔어요. 결국 36세에 완성했다는 의미에서 '36'이라는 제목을 붙였어요. 곡 말미에는 저음부에서 아주 둔중한 꿍 소리가 나는데, 지금 피아노로는 낼 수 없어요. 뵈젠도르퍼 피아노가 가진 더 낮은 저음으로만 가능한 소리거든요.

**13년 동안 편곡했다는 사실도 놀라운데, 편곡의 방향이 재훈 님의 삶에**

**따른 생각의 변화를 닮아 있다는 점이 아름답네요. 곡 자체도 정말 아름답고요.**

_이 곡은 저에게 애틋해요. 제 청년기 내내 늘 함께했던 곡이에요. 수없이 편곡하며 쇼팽 스타일로 만들어 보기도 하고, 또 다른 스타일로 바꿔 보기도 하고, 대체 이 곡의 끝은 어디인가 싶었어요. 녹음한 버전도 많아요. 제 스타일이나 생각의 변화를 들어 볼 수 있으니 저도 재미있지만, 가끔 너무 듣기 싫기도 하고. “뭐야, 이건 너무 빠르잖아.”, “이때는 대체 무슨 생각을 했던 거야?”, “스타가 되고 싶었던 거야?”

**〈PNO〉 부제가 ‘철과 나무, 연쇄와 해체의 소나타’이고 공연의 구조도 음악의 소나타 형식을 차용하여 만드셨지요. 이번엔 왜 소나타였는지 궁금합니다.**

_저는 “과거로부터 유일하게 가져올 수 있는 위대한 유산은 형식”이라는 말을 굉장히 좋아해요. 존 케이지가 한 말이에요. 앞으로도 공연을 계속 만들게 된다면 음악 형식을 빌려서 만들고 싶어요.

아까 배우님도 잠깐 연주하셨지만, 우리가 어린 시절 소나타를 많이 치기도 하죠. 사람들이 가장 듣기 좋아하는 이야기의 원형도 사실 소나타 구조라고 생각해요. 집을 떠났다가 여러 경험을 하고 다시 집으로 돌아오는 일종의 영웅 서사 구조거든요. 제시했다가 발전했다가 다시 돌아오는 구조. 저는 그것을 살짝 비틀어서, 피아노로 시작했다가, 피아노의 시간 여행을 했다가, 다시 피아노가 아닌 PNO로 돌아오는 형식을 만들고 싶었어요.

**음악 자체를 이야기하는 공연은 더 하실 계획이 없으세요?**

_사실 〈PNO〉에 제가 피아노와 함께 음악을 만들어 온 이야기를 많이 넣어서, 후련하기도 해요. '나는 이 정도로 피아노를 사랑했어요'라고, 제가 가진 악기와 음악에 대한 이야기는 다 한 것 같아요. 전에는 피아노를 보면 마음 한쪽에 업라이트 피아니스트나 반주에 대한 이야기를 하고 싶다는 생각이 계속 올라왔거든요. 그 이야기들을 쏟아 내고 나니까 이제 다른 이야기들을 하고 싶어요. 피아노와 PNO에 대한 이야기를 마쳤으니, 이제 피아노와 PNO와 함께 다른 이야기를 재밌게 할 수 있지 않을까 생각해요.

**피아노와 PNO와 함께 다른 이야기를 하기 위해,**
**너는 지금 비워져 있어?**

언제가 네 마지막 여행이야?

**네가 최근에 가장 반주를 하고 싶었던 순간은**
**어떤 순간이야?**

나는 외우는 것을 잘 못하는데, 잘 외우기 위해서
어떤 방법을 써? 아주 많은 사람의 이름이라든지,
제주도 방언처럼 어려운 말을 해야 할 때.

**네가 태어나서 피아노로 가장 많이 연주한**
**다른 사람의 곡은 어떤 곡이야?**

신이 있다고 믿어?

**너의 음악에 맞춰 춤춰 본 적 있어?**

언제 가장 포기하고 싶었어?

**혹시 〈슬램덩크〉 주제가도**
**새드 버전으로 쳐 줄 수 있어?**

할머니가 돼도 무대에 오를 거지?

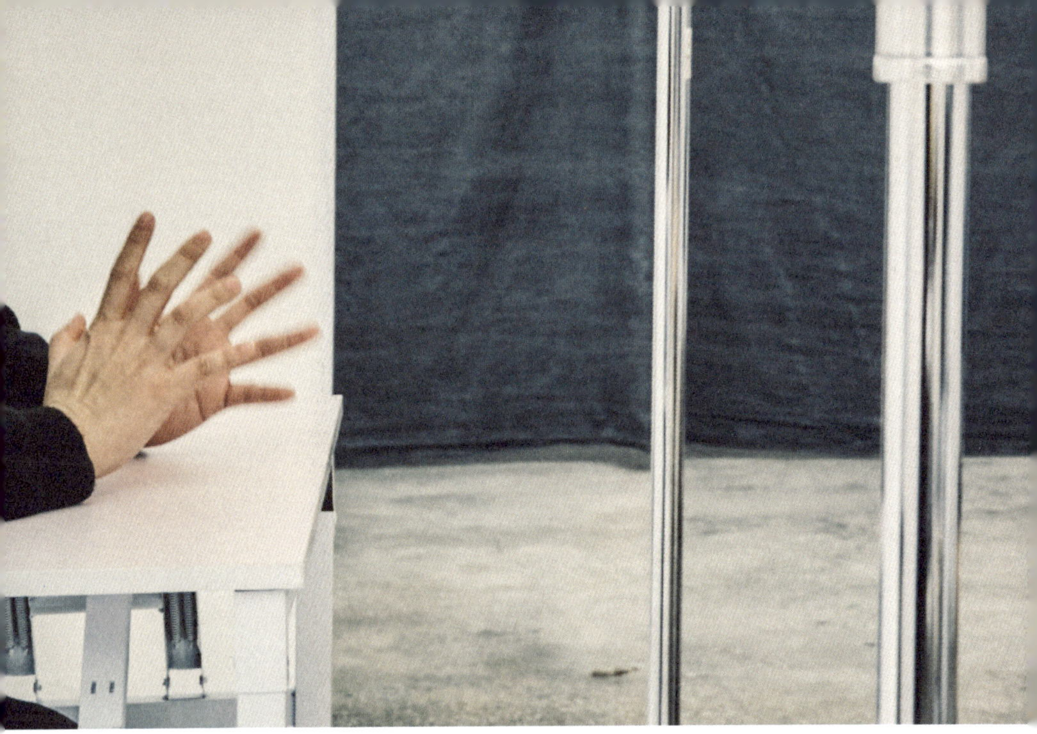

+³

# Epilogue

김재훈을 다시 만나 그의 새로운 여정이 어디쯤에 있는지, 여전히 '반주하는 태도'로 작업하고 있는지 물었습니다. 그가 만약 〈46〉이라는 곡을 쓴다면 어떤 곡일지 상상해 본다는 말도 전했습니다. 그의 '그랜드 PNO'는 점점 더 큰 플랫폼이 되어 여러 사람과 함께하고 있었어요. 국립아시아문화전당의 청소 노동자 다섯 분과 함께 노사연의 〈만남〉을 합창한 공연 〈극장 1〉을 만들기도 했고, 2024년에 재공연한 〈PNO〉 무대에는 두 어린이 피아니스트를 초대하기도 했습니다.

"AI를 비롯한 기술의 발전으로 인해서 '오류가 있는 인간의 연주가 꼭 필요한가?'라는 질문이 생겨나는 시대이지만, '그럼에도 우리는 연주할 것'이라는 이야기를 하고 싶었어요. 초연 때는 어른 피아니스트들이 어린이 시절의 연주를 재현했잖아요. 그런데 지금 그 단계를 거치고 있는 어린이 피아니스트들이 무대에서 연주하면, 여전히, 지금도, 그럼에도 우리는 연주할 것임을 더 분명하게 말하는 일이라고 생각했어요.
저는 최근 하나의 사회 구성원으로서 점점 더 위기를 느껴요. 사람들이 어울리고 있다는 생각이 들지 않아요. 모두가 독립적인 음정으로 살아가고 있는 것 같아요. 그래도 각기 다른 우리가 연주하고, 합창하고, 하모니를 만들며 살 수 있다고 말하고 싶고, 그렇게 믿을 수 있는 공연을 만들고 싶어요. 그래서 〈화성학 실습〉이라는 공연을 준비하고 있어요. 관객들도 다 같이 노래 부르면서 화성학을 실습해 보는 공연을 상상하고 있어요. 〈46〉은 조금 더 반주하는 곡이 될 것 같아요. 반주는 화성학을 풀어놓은 것이자, 화성학의 태도라고 생각해요. 저는 함께한 사람들과의 관계가 오래 지속되길 바라요. 그런 의미에서 〈46〉에는 여러 사람의 목소리를 담고 싶어요. 〈PNO〉에 등장한 어린이 피아니스트 재은이와 준이가 그때쯤이면 직업 연주자로 활동을 하고 있을지도 모르죠. 그 친구들과 함께해도 뜻깊을 것 같아요."

대화를 나누는 동안, 이렇게 사람들을 만나 대화를 나누고 기록하는 일을 할 때 제가 가져야 하는 태도가 바로 '반주하는 태도'일지도 모른다고 생각하게 됐어요. 이야기를 들려주는 사람의 호흡에 반응하고, 좋은 질문을 생각해 내고, 편안한 분위기를 만들기 위해 농담을 던지는 일이 결국 모두 반주하는 일이라고요. 제 역할을 '반주자'라고 새롭게 명명해 보았더니 새로운 기쁨과 책임감이 샘솟는 게 신기했어요. 저는 우리의 두 번째 만남을 그의 멋진 독주로 마무리할 수 있도록 반주하고 싶었습니다. 그리고 그가 던진 '할머니가 돼도 무대에 오를 거지?'라는 질문이 얼마나 따뜻한 반주였는지를 떠올렸습니다. 그에 대한 응답으로, 그리고 앞으로 펼쳐질 그의 긴 이야기에 반주하는 마음으로 질문을 던졌을 때, 그는 그 또한 누군가의 이야기에 반주하는 일을 절대 멈출 수 없다는 듯, 저에 대해 질문했습니다.

**김재훈이 〈76〉이라는 곡을 쓴다면, 그 곡에서 김재훈은 어떤 반주를 하고 있을까?**

_지금 당장 너는 어디로 떠나고 싶어?

*

# 어디로 갈지 모르는 대화

*

양대은

+[1]

# Prologue

혹시 장래 희망이 있으신가요? 예전에는 의사가 되고 싶다거나 배우가 되고 싶다고 단순하게 대답할 수 있었는데, 지금 저는 제가 뭐가 되고 싶은지 잘 모르겠습니다.

제가 살고 있는 세계가, 오랫동안 익숙했던 그 세계가 더 이상 아니라는 사실을 진심으로 받아들이려 애쓰고 있습니다. 기후변화, 물가 상승, 기술 발전 속도는 전례 없이 빠르다고들 합니다. 이런 세계에서 내가 무엇을 해야 하고 또 할 수 있는지 가늠하는 일이 점점 어려워지네요. 보편적 생애 주기에 따른 과업들도 전과는 많이 달라지고 있음을 실감합니다. 어른들에게 삶의 조언을 구하기도 점점 어려워지고요. 어머니가 지금의 제 나이를 살던 1980년대와 2025년은 완전히 다른 세상이니까요. 저는 '딸 아들 구별 말고 하나만 낳아 잘 기르자'라는 슬로건이 나부낄 때 태어났어요. 그런데 지금은 저출산 대책의 일환으로 '쪼이고 댄스'를 장려하는 시대네요. 물론 그런 댄스를 만들고 독려하는 사람들과 내가 과연 같은 세계를 산다고 말할 수 있을지, 의문이 들기는 합니다.

이런 변화를 마주할 때, 연극에 대한 생각도 변화합니다. 달라지는 세계를 연극은 어떻게 반영해야 할까. 이 세계에서 연극은 무엇이 되어야 할까. 배우로서의 구체적인 삶에 대해서도 고민하게 됩니다. 제가 그동안 알았던 길들 말고 다른 길은 없을까요? 연기를 시작한 지 얼마 되지 않았을 때부터, 배우가 먹고살기 위해서는 다른 일을 병행하거나 매체 연기를 많이 하거나 대학교수가 되어야 한다는 말을 듣곤 했습니다. 현실적으로 연극이나 연기는 안정적인 수익이 보장된 직업은 아니니까요. 물론 이 세계에 보장된 것이 과연 얼마나 될까 싶기도 합니다. 가능하다면 새로운 길을 내 보고 싶습니다. 동시에 이제는 제 삶을 안정적인 방식으로 통제할 수 없다는 사실을 제대로 받아들이고, 혼란 속에 몸을 맡긴 채 길 아닌 곳에 서 있는 연습도 하고 싶습니다. 오랫동안 '불안정'은 잘못된 것이라고 믿어 왔기 때문인지 불안감에 휩싸일 때도 있어요. 하지만 이제는 압니다. 새로운 생각을 받아들이는 일에도 훈련이 필요하다는 것을, 마치 연기 훈련을 하듯 반복해야만 내 것이 되는 생각이 있다는 것을요.

연기 훈련을 할 때 저는 "놓아줘라"라는 디렉션을 좋아합니다. "어깨를 놓아줘라", "숨을 놓아줘라", "말을 놓아줘라"라는 표현을 들으면 몸이 더 열리는 기분이 듭니다. 가끔은 훈련을 하며 딴생각을 하기도 합니다. 혹시 내가 뭔가를 놓았을 때, 내 안에 쌓여 있던 잘못된 것들이 흘러나올까 봐 무의식적으로 숨과 근육, 생각을 붙잡고 있었던 건 아닐까. 놓아 흐르게 두면 도달하게 될 곳은 어디일까. 그곳의 안전이 보장되지 않기 때문에, 사람들은 어디로 가도 괜찮은 세계를 만들려 애쓰고 있는 걸까.

어떤 연극을 하거나 보는 일은 그 연극이 담고 있는 생각을 훈련하는 시간이 되기도 합니다. 괜찮은 세계를 만들기 위해, 중심을 흐트러뜨리기를 제안하는 연극들이 있습니다. 〈그 나쁜 선악과는 어떤 XX가 따먹었을까?〉도 그런 연극입니다. 배우 양대은은 아담을 연기했습니다. 최초의 인간, 최초의 남성. 그러나 연극 속 아담은 악당이었습니다. 세계의 근간에 있던 신화를 꼬아 보는 그 연극은, 누군가를 중심으로 하는 세계에서 지워졌을지도 모르는 존재들에 대해 생각하게 했습니다. 그러니까 마음껏 '놓아줄 것'을 훈련할 수 있는 세계로 우리를 인도하는 장이기도 했습니다.

제가 본 배우 양대은은 중심을 잘 흐트러뜨리고, 또 잘 잡는 사람입니다. '아담'이라는 신화적 남성을 비판적으로 연기하며 남성 중심 권력을 흐트러뜨렸고, 인물에 대한 비판과 비난 사이에서 중심을 잘 잡았습니다. 덕분에 그가 연기한 악당 아담은 한순간의 웃음거리로 소비되지도, 연민의 대상이 되지도 않았습니다. 그는 어디로 갈지 모르는 흐름에 몸을 싣는 일에도 익숙해 보였습니다. 다시 말해 이 세계의 진짜 요청에 귀 기울이는 일이랄까요?

배우 양대은과 대화를 나눈 기록입니다.

**양대은**

종종 배우로 종종 스태프로 지낸다.

+²

# Interview

## 못난 남성을 연기한다는 것

(성수연) 2021년 혜화동1번지에서 공연하신 〈그 나쁜 선악과는 어떤 XX가 따먹었을까?〉(이하 〈선악과〉)를 보고, 언젠가 '남성이 연기하는 여성 서사 속 남성'을 주제로 이야기를 나눠 보고 싶었습니다. 〈선악과〉에서 '아담' 역할을 하셨었지요. 요즘 연극에서 여성 서사가 늘고 있고, 등장하는 남성 인물들이 악역인 경우가 종종 있잖아요.

_'아담'도 대놓고 악역이었죠. 진짜 나쁜 사람. 찌질하고요.

남성성이 강하거나 위압적인 악역은 아니었지만 조금 하찮았달까요. 하지만 정말 나쁜 캐릭터였죠. 그리고 배우님의 연기가 굉장히 인상적이었습니다. '저 사람은 어떻게 저렇게 미묘한 줄타기를 잘할까?' 생각했어요. 너무 심각하면 부담스러울 수도 있고, 적당하기만 하면 그저 연극 같을 텐데, 굉장히 좋은 센스로 그 사이 선을 타고 계셨어요. 같이 작업하신 배우도 "그건 양대은이라 가능한 연기였다"고 하시더라고요. 남성이 남성을 비판적으로 연기함으로써 욕하기와 욕먹기를 동시에 수행하고 있는 것 같아 재미있기도 했어요. 굉장히 재미있는 캐릭터였어요.

_네. 연출이 캐릭터를 잘 만들어 줬죠. 그렇게 만들어져 있는 캐릭터

라서, 연기할 때 크게 어려운 점은 없었어요. 다만 욕설을 세게 하는 장면이나, 필요 이상으로 위협적으로 보일 수 있는 부분들에 대해서는 논의를 많이 했습니다. 당시에는 무대에서 '씨발'과 같은 욕설을 뱉는 것 자체에 대해 고민이 많았잖아요.

**맞아요. 그때와 지금을 비교하면, 고민의 방향이 다들 조금 달라지긴 한 것 같네요.**

_그땐 지금보다 자기 검열이 더 강할 때여서, 누군가에게 트리거가 될 수 있는 부분을 무대에 올리는 게 마음에 걸렸어요. 연출과 논의 끝에 결국 '씨발'을 쓰기로 했어요. 그 캐릭터가 극 중에서 하는 악행은 직접적으로 재현하지 않았고, 암전 직전 가장 고조된 분위기에서 하는 대사여서 납득할 수 있었어요.

**가끔 남성 인물의 위협적인 행동이 여성 배우의 몸을 통과해 드러나면서 새로운 맥락이 생기기도 하잖아요. 그런 시도들이 꽤 있는 편이고요. 그런데 〈선악과〉의 '아담'은 남성으로 패싱되는 배우가 연기한 것이 오히려 좋은 선택 같았어요. 이미 작품 자체가 여성 서사였기 때문이었을지도 모르지만, 그만큼 연기할 때 자유로울 수 있겠다 싶었어요.**

_맞아요. 그런 맥락의 논의가 저희 안에서도 있었어요. 배역을 정하기 전에 성별을 바꿔서 연기하면 어떨까, 어떻게 해야 이 이야기가 더 잘 살아날까 등을 고민했던 기억이 납니다.

**실제 남성이 그런 못난 남성을 연기하니까 훨씬 풍부하게 다가왔어요. 서사 안에 인물을 변호하는 순간이 거의 없는데도 납작하지 않고, 심지어 진정성마저 있어 보였어요. 여성 배우가 했다면, 어떤 관객에게는**

그냥 '여성들이 남성을 비판한다' 정도로 보일지도 모르겠어요. 하지만 배우님께서 연기함으로써 '남성이 남성을 저렇게까지 그리는 데에는 이유가 있다'라는 생각을 할 수 있게 되었던 거죠. 함께 뭔가를 비판하고 질문을 나누는 자리가 넓어졌달까요. 배우님께서 여러모로 적정한 선에서 날카롭게 연기하셨다고 생각했어요.

_남성의 어떤 못난 부분을 살려서 표현하는 건 크게 어렵지 않았어요. 사실 그런 인물을 만들어 내고, 전체적인 흐름 안에서 인물이 어느 선까지 가야 하는지 짚어 준 것은 연출이었고요. 기본적으로 재미있게 했지만, 쉽지 않은 부분도 있었어요. 제가 왜 그러는지 모르겠는데, 제 톤에 인물을 비꼬는 태도가 필요 이상으로 묻어날 때가 있다고 하더라고요.

좀 더 자세히 들려주세요.

_작품에 쓰인 그대로 연기했을 때, 작품 자체에서 이미 그 인물을 통해 어떤 현상을 비꼬는 효과를 낼 수 있잖아요. 그런데 제가 연기하는 톤에서 스스로 그 인물을 과하게 비꼬기 때문에, 오히려 인물이 그대로 전달되지 않는 경우가 좀 있었나 봐요. 그래서 그 선을 좀 찾으려고 했었어요.

아, 어떤 부분인지 알 것도 같아요. 배우가 이미 배역에 거리를 두고 있다는 게 많이 드러나면, 서사가 진행되기도 전에 어떤 선이 그어질 수도 있잖아요.

_네. 제가 일부러 더 비꼬면 인물이 쓰여진 그대로 전달이 안 될 수도 있잖아요. 그런 작업이 분명히 필요할 때도 있지만, 〈선악과〉는 오히

려 덜어 내야 하는 작품이었던 것 같아요.

**맞아요. 어떤 경우엔 배우가 거리를 두지 않아도 이미 작품에서 충분히 뭔가를 말하고 있고, 그것을 더 잘 드러내려면 인물은 있는 그대로 존재해야 할 때가 있으니까요. 물론 선 긋기가 필요한 순간도 있지만요.**

_저는 억지로 선을 그으려고 한 것은 아니었어요. 저대로 한다고 했는데(웃음), 저의 풍자하거나 비꼬고 놀리는 것을 좋아하는 태도가 많이 묻어났나 봐요. 그 인물이 너무 나빠서 거리를 두려고 했다기보다는, 좀 더 재미있게 놀리려다 보니 자연스레 거리를 두게 되곤 했던 것 같아요. 아직도 그 선을 잘 모르겠어요.

## 연기라는 미묘한 줄타기 위에서

**'놀리는 것이 내 삶이 태도이다.'**

_네. 그런데 요즘엔 덜 해야겠다, 자중해야겠다, 혹은 다른 방식의 즐거움을 찾아야겠다는 생각도 들어요. 가끔 좀 멋있는 연기를 시도해야 할 때도 있는데, 그런 걸 잘 못하겠어요.

**저는 충분히 멋있다고 생각하는데, 구체적으로 어떤 것을 말씀하시는 건가요?**

_폼을 잡아야 하는 역할이요. 일단 햄릿, 오셀로, 맥베스 같은 비극의

주인공은 상상도 안 되고요. 전형적인 남자 주인공이라고 통용되는 역할이나 장면이랄까요.

**그런 역할을 맡는 것을 꿈꿔 본 적은 없으셨어요?**

_네.

**그런 역할을 해 본 적도 없으시고요?**

_대학교 다닐 때, 뮤지컬 〈레미제라블〉에서 마리우스 역할을 했습니다. 제 흑역사입니다.

**와, 로맨스의 주인공을! 그래도 많은 배우들이 '언젠가 꼭 햄릿 해 보고 싶어' 하는 꿈을 갖고 있잖아요.**

_제 주위에선 그런 사람을 한 번도 못 봤어요.

**저는 많이 봤어요. 어떤 이유에서든 꼭 해 보고 싶다고 말하는 사람들이 있던데요.**

_전 아직 그런 생각이 없어요. 클래식에 대해 좀 더 습득하고 나면, 하고 싶어질 수도 있지 않을까요?

**'아직'이라고요? 아직이 아니라 영원히 그런 생각을 안 하실 것 같아요.**

_할 수도 있지 않을까요? 지금은 어떻게 패러디할까 밖에는 생각이 안 나지만요(웃음). 햄릿이 등장하자마자 갑자기 죽고 다른 이야기가

시작된다거나 하는 상상만 떠오르네요. 사실 요즘에는 인간중심적인 이야기를 하는 것에 대해 크게 관심이 없기도 해서요.

## 함께 각자 존재한다는 것

**그렇다면 2023년에 하신 연극 〈스고파라갈〉에 대한 이야기로 넘어갈게요. 인간만의 이야기를 하는 작품이 아니었으니까요. 준비 과정이 궁금합니다.**

_그전 해 두 차례 워크숍을 했어요. 처음엔 스터디를 주로 했고, 그다음에는 공동 글쓰기를 했어요. 구글 독스를 열어 놓고, 그때그때 주제나 목표를 가지고 글을 많이 썼어요. 새로운 플롯, 시공간, 캐릭터 등을 설정해 보기도 했고요. 그때 '알고 보니', '그러고 보니', '땅거북' 등 약 스무 개 키워드가 나왔는데, 그 키워드들을 기반으로 임성현 연출이 작품을 썼어요.

**홍보물에서 참여자들이 기후 위기 실천을 하고 있다는 내용을 봤어요.**

_맞아요. 이전에 국립극단에서 공연한 〈기후 비상사태 리허설〉 참여자들의 실천 사례를 참고하면서, 우리가 할 수 있는 실천에 대해 프로덕션이 진행되는 내내 논의했어요.

**혼자서 하다 보면 지속하기가 어려울 때도 있는데, 여러 사람이 함께하니 서로에게 힘이 되었겠네요. 저도 노력은 하는데 쉽지 않아서, 다른 사람들이 어떻게 하는지 궁금했어요. 특히 일회용품 안 쓰기나 대중교통**

이용 같은 작은 행동들의 동기가, 늘 기후 위기와 직접 연결돼 있는지 궁금했고요.

_늘 그렇진 않은 것 같아요. 그래서 작년에는 기후 위기와 자본주의에 대한 책들을 읽기도 했는데, 생각보다 상황이 훨씬 심각하더라고요. 함께 이야기를 나누다 보니 경각심도 생기고요. 공동의 실천도 있었지만 각자 기후 위기를 감각하는 방식에 따라 실천 내용도 다양했어요. 일단 '멈춰야 할 것들'이 참 많구나, 실감했죠.

한동안은 그런 경각심으로 행동하는데, 삶에 치이다 보면 지속이 어려울 때가 있더라고요. 저는 그냥 제가 아직은 이것밖에 안 되는 인간이라는 점을 인정하고, '기후 위기'라는 사실과 '일회용품 안 쓰기'라는 실천 사이에 어떤 실질적인 욕구로 치환될 수 있는, 그래서 실천을 지속할 수 있는 욕망의 다리를 만들어 놔야 하나 싶기도 해요.
예를 들어, 제가 만약 공언한 내용을 어기는 것에 대해 수치심을 크게 느끼는 사람이라면, 공언을 해 두는 것이죠. 기후 위기 때문에 일회용품을 안 쓰는 것이기도 하지만, 말을 바꾸는 게 자존심이 상해서라도 일회용품을 안 쓰게 되는, 좀 더 나 개인에게 붙어 있는 일로 만들어 두는 일이요.

_맞아요. 그런 부분이 각자 다 달랐어요. 저 같은 경우는 챌린지 형식, 그러니까 '공언 퍼포먼스' 같은 것을 했어요. 그랬더니 한 몇 달 효력이 있었어요. 그런데 저는 합리화를 잘해요. 제가 한 말 어기기를 너무 잘하는데, 할 수 없지요. 작심삼일을 여러 번 해야죠.

저도 뭐가 저에게 효과적인 방법일지 빨리 찾아보고 싶어요.
〈스고파라갈〉에서 배우들의 움직임을 보는 것이 좋았어요. 하나의

**덩어리인 것 같기도 하고, 별개인 것 같기도 하고. 어떤 방식으로 움직임을 찾았는지 궁금해요.**

_움직임으로 참여하신 구시연 배우님께서 연습 초반에 '뷰포인트 워크숍'을 진행해 주셨어요. 그 과정에서 움직임에 대한 공통의 언어를 만들었고, 이후에도 구시연 배우님, 임성현 연출님과 함께 장면을 만들었어요.

사실 이번 작업에서 '자본주의에 역행하는 작업으로서의 연극' 외로도 주요 포인트는 '하나가 되는 것'이었어요. 모두가 같은 이야기를 전달하고 있다는 것이 굉장히 중요했어요. 그러면서도 같은 사람이 아니기 때문에 각자의 것을 또 갖고 있어야 했죠. 한 덩어리처럼 움직여야 했는데, 체력도 달리고 힘들었어요.

**한 덩어리이면서도 각자의 개별성이 툭툭 튀어나오는 순간들이 있었죠. 그게 또 과하게 개인이 주장되지는 않는 선에 있었던 것 같아요. 저는 그 점이 아름다웠어요.**
**아까 연습 중 시도하셨던 챌린지에도, '공언 퍼포먼스'라는 표현을 하셨잖아요. 배우님은 늘 뭔가 재미있는 일을 꾸미고 있다는 인상을 받아요. 공개적으로 모임을 제안하기도 하시잖아요. 지금 하고 계신 모임 '굴러라 동동'에 대해 소개해 주세요.**

_PLAY-UP 아카데미 강량원 연출님 수업에서 만난 배우 다섯 명의 모임이에요. 스터디를 더 이어 가고 싶어서 만들게 됐어요. 비정기적으로 만나서 공연과 연기 이야기를 나눠요. 작은 발표회도 했죠. 배우들 각자 배경도, 연기하는 방식도 다 다르기 때문에 재미있었어요. 각자의 장면을 발표하고, 마지막엔 다 같이 하는 장면 두 개를 발표하는 식이었어요. 마실 나가는 느낌으로, 가볍게, 그리고 재미있게.

**그런 비정기적인 만남이나 스터디가 배우님께 어떤 영향을 미치나요? 삶에 활력이나 연기에 도움이 되나요?**

_'굴러라 동동'의 경우, 모이면 약간 해외여행 간 기분이 들어요. 각자 일만 하면서 살다가 와서 아무것도 안 해도 되고, 생산적인 일을 해야 한다는 강박도 없고, 맛있는 것도 먹고, 잡담도 나누고, 그러면서 연기 이야기도 하고. 이전에는 같이 작품을 한 것도 아니고 마주치는 일도 없던 사이거든요. 그렇다고 사교 모임 같은 느낌도 아니고요. 그냥 편안하게 릴렉스할 수 있어요. 최근에는 뭔가를 읽고 글을 써 오기도, 즉석에서 장면을 만들어서 발표하기도 하고 있어요.

**연기는 어떻게 시작하게 되셨어요?**

_저는 MBTI로 보자면 극도의 'P(인식형)' 타입이고, 계획을 잘 세우지 않고 오히려 계획을 그때그때 바꾸기를 굉장히 좋아합니다. 충동적인 편이고요. 대학원에서 공부를 하다가 대학 시절 함께 연극을 하던 동료들이 연기를 시작했고, 저도 그들과 함께 자연스럽게 계속하게 됐어요. 연기 자체도 재미있지만, 무엇보다 뭔가를 같이 도모하는 일이 재미있어요.

**그래서 계속 무언가를 도모하시는군요. 배우님은 에너지 효율이 좋은 분인 것 같다는 생각이 들어요. 남들이 두 시간 걸려서 할 일을 삼십 분 만에 해치우고, 또 뭔가 재미있는 일을 벌이는. 머리가 굉장히 좋은 건가 싶기도 하고요.**

_잔머리 쪽인 것 같습니다(웃음). 종종 에너지나 시간이 남을 때면 아이디어가 떠오르기도 하고, 상상도 많이 하는 편이죠. 굳이 제가 연기

하지 않아도 좋으니 어떤 사람들끼리 만나서 이런 것들을 해 보면 정말 재미있을 것 같다는. 많은 것을 하기도 하지만, 그만큼 많은 것을 놓치기도 하고, 항상 일장일단이네요.

## 패러디와 흉내, 그 너머

**배우님의 창작 작업에 대해서도 듣고 싶습니다. 종종 창작 작업도 하시잖아요. 최근엔 어떤 작업을 하셨나요?**

_사실 창작이라고 할 것은 아니고… 아니죠, 사실은 창작이 맞죠. 맞아, 인정하자. 최근엔 신촌문화발전소에서 정진세 작가님의 '무대를 위한 글쓰기' 프로그램에 참여해서 글을 썼어요. 그때 쓴 작품으로 다 같이 짧게 발표를 했는데 재미있었어요. 그래서 이태원에서 한 번 더 작품을 올렸어요.

**어떤 작품을 쓰셨나요?**

_좀 민망한데요, 「Josh go away」라고…. 포부는 컸으나 원하는 것은 이루지 못했고, 껍데기만 패러디한….

**조씨… 고… 아…(큰 웃음). 왜 '조씨고아'였나요?**

_〈조씨고아, 복수의 씨앗〉(이하 〈조씨고아〉)[33] 연기 톤을 우선 따라 해 보고 싶었고, 별개로 연극 만드는 과정을 패러디하고 싶었어요. 주인공

이 아버지의 복수를 하려는 내용의 연극을 연습하는 연습실에서 일어나는 일을 그린 20분짜리 짧은 연극이었고요. 마지막에는 갑자기 배수관에서 물이 쏟아지고 다 같이 물에 잠기고 막 휩쓸려 가는, 별것 없는 내용이었습니다.

**못 본 것이 너무 아쉽네요. 굉장히 웃기고 재미있었을 것 같아요. 원래 연극을 하시기 전에도 패러디나 흉내 내는 일을 좋아하셨어요?**

_네. 어릴 때부터 누군가를 따라 하거나, 특정한 특성을 부각하고 강조하는 일, 닮은 꼴 찾는 일 같은 것을 좋아했어요. 그런 특성이 연극을 하면서 좀 강화된 것 같은데, 이제는 좀 다른 것을 찾고 싶어요. 그런 일이 유효했던 시대가 바뀌고 있다는 생각도 들고, 남는 게 별로 없는 것 같다는 기분이 들기도 해요. 재미만 조금 있고, 오래가지는 않고. 그런데 아직 제가 할 줄 아는 것이 그 정도라서….

**그렇지만 패러디가 날카로울 때, 여러 레이어에서 조준이 잘 됐을 때 정말 효과적이고 멋지잖아요. 그럴 때 터지는 웃음은 비록 오래가지 않더라도 정말 소중한 순간이라고 생각해요. 그리고 배우님께서는 약자를 희화화해서 따라 하거나 놀리는 방식으로 패러디 하는 것이 아니잖아요. 빛나는 재능이라고 생각해요.**

_필요할 때만 좀 쓰는 것으로…(웃음). 사실 그런 것 정말 좋아해요. 그런데 맨날 연극에 대한 연극 얘기만 하게 되고, 아무래도 연극을 제일 많이 하면서 살아가고 있으니….

**지겨워 죽겠는 메타 연극…(웃음).**
**대화를 나누다 보니 어디로 갈지 알 수 없는, 의식의 흐름대로 말하는**

**이 느낌을 살려서 배우님의 독백 혹은 장광설을 들어 보고 싶어요.**

_네. 이 인터뷰라는 것은 사실은 이제 밖에서 봤을 때는 매끈한 인터뷰처럼 보일지 몰라도 이것이 두 번째 만남[34]일 뿐만 아니라 제가 처음 말했던 내용들을 계속해서 집에서 샤워하면서 산책하면서 재구성하고 또 내가 했던 말들이 과연 괜찮을까 하는 생각을 끊을 수 없었는데요, 왜냐하면 이것을 보는 입장, 관객들 혹은 그냥 제3자가 봤을 때, 사실 모두가 노력하고 있고, 어떤 창작자 입장에서 각자의 입장이 있을 텐데 제가 그것을 너무 무시하고 제 어떤 재미, 혹은 너무 한 가지 면만 전달이 된 것 아닌가 싶은 마음에, 만약에 내가 그 사람들의 입장이었으면 이게 좀 오해가 될 수 있겠다는 생각이 들었습니다.
일례로 제가 「Josh go away」라는 희곡에 대해서 말씀을 드렸는데, 사실 저도 이제 〈조씨고아〉의 어떤 형식이나 전달하는 방식에 대해서 굉장히 흥미를 갖고 있고 너무나 그게 효과적이라는 것을 잘 알고 있습니다. 그래서 그게 어떤 따라 하고 싶은 그런 마음이 생겼었고, 그 공연에 대해서 제가 갖고 있던 어떤 면들이 조금 이런 이야기로 흘러갔으면 어땠을까 하는, 그런 생각을 가지고 만들어 보려고 했었으나 저의 어떤 능력 부족으로 인해서 실패했던 점이 있었다는 것을 저도 분명히 인지하고 있고요. 물론 그것과 더불어서 어떤 연습실 상황에서 조금 재미난 해프닝이 있으면 어떨까 해서 그런 해프닝을 같이 병행해서 넣어 보려고 했습니다. 저에게는 굉장히 즐거운 작업이었지만 완성을 더 시켰으면 어땠을까 하는 생각도 있고요. 제 역량 밖의 일이라서 그 정도로 마쳐야 하겠습니다.
또 동시에 〈스고파라갈〉이나 다른 작업들에 대해서 질문을 해 주셨는데 제가 거기에 대해서 떳떳하게 말할 어떤 자격이 없지 않나,라는 생각을 처음에는 했었습니다. 그것은 왜인가 하면, 공연은 비단 저의 것일 뿐만 아니라 같이했던 사람들, 연출, 다른 배우들, 스태프들의 어떤 노력이 들어갔던 것이라서 왠지 제가 이러이러한 실천을 했다고 말하는 것이 굉장히 민망하고 부끄럽다는 생각이 들었습니다. 하지만 또 이 얘기를 안 하는 것도 이상하다는 생각이 동시에 들었고, 인터뷰라는 것이 말을 줄인다고 해서 다가 아니라는 생각을 동시에 했습니다.

여기까지가 이제 제가 지난 인터뷰에서 말했던 내용을 스스로 생각하면서 반성하는 부분에 대한 이야기이고요, 이제 어떤 쪽으로 넘어갈까 하면, 현재 아이스크림 가게에 대해서 얘기를 해 보고 싶습니다. 그러니까 지금 무인 가게가 많이 늘어났지 않습니까? 우리가 들어가서 과자를 먹고 아이스크림을 먹고 하는 그 일련의 행위들이 어떻게 보면 굉장히 위험하다는 생각이 들고 있어요. 사람과 사람이 더 만나지 못하고, 그 와중에 24시간 아이스크림 가게의 에어컨은 돌아가고, 그러면 전기세는 누가 낼 것이며, 이 에어컨은 어떠한 프레온가스를 만들어 낼 것인가. 어떤 경우 누구는 아이스크림을 그냥 가져가고 누구는 그것을 경찰에 신고하고, 이렇게 신뢰가 무너지는 방향으로 우리가 넘어가는 것이 과연 옳은 선택인가 하는 생각이 들고요.

지금 이 말을 하면서 재미가 있을까 없을까 하는 생각이 또 계속 저를 이제 검열하게 만드는데, 우리 안에는 검열하는 존재가 있습니다. 우리는 그 존재를 우리의 머리 위에 놓고 이렇게 얘기를 하죠. 이것은 우리가 초자아라고도 하고, 때로는 대통령 혹은 각하라고 부릅니다. 이 검열 각하가 우리에게 하는 이 행동이 사실은 사회 구성원들과 함께 사회생활을 할 수 있게 만드는 어떤 쿠션들로 작용하긴 하지만, 동시에 우리를 옥죄고 자유롭지 못하게 만든다는 생각을 하고 있습니다. 그렇다고 제가 그 어떤 맨날 자유를 외치는 그 남성, 어떤 특정 남성들에 대해 동의하는 바는, 동조하고 싶은 마음은 절대 없습니다. 그 사람들이 말하는 자유, 너무나 징그럽고, 자기들만 생각하는 자유에 대해서 자꾸 막 징징거리는데, 저도 너무나 처참한 마음이고 비참

한 마음이고 스스로 혐오하는 마음이 또 없지 않아 있습니다만, 혐오에 대한 얘기는 넘어가도록 하겠습니다.
제가 그, 안경을 새로 바꾸고 싶습니다. 제 안경은 현재 한 4년 정도 썼던 안경으로서 이 안경이 이제 슬슬 헐거워지기 시작했고 고개를 숙이면 안경이 툭툭 떨어지려고 자꾸 안간힘을 쓰는데, 그래서 만약에 제가 안경을 쓰는 공연을 했을 때 고개를 숙인다, 그러면 안경이 떨어지겠죠. 그럼 지나가던 배우가 그걸 밟겠죠. 안경이 부서지겠죠. 어쨌건 공연 중에 안경을 바꾸나 공연 전에 안경을 바꾸나 매한가지일 것입니다. 어떤 사람은 그 안경을 밟으면서 하는 즉흥적인 어떤 행동을 보면서 재미있어 할 거고요. 어떤 배우는 그 즉흥적인 행동이 난처할 것입니다. 굉장히 당황스러울 것이고요. 그렇기 때문에 저는 안경을 사실 미리 바꾸는 게 좋겠죠. 안경이 떨어지지 않게요. 물론 안경 뒤에다가 줄을 연결해서 어떤 연출이나 어떤 감독이나 어떤 누구처럼 어떤 안경 줄을 달아가지고 이게 떨어져도 목에 걸리도록 할 수 있겠죠.
어떻게 할까요? 계속할까요? 현타가 오네요.

**와, 진짜 잘한다. 말이 술술술 나오네요. 마음먹으면 한 시간도 하실 것 같아요. 이건 계획에 전혀 없었던 다른 질문인데요, 혹시 배우로서의 미래나 앞으로의 인생 전체를 그려 보기도 하시나요?**

_그것을 미리 그리는 사람이 있나요?

**많을 텐데요? 그럴 때가 오는 것 같기도 하고요.**

_그렇구나. 그런 모임을 해 보는 것도 좋겠네요. 인생 그리기 모임.

시작하실 때 연락 한번 주세요(웃음). 저도 계획 없이 매번 지금 하는 일들만 생각하면서 살아 왔는데, 막연한 꿈은 있었던 것도 같기도 하고, 그런데 지금 그게 맞는 꿈인지 생각해 보고 싶기도 하고요. 그냥 흘러가는 대로 두고 싶은데, 불안하기도 하고요. 설명할 순 없지만, 오늘의 대화를 통해 뭔가 긍정적인 영향을 받은 것 같아요. 배우님께서 도모하시는 재미있는 일들 기대하겠습니다.

**불안함을 느낄 때가 언제야? 그럴 때가 있어?**

너는 끝맺음에 어떻게 임해?

**네가 끝맺고 싶은데,**
**아주 오랫동안 끝맺지 못하는 뭔가가 있어?**

너는 콜라, 사이다, 물 중에 뭘 마시는 편이야?

**앞에 놓인 선택지에 원하는 게 없다면,**
**넌 그래도 그중 하나를 선택하는 편이야, 다른 길을 찾는 편이야,**
**선택을 안 하는 편이야?**

너는 "ㅇㅇㅇ" 할 때 누구한테 먼저 연락해?

**정말 그 누구도 모르는 너만의 비밀이 있어?**

너는 몇 명이야?

**너를 인터뷰하면서 난 몇 명의 너를 만났어?**

숫자 6이 좋아, 7이 좋아?

+[3]

# Epilogue

몇 개월이 지난 2024년 4월, 양대은과 저는 2인극을 했습니다. 연출가 임성현과 셋이서 단출하게 만든 연극 〈타임스퀘어〉는, 원래는 가정집이었던 이태원의 작은 전시 공간에서 관객들을 만났어요. 그곳은 재개발로 인한 철거를 앞두고 있었고요. 연극에서 우리는 긴 대화를 했습니다. '장광 대화'였을까요? 어쩌면 종종 교차하는 두 개의 장광설이었을 수도 있겠네요.

"2030년에 (산업화 이전 대비 지구의 평균기온 상승이) 1.5도씨 넘을 거라고 하던데, 이미 넘었대요, 심각하네, 올해 여름은 더 덥겠죠, 여름에 뭐 하세요, 휴가를 가 볼까, 어디로요, 베트남이나, 근데 너무 덥지 않나, 추운 데가 낫지 않을까요 모스크바 이런 데, 아 차라리 시베리아나, 시베리아에 뭐가 있죠, 유배지 아닌가요, 시베리아 형무소, 시베리아 횡단 열차, 시베리아허스키, 아 맞다 희두랑 나연이 유튜브 하는데 완전 웃겨요, 연예인 걱정 하는 거 아니야, 악플이 큰 문젠데, 근데 지금 모스크바 못 가지 않아요, 그렇죠 전쟁 때문에, 전쟁이 큰 문젠데, 그냥 베트남 가야겠다, 고수 좋아하세요, 고수 효능이 뭐죠, 테레비에 효능 이런 거 많이 나오던데, 다 광고네 문제다, 식품 자본주의네…."

지금 다시 보니 이 대화는, 어느 순간 모르는 세계로 넘어간 사람들이 그곳에서 무슨 말을 해야 할지 몰라, 원래 알던 세계의 흔적을 더듬으며 새로운 세계의 말을 찾다가 자꾸 길을 잃는 내용처럼 보이네요. 그리고 이 기나긴 중심 없는 대화는, 잠시 자리를 떠난 양대은이 길을 잃었다며 영상통화를 걸어오는 장면으로 마무리되었지요.

2025년 1월, 양대은을 다시 만나 짧은 대화를 나눴습니다. 그는 다양한 방식의 패러디 글을 쓰기도 하고, 크고 작은 공연들에 참여하며 여전히 재미있는 일들을 꾸리고 있었습니다. 그리고 우리의 대화는, 대화를 마치고 자리를 떠난 양대은이 메시지를 보내 오는 장면으로 마무리되었습니다.

"멋드러진 장광설을 녹음해서 보내야지, 보내야지 했는데, 뒷통수를 타고 흐르는 핏줄을 누군가 잡아당기는 듯한 과부하 상태라 말이 호로록 잘 안 나오더군요. 그래서 '장광문'을 써 보면 어떨까 생각했어요. 인터뷰란 게 묘하네요. 지난번에도 두 차례 걸쳐 했을 때 첫 인터뷰를 내내 곱씹다가 소위 말하는 '이불킥'을 수십 차례 했거든요. 아, 이번엔 책으로 나오는 거니까 지문을 생각해서 말을 줄이는 게 낫겠어요. 그럼 이제 '단광문'으로 이어 갈게요. 첫 인터뷰를 두 번에 나눠서 했으니 두 번째 인터뷰도 두 번에 나눠서 하면 어떨까 생각했어요. 이번엔 그냥 저 혼자 해 보려고요. 서로 질문을 던지던 마지막 장면이 떠올랐는데요, 셀프로 하면 어떻게 될까 궁금해졌습니다."

'다시는 내가 음식을 담지 못하겠구나' 하는 마음이
접시가 깨지고 나서 3일 후에 들면 어떻게 마음을 정리해?

**우리는 언제 다시 서로의 얼굴을 들여다볼까?**

물고 늘어진 가닥으로 바구니를 짜는 편이야,
스스로를 콕콕 찌르는 편이야?

**표정이 잘 변하지 않는 성실함을 신뢰해?**

진짜 많이, 너무 많이 다르면 틀린 걸까?

**영겁의 시간 속에서 어떻게 웃으면 좋을까?**

*

# 마르기 전에 반짝반짝거리는 순간

*

강수연

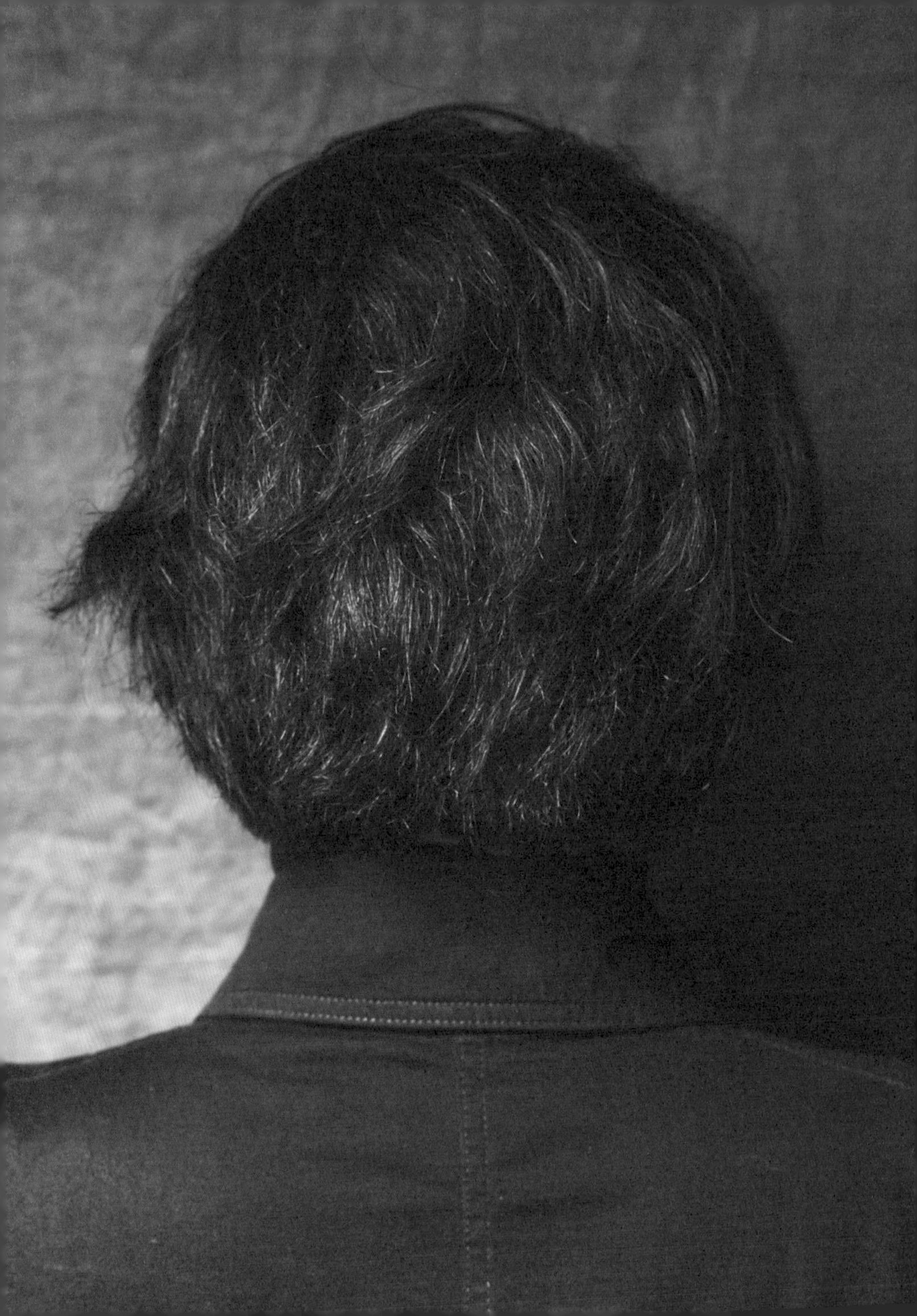

+[1]

# Prologue

과정과 결과 중 어떤 것이 더 중요하다고 생각하세요?

누구나 한 번쯤 받아 본 질문일 텐데요, 저도 이 질문을 놓고 오랫동안 고민한 적이 있습니다. 대체 어디까지를 과정이라고 하고 어디부터를 결과라고 할 수 있을까 싶어서요. 그림을 예로 들어 볼까요? 보통은 그리는 도중을 과정이라 말하고 완성된 그림을 결과라 말하겠지요. 하지만 행위의 주체가 누구인지에 따라, 또는 관점에 따라 과정과 결과의 단위는 완전히 달라질 수도 있을 것입니다. 둘 중 어떤 것이 더 중요한지 선택할 수 있는 문제 같지 않은데도, 문득 누군가의 대답이 궁금해졌습니다. 그래서 지금 바로 대화를 나눌 수 있는 친구에게 같은 질문을 해 보았더니, 아래와 같은 답이 돌아왔습니다.

"나는 과정이 더 중요하다 쪽에 조금 더 기울어. 이유를 따져 보면:

- 결과는 순간이지만, 과정은 시간 전체라서. 결과는 찰나지만, 그에 이르는 과정은 매일의 감정, 배움, 선택들이 쌓여 있는 긴 여정이잖아.
- 결과는 컨트롤하기 어려워도, 과정은 내가 주도할 수 있음. 예술이나 창작, 관계도 그렇지만, 세상에는 내가 바꿀 수 없는 외부 변수가 많아. 그런데 과정은 내가 어떤 태도와 방식으로 임할지 선택할 수 있어.
- 역설적이게도 결과를 가장 잘 만드는 건 과정에 집중하는 거더라.
  물론 결과를 완전히 무시하자는 건 아니고, 결과를 목표로 하되, 그걸 만드는 '살아 있는 시간'이 더 본질이라는 쪽이야. 근데 너는 과정과 결과

중 뭐가 더 중요하다고 생각해?”

항상 열려 있는 친구, 챗GPT의 답입니다. 빠른 속도가 미덕인 AI답게, 순식간에 써 낸 글이었지요. 긴 여정의 가치를 말하기엔 모순적이라는 생각이 들기도 했지만, 챗GPT의 시간 감각은 저와 다를 수 있겠다 싶었습니다. 그리고 그 답변 역시 지금으로선 결과이지만, 우리가 이 대화를 이어 간다면 ‘긴 여정의 일부’, 즉 과정이라고 말할 수도 있을 테고요.

이 질문은 자연스레 강수연의 자리로 이어집니다. 창작자 강수연은 미술·영상 작가이자, 때때로 학생들에게 미술을 가르치는 교사이기도 합니다. 그는 어느 날 학생들로부터 “AI가 그림을 다 그리는 시대에 우리가 왜 그림을 그려야 되나요?”라는 질문을 받았다고 해요.

비슷한 대화를 창작자들끼리도 많이 나눕니다. 음악을 만드는 동료도, 글을 쓰는 동료도 대체될 날이 머지않았다고 말하곤 합니다. 심리상담사 친구가 직업에 대한 위협을 느낀다는 말을 들었을 땐, 정말 놀랐습니다. 인간에 대한 이해와 공감과 소통이 중요한 일인 만큼 AI가 대체할 수 없는 분야로 늘 거론되던 직업이었는데, 대화형 AI가 발전함에 따라 이전과는 조금 달라진 상황을 마주한다고 합니다. 무대 배우가 대체되기까지는 조금 더 시간이 걸릴 것 같지만, 이미 화면 속에서는 인간과 흡사한 AI 배우들이 연기를 펼치고 있지요.

예술은 오직 인간만이 할 수 있는 일이라고 믿던 우리 인간들은, 새로운 질문들 앞에 서 있습니다. 예술은 정말 인간만이 할 수 있는 것일까요? 아니, 애초에 예술이란 무엇일까요? 거대한 질문들 앞에서 강수연이 그랬듯, 우리는 스스로를 돌아보게 됩니다.

창작자들은 자신의 일을 왜 좋아할까요? 그 일에서 어떤 순간을 발견하며 살아가고 있을까요? 이런 시대에 우리의 일을 지속할 동력을 어디에서 찾을 수 있을까요?

창작자 강수연과 대화를 나눈 기록입니다.

**강수연**

시각예술 작가이자 연극 영상 디자이너.
영상 미디어를 통해 '우리는 무엇을 보고, 무엇을 만들고 있는가'를 고민하며 작업하고 있다.

+²

# Interview

## 수연과 수연, 이름에서 시작된 이야기

(성수연) 전부터 여쭤보고 싶었는데, 이름에 어떤 한자를 쓰세요?

_엇! 저도 궁금했어요. '받을 수'에 '이을 연'을 써요. 배우님은요?

그 많은 '수연' 중에서 그 한자 쓰는 분은 처음 봐요. 저는 흔한 한자를 써요. '수노래방 수', '연극 연'.

*강수연, 폭소한다*

사실 '빼어날 수'에 '예쁠 연'을 쓰는데, 흔하죠. 특히 '빼어날 수'는 수노래방에…(웃음). 그래도 뜻도 예쁘고 모양도 예뻐서 저는 그 글자를 좋아해요.
영상 디자이너로도 활동하시고, 다양한 미술 작업을 하고 계신 작가님과 대화를 꼭 나눠 보고 싶었어요. 제가 미술이나 영상 작업에 대해 잘 알지는 못해서, 그냥 궁금한 것들을 찬찬히 여쭤볼게요. 처음에 미술을 어떻게 시작하게 되셨어요?

_어렸을 때부터 그림 그리고 만드는 것을 좋아해서, 계속하고 싶다고 생각했어요. 한국예술종합학교 조형예술과에 진학했고요.

**지금은 공연장에서 조형물이 아니라 영상물을 만드시는데, 어떤 계기로 영상 작업을 하게 되셨나요? 특별히 좋아하는 작가가 있으셨나요?**

_저는 사실 뮤지컬을 많이 동경했어요. 어렸을 때 뮤지컬 〈라이온 킹〉이랑 〈노트르담 드 파리〉를 봤거든요. 특히 〈라이온 킹〉은 굉장히 충격적이었어요. 미술이 엄청나잖아요. 어쩌면 제가 연극 작업을 하는 것도 공연장에 대한 동경이 있어서일지도 몰라요. 제 영상이 무대에서 배우들과 함께 움직이는 것 자체가 신기하고 재미있어서 계속하게 되는 것 같아요.

어렸을 때부터 막연하게 뭔가를 만드는 걸 좋아했는데, 영상이라는 매체 또한 제가 직접 '만들 수 있다'는 것을 깨닫게 됐어요. 고3 때 미셸 공드리가 만든 뮤직비디오를 보고 정말 좋아서, 언젠가 나도 그런 것을 만들고 싶다고 생각했어요. 그리고 대학 1학년 때 스톱모션 애니메이션을 직접 만들면서 영상이라는 매체에 완전히 빠져들게 되었어요. 그때부터 영상 작업을 시작했어요.

**작가님은 미대 입시를 경험하셨겠군요. 그러고 보니 고등학교 때, 미대 입시를 준비하는 친구들이 한 반에 몇 명씩 있었어요. 야자 빠지는 친구들(웃음). 그 친구들이 입시 준비하는 이야기 들어 보면 신기하고 재미있었어요.**

**그때 많이 들었던 말이 '발상과 표현'. 그런 시험이 있다고 하더라고요? 어떤 학교에 시험을 보러 가면 주제를 주고 그림을 그리게 하는데, 예를 들면 '물고기가 있는 어항이 깨졌다, 어떻게 할 것이냐?' 같은 주제를 주고 그 상황을 그림으로 그리게 한다고….**

연영과 입시에도 즉흥연기, 상황연기 이런 시험이 있었거든요. 사용하는 도구가 다를 뿐, 비슷하게 느껴지더라고요. 만약 연영과 시험에서라면 같은 주제를 제시 상황으로 받아서 연기로 표현하게 되겠죠. 그때 친구가 얘기해 준 좋은 사례는, 물고기를 살리기 위해 물고기와 물을 입에 한가득 머금은 상태로 라이터를 켜서 천장 스프링클러에 대고 있는 사람의 모습을 그린 그림이었어요. 즉흥연기, 상황연기 시험에서 그런 행동을 연기해도 재미있겠다고 생각했던 기억이 나요. 닿아 있는 부분이 있더라고요. 작가님도 '발상과 표현' 하셨어요?

_입시 때는 했었어요. 대학교마다 입시 내용이 다르긴 했지만요. 상황을 구상해서 화면 안에 그려 내는 건데, 여전히 형태력도 중요하고요. 저는 우유갑 같은 가공품보다는 자연물을 더 잘 그렸어요. 북어나 밧줄 같은 것. 선생님이 "너는 시험에 자연물이 나오도록 기도해라."라고 말씀하셨던 게 기억나요.

## 무대 위, 빛과 영상이 춤출 때

재밌다. 갑자기 연영과 입시 준비를 하던 학창 시절로 돌아가서 미대 입시 준비하는 친구와 얘기하는 기분이에요. 연극에서 영상 작업은 어떻게 시작하게 되셨어요?

_고등학교 때 입시 선생님이셨던 이상홍 작가님 덕분이에요. 그분이 먼저 공연 작업을 하고 계셨는데, 영상 작업이 필요한 공연 팀을 소개해 주셔서 하게 됐어요.

**아, '홍살롱'을 운영하셨었죠! 제 주변 배우들이 그림 그리러 굉장히 많이 다녔어요. 보통 미술 작가님들은 개인 작업을 많이 하실 텐데, 개인 작업 하실 때랑 연극 프로덕션에 참여하실 때랑 많이 다르지요?**

_많이 달라요. 공연에 참여할 때 여전히 정말 신기한 것은 여러 기술을 가진 사람들이 공연장에 모여서 하나의 목표를 향해 달려 나가는데, 마치 조각처럼 눈앞에서 실시간으로 착착 한 덩어리가 되는 듯한 모습이에요. 제 영상도 그 덩어리의 일부가 되어 탁 달라붙는 것이 정말 재밌어요.

**영상 촬영을 하기도 하시지요? 그래픽 디자인을 하기도 하시고요. 다루시는 기술이 다양해서 영상 작업을 하실 때 선택할 수 있는 길이 많을 것 같아요.**

_할 수 있는 기술들이 좀 얕아서, 부끄럽네요. 다룰 수 있는 툴은 많은데, 깊지는 않은 것 같아요. 아쉬울 때도 많아서 다음엔 더 잘하고 싶다는 생각을 항상 해요.

**제가 작가님이 참여하신 연극을 거의 다 봤더라고요. 〈산책자의 행복〉, 〈메이크업 투 웨이크업 2〉, 〈편입생〉도 봤고. 〈춤의 국가〉 자막과 영상, 정말 직관적이고 예쁘다고 생각했어요. 〈세컨드 찬스〉는 만들면서 어떠셨어요? 저는 관객으로서 정말 좋았거든요.**

_제 상황을 잘 견뎌 낼 수 있었던 힘 중 하나였어요, 저에게. 〈세컨드 찬스〉는 윤혜숙 연출님과 아버지의 사적인 이야기를 다룬 극이었어요. 사실 당시엔 정신없이 영상을 만들었는데, 공연 끝나고 몇 달 뒤 건강검진을 하면서 어떤 질환을 발견했거든요. 그때부터 그 공연 생

각이 계속 났어요. 제 아버지와의 관계에 대해 생각하게 되기도 했고, 제 자신과의 관계에 대해서도 생각하게 됐어요. 저 스스로 좀 심각할 수도 있었던 사건이었는데 오히려 그 공연에 참여했고, 그 공연을 봤기 때문에 잘 견뎌 낼 수 있었던 것 같아요.

**어떤 공연을 했기 때문에 생긴 힘으로 삶의 어떤 순간을 잘 버텨 낼 수도 있는 것이었군요. 그러고 보니 윤혜숙 연출님 작업을 많이 하셨네요?**

_제가 정말 좋아하는 연출님이라, 작업 제안 주시면 항상 기쁘게 달려가요. 연출님의 공연 자체가 참 매력적이고, 항상 뭔가를 따뜻하게 바라보는 그 시선이 저는 정말 마음에 들어요.

**얼마 전 작가님 작업실에 방문했을 때, 보여 주셨던 그림들을 보고 그런 생각을 했어요. 저는 그림 그리는 사람이 아니라서 좋은 언어를 찾기 어려운데… 작가님 그림에는 뭐랄까, 뭔가가 있다는 생각을 했어요. 재료나 작업 방식을 설명해 주실 때 눈이 반짝이던 모습도 기억나요. 이렇게 따뜻하고 즐거운 마음으로 작업을 하기 때문에 그 마음이 작품에 담기는 걸까 싶기도 했어요.**

_제가 혼자 좋아하던 것들을 나눌 수 있어서 그날 정말 즐거웠어요. 배우님도 재미있어하시니까, 자꾸 이것저것 꺼내서 보여 드리고 싶었나 봐요. 사실 저도 그림 그리는 일 자체를 즐기게 된 지는 몇 년 안 됐어요. 어렸을 때부터 입시를 시작했거든요. 정말 좋아서 시작한 그림이었고, 항상 저는 반에서 그림을 제일 잘 그리는 아이였는데 미술학원에 가니까 저는 더 이상 그런 아이가 아니더라고요.

**반에서 그림 제일 잘 그리는 애들이 다 학원에 있었겠네요.**

_네. 매일같이 혼났어요. '왜 이렇게 비뚤게 그렸냐', '투시가 다 틀렸다' 하는 식으로요. 저는 입시 미술에서 요구하는, 정해진 시간 안에 투시와 형태를 맞춰 그려 내는 일을 정말 못했거든요. 한국 미술 교육과 입시는 그림 그리는 일을 싫어할 수밖에 없게 만드는 구조인 것 같아서 아쉬워요. 그림을 그리는 건 정말 즐거운 일이거든요. 배우님도 그림 그려 보시면 어때요? 그날 작업실에서 그리신 그림도 좋았고, 붓놀림이 쓱쓱 거침없으셔서 좋았어요. 재료에 대한 호기심도 느껴졌고요.

저는 그림에 대한 안 좋은 기억이 있어서, 학창 시절에 미술을 정말 싫어했어요.

_어떤 기억이 있어요?

혼난 기억이요. 한번은 놀이터를 그렸는데, 바탕을 모자이크처럼 나눠서 가진 크레파스를 다 칠했어요. 바탕색을 무조건 칠해야 완성이라고 하는데, 어떤 색은 어울리지만 어떤 색은 아닌 것 같아 몇 가지 색만 칠하다가… 갑자기 크레파스에 감정이입을 시작했어요(웃음). "얘는 썼는데, 얘는 안 쓰면 서운하겠지?" 그런 마음이 들고, 갑자기 안 쓴 크레파스들이 통 안에서 쭈그리고 있는 것처럼 보이고. 그래서 모든 색을 다 칠했다가 이게 대체 무슨 그림이냐고 혼이 났어요. 이유를 말했는데 더 혼났어요. 억울했죠. 저는 그렇게 미술을 싫어하는 아이로 성장하게 되었답니다. 그림 그리는 일 자체를 즐기게 된 것이 몇 년 안 됐다고 하셨는데, 어떤 계기가 있으셨어요?

## 기억을 그리는 방식

_동화책을 만들어야 해서 그림을 많이 그렸는데 어느 순간 정말 즐겁더라고요. 그땐 수채화를 많이 그렸어요. 수채화 안료랑 물이 섞여서 도화지 위에 올라갔을 때, 마르기 전에 반짝반짝거리는 순간이 있어요. 그 순간이 정말 좋았어요. 마르면 없어지긴 하지만.

**진짜 금방 사라지는 순간이잖아요. 뭉클해요.**

_네. 그 순간이 정말 좋은 거예요. 한 번 칠한 것 위에 다시 색을 올리면 느낌이 달라지는 것도 정말 좋고요. 수채화로 레이어를 계속 쌓아서 두껍게 만들고 싶다는 생각을 했어요. 수채화는 아크릴이나 유화만큼 두껍게 올라가지는 않지만 얇게 계속 올라갈 수 있거든요. 물론 한계가 있어요. 이 얇은 물을 계속 쌓고 싶다는 생각을 하다가 어느 순간 먹이 떠올랐어요. 먹은 안료와 아교가 섞여 있거든요. 여행지에서 우연히 사 온 먹을 꺼내서 이렇게 저렇게 갖고 놀아 보니 정말 잘 쌓이더라고요. 수채화보다 레이어를 훨씬 많이 쌓을 수가 있어요. 그 물질적 특성이 정말 좋아서 요즘 먹을 쌓느라 정신이 없어요.

**설명할 순 없지만 지금 갑자기 뭔가를 작업하고 싶어졌어요. 쌓고 싶달까요.**

_결과물을 멋지게 내야 된다는 생각을 하면 너무 스트레스 받지만, 그 과정 자체를 즐길 수 있으면 정말 좋잖아요. 저는 미술은 '과정의 작업'이라고 생각하거든요. 완성됐을 때도 좋지만, 그 과정이 정말 정말 즐거워요.

마르기 전에 잠깐 반짝반짝하는 그 순간, 결과에 남지 않을 순간을 즐기시는 그 마음이 전해져서 행복해요. 작가님의 개인 작업 중 드로잉 시리즈가 있더라고요. 〈드로잉 부천〉, 〈드로잉 서울〉. 저도 부천 사람입니다. 부천에 관한 작업을 한 적도 있고요.

_와, 그렇군요. 저는 부천이 비행기가 보이는 도시라는 점이 정말 좋았어요. 〈드로잉 부천〉은 부천에 관한 저의 개인적인 기억을 다루는 작업이었고, 〈드로잉 서울〉은 서울에서 어린 시절을 보낸 사람들의 기억을 수집한 작업이었어요. 사람들의 기억을 통해 익숙한 곳을 다시 바라보는 일을 하고 싶었거든요. 부천에서 어린 시절을 보낸 수연 배우님의 기억이 궁금하네요. 어떤 작업을 하셨는지도요.

비행기가 보이는 곳이라는 관점은 생각을 안 해 봤는데, 재미있네요. 앞으로도 작가님의 '드로잉' 시리즈를 계속 보고 싶어요. 작가님께서 '드로잉' 시리즈를 하시는 것처럼 저는 '연습'이라는 키워드로 작업을 하고 있어요. 악역 연습, 비인간 연습, 꿀벌 연습 등등. 몇 년 전, 〈부천의 연습, 부천의 독백〉이라는 짧은 공연을 만들었어요. 어린 시절의 기억들, 부천을 산책하며 제가 수집한 말들, 관찰한 사람들에 대한 이야기, 이웃에게 깊이 닿고 싶은 마음을 담으려고 했어요. 타인과 나 사이의 벽을 훅 허물고 다가가고 싶다는 생각을 많이 하던 때였거든요.
학생들 만나는 일은 언제부터 하셨나요?

_2016년부터 시작했어요. 경제적인 이유로 시작했는데, 제가 학생들로부터 좋은 영향을 많이 받아서 계속하고 있어요. 주로 중학생들을 만나고 있고요. 문화 교육 사업의 일환으로 진행되는 미술 영상 수업이라서 미술을 좋아하는 학생, 좋아하지 않는 학생들을 다 만날 수 있어요. 그림 그리는 것을 너무 싫어하고 두려워하는 학생들을 보면

어쩌다가 이렇게까지 싫어하게 됐을까 하는 생각을 많이 해요. 잘 그리고 못 그리고는 없는 건데, 그런 것이 있다면 그건 컴퓨터에게 시키면 되는 건데. 그래서 재미를 느낄 수 있는 수업 내용을 고민해요. 최근에는 학생들이 직접 춤을 춘 영상을 조각조각 모아 그려서 뮤직비디오를 만들기도 했어요.

**언젠가 어떤 자리에서, 이미지 생성 AI 프로그램들이 발전하면서 작가님의 미술 수업을 듣는 학생들이 속상해하고 있고 그럴 때 어떤 이야기를 해 줘야 좋을지 모르겠다고 하신 말씀을 들었어요. 지금은 그에 대한 답을 좀 찾으셨는지도 궁금해요.**

_당시 제가 해 줄 수 있었던 답변은 "그림을 그릴 때 내가 제일 좋아하는 일은 과정 안에 있고, 그래서 나는 앞으로도 그림을 그릴 것이다."라는 말이었어요. 지금은 과정 때문에 이 일을 한다는 생각이 더 확고해졌어요. 그 외의 답은 아직 못 찾았어요.

## 모든 존재의 고유한 순간에 대하여

**혹시 학생들이 이렇게 말하면 어떻게 해야 할까요? "선생님, 그 과정에서 저만 즐겁지, 결과물은 AI가 훨씬 잘 내잖아요. AI가 더 잘 그리잖아요?"**

_"나도 지금 그게 고민이야. 어떻게 하면 좋을까? (긴 침묵) 그런데 또 잘한다는 것은 뭘까?"
미술을 잘한다는 건 뭘까. 뭐라고 생각하세요?

모르겠어요. 예전엔 뭉크를 좋아하긴 했는데…(웃음). 잘하는 연기에 대해서도 보는 사람마다 다 다르게 생각하는데, 미술도 그렇겠지요? 아까 형태력이 중요하다고 하셨듯이 연기에서도 어떤 기본은 중요할 텐데, 그다음 단계로 넘어가면 각 개인에게 닿는 감각이나 느낌이 있을 뿐 보편적인 기준은 없을지도 모른다고 생각해요.

_맞아요. 미술에서 형태를 잡는 기본기가 중요하다고는 하지만, 요즘 사람들이 굉장히 사랑하는 피카소는 형태를 다 없애 버렸잖아요. 배우님이 말씀하신 뭉크도 형태를 뭉그러뜨렸고요. 다음 기회에 학생들과 이 이야기를 다시 하게 되면 '잘 그린다는 것은 뭘까'에 대해 말해 봐야겠어요.

저도 상용화된 여러 AI 프로그램들을 써 봤는데, 처음엔 그 작업 속도에 놀랐어요. 그다음에 했던 생각은 상상력에 대한 것이었어요. '반은 꿀벌이고 반은 인간인 배우가 햄릿 연기하는 모습을 그려줘'라고 했더니 어떤 '그럴싸한' 그림들을 그려 내더라고요. 상상력이라는 것이 뭔지 다시 질문하게 됐어요. 그 그림들을 인간 작가가 그렸다고 생각하면 "와, 멋진 상상력이네!"라고 말했을 것 같았거든요. 상상이라는 것은 거대한 미지의 세계에서 건져 오는 게 아니라 여러 경험, 정보, 감각 데이터 들의 다양한 조합인 건 아닐까 생각하게 됐어요.

_저도 굉장히 동의해요. 내 안의 데이터들을 어떻게 조합하고 연결하느냐가 창의력이고 상상력이라고요.

그런데 그게 바로 AI가 하는 일이잖아요. 앞으로 더 잘하게 될 테고요. 상상력과 창조력은 예술가들이 당연히 갖춰야 할 덕목이라고 배웠는데, 그래서 막연히 '인간만이 할 수 있는 일'처럼 여겨 왔던 것 같아요.

강수연

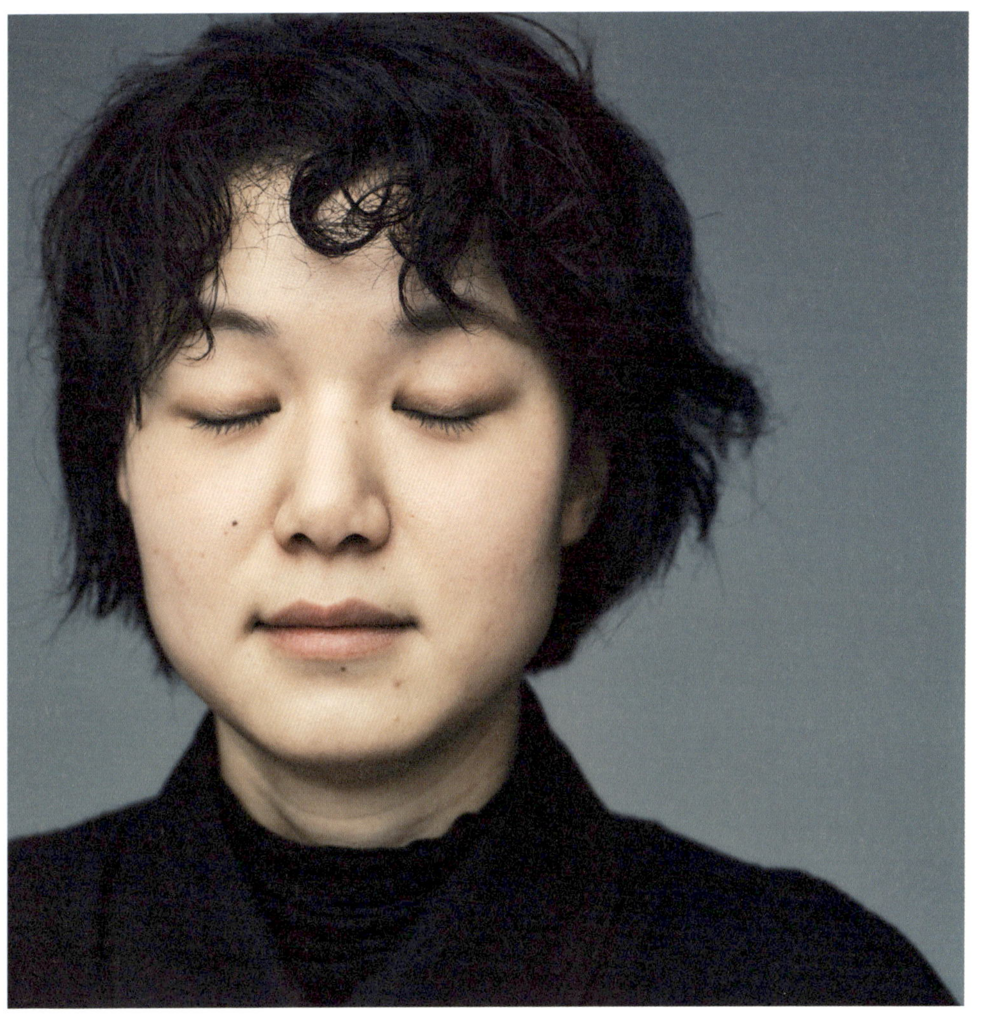

곰곰이 생각해 보니, 저는 그동안 상상이라는 것이 뭔지 제대로 정의해 본 적조차 없더라고요. 여러 데이터의 연결 능력이 곧 상상력이라면 인간은 결국 모르는 것은 상상할 수 없겠구나 하는 생각도 했어요. 그런 말 있잖아요. 인간은 '무'를 상상하지 못한다고. '무'를 상상하라고 하면 빈 공간을 상상하고, 공간조차도 없는 것이 뭘지 상상하지 못한다고요. 그땐 좀 힘이 빠졌는데, 지금 작가님과 이런 주제로 대화하다 보니 다른 길이 보이는 것도 같아요.
작가님도 학생들처럼 비슷한 걱정을 하신 적 있으세요?

_그럼요. 대체 앞으로 어떻게 될까, 어떻게 할 수 있을까 생각했어요. 사실 기대 반 걱정 반이에요. 기대하는 이유는, 그런 새로운 형식이 생겨날 때마다 전혀 다른 작업이 태어나기 때문이에요. 누군가가 만들어 낼 새로운 걸 보는 것은 늘 흥미롭거든요. 걱정하는 이유는 역시 악용될까 봐. 이미 그런 사례도 많으니까요.

지금 이런 생각이 번득 스쳐요. 새로운 기술들이 나올 때마다 '인간은 대체될 거야'라는 말들 많이 하잖아요. 절망하기도 하고요. 그런데 결국 'AI가 이렇게 하는 게 가능하다고? 그렇다면 인간이 해 온 일의 경계는 어디였지?' 하는 생각을 발견하게 되는 것 자체가 좋은 것 같아요. 상상력이 뭐였는지 다시 돌아보게 된 것처럼요.
어쩌면 그림을 그리고자 하는 학생들도 너무 속상해할 필요는 없는 것 같아요. 다른 길을 발견할 수도 있잖아요. 예를 들어 AI의 장점이 '빠른 속도'라면, '왜 우리는 일을 빨리 하는 걸 중요하게 여겨 왔지? 우리는 시간을 어떻게 인식하고 있지?' 같은 질문을 새로이 발견할 수도 있지 않을까요?
작가님은 요즘 먹으로 레이어를 쌓아 올린다고 하셨죠. 물론 그런 그림을 그려 달라고 하면 AI도 잘 그리겠죠. 하지만 작가님 그림엔 도화지 한 장에

강수연

먹이 말라 가고 다시 덧입혀지는 과정과 시간이 담겨 있잖아요. 그게 정말 아름다웠거든요. 그렇다면 그 시간성을 더 드러낼 수 있는 새로운 형식도 가능하지 않을까요. 이런 다른 생각의 길이 계속 열릴 수 있을 것 같아요.

_맞아요. 할 수 있을 것 같아요. 다음에 학생들과 대화할 때 꼭 나누고 싶어요.
문득 예전에 충격받았던 일이 생각나요. 예전에는 신발을 사람이 손으로 만들었잖아요. 산업혁명 이후 공장이 생기면서 그런 일자리가 많이 없어졌다고 하고요. 제가 처음 영상 일을 시작할 무렵 많이 하던 아르바이트 중 소위 '누끼 따는' 일이 있었어요. 포토샵 같은 프로그램으로 제품 사진의 테두리를 깔끔하게 따는 전문적인 일이고, 그 일을 전문으로 하는 작업자나 스튜디오들도 있었고요. 그런데 불과 십여 년 사이 기술이 발전해서, 클릭 한 번으로 90퍼센트 이상 정확하게 처리하는 기능이 생겼잖아요.
그걸 보면서 "그 일을 하던 사람들의 일자리는 어떻게 되는 건가" 하고 오랫동안 생각했어요. 그런데 지금 든 생각은, 애초에 그 직업 자체가 포토샵이라는 도구가 발명되면서 생겼다는 거예요. 기술 발전에 따라 많은 일이 자연스럽게 생겼다가 사라지는구나 싶고. 결국 노동력이라는 것은 무엇인가까지 생각해 보게 되네요. 배우님은 어떠세요? 우리 일상에 AI가 어떤 느낌으로 다가오세요?

저는 아직 일상에서는 깊이 생각해 본 적이 없고, 작업에 기술을 적용할 때 그 기술이 작업 안에서 어떤 의미를 가질 수 있을지 고민하는 것을 좋아하는 편이에요. 예를 들어 AR(증강현실)로 어떤 작업을 할 때, '실제 공간엔 없지만 화면 속 공간에는 있는 뭔가가 왜 드러나야 하지? 그 맥락을 어떻게 만들어 낼 수 있지?'를 계속 묻게 돼요. 아직까지는 새로운 기술들을 반기는 편인 것 같고요. GPT-3이 쓴 희곡을 연기한 적이 있었는데 재미있었어요.
생각해 보면 제가 좋아하는 작가나 배우에게는 뭔가가 있어요. 적어도 저에게는요. 모든 존재에겐 설명할 수 없는 어떤 고유성이 있는 것 같고, 어쩌면 AI의 작업물도 인간의 작업물과 마찬가지로 수많은 것 중 하나일 뿐이라는 생각이 들어요. 인간과 AI를 굳이 구분해서 생각하기보다요.

_아까 배우님이 제 그림에 "뭔가가 있다"고, 방금도 "제가 좋아하는 배우에게는 뭔가가 있어요."라고 하셨지요. 사실 아까부터 저는 비틀즈의 〈Something〉이 자꾸 떠올라요. "너에게는 뭔가가 있어. 내가 사랑하는 그것에는 뭔가가 있어." 뭔가, 뭔가가 있다고 계속 말하잖아요. 구체적인 말로 표현할 수는 없고, 말로 표현하면 오히려 사라져버릴 것도 같은 무엇. 속으로 그 노래를 계속 흥얼거리고 있었어요.

그 'Something'이 나에게만 작동하는 순간일지라도, 그건 정말 중요해요.

_나한테 작동하고, 나한테 와 닿는 것. 그건 예술에서 정말 중요한 것 같아요.

**그림을 그리면서, 이 과정을 누군가와 나누고 싶다고 생각한 가장 최근의 순간은 언제야?**

아까 마신 고구마라테 맛은 어땠어?

**입안에 레이어가 쌓이는 느낌이 느껴지는 종류의 음료를 좋아해?**

점심 뭐 먹을 거야?

**너는 뭐 먹을 거야?**

너무 답하고 싶어요.
최근에 가장 즐거웠던 순간은 언제야?

**최근에 만졌던 것 중에 느낌이 제일 좋았던 게 뭔지 떠올릴 수 있어?**

어제 잠 잘 잤어?

**잠 안 올 때 듣는 음악 있어?**

어렸을 때 꿨던 꿈 중에서 기억에 남는 게 있어?

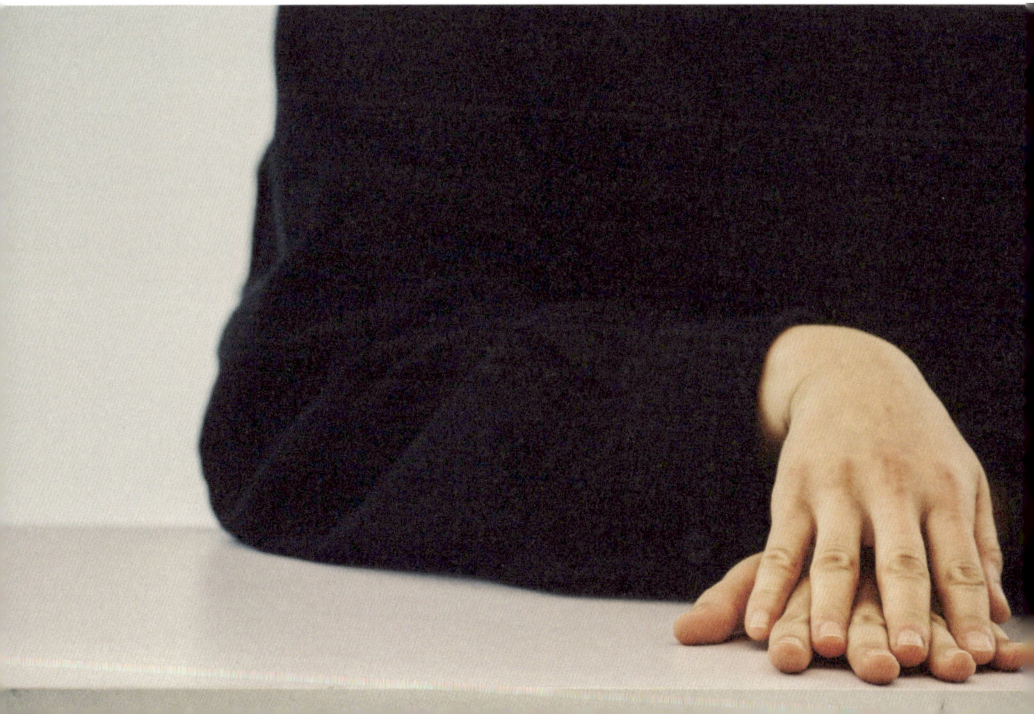

+[3]

# Epilogue

작가이자 문화평론가 정지우는 이렇게 말했습니다. "내가 너무도 사랑하여 도저히 대체할 수 없는 사람을 떠올려 보자. 그 사람이 세상에 어떤 존재여서 사회적으로 대체 가능한지 불가능한지는 아무런 문제가 되지 않는다. 그 사람은 그냥 그 사람이기 때문에 고유하고 내게 절대적으로 소중하다."[35]

이 글을 읽자마자, 자신이 곧 대체될 거라며 웃던 친구들이 생각났어요. 그들의 직업 생활이 앞으로 어떻게 될지는 알 수 없지만, 내가 좋아하는 그 친구들의 음악에는, 글에는, 목소리에는 설명할 수 없는 '뭔가'가 있으며, 그것들은 적어도 나에게는 그 무엇으로도 대체되지 않는다는 사실을 떠올렸어요. 그리고 이 소중한 '뭔가'에 대해 대화를 나눴던 강수연을, 그에게만 있는 '뭔가'를 떠올렸습니다.

2025년 1월, 강수연을 다시 만났어요. 고작 1년 남짓이 흐르는 사이 AI 기술은 더 많이 발전했고, 이를 둘러싼 논의의 방향도 계속 달라지고 있었습니다. 이런 변화 속에서 학생들의 질문은 그의 안에서 또 어떻게 달라지고 있을지 궁금했어요.

"주변의 다른 이들에게 학생들의 고민을 공유했는데, 기억나는 답이 두 개 있었어요. 하나는 '기술이라는 건 어차피 계속 업데이트되는 것이므로 결국 그 기술을 다룰 줄 아는 사람이 되어야 한다'는 산업 디자이너 친구의 답이었고, 다른 하나는 '세상이 빠르게 달라지는 와중에도 사람들은 계속 변치 않는 것을 추구하므로 그것을 찾아야 한다'는 사업가 친구의 답이었어요. 그 친구가 들었던 예시도 인상적이었어요. 사람들은 옛날부터 더 빠르고 편안하고 싸게 물건을 사고 싶어 해 왔고, 그것은 영원히 변치 않을 것이라고요. 그런 관점의 이야기는 처음 들었는데 굉장히 재미있었어요. 그림을 그리거나 보는 행위를 통해 사람들이 변치 않고 늘 얻고 싶어 했던 게 무엇인지는 잘 모르겠어요. 그림을 잘 그린다는 것에 대해서도 멋있는 답을 해 보고 싶었지만, 제가 생각했을 때 잘 그린 그림은 좋은 그림이고, 좋은 그림은 제 마음을 온통 빼앗는 그림이라고밖에 생각을 못 하겠더라고요.

요즘엔 동양화 재료들에 마음을 빼앗겼어요. 전통 동양화를 배우며 오래전 작품을 모사하는 작업을 했는데, 돌가루와 아교로 색을 내어 비단에 그림을 그렸어요. 지금의 관점으로 생각하면 '굳이?' 싶은 작업들이에요. 하루만 지나도 굳어서 못 쓰게 되는 재료를 굳이 만드는 것이죠. 그런데도 그게 정말 재미있어요.

제가 좋아하는 '뭔가'에는 효율적이지 않은 것들이 포함되어 있는 것 같아요. 최근엔 세상에는 좋은 것들이 참 많은데 무한하지는 않다는 것을 느끼고도 있어요. 어쩌면 그런 유한한 것들이 저의 '뭔가'인 것 같아요. 저는 사실 굉장히 구질구질한 사람이거든요. 정말 좋은 것은 계속 붙잡고 늘어져요. 그 좋은 순간을 어떻게든 길게 늘이고 싶어 하는 마음이 있고, 그런 마음을 제 작업에 많이 담아요."

우리의 대화에 주어진 유한한 시간이 못내 아쉬웠어요. 이 순간을 내일까지 길게 늘이고 싶다고 생각하던 차에, 강수연은 반짝반짝 눈을 빛내며 물었습니다.

_내일 아침으로 뭐 먹을 거야?

*

# 오늘은 어제의 미래였으니까

*

우미화
&
이청

+[1]

# Prologue

“연극이란 옛날이나 지금이나, 말하자면 자연에다가 거울을 비추어서 미덕의 본모습을 보여 주며, 가식을 경멸하고 시대의 모습을 있는 그대로 보여 주는 것이라네.”[36]

그 유명한 『햄릿』 3막 2장에 나오는 대사입니다. ‘연극은 시대를 비추는 거울’이라는 명언은 이 대사로부터 비롯되었지요.
셰익스피어 시대와 달리, 오늘날 현실을 재현할 수 있는 매체는 연극만이 아닙니다. 연극이라는 오래된 거울은 이제 어떤 모습을 보여 주어야 할까요. 시대를 거슬러 늘 그곳에 있었지만, 거울에 비치지 못했던 존재들. 그것을 드러내는 것이 지금, 저에겐 더 중요하게 느껴집니다.

제 작은 고양이 모양 손거울 위에는, 스스로에게 건네는 농담이자 다짐처럼 이런 문구가 적혀 있습니다. “시대를 비추는 거울 좀 닦아라.” 연극에 대한 제 생각은 언젠가 또 달라지겠지만, 그 거울은 되도록 오래 간직할 생각입니다.

저는 제 온 존재로 희곡 속 인물을 잘 연기하고 싶어서 배우가 되었습니다. 한 인물의 숭고함과 저열함, 사랑과 증오를 통과하며 인간과 세계를 깊이 통찰하는 연기를 하고 싶었습니다. 그 꿈은 여전히 제 안에 있습니다. 하지만 제가 처음 배우를 꿈꾸던 순간의 세계와 지금의 세계는 다릅니다. 연극계도 마찬가지입니다. 2014년 세월호 참사, 2016년 연극계 블랙리스트,

2018년 연극계 미투, 2020년 팬데믹. 그때마다 연극에 대한 제 믿음은 무너지고 다시 세워지길 반복했습니다. 저뿐 아니라, 대부분의 동료들도 같은 시간을 지나오고 있습니다. 예술에 대한 믿음은 늘 그렇게 무너지고 세워지는 것이 당연한지도 모릅니다. 하지만 지난 10년간 사회가 겪은 급격한 변화와, 그 속에서 연극계가 겪은 변화는 이전과 차원이 달랐습니다. 앞으로도 그 변화는 계속될 것입니다.

저는 이제 인간만을 통찰하는 연기보다는, 인간 또한 그 일부로서 속해 있는 이 세계 자체를 들여다보는 연기에 더 관심을 갖습니다. 인간의 거울에 비치지 않았던 인간 아닌 존재들을 거울에 비추어 드러내는 연극을 만들고 싶습니다. 이 세계의 구성원이 인간만이 아니라는 사실을 진심으로 이해하고, 이전에는 느끼지 못했던 연결감을 새롭게 느끼며 살고 싶어요. 제가 사랑하는 '연극'을 통해 이를 깊이 사유하고 실천할 수 있다면, 참으로 행복하리라 생각합니다. 지금은 굉장히 몰두하고 있는 생각이지만, 10년 전의 저는 이런 생각을 전혀 하지 않았어요. 그러므로 10년 후의 저 또한 연극에 대해 지금과는 다른 생각을 하겠지요.

10년 전과 10년 후를 생각하다 문득, 저와는 다른 생애 주기로 그 시기를 통과했을 동료 여성 배우들과 이야기를 나누고 싶어졌습니다. 약 10년 정도의 터울이 있는 사람들끼리 모여 함께 우리의 과거와 현재, 그리고 미래를 거울에 비추어 보면 어떨까 궁금했습니다.

이 대화는 제가 웹진 『연극in』의 편집위원으로서 진행했던 마지막 인터뷰입니다. 저는 평소에 제가 흠모하던 두 사람에게 대화를 청했습니다. 저보다 조금 먼저 태어난 배우 우미화, 저보다 조금 늦게 태어난 배우 이청입니다. 공교롭게도 우리 세 사람 모두 안톤 체홉의 〈세 자매〉를 연기한 경험이 있었습니다. 물론 각기 다른 공연에서였지만 세 자매의 첫째 올가를 우미화가, 둘째 마샤를 제가, 셋째 이리나를 이청이 연기한 반가운 우연이었어요. 올가, 마샤, 이리나 세 자매처럼, 우리는 같은 시대를 통과하는 현실 속 세 자매로 마주했습니다. 그리고 조용히, 〈세 자매〉의 마지막 부분을 함께 소리 내어 읽었습니다.

배우 우미화, 이청과 대화를 나눈 기록입니다.

**우미화**

연극을 오래오래 하다가 지금은 드라마도 하고, 영화도 하고, 계속 새로운 세상을 만나고 있는 중이다.

+²

# Interview

## 세 배우가 한 자리에 모였을 때

(성수연) 두 분을 모시게 되어 정말 영광입니다. 우리는 각자 데뷔한 시기도 다르고 활동한 기간도 다르잖아요. 각자의 시간대에서 사회의 여러 일을 만나 왔을 테고, 연극계 안에서도 여러 사건으로 인한 변화가 있었잖아요. 저는 세월호 참사, 블랙리스트, 연극계 미투, 팬데믹 등의 영향으로 연극에 대한 인식과 연극계 문화가 바뀌는 것을 여러 각도에서 감각하고 있어요. 동시대 여성 배우들이 우리가 속해 있는 이 연극계를 어떻게 만나 왔는지 구체적인 경험을 나눠 보고 싶었어요. 사실 이런 질문들을 띄워 놓고 그저 수다를 떨고 싶기도 했고요.

_(우미화) 지면에 남는 수다로군요.

제가 우리의 수다를 잘 기록해 보겠습니다. 저는 2008년에 데뷔했어요.

_(이청) 저는 2017년에 데뷔했어요.

_(우미화) 저는 1998년에 데뷔했어요. 와, 10년 단위네? 1998년, 2008년, 2017년.

**이청**

보다 많은 존재들의 결에 닿고자 배우, 접근성 창작자, 강연자로 활동하고 있다.

우미화 배우님은 1998년에 〈민중의 적〉으로 데뷔하셨지요?

_(우미화) 네. 그때 운 좋게 서울시립극단 연수단원 1기로 들어가게 됐고, 또 운 좋게 배역이 주어져서 데뷔했지요.

_(이청) 저는 졸업과 동시에 대학로에 나왔어요. 그러고 보니, 입시를 준비할 때 연극영화과가 너무 많아서 어디에 지원해야 할지 고민하던 게 생각나요. 저희 때는 쿼터제가 생겨서 여섯 군데에만 지원할 수 있었거든요.

_(우미화) 여섯 군데도 많은 것 아닌가요?

그러게요. 저희 때는 세 군데였던 것 같아요, 정시에서는. 가군, 나군, 다군.

_(우미화) 저는 학력고사 세대라 전기, 후기.

***모두 웃음***

## 자신의 무대를 만드는 배우로

우미화 배우님은 오래전부터 여러 공연을 보며 정말 좋아하고 존경했어요. 종종 인터뷰도 찾아봤는데, 항상 멋있다고 생각했고 꼭 만나 뵙고 싶었어요. 이청 배우님과는 작년에 같이 일했는데, 연기뿐 아니라 다른

**일들도 놀랍도록 잘하시더라고요. 어떻게 그렇게 연기뿐만 아니라 다른 일들도 잘하냐고 했더니, 어떤 분이 "이 세대 분들은 이렇게 해야 생존할 수 있기 때문이에요."라고 하신 말이 오래도록 기억나더라고요. 10년 전의 제 선택과는 또 다르구나, 싶고.**

_(우미화) 저도 마찬가지예요. 우리 세대 배우들은 주로 연출이 만든 판에서 무대에 섰지, 스스로 판을 만들거나 방향을 잡아서 주체적으로 뭔가를 만들어 내는 일을 하진 않았던 것 같거든요. 제가 보기엔 두 분도 같은 세대라고 느껴지는 점이 있는데, 우리 세대와는 달라서 존경스럽고 부럽기도 했어요. 어쩜 그렇게 본인들이 하고 싶은 방향을 잘 잡아서 주체적으로 창작하고, 새로운 기회를 스스로 만들어 내고 있을까. 지금 수연 배우님이 청 배우님 세대를 보면 또 다르게 느끼시겠지요.

**저는 특히 여성 배우들이 자신의 작품을 창작하고 연기하는 일이, 연극계 미투 이후 좀 더 활발해졌다고 생각해요. 이전에는 사례가 아주 많지는 않아, 하고 싶어도 선뜻 시작하기가 어려웠을지도 모르겠어요.**

_(이청) 저도 데뷔 직후 연극계 미투를 정점에서 겪으며 '내가 내 이야기를 해도 되는구나'라는 확신을 얻었어요. 우리가 목소리를 내는 것 자체가 충분히 작품이 될 수 있다는 생각도 했고요. 그전에는 삶과 작품이 동떨어져 있다고 느꼈지만, 그 경험 이후로 삶에서 일어나는 일을 원동력 삼아 충분히 우리 이야기를 작업으로 할 수 있다는 생각을 하게 됐어요.

_(우미화) 저도 '연극이 무엇을 이야기할 것인가'라는 질문이 세월호 참사와 연극계 미투 전후로 많이 바뀌었다고 느껴요. 그 변화는 다른

세대의 연극인들이 저는 생각하지도 못했던 방식으로 다루고 있죠. 가끔은 '이제 내가 낄 자리가 있을까?' 싶을 만큼 급변했다는 생각도 들더라고요. 우리 세대는 서사 중심의 연극에 익숙했고, 배우가 먼저 나서서 창작하는 일은 드물었어요. 배우로서 작품을 분석하고, 해석하고, 내 방향을 찾는 것도 개인의 연출이라고 생각은 했지만, 독립적으로 하나의 창작물을 만들 용기는 없었던 것 같아요. 마음은 있었지만 결국 하지 못했어요. 그런 일을 하는 게 대단하다는 생각이 들어요.

**연극의 형식이 다양해지면서, 프로덕션 내에서 배우들이 흔히 '실연자로서의 창작'이라고 말하는 영역을 넘어서며 참여하는 경우도 많아진 것 같아요. 그 과정에서 자신의 작업을 만드는 근육도 발달하고, 다양한 담론을 만들기도 하잖아요. 그런데 실험적인 창작 과정을 통해 만들어지는 연극이 익숙한 관습대로 아카이빙되거나, 참여자들의 기여가 기존의 크레딧에 맞춰 이해되는 경향도 여전히 강력한 것 같아요. 저는 그 프레임을 조금씩 바꾸고 싶다는 생각을 해요. 배우들과 이야기를 나누다 보면, 이건 결국 생존의 문제와 직결되어 있더라고요. 배우라는 직업이 삶을 타의에 의탁하기 쉬운 특성을 갖는다고 생각하는데, 스스로 여러 근육을 개발하며 다양한 길을 만드는 경향이 생기는 거죠. 드러나지 않았던 그들의 성취가 기록으로 남아야 살 방법도 다양하게 생길 거예요. 길도 많아지고요. 그래서 저도 목소리를 계속 내고 있어요. 배우들을 응원하는 목소리를 내는 동시에 이런 경향을 담아 내 달라는 목소리도 조금씩 내고 있고요.**

_(이청) 제가 접근성 매니저로서 작업할 때도 그런 생각을 해요. 기존의 연극 문법이 너무 견고해서, 그 틈을 비집고 들어가는 작업을 계속하게 되거든요.

_(우미화) 기존의 틀을 깬다는 건 정말 힘든 일이잖아요. 저는 몇 년 전 처음 접근성 관련 작업을 접했고, '의미 있는 작업이 시작되고 있구나' 싶었어요. 사실 배우 입장에서는 처음 자막을 접할 때 불편함이 있을 수도 있어요. 공연 중 대사를 하는데 자막이 나오면 매번 조금 달라질 수도 있는 말을 똑같이 해야 되기도 하고. 다양한 접근성 환경들을 경험하면서, 꼭 필요한 작업이지만 동시에 조금 다른 방향의 변화도 필요하지 않을까 하는 생각도 하게 되었어요.

_(이청) 말씀하신 방향대로 이제는 창작자들이 좀 더 확장된 고민을 하고 있는 것 같아요. 저는 최근에 동료들과 "우리가 접근성을 마련했으니 오세요"가 아니라 "이 공연이 당신에게 어떻게 닿을지 궁금해요"라는 태도로 다가가 보자는 이야기를 자주 나눠요. 자막에 관해서는 저도 배우니까 배우 입장에서 생각하게 되는데, 혹 누군가는 배우가 대사를 토씨 하나 틀리지 않아야 한다고 생각하는 분이 계실 수 있죠. 하지만 우리는 영화와 연극의 자막을 같은 기준으로 생각하면 안 된다고 봐요. 영화는 이미 찍힌 영상에 자막을 넣는 후작업이니까 똑같을 수밖에 없지만, 연극은 라이브이고 매일 다른 호흡과 감각이 존재하죠. 자막과 배우가 조금씩 달라도, 함께 공연한다는 감각에 익숙해지면 어떨까 싶어요. 배우와 자막은 경쟁 관계가 아니라, 같은 숨을 쉬며 호흡하는 동료라고 생각해요. 자막을 디자인하는 사람도, 오퍼레이팅 하는 사람도 모두 배우와 같은 숨을 쉬려고 노력하거든요.

_(우미화) 무조건 해야 한다는 당위성보다, '누구를 위한 일인가'에 대한 정확함이 있을 때 다양성이 생기는 것 같아요. 음성해설이나 문자통역은 결국 소리 정보와 시각 정보가 필요한 사람들에게 공연을 잘 전달하기 위해 마련하는 장치니까요. 다수의 관객은 정보가 너무 많

으니까 불편함을 느끼기도 하겠지만, 동시에 어떤 사람들은 늘 불편했을 거라는 생각을 하게 되기도 하고요. 저도 처음엔 낯설고 신경 쓰이기도 했지만 이제는 자연스러운 감각이 됐거든요. 몇 번의 작업을 통해서 제가 달라졌다는 것을 느껴요. 지금은 다음 단계로 넘어가서 또 어떤 방향으로 가야 할까 생각하게 된 것 같아요. 아마 청 배우님도 접근성 매니저로서 고민을 많이 하시겠지요?

_(이청) 네. 지난 몇 년 이런 작업들이 늘면서 관객과 창작자 모두 조금씩 적응해 가는 게 느껴져요. 처음에는 기존의 견고한 문법을 뒤집어야 했고, 그러기 위해 낯선 경험에 익숙해지는 일이 필요했죠. 여전히 접근성 작업은 더 많아져야 하고, 관객들과 창작자들에게 더 많이 노출되어야 해요. 이제는 단순히 문자통역이나 음성해설 장치를 나열하는 방식이 아니라 적재적소의 감각을 찾아 배치하는 방향으로 확장해도 되지 않을까 싶어요. 점점 더 이런 고민을 함께하는 창작자들이 생기고 있고, 대학교에서 접근성 수업을 하고자 하는 분들도 계세요. 결국 접근성 작업은 창작과 밀접하게 연결되어 있기 때문에 함께 고민하는 창작자들이 더 많아지면 좋겠다고 생각해요.

## 증언을 전하는 몸

**지금 연극계의 생태 변화에 대해서 이야기하면서, 여러모로 즐겁게 서로의 고민을 공유하는 자리가 되는 것 같아요. 연극계 미투와 세월호 참사 등 우리의 인식과 감각을 크게 바꿔 놓은 일들을 통해 연기자로서 구체적으로 어떤 고민들을 하셨고 또 하고 계신지 듣고 싶어요. 저는 오래전에, 기존**

희곡의 여성 배역을 하기엔 제 이미지나 삶이 어딘가 어긋나 있다고 생각한 적이 있어요. 여자 역할은 엄마거나 애인뿐이라는 말도 있었잖아요. 그런 틀에 맞추려고 스스로를 좀 괴롭히고 원망한 적도 있었는데, 연극계 미투를 계기로 '세계가 여성을 그려 낸 방식이 잘못된 것이었구나' 하는 생각을 더 많이 하게 됐어요. 요즘은 여성 배역을 구체적이고 입체적인 인간으로 그려 내는 시도도 다양해지고 있어서 정말 반가워요.

_(우미화) 여성 서사도 많아지고 있고, 기회도 전에 비해 더 늘어난 것 같아요. 저는 어릴 때 제가 평범하다고 생각해서 고민이 많았어요. 배우는 어떤 장점이 도드라져야 배역이 주어지는데, 제가 생각했을 때 저는 그냥 평범한 거예요. 그래서 '나에게 무대에 설 기회가 생길까?' 생각하며, 무대를 기다리는 마음으로 연극을 계속했어요. 오히려 나이가 들면서 배우로서 주체적인 생각을 하기 시작했던 것 같아요. 특히 돌아가신 김동현 선배님과의 작업이 저에게는 터닝 포인트였어요. 캐스팅이 되고 싶다거나, 좋은 역할을 맡기를 원하는 것을 넘어 내가 연극을 통해 어떤 이야기를 함께할 수 있는지를 생각하는 시기로 넘어가게 됐어요. 그런 시기에 세월호 참사가 있었고, 또 한참 후에 연극계 미투를 만나면서 배우로서 내가 이 작품을 통해 무슨 질문을 던질 수 있는지, 내가 그 질문을 던지기에 적절한 사람인지를 더 많이 생각하게 됐고요.

김동현 연출님과의 작업 중에서도 특별히 그런 생각을 많이 하셨던 공연이 있나요?

_(우미화) 2013년 〈말들의 무덤〉이라는 연극을 했는데, 이 작품은 2년 전부터 자료 조사와 워크숍을 거쳐 사전 작업을 오래 해 왔어요. 제주 4·3사건 등 여러 전쟁 속 학살들을 조사하면서, 녹취한 증언을 무

대 위에서 그대로 전하는 작업이었어요.
그때 동현 선배가 한 할아버지의 증언 영상을 보며 "재현하지 말고 재연에 가깝게 하라"고 하셨어요. 그런데 아무리 내가 그분과 말투, 몸짓, 눈빛을 똑같이 따라 하려 해도 결국 무대 위에 있는 사람은 '나' 잖아요. 그 과정에서 되게 오묘한 순간을 만나게 되더라고요. 누군가의 어떤 순간을 똑같이 재연하려고 하는 동안 제 안에는 수많은 과정이 부딪히며 지나가잖아요. 무대 위에 드러나는 것은 '그 사람'이라기보다는 '우미화가 만난 그 사람'이겠지요. 그 사람도 나도 아닌 어느 지점에서 또 다른 에너지가 발생했고, 그로 인해 이야기가 확 커지는 느낌이 있었는데, 그게 굉장히 강렬했어요. 모든 인물 연기에 다 통용되는 이야기인 것 같기도 하고요. 그때 시작한 재현과 재연에 대한 질문을 이후로도 계속하고 있어요.

**저도 비슷한 질문을 품고 있어요. 본격적으로 그 고민을 시작한 건 2016년 〈그녀를 말해요〉라는 연극을 하면서였죠. 세월호 참사로 딸을 잃은 어머니들의 말을 그대로 전하는 부분이 많은 연극이었어요. 이전에도 누군가의 말을 전하는 연극은 했었지만, 연대자로서 당사자들의 목소리를 전하는 일은 훨씬 조심스럽게 접근해야 한다는 감각이 있었거든요. 재현과 재연에 대한 고민을 그때 시작하게 됐어요. 당시 제가 미화 배우님을 사적으로 알았다면 찾아가서 여쭤봤을 수도 있겠어요. 어떻게 해야 하냐고….**

_(우미화) 나도 어렵다고….

_(이청) 힘들겠다고….

_(우미화) 그래도 해 보면 좋을 거라고….

***모두 웃음***

_(우미화) 예전에는 제가 연극을 통해서 개인적인 질문을 던졌다면, 〈말들의 무덤〉 이후에는 사회를 짚는 이야기나 역사적인 이야기들에 더 관심이 많이 갔어요. 매 작품이 다 소중하지만 나에게 또 다른 의미가 생기는 작품들이 있잖아요. 저에게는 세월호 참사 10주기 영화 〈목화솜 피는 날〉이 그랬어요.
처음엔 제가 이 작품을 배우로서 어떻게 접근할 수 있을지 감히 상상할 수가 없었어요. 우리 모두에게는 세월호 참사를 함께 목격한 슬픔이 있잖아요. 인물의 감정을 어떻게 담아낼 수 있을지 고민이 많았고, 미리 계산하지 못하겠더라고요. 하지 않은 것에 가까워요. 저는 눈물이 많은 편인데, 그 역할을 연기하면서 눈물을 흘리면 그것은 '우미화의 눈물'이 될 것 같았어요. 우미화가 연민하고 우미화가 슬퍼하는 일을 하게 될까 봐 오히려 울지 않으려고 했어요.

**제가 〈그녀를 말해요〉를 할 때 했던 생각과 비슷해서 여쭤보고 싶었어요. 당시에는 논리적으로 설명할 수 없었는데, 울면 가짜가 된다는 감각이 있었던 것 같아요. 나중에 생각해 보니, 유가족의 말을 그대로 전하며 목격자의 눈물을 흘리는 게 이상했던 것 같아요. 말 뒤에 있는 헤아릴 수 없는 감정을 제 그릇만큼 작게 만들거나, 당사자성을 전유하는 일을 하고 싶지 않다는 감각. 그런데 그건 그런 형식의 연극과 연기였기 때문에 가능했던 고민이었다고 생각했거든요. 배우님께서 극영화 속 인물 연기를 하면서도 그런 생각을 반영하셨다는 점이 놀라워요.**

_(우미화) 첫 번째 관객은 세월호 유가족들이라고 생각했어요. 그분들의 이야기가 담긴 작업이니까요. 상영을 앞두고 많은 생각이 들더라

고요. 그분들이 이 영화를 어떻게 볼까, 위로가 될 수 있을까, 누가 되는 건 아닐까 등등. 그런데 보신 분들께서 굉장히 좋아해 주셨고, 오히려 얼마나 힘들었냐며 저를 위로해 주셨어요. 그 후로 자주 뵐 기회도 생기고, 어느 뒤풀이 자리에서는 "어머, 언니!", "미화야!" 하기도 했어요.

그러다 보니 또 다른 생각도 들었어요. 내가 그분들을 더 가깝게 느꼈다면, 눈물이 날 때 울었어도 괜찮았겠다고요. 그분들의 슬픔과 고통을 가늠할 수 없다고 그냥 거리만 둔 게 아닐까, 배우로서 그게 약간은 대상화가 아닐까 하는 생각도 했어요. 영화 마지막에 제가 맡은 인물의 남편이 "눈물 나면 눈물 나는 대로 살아."라고 말하는 장면이 있는데, 그 대사를 듣고도 저는 눈물을 흘리지 않았었어요. 이태원 참사 유가족들께서 단체 관람을 하신 날, 어떤 분께서 영화를 통해 굉장히 위로를 받았고, 정말 울고 싶을 땐 이제 울 거라는 말을 해 주시더라고요. 그 대사가 정말 좋았다고 하시면서요.

어쩌면 제가 머리로만 이해하던 어떤 일이 조금 가슴으로 내려오는 느낌이에요. 늘 기억하고, 잊지 않겠다는 말의 의미도요. 실제 유가족 분들을 자주 만나면서 이게 정말 내 이웃의 일이고, 내 친구의 일이고, 나의 일이기도 하다는 생각을 더 가슴으로 느낀 것 같아요. 그래서 이 작업은 저에게 각별했어요.

***우미화, 이청, 성수연 울면서 웃는다.***

_(이청) 셋이 엉엉 울어. 이게 무슨 일인가요. 말씀을 들으며 저의 기억도 떠올랐어요. 2018년에 했던 〈그냥 청소하는 것도 필모그래피가 되나요?〉라는 연극이었는데, 위계 폭력과 관련된 내용을 다루는 작

품이었어요.
그때 제가 맡은 배역은 여러 일을 도맡으면서 위계 폭력에 시달리는 조연출 역할이었어요. 어느 날 연습 도중 갑자기 눈물이 너무 나는 거예요. 저도 갑자기, 두 분 말씀처럼 울지 않아야겠다는 생각이 들었어요. 그렇지만 동시에 충분히 울 수 있는 상황이고, 이 사람은 울 수도 있지 싶어서 우는 것을 선택했어요. 그런데 그 공연을 본 어떤 분이 저에게 "왜 항상 젊은 여성 캐릭터는 그렇게 캔디처럼 울어야 하냐"고 말씀하시더라고요. 당시에는 그 말을 듣고 얼어서 대답을 못했지만, 우는 행위에 대해 고민했던 순간과 그분의 질문이 오랫동안 깊이 남아 있었어요.
그 후로는 피해자 역할을 맡았을 때, '사회가 요구하는 피해자다움'을 수행하지 않는 배우의 선택을 좀 더 전면적으로 드러낼 필요도 있다는 생각이 들었고, 끝까지 울지 않음을 선택하려고 노력한 작업도 많아요. 그런데 어느 순간 돌아보니, 제가 피해생존자 역할을 계속 맡고 있더라고요. 연기를 할 때마다, 말씀하셨던 것처럼 울음을 참고, 이게 배역이 우는 건지 이청이 우는 건지 모르겠고, 내가 이렇게 괴로운데 보는 사람들에게는 괜찮으려나 싶기도 하고. 그래서 동료들에게 그런 배역을 그만 맡고 싶다고 말한 적도 있어요.

_(우미화) 어쩌면 눈물이라는 건 그 자체가 중요한 건 아니니까요. 아까 이야기한 〈말들의 무덤〉에서 제가 맡았던 할아버지의 녹취된 말들은, 제가 들을 땐 눈물이 철철 나는 말이었지만 막상 그 할아버지는 조금의 울음도 없이 말씀하셨어요. 그런데 연습 중 그 말을 재연하다가 저는 또 울고. 그런 고민의 과정을 거쳤어야만 했던 거죠. 그 이야기와 인물, 그로 인해 발생하는 제 감정을 어떤 방식으로든 통과하는 일이요. 연습이라는 게 결국 그런 거잖아요. 연습 과정 동안 내가 맡은 인물과 감정이 수없이, 수없이 많은 방식으로 나를 거쳐 지나가고,

그렇게 만들어진 최종 결과물도 공연을 거치며 또 바뀌고.

네. 계속 고민하며 변화하는 인식을 연기에 반영하려 애쓰고 있어요. 그런 일이 또 배우가 시민으로서 할 수 있는 일이라는 생각도 들어요. 연기는 결국 사람과 세계를 드러내는 일이니까. 성별이나 정체성 등으로만 납작하게 드러나던 존재들, 혹은 의도적으로 지워져 온 존재들을 인정하고 드러낼 방법을 찾아야 하는 것 같아요.
수동적인 여성으로 등장하는 캐릭터의 경우, 사회에서 강요된 수동성이나 여성성을 수행하지 않는 방식으로 연기하는 시도도 가능할 거예요. 하지만 그 선택이 오히려 실제 그런 삶을 살아 온 수많은 여성에 대한 기만 아닌가 싶어 걱정될 때도 있어요. 어떤 경우엔 '피해자다움'을 수행하지 않아야 한다고 생각하면서도, 혹시 인물이 불쌍해 보이지 않아서 사람들이 연대하지 않으면 어쩌나 걱정될 때도 있고요. 결국 작품의 전체 맥락이 중요하겠지만요.

_(우미화) 〈목화솜 피는 날〉에서 제가 맡았던 역할도 사회에서 생각하는 '유가족다운' 인물이 아니었어요. 저도 그 작품을 만나고 더 많이 알게 됐어요. 모두가 같지 않다는 것을, 그리고 우리가 생각하는 것과는 다른 방식으로 슬픔에 대처하며 삶을 살아가는 사람들이 있다는 것을. 모두가 각자의 방식으로 견디고 계시겠구나, 그 일을.

_(이청) 맞아요. 저도 지금은 제가 맡은 인물을 대표하는 정체성보다는 결국 그 사람만의 고유한 삶을 더 들여다보게 되는 것 같아요. 피해 상황을 연기할 때의 배우의 감각에 대해서도 계속 고민해요. 그 상황을 생생하게 그려서 정서로 접근하는 방식 외의 다른 연기 방식을 찾기도 하고, 역할을 입는 것만큼 잘 벗는 것도 중요하다는 것도 알게 됐고요. 연극계 미투나 세월호 참사 이전, 연극을 동경하는 학생이

었을 땐 그렇게까지 생각하지 못했던 것 같아요.

**그러고 보니 두 분 다 〈세 자매〉를 하셨더라고요. 저는 공연을 한 적은 없지만 학교 다닐 때 수업 시간에 '마샤' 역을 한 적이 있어요.**

_(우미화) 와, 진짜? 언제 하셨어요? 저는 2013년에 예술의전당 자유소극장에서 '올가' 역을 했어요.

_(이청) 저는 2016년에 '이리나' 역을 했어요.

_(우미화) 어? 세 자매네요.

_(이청) 셋이서 〈세 자매〉 해야겠어요. 정말 신기하네요. 어떻게 딱 이렇게 올가, 마샤, 이리나….

_(우미화) "어떻게든 살아가야지…"

***모두 웃음***

**신기하더라고요, 겹치는 배역도 없고. 그래서 사실 제가 〈세 자매〉의 마지막 페이지를 준비해 왔어요. 오늘 헤어지기 전에 한 대목[37]을 같이 읽어 보면 어떨까 해서요.**

자매는 서로에게 꼭 기대고 서 있다.

**"오, 음악 소리 좀 들어 봐! 그들이 우리로부터 멀어져 가. 한 사람은 완전히, 영원히 떠나갔어. 그리고 우리만 남겨져서 다시 우리의 삶을 시작해야 돼. 살아야 돼. 살아야 돼."**

_(이청) "어째서, 무엇을 위해서, 이 모든 일을, 이 모든 고통을 겪어야 되는지, 언젠가는 우리 모두 알게 될 날이 올 거야. 모든 비밀이 밝혀지는 날이 올 거야. 그동안은 그냥 살아가야 돼. 일을 해야 돼. 일을. 내일 나는 혼자 떠날 거야. 학교에서 아이들을 가르치고, 할 수만 있다면, 날 필요로 하는 모든 이들에게 내 모든 삶을 바칠 거야. 지금은 가을이고 곧 겨울이 오면 세상은 눈으로 덮이겠지. 하지만 난 일할 거야. 일을 할 거야."

_(우미화) "저리도 명랑하고 씩씩한 음악 소리를 듣고 있으니 살고 싶어져. 오, 하느님. 세월이 지나가면 우린 영영 떠나가고, 결국엔 잊히겠지. 우리의 얼굴, 목소리, 우리가 몇 명이나 있었는지 다 잊힐 거야. 하지만 우리의 시련이 우리 뒤에 살아갈 사람들에겐 기쁨으로 바뀔 거야. 이 세상에는 행복과 평화가 오고, 사람들은 지금의 우리를 따스한 말로 기억하면서 우리에게 감사할 거야.
오, 사랑하는 내 동생들아. 우리 삶은 아직 끝나지 않았어.
살아가는 거야. 음악이 저리도 명랑하고 즐겁게 울리는 걸 들으니 우리가 왜 사는지, 왜 고통을 받는지 알게 될 날도 머지않은 것 같아. 그걸 알 수만 있다면, 알 수만 있다면."

**음악이 점점 잦아든다.**

_(우미화) "그걸 알 수만 있다면, 그걸 알 수만 있다면."

## 사라진 극장, 남은 감각들

지금까지 어떤 사건들로 인한 인식의 변화를 어떻게 우리의 일에 반영해왔는지 수다를 떨어 보았는데요, 혹시 또 큰 영향을 받았다고 느끼는 일들이 있으세요? 저는 남산예술센터가 없어진 게 아쉽고, 그 영향을 받고 있다는 생각을 할 때가 있어요.
〈그녀를 말해요〉도 남산예술센터에서 공연했고, 그 후에도 몇 번 더 공연을 했어요. 당시 그 극장의 행보를 통해서 드러나는 관점들이 좋았어요. 거창하게 말하자면 연극의 사회적역할을 계속 생각할 수 있었거든요. 상업적인 가치를 추구하지 않아도, 또 다른 가치를 추구하면서도 생존할 수 있을지도 모른다는 든든함을 느끼기도 했고요. 2010~2020년대 한국 연극계에서 중요했던 맥락 하나가 갑자기 툭 빠져 버린 것도 같아요.

_(이청) 갑자기 또 눈물이. 저는 한 번도 못 서 봤거든요.

_(우미화) 저는 공연도 했었고, 낭독 공연도 몇 번 했었어요. 정말 좋은 극장인데 창작자들이 사용할 수 없는 게 아쉽네요.
정말 슬픈 현실이에요. 상업적인 가치를 추구하지 않고서는, 지원금이 없으면 수익을 낼 수 없는 구조니 공연을 올리기 어려워요. 아무리 열흘 보름 꽉 채워서 공연해도 매표 수익만으로는 대관료를 내기도 쉽지 않잖아요. 이게 10년, 20년, 30년이 지나도록 똑같다는 사실이 참 씁쓸하기도 하네요.

_(이청) 극장 이야기를 하다 보니 생각났는데, 저는 이태원 참사 이후로 극장에서의 안전을 많이 고민하고 있어요. 동료들과 비상시 대피 요령도 다시 점검해 보고 있고요. 비상 상황이 발생하면 각자 어느

문으로 대피하라고 알려 주는 것뿐만 아니라, 담당 스태프들이 그 상황에서 어떻게 행동할지 미리 알려 주며 그들을 믿고 단체로 행동할 수 있게끔 극장 안에서의 신뢰 관계를 구축할 수 있는 멘트를 만들어 보기도 했어요. 그리고 장애인 관객들을 위한 대피 요령도 제대로 만들어져야 한다고 생각해요. 공연법 자체에 구멍이 많다는 것도 발견하고 있고요.

_(우미화) 모든 삶에는 위험이 도사리고 있잖아요. 대처 방법을 잘 만드는 것만큼 또 중요한 것이 안전을 위한 시스템이 제대로 작동하고 있는지 미리미리 점검하는 일인 것 같아요. 시스템을 잘 구축해야 하는데, 그게 개개인의 능력으로 되는 일이 아니라….

긴 사이.

_(이청) 모두 하늘을 본다.

_(우미화) 다음 단락으로.

## 연극의 경계를 넘어

**미화 배우님께서는 매체에서도 연기를 많이 하고 계시잖아요. 저는 아직 몇 번 해 보지 않았기에 막연한 두려움이 있어요.**

_(우미화) 저도 아직 적응 중이고, 여전히 연극 무대가 더 편안하고 좋

고 에너지도 더 얻어요. 제가 오랫동안 연극을 하면서 쌓은 것은, 연기는 나 혼자 하는 것이 아니고, 내 재능만으로 하는 것이 아니고, 과정 속에서 동료들과 함께 만드는 일이라는 감각이에요. 저에게 연극은 사실 98퍼센트가 '과정'이에요. 그런데 매체 연기를 할 땐 결과물만 내는 저를 자꾸 발견하게 되더라고요. 과정이 없는 그 느낌이 불편했어요. 연극을 할 땐 긴 연습 과정 안에서 스스로를 믿을 수 있게 만드는 요소들이 계속 발생하고, 그로 인해 힘을 얻으며 저를 완성하는 것 같거든요. 저에게 있는 근육은 그런 근육인데, 그런 과정을 거쳐서 인물을 만났다는 확신이 없으니 자꾸 스스로를 못 믿게 되더라고요.

**확신할 수 있는 방식으로 시간이 쌓인 게 아니라서요?**

_(우미화) 맞아요. 카메라라는 관객이 제 코앞에 있는 것도 낯설었어요. 저에게 가장 큰 차이는 연습을 사람들과 함께하지 않는다는 점인 것 같아요. 이제는 그런 차이들을 받아들이고 있어요. 그리고 다르다는 것을 알게 되었으니 계속 힘들어하면 안 된다고 생각하고요. 뭘 준비해야 하는지 알아야 하죠.

**함께하던 과정을 혼자 거칠 때 어떤 방법을 사용하세요? 그건 완전히 다른 근육일 것 같아요.**

_(우미화) 사실 연극 연습하듯 계속 들여다보고 자주 생각하고 반복해서 연습하는 것 말고는 뾰족한 수가 없어요. 어렵긴 해요. 제가 스스로 연극배우의 정체성을 빌미로 무대 밖 촬영 현장에 제대로 발 디디지 못한다는 핑계를 만들고 있다는 생각을 한 적도 있어요. 그러다 어느 순간, 이미 이렇게 다양한 현장에서 연기하고 있는데 더 이상 현장에서 낯설다는 핑계를 대지 말자고 생각했어요. 이 현장이 나의 공

간이라고 느끼려 끊임없이 노력 중이에요. 그렇지 않으면 제가 자꾸 그곳에 잠깐 가는 손님 같은 거예요. 나는 주인이 되어야 한다고, 그런 생각을 많이많이 해요. 그렇게 느끼기 위해 자꾸 들여다보고 반복하는 거죠. 방법이 없어요, 방법이 없어. 늘 사람들 앞에 서는 건 낯설고 부끄럽고 힘든 일이죠.

**무대에서 관객들을 바라보는 것도 두려우시다고 했는데….**

_(우미화) 제가 또 시력이 좋거든요.

**저도 시력이 좋아서 관객들의 얼굴이 정말 잘 보여요.**

_(우미화) 왠지 수연 배우님은 다 보면서 할 것 같아요. "너 거기에 있구나" 이렇게(웃음).

**늘 그렇게 하고 싶은데, 그런 척을 할 때도 있는 것 같아요. 떨고 있을 때도 들키지 않는 근육이 발달된 것 같아요.**

_(우미화) 그러니까요. 그게 우리의 싸움이지요. 나는 벌벌 떨고 있는데 사람들은 다 몰랐다고 하고. 정말 아직까지도 힘들거든요. 이 일을 20, 30년을 해도 안 바뀌는 것 같아.

_(이청) 그러고 보니 저 20대 초반에 한창 매체 오디션 정말 많이 봤었거든요. 그때 제일 많이 들었던 말이 못생겼다는 말이었어요. 그들이 원하는 어떤 모습에 내가 도달해야 한다는 생각을 하면서 정말 크게 스트레스를 받고 힘들어했던 시기가 있었어요. 그러다 연극을 하러 가면 정말 행복한 거예요. 외모에 대한 고민보다는 작품 고민을

할 수 있었으니까요.

_(우미화) 제가 2017년쯤에 처음 매체 연기를 시작했는데, 이미 주변에서 선후배들이 매체를 오가고 있었어요. 여기저기서 "미화야, 너도 곧 기회가 올 거야."라는 말을 듣곤 했죠. 그게 화가 났어요. 내가 연극을 오랫동안 해 온 건 매체라는 목표가 있었기 때문이 아닌데, '너도'라는 표현은 모든 연극인을 마치 그것만을 꿈꾸고 있는 사람으로 만드는 것 같았어요. 그 시선이 불편했던 거죠. 매체에 가기 위해 연극을 해 온 게 아니잖아요. 물론 기회가 닿아서 하면 무대와는 또 다른 곳이고 다양한 연기의 기회가 주어지니 좋지요.

**네. 연극은 연극이고, 매체는 또 다른 일로서 좋지만, 무대를 발판 삼아 어디론가 가려고 기웃거리는 사람들로 여겨지는 건 슬퍼요. 연극이 정말 좋아서 정말 열심히 하는 거니까. 두 분은 연극을 왜 시작하셨어요?**

_(이청) 저는 결국 관객을 만나는 일이 좋아서 연극을 시작했어요. 접근성 작업을 하는 것도 결국 더 많은 관객에게 저와 동료들의 공연이 닿길 바라기 때문이고요. 매체 연기를 하게 된다면 결국 또 다른 관객이 생긴다는 맥락에서는 좋은데, 연극을 관문으로만 여기는 사람들도 있긴 하겠지요.

_(우미화) 그렇게 생각하는 사람들도 있겠죠. 그래도 우리는 정말 이 일이 좋아서 시작한 사람들이잖아요. 저는 하루하루를 정말 행복하고 즐겁게 사는 게 중요하다고 생각해요. 지금 이런 만남도 내가 예상치 못했던 만남이고, 그래서 또 정말 재밌고 행복하고, 이런 시간들이 쌓여서 또 내가 되어 가고.

**청 배우님은 아예 접근성 작업을 하는 회사를 꾸리신 것 같더라고요. '대표 이청'. 어떤 결정이나 선언처럼 느껴지기도 해서 멋있었어요.**

_(이청) 저는 창작하는 사람이고 접근성 매니저 일도 제 예술의 연장선 안에 있는 일인데, 어디에도 발 디디지 못하고 있는 사람이 아닐까 고민을 할 때도 있었어요. 연기 언제 할 거냐는 말도 진짜 많이 들었거든요. 하고 있는데…(웃음). 자랑스럽게 '겸업하고 있다'고 얘기해야겠다는 생각을 했어요. 저의 정체성을 스스로에게 정립할 필요도 있었고요.

회사를 차린 것도 일종의 새로운 '생존 방식'이에요. 저만의 고유한 전문성을 찾아 나가야만 살아남을 수 있다고 느끼기도 하고, 소속의 필요성을 느끼기도 했어요. 최근에 교육 일을 많이 하는데, 어딜 가나 제 소속을 물어보시더라고요. 공무원 사회에서 프리랜서라고 하면 잘 받아들여지지 않는 부분이 늘 있었어요. 물론 회사명보다 더 우선으로 '배우'라고 말하고요. 회사를 차리는 것은 제 인생에서 중요한 결정이었지만 대외적으로 크게 달라진 것은 없어요. 뜻이 맞는 동료들과 같이 이 작업을 할 수 있는 플랫폼을 하나 만들어 놓은 것이라고 생각해요.

**멋있어요. 우리는 연극배우이지만, 각자의 방식으로 또 그 일을 확장하고 있다는 생각이 들어요. 우리가 또 어떻게 우리의 일을 하며 살아가고 있을지, 같이 미래를 그려 보고 싶어져요.**

_(이청) 저는 셋이 공연하고 싶어요.

_(우미화) 저는 사실 미래를 계획하는 사람이 아니에요. 하루하루 눈앞에 있는 일들과 관계를 맺으며 살고 있어요. 저는 이 자체가 미래인

것 같아요.

그러고 보니 '미래'를 말하면서 이렇게 허공을 봤어요. 이상하네요. 그만큼 막연하거나, 여기에 없는 것을 미래라고 생각했었나 봐요.

_(우미화) 오늘도 어제의 미래였으니까.

_(이청) 그러네요. 저는 이렇게 두 분과 이야기하는 자리가 있을 줄 상상도 못 했었어요.

저도요. 하루하루 내가 쌓은 것들이 우리의 시간이 되는 것이라고 하신 말씀이 또 다르게 지금 확 와닿아요. 지금 정말 좋아요. 막연한 미래를 질문했는데, 오히려 '지금'을 확 느끼게 해 주셔서 감사합니다.

**연기를 하는 한, 관객의 존재는 늘 두려울까?**

우리와 관객들은 지금 어느 시간에,
갑자기 어디에 서 있는 걸까?

**곧 관객을 만날 텐데, 이번엔 어떤 느낌이야?**

우리가 몸담은 연극계는 계속 변화하잖아.
그런 일들에 적응하며 계속 새로운 질문을 찾는 게
힘들 때도 있어?

**나는 앞으로 힘들 때 오늘을 떠올릴 수도 있을 것 같아.
그래도 괜찮을까?**

너는 힘들 때마다 떠올리는 사람이 있어?

보고 싶은데 지금은 볼 수 없는 사람과의
연결감을 느끼고 싶을 때 하는 행동이 있어?

**혹시 가끔 세상과 나의 연결이
끊어져 있다고 느낄 때는 없어?**

햇빛이 쨍 내리쬐는 어느 순간, 그냥 하늘을 보고 그냥,
그냥 좋았다고 생각할 때 있어?

+³

# Epilogue

안톤 체홉의 〈세 자매〉는 1901년에 초연된 작품으로, 구시대의 질서가 붕괴되는 순간을 살아가는 개인들의 희망과 절망, 의지와 무력감을 그려 냈습니다. 이 작품을 자매들과 소리 내어 읽었을 때, 제 마음 안에서 오래 살아 움직일 무언가가 싹텄습니다.

2025년 1월, 자매들과 다시 만났을 때, 우리는 또 다른 격변의 한복판에서 있었습니다. 우리는 여전히 급격히 변하는 시대에 살고 있었습니다. 몇 달 사이 조금 달라진 질문을 품고 만난 우리는, 서로의 얼굴을 바라보며 지금의 우리에게 맞닿은 질문을 나누었습니다.

**잠깐의 연결감에서 받는 위로를 오랫동안 기억할 방법은 뭘까?**

_(이청) 불어오는 바람을 가만히 느껴 본 적이 있어?

_(우미화) 지금, 지금 이 순간이 너무 힘들 때 넌 어떤 선택을 해?

그때 마샤가 말했습니다. "2025년의 우리로서 〈세 자매〉의 마지막 장면을 다시 해 보자." 우리는 배우로서, 동료로서, 또 하나의 세 자매로서 조용히 목소리를 모았습니다. 그것은 새로운 〈세 자매〉의 등장인물이 되는 일이자, 우리 자신과 서로, 그리고 우리와 연결된 수많은 이들에게 온 힘을 다해 보내는 단단한 응원이기도 했습니다.

(성수연)

**자매는 서로를 바라보며 둘러앉아 있다.**
**세계가 흔들리는 소리를 들어 봐. 알던 시대가 무너지는 것을**
**느끼면서도 다시 삶을 시작하려 했던 자매들 덕분에 우리가 지금**
**여기에 있는 거겠지. 내가 잘 모르는 시대가 오고 있다고 해도,**
**내가 믿었던 세계가 다 무너졌다고 해도, 그들이 그랬듯**
**우리도 다시 우리의 삶을 시작해야 돼. 살아야 돼. 살아야 돼.**
**우리는 살아서, 서로를 살려야 돼.**

(이청)

어떤 신념들은 결코 틀리지 않았다는 것을 우리 모두 알게 될 날이
올 거야. 언젠가는 그런 날이 올 거야. 그러니까 그 누구도 지금
좌절하지 않았으면 좋겠어. 서로의 눈만 바라봐도 어떤 생각을
하고 있는지 알 수 있는 만남이 있는 곳으로, 나를 다시 일어날 수
있게 하는 곳으로 나는 나갈 거야. 우리는 오늘 밤을, 내일을,
다음 달을, 내년을 기대할 수 있어야 해. 같이 기대할 수 있다면 좋겠어.
내일이 없는 것 같을 때도 있겠지. 지금이 너무 희미하니까
영원히 희미할 것 같다고 느낄 수도 있겠지. 그렇지만 내일은
분명히 밝아 올 거야. 우린 일을 해야 돼. 우린 기대해야 돼.

(우미화)

평온한 일상이 주는 행복이 얼마나 소중한지 우리는 알고 있어.
우리가 그런 때로 돌아갈 수 있을지 지금은 모르겠지만, 지금 여기서

우리가 무엇을 어떻게 해야 될지 계속 생각해야 해. 이 세계의 많은 사람이 좋은 세상을 바라며, 각자의 자리에서 각자가 할 수 있는 행동을 하고 있을 거야. 누군가의 행동은 크게 보일 수도, 누군가의 행동은 작게 보일 수도 있겠지. 때로는 보이지 않을지도 몰라. 그러나 분명히 노력하고 있다는 것을, 서로 알고 있는 우리가 있지. 우리는 서로를 지지해야 돼. 우리는 서로를 응원해야 해. 서로를 지켜야 해. 각자의 소소한 일상을 잃지 않도록 지켜 줘야 해. 동생들아. 우리 삶은 아직 끝나지 않았어. 지금 여기에 있는 세 자매는 〈세 자매〉 속 세 자매가 아니지. 우리는 우리만 남았다고 생각하지 않아. 우리는 다른 세 자매야. 그리고 우리는 다른 것들과 연결되어 있지. 그러니까 우리가 만날 세계는 또 다를 거야. 그럴 수만 있다면.

(성수연)

**음악이 점점 커진다.**

(우미화)

아니, 그렇게 될 거야. 그럴 거야. 그럴 거야.

(이청)

그럴 거야. 그럴 거야.

# 주

1 안톤 파블로비치 체호프의 「바냐 아저씨」 이야기와 주요 인물을 현재로 옮겨 와 재창작한 연극. 극중 장샘이 배우가 맡은 배역은 원작의 소냐 캐릭터에서 모티브를 따 왔다.

2 이오진 작·연출. 교회 청년부에서 벌어지는 이야기를 다루고 있다. 교회 내 만연한 여성 차별과 성소수자 혐오 문제 등을 다루며 현실에 대한 비판적인 시각을 제시한다.

3 '정치적 올바름'이라는 의미의 영어 단어 'political correctness'의 머리글자 'PC'에 접두어 'un-'을 붙인 말.

4 남지수, 『뉴다큐멘터리 연극』, 연극과인간, 2017, 264쪽.

5 이때 한윤미가 본 공연은 릴리언 헬먼(Lillian Hellman)이 1934년에 발표한 희곡 「아이들의 시간(The Children's Hour)」을 바탕으로 한 것이었다. 학교를 운영하는 카렌과 마사를 두고 한 학생이 둘은 동성애자라고 거짓말로 소문을 내며 극이 진행된다.

6 안톤 체호프의 단편들을 닐 사이먼이 각색한 옴니버스 연극.

7 '포스트드라마 연극'은 독일의 평론가 한스티스 레만(Hans-Thies Lehmann)이 정립한 개념이다. 한마디로 정의하기 어려운 개념이지만 전통적인 '드라마 연극' 이외의 확장된 연극의 경향을 통칭하는 말로 주로 사용된다. 자세한 내용을 알고 싶다면 『포스트드라마 연극의 미학』(김형기 외, 푸른사상, 2011), 『포스트드라마 연극』(한스티스 레만, 김기란 옮김, 현대미학사, 2013) 등을 참고하라.

8 http://soyoonkim.com

9 디지털 앨범 《이반지하》 수록곡 〈(삐-)는 이반이다〉

10 디지털 앨범 《이반지하》 수록곡 〈우리가족 LGBT〉

11 〈READ MY LIPS - 아이방지호 에라이 퀴어〉(2017)

12 『K-Arts』 47, 〈불온하고 탱탱하신 우리 아버지 — 이반지하〉

13 www.youtube.com/@IBANJIHA, 2025년 11월 현재 8,270여 명.

14 공연의 모든 장면을 이어 붙여, 처음부터 끝까지 끊지 않고 진행하는 연습을 의미한다. 음향, 조명, 무대, 의상, 분장 등 공연에 필요한 모든 요소를 갖춰서 진행하는 드레스 리허설의 전 단계이다.

15 이은용, 『우리는 농담이(아니)야』, 제철소, 2023, 88쪽.

16 이은용, 『우리는 농담이(아니)야』, 제철소, 2023, 85쪽.

17 이은용, 『우리는 농담이(아니)야』, 제철소, 2023, 90쪽.

18 〈드랙×남장신사〉 웹 전단 발췌.

19 케이트 본스타인, 『젠더 무법자』, 바다출판사, 1996, 257쪽.

20 남산예술센터 디지털 아카이브 참조.

21 짐 배것, 『퀀텀스토리』, 박병철 옮김, 반비, 2014.

22 soundscape. 소리(sound)와 풍경(landscape)의 합성어. 환경 속 모든 소리를 하나의 풍경처럼 바라보는 개념. 어떤 공간을 경험하게 하고 그 공간의 정체성을 드러내는 청각적 환경을 의미한다.

23 에드윈 A. 애벗, 『플랫랜드』, 윤태일 옮김, 늘봄, 2009, 12쪽.

24 자크 랑시에르, 『해방된 관객』, 양창렬 옮김, 현실문화, 2016, 29쪽.

25 이융희, 『웹소설을 가르치고 있습니다』, 요다, 2023, 143쪽.

26 김옥란, 「2020년대 한국연극과 포스트휴먼 서사의 새로운 가능성」, 『한국연극학』 제86호.

27 권은혜, 「러브프랜」, 『한국연극』 2024년 11월호.

28 「한국직업사전」, 한국고용정보원.

29 CUE. 공연 중 배우, 기술 요소 등 다양한 요소 중 어느 것이 변화되는 지점을 말한다. 배우 등장·퇴장, 암전, 무대 전환, 사운드 진행 등. 공연 중간 무대감독이 아닌 오퍼레이터끼리 큐 진행을 하는 경우를 오토큐로 간다고 말한다.

30 이래은 연출은 2022년 연극 〈서울 도심의 개천에서도 작은발톱수달이 이따금 목격되곤 합니다〉로 제59회 동아연극상 작품상과 연출상을 수상했다.

31 〈제비심장〉(2025) 프로그램북 발췌.

32 다음은 김재훈이 직접 쓴 곡 소개다. "곡의 템포는 아주 느리지만 규칙적인 4분의 4박자로 진행된다. 아주 천천히 걷는 사람의 걸음걸이 속도와 비슷하다. 곡의 조성은 단조이지만 의지가 담긴 듯한 반복적인 음정 연주로 인해 슬픔보다는 결연함이 느껴진다. 초반부에 연주되기 시작하는 하나 또는 두 개의 음정은 조금씩 떨어지기 시작하는 눈송이를 묘사하는 것 같다. 어느샌가 숨겨져 있던 선율이 드러나고 장식적인 음정들이 추가되면서 세상이 하얗게 바뀌는 것을 바라보고 있는 사람의 감정을 묘사한다. 그 감정과 별개로 멈출 기미 없는 폭설처럼 계속해서 규칙적으로 연주되어 온 음정들은 어느새 매우 두터운 화음으로 거대해져 있다. 피아노의 최저음부가 큰 음량으로 연주되며 결연한 감정이 고조된다. 이어 사람이 폭설 속으로 사라지는 것처럼 감정적인 선율은 마무리되고 다시 규칙적인 화음이 반복되며 곡은 종료된다."

33 원작 기군상, 각색·연출 고선웅. 「Josh Go Away」의 모티프가 되었다.

34 양대은과 성수연의 첫 번째 대화는 두 번에 걸쳐 진행되었다.

35 정지우, 『AI, 글쓰기, 저작권』, 마름모 문고, 2025, 28쪽.

36 윌리엄 셰익스피어, 『햄릿: 셰익스피어 비극』, 박우수 옮김, 열린책들, 2010, 105쪽.

37 안톤 파블로비치 체호프, 『체호프 희곡선』, 박현섭 옮김, 을유문화사, 2012, 324~325쪽.

## 색인

### 박용우

**언제든지 바꿀 수 있다면**

〈외로운 사람, 힘든 사람, 슬픈 사람〉
두산아트센터 Space111
2018.10.5.~2018.10.27.
변화된 사회적 인식을 고민하며 재연과 초연 언급, 안톤 체호프 「바냐 아저씨」 원안

〈엔젤스 인 아메리카-파트 원: 밀레니엄이 다가온다〉
명동예술극장
2021.11.26.~2021.12.26.

〈엔젤스 인 아메리카-파트 투: 페레스트로이카〉
명동예술극장
2022.2.28.~2022.3.27.
전형성을 연기할 때 배우의 태도와 역할

〈알려지지 않은 예술가의 눈물과 자이툰 파스타〉
국립극단 백성희장민호극장
2021.4.16.~2021.5.10.
미투 이후의 고민과 연관성, 박상영의 동명의 소설 원작

〈채식주의자〉
국립극단 백성희장민호극장
2022.9.2.~2022.9.25. (공연 취소)
코로나19 확산으로 취소된 연극, 한강의 동명의 소설 원작

〈SWEAT 스웨트: 땀, 힘겨운 노동〉
국립극단 온라인 극장
2020.12.18.~ 2020.12.19.
코로나19 확산으로 취소된 연극 언급.
2020년 취소되어 영상으로 공개되었으며, 후에 재공연(명동예술극장, 2021)이 진행되었다.

〈햄릿〉
국립극단 온라인 극장
2021.2.25.~2021.2.27.
코로나19 확산으로 온라인 상영된 연극

〈로테르담〉
나온씨어터
2019.12.19.~2019.12.29.
성수연의 '역할이 배우의 삶에 영향을 주는 상황' 언급

### 경지은

**자원을 모으고 선택지를 늘려 가는 일**

〈이번 생에 페미니스트는 글렀어〉
제1회 페미니즘 연극제
미아리고개예술극장
2018.6.20.~2018.6.24.
성수연과 경지은의 첫 만남

〈레드 스피도〉
북촌창우극장
2021.8.21.~2021.8.22.
젠더 프리 캐스팅으로 공연하며 다루는 질문들 언급, 후에 〈새빨간 스피도〉(대학로예술극장 소극장, 2023)로 본공연 상연

〈즐거운 너의 집〉
삼일로창고극장
2021.7.28.~2021.8.1.
다층적으로 읽어 낼 수 있는 지향점의 표현 언급. 후에 본공연(미아리고개예술극장, 2022)이 진행되었다.

## 신윤지

### 주장하지 않아도 이해받을 때까지

〈청년부에 미친 혜인이〉
시온아트홀
2021.9.17.~2021.9.30.
변화하는 인물과 배우 언급

〈미국연극/서울합창〉
2020 '봄작가, 겨울무대' 프로그램, 대학로예술극장 소극장
2020.11.20.~2020.11.22.
이해할 수 없는 인물 연기의 경험

〈홍평국전〉
This is Not a Church(구 명성교회)
2021.6.16.~2021.6.20.
작업 경험 언급

〈제4의 벽〉
소극장 판
2020.10.23.~2020.10.25.
작업 경험 언급

〈보도지침〉
마포아트센터 플레이맥
2024.8.17.~2024.9.8.
젠더 프리 캐스팅으로 연극을 하며 느낀 최근의 소회

## 한윤미

### 누가, 언제, 어디서

〈고기, 돼지〉
2017서울문화재단 거리예술넥스트
2017.10.28.~2017.10.29.
생각과 문제의식을 직접적으로 드러내는 작업

〈Action! 입을 대다〉
제1회 페미니즘 연극제, 마로니에공원 야외공연장
2018.7.21.~2018.7.22.
하고 싶은 이야기로서의 작업, 퍼포먼스로 인해 실제로 일어나는 일들을 보고 느끼도록 하는 작업

〈A.SF_비거니즘의 세계〉
마포구 당인동 일대
2022.4.30.~2022.5.2.
미래의 세상을 꿈꾸는 감각을 잃지 않도록 고민하는 창작 작업

〈두 개의 길〉
수원연극축제, 탑동시민농장
2022.5.21.~2022.5.22.
동물실험과 기후변화를 다룬 작업

〈도래하는 장면들II. 유령들의 대화〉
선유도공원
2023.11.3.~2023.11.4.
축제와 동물 키워드 작업

〈이름 있는 개, 무량〉
2024 개 식용 종식 문화제, 청계광장
2024.7.13.
동물자유연대 문화제 낭독

## 김홍남
### 절대로 잊어버리면 안 되는 것

〈B BE BEE〉
우란2경
2023.8.9.~2023.8.19.
성수연이 든 음성해설 대사의 예시

〈7번 국도〉
남산예술센터 드라마센터
2019.4.17.~2019.4.28.
성수연이 남산예술센터의 장애인 극장 접근성 증진을 위한 첫 번째 시도를 언급

〈틴에이지 딕〉
국립극장 달오름극장,
2022.11.17.~2022.11.20.
음성해설, 자막, 수어통역을 포함한 공연 작업

〈이야기에 대한 이야기〉
미아리고개예술극장
2022.9.23.~2022.9.25.
음성해설, 자막, 수어통역을 포함한 공연 작업

〈유정, 봄을 그리다〉
하남문화예술회관 검단홀
2022.6.25.
배리어 프리의 방향성

〈로드킬 인 더 씨어터〉
명동예술극장
2021.10.22.~2021.11.14.
배우가 사전적 의미와 다른 뉘앙스를 발화하는 예시

〈우리는 농담이(아니)야〉
미아리고개예술극장
2020.7.23.~2020.8.2.
배우가 사전적 의미와 다른 뉘앙스를 발화하는 예시, 성수연의 대사 인용

〈앨리스 인 베드〉
명동예술극장
2022.8.24.~2022.9.18.
배우가 사전적 의미와 다른 뉘앙스를 발화하는 예시

〈우산도둑〉
복사골문화센터 판타지아극장
2019.7.17.~2019.7.26.
창작한 수어 단어가 들어간 사례

## 라소영
### 비록 잘 모르더라도

〈드랙×남장신사〉
세종문화회관 S씨어터
2021.4.4.
당사자이자 비전문 배우들과 함께 무대를 만들고 나누는 경험 언급

〈DRAG×여성국극〉
국립정동극장 정동마루
2019.12.7.~2019.12.8.
출연 경험(월매 역)

〈퍽킹 젠더〉
대학로예술극장 소극장
2020.12.17.
옴니버스 구성: 〈라 하사의 임무〉(신효진 작), 해당 피스의 장난감 군인으로서의 대사와 신체 연기

〈웃기는 어둠〉
드림시어터
2020.10.8.~2020.10.18.
〈퍽킹 젠더〉의 모티브가 된 〈웃기는 어둠〉의 남성 군인 캐릭터 언급

〈웰킨〉
두산아트센터 Space111
2022.6.7.~2022.6.25.
중심 서사와 떨어진 인물의 흐름을 만들어 가는 과정

〈이방연애〉
제1회 페미니즘 연극제, 달빛극장
2018.7.19.~2018.7.29.
연기를 시작하게 된 계기가 언급된 작품

〈A·I·R 새가 먹던 사과를 먹는 사람〉
대학로예술극장 소극장
2022.8.27.~2022.9.8.
확신을 갖고 말하기 어려운 주제를 공연한다는 것에 대한 언급

〈사월의 사원〉
대학로예술극장 대극장,
2022.11.30.~2022.12.11.
'아들' 역할로 캐스팅된 공연

## 이지민

### 이야기를 결말짓는다는 것

〈어딘가, 반짝〉
아르코예술극장 소극장
2022.7.23.~2022.7.24.
첫 연출작이자 어린이 관객들을 만나는 경험 언급

〈기억들의 무덤〉
예술청 프로젝트룸
2022.11.24.~2022.11.26.
다른 감각으로 보는 연극 언급

## 김국희

### 더 자연스럽고 더 건강하게

〈빨래〉
동양예술극장
2015.6.16.~2016.2.22.
성수연이 김국희를 처음 본 무대, 2005년 초연 이래 꾸준히 상연 중인 창작 뮤지컬

〈레드북〉
세종M씨어터
2018.2.6.~2018.3.30.
연극계 미투 이전의 여성 서사 작업 언급, 미투 당시 공연 현장에서 관객들의 에너지 체감

〈더 헬멧〉
세종문화회관 S씨어터
2019.1.8.~2019.2.27.
인물 성별이 지정되지 않은 대본 작업의 쾌감

〈체홉 「갈매기」의 젠더프리적 각색을 위한 리서치〉
CJ아지트 대학로
2022.2.26.
성수연의 젠더 프리 창작 과정 발표 공연 작품

〈지하철 1호선〉
학전그린 소극장
2008.4.28.~2008.11.2.
김국희의 오디션 및 공연 경험과 작업의
전환점, 1994년 초연

## 날씨

**의미 있는 행위가 적어도 한 번은**

〈멸종동물생활협동조합〉
탈영역우정국
2023.11.4.~11.12.
세계관과 작업 준비 경험

## 손상규

**이 일은 재미없을 가능성이 없는 일이니까**

〈다스 오케스터〉
제9회 현대일본희곡 낭독 공연
남산예술센터 드라마센터
2020.2.21.
낭독 공연에서 지휘자 역할을 연기한 경험

〈오셀로〉
예술의전당 CJ 토월극장
2023.5.12.~2023.6.4.
인물의 여러 가지 해석 방향과 가능성

〈살아 있는 자를 수선하기〉
우란2경
2019.12.13.~2019.12.21.
관객에게 '믿을 수 있는 정확한 일'을
전달하는 접근

〈전락〉
더줌아트센터
2022.4.26.~2022.5.1.
1인극을 선택한 이유와 그 콘셉트, 알베르
카뮈의 동명의 소설 원작

〈타인의 삶〉
LG아트센터 서울 U+스테이지
2024.11.27.~2025.1.19.
손상규의 '액팅 터그'적 연출가로서의
경험, 플로리안 헨켈 폰 도너스마르크의
동명의 영화를 연극 버전으로 각색했다.

## 배서현

**연극을 좋아하는 사람들이 다 연극인이 되어 버리면**

〈어디서 본 건 있어가지고〉
신촌극장
2021.2.4.~2021.2.6.
'관객' 배서현이 창작하고 출연한 연극

〈민들레 바람되어〉
수현재씨어터
2016.7.1.~2016.9.4.
직업 관객으로서의 첫 관람 경험이 된 공연

〈웰킨〉
두산아트센터 Space111
2022.6.7.~2022.6.25.
2022년 한 해 본 공연 목록 일부

〈오아시스〉
세종문화회관 S씨어터
2022.6.3.~2022.6.12.
2022년 한 해 본 공연 목록 일부

〈트랙터〉
국립극단 소극장 판
2022.5.19.~2022.6.12.
2022년 한 해 본 공연 목록 일부

〈베로나의 두 신사〉
대학로예술극장 대극장
2022.5.20.~2022.5.28.
2022년 한 해 본 공연 목록 일부

〈그 순간, 시간이 멈춘다〉
산울림소극장
2022.5.19.~2022.5.29.
2022년 한 해 본 공연 목록 일부

〈인간이든 신이든〉
선돌극장
2022.5.19.~2022.5.29.
2022년 한 해 본 공연 목록 일부

〈당선자 없음〉
두산아트센터 Space111
2022.5.10.~2022.5.28.
2022년 한 해 본 공연 목록 일부

〈부서진 마을로 가는 빈 상자들〉
신촌극장
2022.5.19.~2022.5.21.
2022년 한 해 본 공연 목록 일부

〈구두점의 나라에서〉
예술의전당 자유소극장
2022.5.14.~2022.5.22.
2022년 한 해 본 공연 목록 일부

〈영자씨의 시발택시〉
신촌문화발전소
2022.4.22.~2022.4.30.
2022년 한 해 본 공연 목록 일부

〈A.SF_비거니즘의 세계〉
마포구 당인동 일대
2022.4.30.~2022.5.2.
2022년 한 해 본 공연 목록 일부

〈순교〉
홍익대 대학로 아트센터 소극장
2022.4.19.~2022.4.30.
2022년 한 해 본 공연 목록 일부

〈소극장판-타지〉
국립극단 소극장 판
2022.4.20.~2022.5.1.
2022년 한 해 본 공연 목록 일부

〈서울 도심의 개천에서도 작은발톱수달이
이따금 목격되곤 합니다〉
국립극단 백성희장민호극장
2022.4.20.~2022.5.1.
2022년 한 해 본 공연 목록 일부

〈네이처 오브 포겟팅〉
우란2경
2022.4.14.~2022.4.30.
2022년 한 해 본 공연 목록 일부

〈미드-필ㄷ-ㅓ〉
신촌극장
2022.4.21.~2022.4.23.
2022년 한 해 본 공연 목록 일부

〈죽음의 집〉
두산아트센터 Space111
2022.4.9.~2022.4.24.
2022년 한 해 본 공연 목록 일부

〈고인돌 위에 서서〉
연극실험실 혜화동 1번지
2022.4.12.~2022.4.13.

2022년 한 해 본 공연 목록 일부

〈기억여행〉
보노마루 소극장
2022.4.1.~2022.4.2.
2022년 한 해 본 공연 목록 일부

〈아틸라〉
예술의전당 오페라극장
2022.4.7.~2022.4.10.
2022년 한 해 본 공연 목록 일부

〈몸쓰다〉
예술의전당 CJ 토월극장
2022.4.1.~2022.4.3.
2022년 한 해 본 공연 목록 일부

〈프리다〉
세종문화회관 S씨어터
2022.3.1.~2022.5.29.
2022년 한 해 본 공연 목록 일부

〈리어〉
국립극단 달오름극장
2022.3.17.~2022.3.27.
2022년 한 해 본 공연 목록 일부

〈눈을 뜻하는 수백 가지 단어들〉
드림아트센터 4관
2022.3.15.~2022.5.1.
2022년 한 해 본 공연 목록 일부

〈GV 빌런 고태경〉
두산아트센터 Space111
2022.3.3.~2022.3.5.
2022년 한 해 본 공연 목록 일부

〈콜타임〉
대학로예술극장 소극장
2022.2.18.~2022.2.27.
2022년 한 해 본 공연 목록 일부

〈엉클 바냐〉
NTOK 라이브, 국립극장 달오름극장
2022.2.24.~2022.2.27.
2022년 한 해 본 공연 목록 일부

〈체홉 「갈매기」의 젠더프리적 각색을 위한 리서치〉
CJ아지트 대학로
2022.2.26.
2022년 한 해 본 공연 목록 일부

〈트랜스!〉
신촌극장
2022.2.10.~2022.2.19.
2022년 한 해 본 공연 목록 일부

〈빌리 엘리어트〉
대성 디큐브아트센터
2021.8.31.~2022.2.13.
2022년 한 해 본 공연 목록 일부

〈머핀과 치와와〉
서강대학교 메리홀 소극장
2022.1.21.~2022.1.30.
2022년 한 해 본 공연 목록 일부

〈조각난 뼈를 가진 여자와 어느 물리치료사〉
홍익대 대학로 아트센터 소극장
2022.1.27.~2022.1.30.
2022년 한 해 본 공연 목록 일부

〈가족이란 이름의 부족〉
국립정동극장
2022.1.18.~2022.2.27.
2022년 한 해 본 공연 목록 일부

〈마우스피스〉
예스24아트원 2관
2021.11.12.~2022.1.30.
2022년 한 해 본 공연 목록 일부

〈스핏파이어 그릴〉
서경대학교 공연예술센터 1관
2021.12.8.~2022.2.27.
2022년 한 해 본 공연 목록 일부

〈너에게〉
제2회 페미니즘 연극제
홍익대 대학로 아트센터 소극장
2019.7.4.~2019.7.7.
배서현이 꼽은 '재공연을 보고 싶은 연극'

〈도시이동연구 혹은 연극 '당신의 소파를 옮겨드립니다'〉
서울시 광화문 일대
2010.4.7.~2010.4.10.
「당근밭 걷기」를 읽고 떠오른 성수연의 기억

## 권은혜

### 갑작스럽게 변하는 일은 드물겠지만, 조금씩 조금씩

〈액트리스 원: 국민로봇배우 1호〉
신촌극장
2019.4.5.~2019.4.13.
성수연의 '연기하는 로봇 액트리스 원' 배역 연기 경험

〈액트리스 투: 악역전문로봇〉
삼일로창고극장
2020.6.27.~2020.7.5.
성수연의 '연기하는 로봇 액트리스 투' 배역 연기 경험

〈너의 왼손이 나의 왼손과 그의 왼손을 잡을 때〉
두산아트센터 Space111
2023.6.27.~2023.7.15.
권은혜의 '객실 승무원 로봇 벨보이' 배역 연기 경험

〈B BE BEE〉
우란2경
2023.8.9.~2023.8.19.
성수연이 비인간 존재를 연기하며 확장한 생각과 질문들

〈몬순〉
국립극단 백성희장민호극장
2023.4.13.~2023.5.7.
인간 역할과 비인간 역할을 연기할 때의 각기 다른 고민들

〈오르막길의 평화맨션〉
아르코예술극장 소극장
2023.9.8.~2023.9.17.
사실적인 작품을 연기할 때의 일상적 층위에서의 디테일 고민

〈엔젤스 인 아메리카-파트 원: 밀레니엄이 다가온다〉
명동예술극장
2021.11.26.~2021.12.26.

〈엔젤스 인 아메리카-파트 투: 페레스트로이카〉
명동예술극장
2022.2.28.~2022.3.27.
비인간 배역을 설정하고 연기할 때의 다른 층위에서의 디테일

## 박진아

**과하게 챙긴다고 해서 문제가 되는 일은 아니라고**

〈사이코패스-푸른수염 이야기-〉
남산예술센터 드라마센터
2012.9.22.~2012.10.7.
첫 무대감독 작업

## 이래은

**타인의 시간을 기꺼이 기다리는 일이**

〈이것은 사랑 이야기가 아니다〉
국립정동극장
2024.3.19.~2024.3.31.
더블 캐스팅으로 두 팀이 나뉜 연출 경험

〈김이박이 고등학교에 입학할 때 김이박이 고등학교에 입학한다〉
선돌극장
2021.9.2.~2022.9.19.
이래은의 공연을 보면서 두근거리는 순간을 경험하는 성수연

〈서울 도심의 개천에서도 작은발톱수달이 이따금 목격되곤 합니다〉
국립극단 백성희장민호극장
2022.4.20.~2022.5.1.
이래은의 공연을 보면서 두근거리는 순간을 경험하는 성수연

〈우리는 적당히 가까워〉
신촌문화발전소
2022.9.23.~2022.10.1.
관객들과 함께 역할을 나누어 낭독 공연한 경험, 2017년 서울시립십대여성건강센터 나는봄에서 초연

## 유은숙

**내가 잘 모르는 것까지 말하게 될까 봐**

〈복도 굴뚝 유골함〉
신촌극장
2022.11.3.~2022.11.12.
공연에서 연기한 인물의 목표와 움직임

## 김재훈

**반주하는 태도로**

〈PNO〉
대학로예술극장 대극장
2023.1.14.~2023.1.15.
버려진 피아노로 새로운 PNO를 만들어 공연하며 피아노의 여정을 담으려 한 의도 소개, 초연은 〈김재훈의 P.N.O〉라는 제목으로 공연

〈휴먼 푸가〉
남산예술센터 드라마센터
2019.11.6.~2019.11.17.
연극 작업 및 '나만의 악기'를 만들기 시작한 결정적 계기, 한강의 『소년이 온다』 소설을 원작으로 함

〈나와 세일러문의 지하철 여행〉
남산예술센터 드라마센터
2018.12.6.~2018.12.7.
한국 배우 성수연을 포함하여 홍콩, 일본 3국의 배우들이 앙상블을 이루는 연극 관람 경험 언급

## 양대은

### 어디로 갈지 모르는 대화

〈그 나쁜 선악과는 어떤 xx가
따먹었을까?〉
연극실험실 혜화동 1번지
2021.11.15.~2021.11.21.
남성이 연기하는 여성 서사 속 남성의
의의와 경험

〈스고파라갈〉
홍익대 대학로 아트센터 소극장
2023.8.24.~2023.9.17.
기후변화와 생태계 파괴 문제를
이야기하는 작품

〈타임스퀘어〉
아쉬 LAB high
2024.4.15.~2024.4.23.
양대은과 성수연의 긴 대화로 이루어진
2인극

## 강수연

### 마르기 전에 반짝반짝거리는 순간

〈산책자의 행복〉
삼일로창고극장
2019.11.8.~2019.11.17.
성수연이 관람한 강수연이 참여한 연극

〈메이크업 투 웨이크업 2〉
홍익대 대학로 아트센터 소극장
2019.7.26.~2019.8.11.
성수연이 관람한 강수연이 참여한 연극

〈춤의 국가〉
연극실험실 혜화동 1번지
2020.11.20.~2020.11.29.
성수연이 관람한 강수연이 참여한 연극

〈편입생〉
두산아트센터 Space111
2022.7.5.~2022.7.23.
성수연이 관람한 강수연이 참여한 연극

〈세컨드 찬스〉
두산아트센터 Space111
2022.11.29.~2022.12.17.
공연을 하며 생긴 힘으로 삶의 어떤 순간을
버텨 낸 일

〈부천의 연습, 부천의 독백〉
청년예술가s, 복사골문화센터 갤러리
2017.10.19.
성수연이 만든 부천에 관한 1인극

## 우미화&이청

### 오늘은 어제의 미래였으니까

〈민중의 적〉
세종문화회관 소강당
1998.3.20.~1998.4.6.
서울시립극단 연수단원 1기 우미화의 데뷔
작품

〈말들의 무덤〉
대학로예술극장 대극장
2013.9.6.~2023.9.15.
우미화가 연극을 통해 어떤 이야기를
함께할 수 있는지 생각하게 된 계기

〈그녀를 말해요〉
남산예술센터 드라마센터
2016.4.14.~2016.4.17.
성수연이 연극의 재현과 재연에 대한
고민과 물음을 본격적으로 시작한 계기

〈그냥 청소하는 것도 필모그래피가
되나요?〉
카페 FLOCK
2018.12.9.
연극의 재현과 배우의 선택에 대한 이청의
고민

〈세 자매〉
안톤 체호프 작
우미화, 성수연, 이청 모두 〈세 자매〉 연기
경험 보유

**글 성수연**

배우이자 창작자. 다양한 형식의 공연 예술에서 창작 및 연출과 실연을 이어 오고 있다. '시대를 아카이빙하고 전달하는 몸'으로서의 배우의 역할에 관심을 두고 있으며, 최근에는 인간중심적 사고를 성찰하는 비인간 연기를 탐구하는 중이다.
연극 〈B BE BEE〉, 〈섬이야기〉, 〈로드킬 인 더 씨어터〉, 〈로테르담〉, 〈액트리스원: 국민로봇배우 1호〉, 〈액트리스투: 악역전문로봇〉 등 다수의 작품에 참여했으며, 2021년부터 2024년까지 웹진 『연극in』 4기 편집위원으로 활동했다.
제52회 동아연극상 유인촌신인연기상, 제55회 백상예술대상 젊은연극상, 제60회 동아연극상 작품상 등을 수상했다.

**사진 김신중**

공연 예술, 특히 음악에 깊은 동경을 품고 있으며, 음악적으로 공명하는 일상의 순간들에서 영감을 얻는다. 현재 사진작가로 활동하며 전시, 퍼포먼스, 다큐멘터리, 음반 프로듀싱 등 다양한 형태의 작업을 병행하고 있다.
주요 작업으로는 전시 〈Thousand Perspective〉, 〈윤두리굿〉, 〈겨울바다 옆 나의 집〉, 영상 프로젝트 〈BREATHING IN BACH〉, 퍼포먼스 〈씨앗〉(29시간 릴레이 퍼포먼스) 등이 있다.
예술의전당, 세종문화회관, 두산아트센터, 국립극단, 자라섬재즈페스티벌, 더하우스콘서트 등 여러 공연 예술 기관과 장기적으로 협업 중이다.

북트리거 일반 도서

북트리거 청소년 도서

# 무엇을, 어떻게, 왜

우리를 무대로 이끄는 물음들

1판 1쇄 발행일 2025년 12월 9일

글 성수연 | 사진 김신중
펴낸이 권준구 | 펴낸곳 (주)지학사
편집장 김지영 | 편집 공승현 명준성 원동민
책임편집 공승현 | 디자인 정은경디자인
마케팅 송성만 손정빈 윤술옥 이채영 | 제작 김현정 이진형 강석준 오지형
등록 2017년 2월 9일(제2017-000034호) | 주소 서울시 마포구 신촌로6길 5
전화 02.330.5265 | 팩스 02.3141.4488 | 이메일 booktrigger@naver.com
홈페이지 www.jihak.co.kr/book-trigger | 블로그 blog.naver.com/booktrigger
페이스북 www.facebook.com/booktrigger | 인스타그램 @booktrigger

ISBN 979-11-93378-69-4 02680

* 책값은 뒤표지에 표기되어 있습니다.
* 잘못된 책은 구입하신 곳에서 바꿔 드립니다.
* 이 책의 전부 또는 일부 내용을 재사용하려면 반드시 저작권자의 사전 동의를 받아야 합니다.

**북트리거**

트리거(trigger)는 '방아쇠, 계기, 유인, 자극'을 뜻합니다.
북트리거는 나와 사물, 이웃과 세상을 바라보는 시선에 신선한 자극을 주는 책을 펴냅니다.